北一輝

革命思想として読む

古賀 暹

御茶の水書房

はしがき

私は、この書を二分して、その前半部を「理論は革命へと誘う」、後半部を「革命家は海を往還す」とした。北の思想は「革命」（その内容については本文で詳しく論ずるが）という言葉で結ばれていたと言えるからである。前半部は、北の主著である『国体論及び純正社会主義』の分析、すなわち、国家と社会、社会と個人、天皇制の三問題がその中心となり、それに続く後半の三部においては、『支那革命外史』『国家改造案原理大綱』（『改造法案』）の内容が検討されている。前半部においては、北の理論の骨格を示し、後半部では、彼の中国および日本における理論的実践的活動を前者とのかかわりの中で解明する。

北一輝に関する書籍は、私が知る限りでも数多く存在する。雑誌などに発表された短い評論を加えると、その数は膨大なものになるだろう。これは、明治維新以降の日本の歴史にとって、唯一の「軍事クーデター」であった二・二六事件に彼が関与したことに由来するだろう。それ故、それらの著作は、もちろん、「革命のロマン」をそこに見ていたものもあるだろうが、北をファシスト、もしくは、国家社会主義者と断定するところから出発したものとなった。その結果、その多くは、『国体論及び純正社会主義』や、それ以前の『佐渡新聞』時代の北の文書の中にファシズムの痕跡を求めることを課題としたものとなってしまってもいる。近年に至っては、そうした傾向は、松本健一氏や渡辺京二氏らの労作もあって払拭されつつあるとも言えるが、私から言わせると、北の思想そのものへの紹介や切込みは、未だ、弱いように思える。

そこで、本書は、まずは二・二六事件の北一輝ということを、とりあえず、カッコにいれて、社会主義の理論家として分析してみることにした。その際、私は、可能な限り、北の書いたものを引用することによって、北そのものの思想を伝えることに心掛けた。歴史家でも評論家でもない私には、事実関係に基づいて伝記を書くことは不可能であるし、そうしたものならば先達の労作がすでに存している。私の選んだ方法は、彼の理論、書いたものの中から北そのものの生涯を見出そうとするものだ。いわば、思想史的な方法である。

言葉を換えて言えば、北自らが自己の思想を「不惑一貫」と呼んでいるが、その不惑一貫性の中身を問い、その中身を見出そうとしたのである。その結果、出合ったのが、「外柔内硬」という言葉である。彼ほど、自らの内部の「硬いもの」にこだわった思想家も珍しい。悪く言えば、青年期に書いた『国体論及び純正社会主義』が、終生、彼を拘束し続けていたのである。

こうした方法が成功しているか否かは読者の判断に任せる他はないが、ここで言っておかなければならない点がある。一言で言えば、なぜ、私がこの書を上梓したかという問題である。実のことを言うと、この問題に対する確たる回答は私にはできていない。だから、それも、読者諸氏の判断にお任せしなければならないことなのだが、ここでは、私なりに、思いつくまま、いくつかの点を挙げて置こう。

一つは、明治維新以後のこの日本という国の思想界の頼りなさである。恒に流行に支配され過去を置き去りにしてきた思想のありさまが「不惑一貫」を軸として考えるときに読み取れるのではないだろうか。また一つは、中国との関係である。今日から見ると、誤った面も含んでいたとはいえ、北は必死の思いで中国革命に取り組んできた。その想いを今日のわれわれはどのように受け継ぐべきなのか。さらに、もう一つ。北もその一人であった「空想的社会主義」とマルクス主義の関係である。マルクス主義を、再度、フランス革命当時の「空想的社会主義」の精神のなかに置いて見なおすことである。それは、われわれが生きている空間を人類史の中で考えることにも通ずるであろう。

極めて、舌足らずではあるが、こうした観点からもこの書を考えて頂けたら幸いだと願っている。また、この書を読み終えた読者の方々から、私などが思いも浮かばない感想なり発想が生まれてくることをも望みつつ、前口上を閉じることにする。

北一輝——革命思想として読む

目次

はしがき

理論は革命へと誘う

目　次

目　次

北一輝

――革命思想として読む

第一部　国家＝社会と進化論——国家観の基本構造

はじめに

北一輝については国家概念と社会概念の区別がないという批判がしばしばされてきた。たとえば、北一輝研究の古典ともいうべき田中惣五郎の『北一輝―日本的ファシストの象徴』においては、「北は『国家』と『社会』とを混同し、部族、種族、民族のすべての集団に、あるときは国家といい、あるときは社会と名づけているのである」（同書、四二頁）と批判しているし、また、神島二郎は『北一輝著作集』三巻の解説において、「ここで注意しておかねばならぬのは、彼には、国家と社会との区別がなく、支配機構としての制度観が確立されていないことであり、そこで、国家は『生命ある社会的実体』として把えられ、法的人格は認められても、社団のようなたんなる擬制ではないと観念されたことである」（同書、四四〇頁）と述べている。

こうした伝統的な日本のインテリゲンチャーたちの北一輝批判は、日本人一般に対するインテリたちの批判と同一の論理によるものであると言ってよい。日本はヨーロッパや中国などと違い国家内での内乱はあったとしても、革命によって新しく国家を立ち上げたことがない、そのため、「古代から日本は一貫して日本であった、だから、日本なる国家が永遠に存在したものと思い込んでいる」とする批判である。

この思考をもっとも極端に表現しているのが戦前の天皇神格化に基づく国体論である。それによれば、天皇＝神がこの日本を創ったのであるから、すべては国家に属し、国家と社会の区別などありようがないということになる。それほど極端でないにせよ、日本民族が単一民族であるとする思考も日本人は太古の昔から日本という国家を形成していたという思想に繋がってしまうから、多かれ少なかれ、こうした考え方がその根本においては貫かれている。

日本の支配階級が「日の丸」「君が代」にこだわるのは、こうした日本（国家）としての連続性、一貫性を強調したいがためであり、「進歩的」思想の人々がそれに反対するのも戦前と戦後の国家の異質性を主張することにより、支配機構としての国家と社会の区別を明らかにするためだといえる。

そして、また、いうまでもなく、国家と社会の区別という問題は個人の自立の問題（近代的自我の確立）とも絡んでくる。国家と市民社会が分離したのは、近代革命の結果であり、個人の自覚と相即であるという一般に知られている見解に基づけば、社会と国家を混同しているという北に対する批判は、彼の思想は前近代的であったということになる。

私もまた、こうしたインテリゲンチャーたちの日本人一般の国家観批判には、それなりの正当性は認めるものではあるが、しかしながら、北一輝の『国体論及び純正社会主義』に対して、この論理を適用するのは全く北の本質を理解しないものだと考えている。批判者たちは北一輝がファシストだという二・二六事件が喚起するイメージから出発し、そのイメージを『純正社会主義論』の中の片言隻句のなかに追い求めているに過ぎず、誰一人としてこのテクストをまじめに読解しようとしてはいないと私には思えてくるからである。

田中惣五郎や神島二郎の「国家・社会の混同」という北に対する批判は、たとえ、北が国体論（天皇神格化論）に対して如何なる批判をしようとも、北もまたそうした一般の日本人の国家観と同一な思考を抱く「庶民」であるという独断と偏見の上に立っているように思える。それだから「土着の思想家」とか、「農本主義者」「超国家主義者」「日本的な国家社会主義者」といったさまざまなレッテル貼りが行われてしまうのではないかというのが私の出発点である。

話は飛ぶが、私が二・二六事件や北一輝の思想に興味をもつきっかけになったのは、二・二六事件の関係者の一人であった父の思想や行動の影響（父については本書第六部、付記参照）もさることながら、一九四八年の八月から九月にかけて国民政府の前行政院長（国民党の副総統）の張群が来日したときの驚きである。私は、当時、小学校の二年か、三年であったが、この張群が私たちの住んでいた貧民窟としか呼びようのないところに訪ねてきたことがあった。この建物は、かつては、中華民国キリスト教青年会の所有する青年寮であったが、すでに老朽化していた。その上に、戦火で焼け出された人々が勝手に入り込んだため貧民屈と化していたのである。そこに行き宛のない我が家も、青年会の了承を取り入居はしたが、いつとはなしに、入居人の世話をする管理のようなことを行うことになった。父はその家を聚蚊館と名付けていた。

入居後しばらくして、そこの一室がたまたま空いたので、北一輝の夫人、鈴子さんを引き取った。張群がやってきたのは、鈴子さんを訪ね北の位牌に線香を手向けるためであった。中国代表として来日していた彼は国賓待遇であったためか、何台ものパトカーに先導され、中華民国の国旗を翻した高級車に乗ってやってきたのだが、その時の光景は今でも忘れることができない。

私にとってこれは不思議なことであった。対中国戦争が契機となって第二次大戦がはじまったのであるから、張群にとって、「日本の国家主義者」は敵であるはずだ。その彼が、なぜ、「敵」の弔問に来たのだろう。そこには何かわけがあるはずだと考えた。その頃から、私の中では、知らず知らずのうちに、一般の北一輝や二・二六のイメージはなにか間違っているのではないかという疑問が生み出されていったようだ。

ところで、北一輝を見直してみようという試みを私が本格的にはじめてから知ったのだが、その時、来日した張群の日本人に対するメッセージ（これは新聞各紙が大きく取り上げたという）の内容を竹内好は紹介しつつ次のように書いている。

「張群は、『日本の平和民主化が一応の形を整えた』ことを認めながら……『心理と思想の改革こそ困難』なことを指摘し……『この二つは、平和民主日本を保証するだけでなく、日本と他の民主国家とが合理的な関係を再建するのに必要な保証にもなるのである』」。このように、張群の発言を要約した上で、竹内は「張群が『思想革命と心理建設』の必要を説いているのを、私は、日本文化の根本にふれた批評だと思い、かつ、これこそ中国国民の総意であると感じた」（竹内好『日本とアジア』、五九－六〇頁）とそれに全面的に賛意を表明している。

この竹内の指摘は、靖国参拝問題を契機に巻き起こる中国の反日感情やそれにもかかわらず参拝を強行する歴代の首相、そして、また、それを支持してしまう日本国民をみれば、いまだに有効であると言わざるを得ない。

それはそれとして、竹内が完全にここで見落としているのは、この張群こそ北一輝と最も関係の深い革命家の一人であり同志だったという事実である。竹内はこの論文で張群の「思想革命」と「心理建設」という言葉を孫文と結び付けでいるようだが、私には、孫文とは対立関係にあった北一輝の思想により強く繋がるように思える。張群という人物は『支那革命外史』の中では、清朝打倒に燃える青年将校としてその思想の一端を明らかにしつつ登場してくるし、また、松本健一によれば（『評伝北一輝』三巻、一七六頁）、北が日本政府によって中国からの退去を余儀なくされて帰国させられていた大正二年、北を頼って日本へ亡命してきた一人でもあるからだ。いわば、北にとっては子飼の若者であった。

こうしてみてくると、どうも北一輝が社会と国家を混同する日本の土着思想の持ち主であったとは考えられない。むしろ、張群のいう「思想革命」と「心理建設」は、北から張群へと伝わっていったものと考えるほうが理にかなっている。もし、そうであるならば、北一輝は「日本は神国である」という国体論の影響から抜け出せなかった思想家ではないということになる。国家と社会を混同してしまっているか否か、個人の自覚に目覚めていたか否かはこれから厳密に見ていくことにするが、少なくとも、一般に考えられている「ファシスト」としての北のイメージとは別なものを、この張群に関するエピソードは語っている。

第一章　社会有機体論と国家の進化

第一節　実在の人格である国家と原始共産制

国家と社会の混同という問題を扱う際に、注意せねばならないのは、北一輝の国家論が国家‐社会有機体論の系譜に属するものだということである。国家有機体論というと、人は直ちに、君主が頭脳であり臣下や被支配者はその手足のような存在であるといった王権を合理化する思想を思い浮かべてしまうが、有機体論とはそのようなものばかりではない。人間社会を考える際に、諸個人を「実体」とし、それらの契約として社会を捉えるのか、それとも逆に、社会を「実体」とし諸個人をそれらに属する存在として見るのか、といった二つの異なる「社会‐個人」観の流れが存在するが、国家有機体論は後者の一つなのである（社会実体論と個人実体論およびマルクス主義との関係については「社会と個人」の関係を扱う第二部の課題とする）。

独立した諸個人を実体とするホッブスやロックを典型とした近代主義的考え方に北は強烈に反対する。これらの説は人間の起源を肉食獣に求めるもので「獣類教」に他ならないと非難を浴びせ、肉食獣間の生存競争は個々の獣を単位とするところから、「万人の万人に対する闘い」という発想が生まれたのだという。これに対して、人間は集団生活を営む草食獣が起源であるから、その発生の当初から社会的動物なのであり、社会こそ実体であると主張する。

「今の生物進化論者にして生存競争を個人間或は個々の生物間のことのみと解するならば、個々としては遥かに弱き菜食動物が肉食動物に打ち勝ちたる所以も解せられざるべく、野馬が其の団結を乱さざる間は一頭と雖も他の猛獣に奪はるること無しと云ふが如き無数の現象を説明する能はざるべく、牙と爪とを有せざる人類は原人時代の遠き昔に於て消滅したるべき理にあらずや」（二巻、一〇八頁）。以下、『国体論及び純正社会主義』（一九〇六年刊行）からの引用は『北一輝著作集一巻』によるが、頁数のみを記すことにする。二巻以降を引用する場合においては、二巻あるいは三巻と明記する。また、同書の「純正社会主義」に関する部分は単に『純正社会主義』、「国体論」に関する部分は『国体論』とのみ略記する場合がある。

つまり、鋭い牙も爪も持たない人類が、他の肉食獣に打ち勝って生存できたのは、その団結力が出発点であったとして本能的団結が強調される。繰り返すが、北における人間存在の実体は個人ではなく、群れであり、全体なのである。そして、進化の過程で、この群れが、次第に、道具や意識を有することとなり人間として成長していくというのだ。

そこで、われわれは、まず、北がこの最初に現れた人間社会をどのように見ているのかに関して、その国家概念と社会概念を中心に分析して見よう。草食動物の群れの延長に生み出された人間集団には、すなわち原始社会には、政治制度も政権者も存在しなかったとするのだが、この「共和平等の原人部落」は国家として規定されてもいる。

「最も原始的なる共和平等の原人部落に於ては全く社会的本能によりて結合せられ政治的制度なき平和なりしを以て政権者なるものなかりき」（二四三頁）。

「国家は長き進化の後に於て法律上の人格たりしと雖も、実在の人格たることに於ては家長国の時代より、原始的平等の時代より、類人猿より分れたる時代より動かすべからざる者なりき」（二三八頁、傍点筆者）。

このように、原始社会を「実在の人格である国家」の一つとして位置づけ、ことさらに、国家が実在の「人格」であることを強調しているのは、個々の人間を実体として考えるからではなく、——したがって、国家はそれらの人間の契約によって生み出された擬制的人格なのではなく、逆に、個々の人間は「人格」である国家に下属するもので——国家が実体であるということを強調するためである。主体であるのは国家なのであり、個々の人間はこの国家にしたがって行為する部分に過ぎない。それは群れをなして動く動物たちのようなものであり、個々の動物が群れにしたがって動くのと同じだという。

しかし、このような政治制度も政権者（主権者）もない状態の社会を、なぜ、群れではなく国家と呼ぶのか。群れと呼ぶのははばかられるにせよ、政治制度も政権者も存在しないのだから社会と呼んで差し支えないし、その方が正しいように常識的には感じられて不思議ではない。「国家と社会を混同している」という批判の正当性が、この原始社会の場面の規定の仕方からは感じられてしまう。

だが、社会有機体論の立場からこの問題を考えてみるとこの問題はそれほど単純なことではない。アリストテレスの「ポリスの外に住むものは神か野獣である」という言葉を想起すればよい。北が、国家として捉えようとしているのは、政治制度の存在の有無ではなく、このポリス内の住民たちの社会的団結力の有無なのである。すでに見たように、草食動物としての人間には本能的（動物的）な団結能力が備わっていたのであるから、その本能が多少とも意識化に向かう最初の過程として、原始時代の人間の群れを考え、そこから、「実在の人格」として国家を規定する発想が生まれてきた。北はその原始国家の一例として堯舜の時代を挙げている。

「堯舜の時代とは……食物の特に豊富なりしが為めに平和に平等に些の闘争もなく生活したるなり。……堯と云ひ舜と云はるる如く柔和なる赤子の如き人物が村老ほどの地位に立ちて簡単なる事故を処したりしものなり」（四二四頁）。

「この時代は後世の私有財産制度に入り君主が土地人民の凡べての上に所有権者とならざる部落共産制の原始時代として、本能的に国家の生存が目的とせられ其の目的の為めに素朴なる一時的なる機関が生ずるに至りしなり」（四二二頁）。

ここに見られるように、この群れは豊富な食糧に恵まれていた。そのため、同類の人間たちとは対立抗争することもなく、敵対勢力といえば、肉食獣類たちだけだったというのが原始時代のイメージである。堯舜といった指導的な人物たちの役柄は、そうした獣類から自己の集団を守ることと簡単な事務ではあったが、それも固定化されたものではなく「一時的機関」であるに過ぎなかった。この「一時的機関」にこの群れの成員たちが従ったのは、そこに何らかの規範や道徳が存在したからではなく、動物の群れが有していた本能的団結が、多少、意識化されたものになっていたからに過ぎない。

それを、北は老子の言葉を借りて、「原人の無為にして化すと云はるる無意識的本能的社会性」（一一八頁）と呼んでいる。周知のように、この言葉は、「なにも人為をほどこさなくとも自然と治まる」という意味で、人々は阿吽の呼吸でこの「一時的機関」の合図に従ったというわけだろう。

さて、問題は、こうした原始平等の政治制度も政権者も存在しない集団を国家として北が捉えようとしたのはなぜなのかということだ。繰り返すが、現代のわれわれから見れば、この集団は政権者も政治制度も備わっていないのだから、社会と呼ぶ方が適切だということになる。それを国家とするのでは社会と国家を混同するどころか同一化しているとさえ言える。では、本当に、北はこの両者を混同しているのか否かを吟味するために、この原始時代における「国家」がどのようにして次の段階に至るのかという歴史的進化の問題に立入って考えてみることにしよう。

問題を解く鍵は、こうした原始平等の社会ないしは国家の進化を北がどう捉えていたかというところにある。結論から先に言おう。北は社会進化の動力というべきものを社会の同化作用と分化作用とに求めていることにその鍵がある。

「社会の進化は同化作用と共に分化作用による。小社会の単位に分化して衝突競争せる社会単位の生存競争は、衝突競争の結果として征服併呑の途によりて同化せられ、而して同化によりて社会の単位の拡大するや、更に個人の分化によりて個人間の生存競争となり、人類の歴史は個人主義の時代に入る」[註1]（一一九－一二〇頁）。

ここで北が用いている同化作用と分化作用という概念は、イギリスの哲学者ハーバート・スペンサーの影響を受けたものと考えられる。周知のように、スペンサーは社会の進化発展を同質的な状態から異質的状態への移行にあるとして捉えた。つまり、社会の同質的な成員が増大（同化）すればするほど、その内部の編成は分化（分業）せざるを得なくなっていくというテーゼである。

これを受け継ぎ、北は、右に見られるように、同化と分化の論理を用いている。征服併呑の結果、小社会は他の小社会を吸収、同化（同質性の拡大）して、大社会へと成長を遂げるが、それはまた大きくなった社会内部での分化（異質的な状態）を必然化する。つまり、同質的な社会の成員の増大は、その社会内部でのさまざまな業務の分業化を招き、それが社会発展の動力となるのだと捉えている。この同化作用と分化作用は、近代に至るまで続き、最終的には、社会の成員のすべてが個人に至るまで分化し続けて個人主義の時代に入ることになったという。[註2]

（註1）もちろん、ここに挙げた北の発言は、極めて大雑把に歴史を概括したものであるから、小社会における同化と分化の進展を、ストレートに、近代的個人へと結びつけてしまっているが、近代に至るまでには、さまざまな規模の同化と分化が存在することは言うまでもない。北もまた、それなりに、歴史過程をこの同化と分化という概念で捉えようとしていることは本書第二部で明らかにする。

（註2）ここで、私が、明治初中期に大流行したスペンサーを取り上げるのは、以下の北とスペンサーの対照で明らかになるように、北の議論はスペンサーを踏まえていると考えられるからである。とはいえ、直接読んだという証拠は挙げられない。しかし、彼の理論を紹介したものを読み、それに触発されていたことだけは、北が用いる「同化と分化」という概念から見ても確かだと思える。

さて、問題はこの同化と分化という社会進化の法則によって捉えると、国家と社会の関係はどのようなものとなるかである。「衝突競争せる社会単位の生存競争」「征服併呑による同化」とは、明らかに、政治制度や政権者を備えた「国家」によってなされるのであるが、しかし、社会進化を問題とした場合には、国家という概念は歴史の主体としては登場してこない。社会進化ないしは同化作用‐分化作用といった言葉を用いて北が歴史を考察する際には、国家という概念が登場したとしても、それは社会の進化によって変貌を遂げる存在としてなのだ。つまり、国家を進化させる原動力として社会の同化作用と分化作用が位置づけられているというわけだ。

すなわち、社会と国家の関係は「公的な分野」と「私的な分野」といった領域的な問題として捉えられているわけではない。あえて、言うならば、社会と国家の関係はマルクスのいう土台と上部構造のような関係に置かれていると形容できる。このように考えると、先に問題とした原始平等の社会における国家と社会の混同ないしは同一化という問題が理解できるだろう。原始社会は、社会の進化という観点から見れば、未分化な、同質的な社会であり、国家という形態に即して見れば、未だ、政治制度も権力者も存在しない国家なのだということになる。

では、こうした社会の同化‐分化作用を軸とする社会進化史から見ると、原始国家から古代‐中世の政治制度や政権者を有する国家への移行はどのように考えることができるのであろうか。その際、私は、北の議論を紹介するために、彼が影響を受けたと考えられるスペンサーの議論と並行させつつ論ずることにしよう。北もスペンサーもその出発点は独立自由な原始人たちが生活していた小さな集落であることには変わりはない。この原始共産制的な社会について、スペンサーは、次のように述べている。

「最初の、そして最低度の段階に於ては、同似的の権力と同似的の機能とを有する諸個人の同質的集合である。……総ての男子が武士であり獵人であり漁夫であり器具製造人であり建築師である。……総ての家族は自給自足である。……然し乍ら、社会進化の経過のごく初期間に於て、我等は、統治者と被治者との間の萌芽的分化作用を見出すものである。……最も強力にして最も敏捷なるものの権威が、野蛮人の間に感得せらるるのは、恰かも動物の群とか学童の兵隊ごっことかに於ると同様である。特に戦争の時に於ては然りである。然し乍ら最初の間は、この事はまだ不定限にして不確実であつた」（H・スペンサー『第一原理』昭和二年、四二七‐八頁、傍点筆者）。

ここに見られるように、「実在の人格である国家」の初期段階における社会は、成員の同質性を基本にしていたが、その内部に「役柄（註）」という形で分化へと至るものの萌芽が含まれていた。その萌芽に関して、「この事はまだ不定限にして不確実」であり、「動物の群とか学童の戦争ごっこ」のようなものだったとスペンサーは記している。これは先に引用した北の描く堯舜時代に対応する。「本能的に国家の生存が目的とせられ其の目的の為めに素朴なる一時的なる機関が生ずるに至りしなり」という発言と完全に重なり合う。

（註）私がここで役割ではなく、役柄という言葉を用いたのは、時々刻々に変化する全体の中での自分の行動も耐えず変化させつつ、それを半ば自然発生的に自発的に担っている状態を指している。それが多少なりとも固定化されると役割になる。分かりやすく言えば、役柄とはポジションを定めないサッカーのようなもので、ある時は、フォワードとなり、ある時はディフェンスになるといった状態である。これに対して、役割とは、それぞれが固定化された状態である（廣松渉『世界の共同主観的存在構造』参照）。

したがって、「実在の人格である国家」の初期段階とは、成員の同質性（同化）が出発点であり、その成員の増大が、萌芽状態にあった権力者と成員の分化を発展させることになる。北はその段階への突入に関して、「人口の増殖とともに豊饒なる沃野の狭隘を来し、或者は漁労時代に入り、或者は遊牧時代に進み、以て其の漁場と牧場との為めに烈しき生存競争を開始」（一一八頁）するに至ると述べ、それと同時にこの集団は他の集団との生存競争に入ることになり、支配者と被支配者への分化は確定的となっていくという。

このことに関して、スペンサーは、「或る種の族長関係は……遊牧部族の状態に進展した時直ちに発生してゐる。……征服と諸部族の集合とに従つて、統治者と被統治者との間の対照は、より決定的になつて行つた」（前掲書、四二八頁）と述べている。そして、この最初の分化が次第に「階級的な」分化へと宗教と結びつきつつ発展していくという。北もこの支配者と被支配者への分化ならびに道徳や宗教の発生を次のように捉えている。

「然るに長き後の進化に於て大に膨張せる部落の維持を祖先の霊魂に求めて祖先教時代に入るや（如何なる民族も必ず一たび経過せり）祖先の意志を代表する者として家長が先づ政権に覚醒し、更に他部落との競争によりて奴隷制度を生じ土地の争奪の始まるや、実在の人格である国家は土地奴隷が君主の所有たる如く、（君）主の所有物として君主の利益の為に存するに至れり」（二四三頁、傍点筆者、なお、日本における祖先教の時代から家長国家への発展については第三部参照)。

両者ともに、原始社会の崩壊と次なる段階への移行は、その社会内部における同質的な成員の増大を契機とした他集団との生存競争の激化によってもたらされる。「同質的成員の拡大」→「遊牧、漁労生活」→「他集団との生存競争」→「同質的集団内での支配者の発生」という道筋をたどることとなる。こうした過程の結末に関しては、「実在の人格である国家」の君主による私有化の完成と位置づけていることが北の特徴であるが、スペンサーもまた支配者の発生として押さえているのだから、権力の発生に関する限りでは、この二人の理解は、ほぼ、同一であると結論できる。

第二節　社会的団結の形態と道徳・宗教

ところで、この政権者が発生した段階で、成員の意識はどういうものになっていったかを考えて見よう。まずは、スペンサーから見ていこう。

「征服と諸部族の集合とに従つて、統治者と被統治者との間の対照は、より決定的になつて行つた。優越的の権力は或る家族の世襲となつてくる。首長は最初軍事的であるが……統治なる唯一の役目を襲ひ始めるものである。これと同時に、従属的な種類の統治が——「宗教」の統治が——が発生しつつあつたのである」(前掲書、四二八頁)。

これに対して北もまた道徳意識を問題として次のようにいう。

「各員の独立自由は一切無視せられて部落の生存発達が素朴なる彼等の頭脳に人生の終局目的として意識せらるるに至れり。――斯の意識は是れ原人の無為にして化すと云はるる無意識的本能的社会性が、生存競争の社会進化によりて実に覚醒したる道徳的意識として喚び起されたる者に非ずや。漁労時代遊牧時代の殺伐なる争闘を以て道徳なき状態なりと速断する如きは幼稚極まる思想にして、この部落間の争闘の為めに吾人は始めて社会的存在なることを意識するを得たるなり」（二一八－九頁）。

つまり、支配者の発生と道徳ないしは宗教の発生は、北の場合もスペンサーの場合も同時並行的に生まれるが、北に絞って問題を立てるならば、注目されなければならないのは、原始人の「無意識的本能的社会性」が、「覚醒した道徳的意識」に進化したとされていることである。つまり、原始国家における「無為にして化す」といった自然に秩序が保たれていた状態を基盤として、道徳が生み出されてきたと述べていることである。

少し横道にそれるが、ここで私が想起するのは、マルクスが価値形態論において、貨幣と商品の関係になぞらえて王と臣下の関係に関して言及している箇所だ。マルクスは有用物であるモロモロのものが自己を商品と規定するのは、貨幣である金との反照規定（Reflexionsbestimmung）とする。そして次のように続ける。「およそこのような反照（省）規定というのは奇妙なものである。たとえば、この人が王であるのは、ただ他の人々が彼に対して臣下として振舞うからでしかない。ところが、彼らは、反対に、彼が王だから自分たちは臣下だと思うのである」（『資本論』『マルクス・エンゲルス全集』大月版、23-a）と。人間は鏡を持って生まれてくるわけではないから、人は他者に自己を写してみて自己が何であるかを了解するわけである。王は臣下に自己を写し自己が王であることを知り、臣下は王に自己を写し自己の臣下たることを知る。
このように王－臣下というペアは相互規定的なものであるとマルクスは説いているが、人々が王に対して臣下として振舞うことを教えるのが、北の文脈に即して言えば、道徳であり、宗教であるということになる。もちろん、何も存在していない所で、社会道徳や君主の尊さを説いたところで受け入れられるはずはない。それにはそれなりの下地がなければならない。草食動物である人間には社会的な本能が存在するのであり、それが、原始国家においては「無意識的本能的社会性」へと進化し、さらには、政権者を生み出すことと同時にそれが「道徳的もの」あるいは「宗教的なもの」へと進化していくのである。

「権力の本質は団結的強力に在るを以て如何なる一人と雖も先天的に有する固有の者に非ざることだけは明白なり。……此の権力の源泉たる団結は社会的本能によりて、進みては明確なる社会意識によりて結合せらる」(二四三頁)。[註1]

このように、この相互規定性に関して北とマルクスの議論は、大筋において、相似性が存在するが、大きな相違も存在する。マルクスのこの議論は個々人が独立した生産者であるブルジョア社会を前提にした上で、貨幣と個々の商品の関係を説明するために、王の対極にある個々の人間を持ち出した議論であるが、これに対して北が問題としているのは王と「実在の人格である国家」の関係を問題としている点にその相違が存在する。すなわち、王が生み出されるのは個々の成員からではなく、本能的ではあるが、すでに国家を形成してしまっている人間の集団からなのである。[註2]
北によると反照規定によって、王が臣下とみなすのはこの国家(社会集団)なのであり、王を王として認め、その臣下として自己をみなすのはこの国家（社会集団）そのものなのである。そのことによって、つまり、「明確な社会意識」や「宗教」によって、この国家（社会集団）は王に所有された「実在の人格である国家」となるという仕組みなのだ。

（註1）北が「権力」という概念と「政権」という概念を使い分けていることに注目すべきだろう。権力とは、後の議論と関係するが、「実在の人格である国家」が持っている団結力であり、主権ないしは「国体」という概念に関連するが、政権とはそれを行使する「政体」と関連する概念と考えられる。

（註2）もちろん、マルクスの場合も、この相互に独立した生産者の背後に存在する社会的関係を前提としていたので、個々の独立生産者から貨幣を導き出したのではない。それ故、王と臣下の関係もこの反照規定から、いきなり、貨幣もしくは王の権威を剥ぎ取れば理想的な社会ができるかのように考える市民的思想を嘲笑している。このことは「すべてのカトリック教徒を法王にすることができると妄想すること」（前掲書）と述べていることからも明らかである。

社会はその進化によって、つまり、王との関係において社会内部の本能的団結を社会的団結（宗教や道徳意識に基礎を置く）に転化させるが、その進化が無意識的、本能的に存在していた「実在の人格である国家」を、王（政権者）に所有された「実在の人格である国家」という次の段階の国家へと進化させていく。それにともなって、この進化した「実在の人格である国家」は、その内部に政治制度を発展させる。すでにみたように、役柄が役割として固定化され、世襲化され、神格化されたのが王であるが、社会は道徳を手に入れ、「政権」とともに政治制度や宗教（先ず、はじめが祖先教）を有する「実在の人格である国家」は一段と進化を遂げることとなる。

第三節　分化作用の進展と近代国家の成立

ここで再びスペンサーに立ち返ろう。スペンサーは王権の成立以後の社会の分化について、社会の支配的部分内部での宗教的なものと世俗的なものへの分化、さらに、被支配的部分の分化が起こったことを告げている。北もまたこれを受け継いで、日本の天皇家内部や貴族層の分化、さらに武士階級への分化を個人主義的な自由独立の気風の成長と関連させて捉えていく（これに関しては、本書第三部で詳細に扱う）。だが、北は、スペンサーが説く、被支配的部分内部における分化、つまり、分業の進化についてはほとんど触れないで、支配階級内部の個人への分化作用を中心軸に考えている。

スペンサーは、明確に、それぞれの地域や部族の生産活動における特化や、それまでは、同一の人格が行っていた労働がさまざまに分けられるなどといった労働機能の分化、つまり分業についても言及しているのみならず、道路交通の発展に伴う交換による同化と分化に至るまで言及している。この点を殆ど欠落させていることが、北の理論の重大な欠陥と思われる。（もっとも、スペンサーの場合も社会進化という客観主義的な分析から生み出されてくるものは、個々の人間の自由や尊厳であり、全体主義と個人主義が癒着している点においては北と同様である）（本多喜代治『社会学入門』、五六頁参照）。

「アリストーツルの国家の三分類を形式的数字の者に解せず之を動学的に進化的に見るならば、君主国とは第一期の進化に属す。而して貴族国とは此の政権に対する覚醒が少数階級に限られて拡張せる者と見るべく、民主国とは更に其の覚醒が大多数に拡張せられたるものにして第三期の進化たりと考へらるべし」（二四三－四頁）。

このように、社会進化とともに分化作用が働き、個人が個人として確立されていくのだが、その基本は支配階級内部の分化である。まず、君主一人の自由、次いで複数の者の自由、最終的には全社会成員の自由へという順になる。（自由の発展という論点だけから見れば、ヘーゲルの下手な真似事だと評することもできるが、北の場合、ヘーゲルのような自由という理念の発展史なのではなく、あくまでも社会の同化と分化の発展の結果として論じている点は忘れてはならない）。こうした自由と独立とそれにともなう人間の平等観が大きな波となって一般大衆にまで普及していくものとして近代革命が捉えられる。だが、もちろん、この分化作用による諸個人の独立は経済的独立なしには達成できない。

そこで、北がこの経済的独立を生み出そうとするイデオロギーとして持ち出してくるのが、「労働の果実は労働するものに属する」というアダム・スミス的な労働価値説である（北は労働説と言っている）。それまでの君主、貴族らの、武力その他による土地の占有権を打ち破っていったのがこの労働説で、この思想を中心として大衆が団結し、「実在の人格である国家」の政権を国民の手に取り戻すことになる。これが近代の民主主義革命である。

だが、ここで、北の国家論を読むに当って注意を喚起しておきたいのは、この近代革命を以て国民主権の確立とは言っていないことである。国家の主権はあくまでも国家にある。国民が握ったのは国家を運営する政権であるというのが北の主張だ。個々人が実体なのではなく社会が実体であるとする有機体論的な国家論からすれば当然であろう。社会進化によって進化を遂げた国家は、法的に、社会的に人格として承認され、その政権を国民が担うこととなった。北は、国家の主権（国体）と政権（政体）を区別せよと述べている。

「国家と云ふ歴史的継続を有する人類社会は法理上消滅する者にあらず、分子は更新すと雖も国家其者は更新する者にあらず。即ち国家が統治権の主体たり。（故に誤解すべからず、『社会民主々義』とは個人主義の覚醒を受けて国家の凡ての分子に政権を普及せしむることを理想とする者にして個人主義の誤れる革命論の如く国民に主権存すと独断する者に非らず。主権は社会主義の名が示す如く国家に存することを主張する者にして、国家の主権を維持し国家の目的を充たし国家に帰属すべき利益を全からしめんが為に、国家の凡ての分子が政権を有し最高機関の要素たる所の民主的政体を維持し若しくは獲得せんとする者なり)」(二四六頁)。

ここで北が言いたいことは、国家は社会の進化の過程で変化を遂げてきたが、「実在の人格である国家」そのものは、その成員の部分が次々と死亡していったとしても、また、その政権者が変わろうと、また、その形態が変化しようと存続し続けるということである。国家は、その社会進化の過程で、「無為にして化す」という無意識的な社会性によって支えられた原始国家の段階、次いで君主(政権者)に所有される段階、さらにはその国家の政権を国民が握る段階と三段階の進化を遂げてきたが、それは国家の形態の進化であり、国家そのものは恒に存在し続けてきたということだ。

もちろん、この三段階に応じて、この国家を支えている成員の団結形態とそのイデオロギーも変化する。原始国家の段階においては、動物的本能を基にした「無意識的社会性」によっていた。また、君主あるいは貴族という政権者に所有されていた段階においては、宗教的・道徳的なイデオロギーによって、そして、国民国家段階においては、自由なる諸個人の自覚によって、その国家を支えるという形へと進化した。

このように、近代革命によって、国家を支えていた社会の団結形態は変革され、それと同時に国家の政治制度も変革されなければならないが、そうした革命はそれまでに形成されてきた「実在の人格である国家」の進化の形態を踏まえたうえでの革命である。もちろん、近代革命は個人の独立という新たな原理によることは言うまでもないが、その新たな原理も社会進化の産物であって、近代に至って、突然バラバラな諸個人が生まれてそれらが契約によって統一するものでも、また、原始時代における群れの延長としてのみ近代国家が存在するというものでもない。したがって、同化と分化によって発展してきた国家という形式を受けつぎつつ、それを革命することによって成立したものとして近代国家を捉え、そうした視点から改革を論じている。

私が、原始社会を、北がなぜ社会としてではなく、「実在の人格である国家」、つまり、国家として捉えるのかという疑問を持ち始めたのは、実は、この点に関係する。原始社会を国家としてではなく、社会として捉えれば、国家は社会の疎外態として捉えることになりかねない。そうした考えから出発してしまうと近代革命は国民が主権を取り戻したのだから、社会が主権を握るということになり、国家はこの時点で消滅するという帰結が論理的には生じてしまう。

もちろん、私としても、北がこんなことを論理的に考えて原始社会を国家として規定することになったとはとても思えない。北としては、美濃部達吉の天皇機関説に触発されつつ（第三部参照）、社会有機体論と社会進化論によって明治国家を位置づけようとしていただけであり、その結果、原始社会を国家の始まりとしたと見るべきだろう。

それでは、こうした社会有機体論から見た場合、近代における国家と社会の分離をはじめとする人権の独立や民主主義はどのように位置づけられるのであろうか。

「社会進化の跡を顧みよ。……歴史の大河は原人部落に限られたる本能的社会性の泉よりして社会意識発展の大奔流となりて流る。――人類の平等観これなり。家長権の制限、婦人の独立、奴隷の解放、而して国王と貴族とを顚覆せる仏蘭西革命の大瀑布。社会主義はこの大瀑布の波瀾を受けてさらに千尋の断崖に漲り落ちんが為に奔りつつある社会意識の大河流にあらずや」（四九頁）。

人類の平等、奴隷解放などの人権思想の普及をもたらした近代革命を社会進化論の観点から見れば、社会主義へと向かう社会の分化作用の一局面だというのがここで主張されていることだ。北の言う社会主義は何であるかは、後に触れるとして、社会主義にとってここで課題になるのは、「実在の人格である国家」が自らその主権を握ったわけだから、その国家をどう変えていくかはその国家の政権を握る国民の課題となる。

ちなみに、北が唱える国家主権論とはこのことである。北が言う「国体」とは、国家はその発生以来「人格」であったわけだが、その人格性が、法律上において、あるいは社会的に認められているか否かという問題を基準にするものであり、また「政体」とはその運営が広い意味での国民（天皇や君主を含む）によっていかなる形で行われているかである。

したがって、政体には、民主主義的議会制や立憲君主制や大統領制などの政治制度上のさまざまな形態が存在することになるが、国体とは国家が人格として認められているかどうかの問題なのだから、さまざまな近代国家には区別は存在しないこととなる。しかも、それらの国家の政権は国民が握っており、国家は社会進化によって突き動かされているのだから、その社会進化を先取りしている社会主義がその姿を現し始めたのが近代以降ということにもなる。

もちろん、社会主義の登場は近代の一部でしかない。というのは、近代革命が成し遂げたのは、法理学的に国家が人格として承認されただけであり、事実上の問題から見れば、次章で説くように、現実の国家の政権は一部の支配階級によって握られ、全人民の国家へとは至っていない。それを成し遂げるのが社会主義の課題だということとなる。実在の人格である国家は歴史とともに成長をし続け、政治制度や社会制度を発達させてきた。そうした制度を社会主義化することによって、同化と分化によって発展してきた社会と人類を発展させせなければならない。これが、

「社会主義は大瀑布の波瀾を受けてさらに千尋の断崖に漲り落ちん」という先の引用の意味するところだろう。

第二章　近代国家の矛盾と世界聯邦への道

第一節　法理学上の国家と政治学上の国家

われわれは前章において、北一輝の国家論には二つの思考が交差していることを見てきた。すなわち、国家を原始国家の時代からの継続、発達として捉えようとする一面であり、他の一つはそうした国家の形成、発達をもたらす社会的進化の法則である。ここではこうして成立した近代国家の抱える内外にわたる矛盾を問題にしつつ、その近代国家の未来について如何に思考していたのかを問題にしよう。

北一輝が自らを社会主義者と任じ、同時に国家主義者であり民主主義者であるとしていることは良く知られている。

「国家に主権ありと云ふを以て社会主義なり。国民（広義の）に政権ありと云ふを以て民主々義なり」（二四七頁）。

「『社会民主々義』とは個人主義の覚醒を受けて国家の凡ての分子に政権を普及せしむることを理想とするものにして個人主義の誤れる革命論の如く国民に主権存すと独断するものに非らず」（二四六頁、傍点筆者）。

「社会民主々義は維新革命以後の日本国が法律の上だけに於て堂々たる社会民主々義なるを認め、其の維持と共に更に其の発展を努力する者なり」（三七五頁）。

こうした北一輝を、表面的に、国家主義ということに焦点を当てて読めば、「国家社会主義者」と規定したくなるのもうなずけないことはないし、そしてまた、北が社会進化論や社会有機体論を振りかざしているのを知ればそれはなおさら強まるであろう。その上、二・二六事件のイデオローグでもあったわけだから、「社会ファシスト」ないしは「農本ファシスト」とも言われるのは当然なことともいえよう。

だが、北の国家論をその社会進化論との関連で考察してきたわれわれには、右の一文を国民はそのすべてを国家のために捧げよ、ということを意味していると読むことはできない。また、「国民に主権存すと独断するものに非らず」と述べていることも、民主主義の否定とは読めない。北のこうした発言は、社会有機体論から発する発言である。つまり、国家は社会全体の目的と幸福のために活動すべきだと言っているに過ぎないし、また、国民主権に対する否定も、国家を個々人の契約と捉える思想に対して、主権（国体）は「実在の人格である国家」（同化と分化を遂げつつある社会そのもの）に属するということを言っているに過ぎない。

こうした理念は、どの近代国家の憲法にも存在していると考えられるが、それを北は社会主義だとしている。しかしながら、これは、あくまで法律上から見たものであり、実質的に近代国家のすべてが社会民主主義であるかと言えば話は別である。それだからこそ、以下に見るように、「法律の上だけ」と条件づけ、これに対して、「政治学上」という概念を持ち出している。北の近代国家に対する態度と社会主義を理解するためには、この「法理学上」「政治学上」という概念の理解が重要な鍵となる（これが、『改造法案』を理解するためにも欠かせないことであるので留意を促して置きたい）。

「国家の論究に於て、法理学上の国家と政治学上の国家とは自ら考察の途を同じうせず。法理学より考察されたる国家は其の法律の上に表はれたる国家が如何に組織されたるか国家の目的理想が如何なる程度まで法律の目的理想として表白せられたるかの理論的の者にして、政治学より論究されたる国家は法律の上に超越して国家の目的理想等を論ずると共に、更に国家を現実のありのままに法律の上に現はれたる国家の組織が如何にして活動しつつあるか、法律に表白せられたる国家の目的理想が如何にして実現せられつつあるかの事実論なり。法律とは国家の理想的表白なり、政治とは国家の現実的活動なり」（三七五頁、傍点筆者）。

極めて難解な言い回しであるが、「実在の人格である国家」による国家主権の奪取と社会進化（同化と分化）との二つに分けて北の思想を考えるならば、この一文を理解することはそれ程むずかしくはない。すなわち、法理学上の国家とは「実在の人格である国家」が君主に所有され、物として扱われていた「物格」から、その国家が主権を取り戻し「人格」へと復権したことが法律上において認められているか否かを問題にする。これに対して、政治学上の国家とは、社会進化（人類から類神類へ）(註)の過程がどのように推進され、今後、推進すべきかを扱うというのである。

（註）人類の進化を神へと至るものだということを目標に置き、北は、現在の人類をその過程にある存在だと規定する。「吾人人類は将来に進化し行くべき神と過去に進化し来れる獣類との中間に位する経過的生物なり」（一〇一頁）。そしてその目標に向かって進むべきものとして社会主義を捉えている。「人類と云ふ一生物種属を生存進化せしめんとする社会主義」（一五七頁）。

すでに述べたように、「実在の人格である国家」が、主権を君主から奪い取ったのは、同化－分化による社会の発展の結果である。これが近代革命であるが、それは国家に近代国家という形態を与えたに止まった。しかしながら、社会の進化はそれに止まるものではない。「法理学上」と区別して論じている「政治学上」の問題とはこの社会進化の運動なのである。

そうであるならば、近代国家はそうした過去の国家制度ならびに社会制度を社会主義にむけて変革していかねばならない。断っておきたいのは、私が、ここで言っているのは、過去の「封建遺制」を変革しなければならないという問題のみではない。それとともに、いや、それ以上に、重要なのは、近代国家を生み出した分化作用そのものを問題化せざるを得ないということだ。問題は社会の分化作用によって生み出された資本主義的な生産システムと個人主義思想である。この個人主義思想によって、国家は主権を君主から奪い取ることが可能となったのだが、この個人主義思想が、さらなる社会進化のためには、克服、止揚されなければならないものとなったというのが、近代国家をめぐる弁証法である。

北は、社会の同化と分化作用によって生み出された近代的個人の成立の核心を「労働の成果はその労働を行ったものに属すべきである」という「労働説」に求め、この「労働説」によって、中世の貴族による土地所有権が打ち破られたことを高く評価する。

「この労働説による所有権の要求は中世の封建諸侯の掠奪に対して市民の商工業を保護し、更に占有説によりて立てる国王貴族の土地所有権を打ち消して唱へられたり。彼の革命の大破裂に於て掠奪によりて得たる彼等の土地財産を転覆せるものは、実に此の労働の果実は労働せるものの所有なりと云ふ労働説が占有説の掠奪を否認したる者なり」(二五頁)。

しかしながら、社会の分化作用の結果生まれた「労働説」は、たちまちにして、その革命的意義を失ってしまった。

「個人的労働によりて個人の所有権が神聖なる時代は歴史に葬られたり。社会的労働の今日、社会のみの所有権が神聖なり」（二五頁）。
「嘗て充分の正義たりし占有の権利思想は個人主義の権利思想たる労働説によりて打破せられたり。而して今や又個人が終局目的なりとする思想は社会が利益の主体なりと云ふ新たなる他の正義によりて打ち消されたり。社会主義の権利論は社会が利益の源泉にして又利益の帰属する所なりと云ふ根本思想に於て個人主義のそれを排す」（二九頁）。

なぜ、こういうことになってしまったのかと言えば、根本的には、歴史の動力である「同化作用と分化作用」の結果ということになるのだろうが、具体的には、機械の発明と進化による社会の変化である。機械による生産は個人的労働による生産よりも安価に大量に生産物を生産することができる。しかしながら、この文明の成果である機械の生産物は労働者の生活を豊かにすることに役立たないで、むしろ、労働者に貧困を強い、その奴隷化といった事態を生み出す。機械という文明の成果を資本家が「掠奪している」からである。これが北の資本主義批判である。そもそも、機械文明を生み出したのは人類の文明の進化をもたらした社会の進化であるのだから、その成果は社会に属すべきなのだ、だが、その成果を資本家が奪い取っている。

ここから、右に引用した「社会主義の権利論は社会が利益の源泉にして又利益の帰属する所なりと云ふ根本思想に於て個人主義のそれを排す」という論理が出てくる。こうした北の資本主義批判に関しては次章で問題とすることにして、機械の私有に基づいた社会的生産物の略奪によって、資本家がどのように成長し労働者がどのような境遇に置かれたかを見てみよう。

「物質的生活の資料を供給すべき機械は却て労働者の維持し来れる物質的資料を奪ひ、精神的生活に入るべき閑暇を与へずして却て機械の周囲に労働者を精神なき動物として繋ぐに至れり。――貧困の原因は茲に求めよ。是れ機械工業の罪に非らず、近世文明の与かり知らざる所なり。原因は茲に存す。――即ち経済的貴族国の故なればなり。経済的君主経済的貴族の秩序的掠奪あればなり」（五頁）。「ああ斯る貴族国の土百姓《サーフ》と素町人よ！　彼らは人に非らず。商品として見らる。市価を有す。……法理的に云へば彼等は人格にあらずして物格なり。……茲に厳然たる奴隷制度は復活せり」（七頁）。

このように、北は、自由、平等、博愛のスローガンで知られる近代革命の理想が無残にも否定され、その反対物に転換してしまっている現状を告発するわけであるが、こうした資本主義の支配の拡大は近代国家のあり様をも変えてしまった。

「大日本帝国は今や利益の帰属すべき権利の主体たる人格を剥奪せられて経済的家長君主等の為めに客体として存するに過ぎずなれり」（五七頁）。

「斯る新国王と新貴族とに一切の経済的源泉を掠奪せられて再び革命以前に逆倒せり。我が日本に於ても然り……今日日本皇帝と雖も国家の領土を掠奪し国家の臣民を殺活すべき権利なし、国土及び人民は天皇の私有地にあらず天皇の経済物たる奴隷にあらず。然るに普天の下地主の王土にあらざるなく、率土の浜資本家の王臣にあらざるなし」（五頁）。

一見すると「実在の人格である国家」の人格そのものが剥奪され、「大日本帝国」は経済的貴族の所有に帰したと思われるかのような記述ではあるが、北の本意は必ずしもそうではない。それは次の一文をみれば明らかになる。

「維新革命は法律の根本に於て明らかに社会民主々義なり。然るに今や如何の状ぞ。実に維新革命によりて得たる法理学上の国家を見て、政治的に国家の現実に眼を転ずるときに於ては、……吾人は『愛国』の名に於て国家の利益と目的とを中心として行動しつつあるべき法律的理想と倫理的信念を有すと雖も、是れを経済上の現実より考ふれば吾人は家長国、階級国家時代の如く無数の黄金貴族経済的大名の生存進化の為めに犠牲として取扱はれつつあり。……吾人は法理学の上に於ては日本帝国の部分にして国家の部分たる点に於て生存進化の目的を有す、而しながら経済学の上よりしては……国家の部分にあらず」(三七八頁)。

もし、北がここで法理学上より見ても、また経済学上より見ても「国家」が経済的貴族の所有物に転化したというのであれば、来るべき革命は社会主義革命ということになったであろう。だが、そうなるためには近代国家を階級国家として捉えることが必要になってくる。しかし、北はそうは考えなかった。あくまでも、法理学上の国家の革命の問題は近代革命＝明治維新によって成し遂げられたのであり、その成果の上に次の変革がなされるべきであるとした。したがって、北が当面している国家は二重の性格を持ち続けていることとなる。すなわち、法理学上は社会主義国家であり、政治上(事実上)は階級国家であるというわけだ(ここに後の昭和維新論が生まれる思想的根源がある)。

どうして、こうした帰結になってしまったのかというと、私は、北の社会進化論にその源を求めるべきではないかと考えている。社会は進化し続けるのであり、その逆転現象は一時的には起こりえるかもしれないが、その発展の筋道は変わらない。つまり、実在の人格である国家が主権を握ったという事実は、最早、後戻りを許さない。だから、近代国家とそれを生み出した個人を前提として次の問題は立てられるべきだ——というのが北のその後も変わることのない一貫した立場であったと言えるからだ。

「社会主義の革命は仏蘭西革命若しくは維新革命の如く主権の所在を動かさんとする、即ち法律の根拠其者を革命する法律以上の実力に訴へらるべき革命にあらずして、確定されたる社会主権の上に社会の意志たる社会的勢力を法律の上に表白すれば足ると。故に、社会主義の経済的革命は先きの法律的革命の如く歴史の頁を血に染むるものにあらず、又革命家自身に取りても然かく壮烈なるものにあらず。謂はば第一革命の法律的理想と背馳する現今の経済的組織を整頓して理想を現実ならしめば足る」（三七七頁）。

少なくともこの段階の北は民主主義の延長としての社会主義革命を考えていたのであるから、一昔前の「構造改革」路線に近かったというべきであろう。北の明治国家を理想化する国家主義は近代革命を理想化する民主主義的思想にその根源をもっているのだ。

私は、ここで、簡単にヘーゲルや初期マルクスが当面した課題と北の抱いた課題の相似性を指摘して置こう。ヘーゲルは真の人倫的共同体という概念で市民社会と悟性国家の分裂を止揚しようとしたが、初期マルクスはヘーゲルのこうした考え方の影響を受けつつ「政治的解放」から「人間的解放」へと唱え、『独仏年誌』においては、「現実の個別的な人間が……個別的人間のままで……類的存在となったときにはじめて、つまり人間が自分の『固有の力』を社会的な力として認識し、組織し、したがって社会的な力をもはや政治的な力として自分から切り離さないときにはじめて、……人間的解放は完成されたことになる」と述べている（『マルクス・エンゲルス全集』一巻、四〇七頁、詳しくは廣松渉『青年マルクス論』、一六六頁以下参照）。ここで初期マルクスの言う「政治的解放」とは、いうまでもなく、近代的民主主義国家の成立であり、「人間的解放」とはそれを超えたものである。これは社会主義ないしは共産主義革命につながっていくものであるが、北との類比で言えば、前者が法律学上の革命であり、後者はその実質化ということになる。

第二節　近代国家と吸収・合併

私は、これまで、同化作用と分化作用を有する社会が、実在の人格である国家の動力となり、それに、さまざまな形式を与えるのが社会であるという構造として、北の国家形成史を見てきた。だが、これに対して、北をどうしても日本のナショナリストあるいは土着思想家として見ようとする者は言うかも知れない。「結局、日本国はその原始時代から一貫して日本国であったと言いたいのだろう、連綿として続く国家であることを強調したいのだろう」と。そうした批判者に対して、私は、以下のような『国体論及び純正社会主義』からの引用で答えることにする。たしかに、北は、日本国なるものを太古の昔から存在し続けるものとして考えてはいるが、それは日本に限定されたものではなく、世界のすべての国家に該当するものであると考えていたということだ。

「日本国も亦等しく国家にして古代より歴史の潮流に従ひて進化し来りたる国家なるが故に、如何に他の国家と隔離せられたることに由りて進化の程度に多少の遅速ありしとするも、独り全く国家学の原理を離るる者に非らず」（二四四頁）。

たしかに、北の国家論は原始社会をも引きずっているのだから、土着的、ナショナリスティックと評されるかもしれないが、他方では、その進化の法則は全世界に当てはまると説いているのだからコスモポリタニストでもある。だから、もし、北をナショナリストというならば、日本のナショナリストであるだけではなく、中国の、インドの、イギリスの、アメリカの……さまざまな国家のナショナリストということになる。

竹内好は「アジア主義が右翼に独占されるようになるキッカケは、右翼と左翼が分離する時期に求めるべきだろう。その時期はたぶん明治末期であり、北一輝が平民社と黒竜会の間で動揺していた時期である」（『日本とアジア』、三三九頁）と述べているが、私に言わせれば「動揺」などしていない。北は、先に述べたように、ナショナリストであると同時にインターナショナリストであり、自己の論理にしたがい、分裂をはじめた日本の思想界の中で、どちらにも与みせず、「剣が峰」としか言いようのない自分の道を歩いていただけだ。

いや、北が「剣が峰」に立っていたのはそれだけではない。すでに暗示されている如く、近代国家を平等を求める自由なる個人たちの運動によって生み出されたものと位置づけつつ、他方ではその国家を社会主義に向かいつつあるものとし、自らを国家主義者だという。つまり、国家主義（社会主義）と個人主義の剣が峰に立つものでもあると言える。こうしたナショナリストであると同時にコスモポリタニストでもある北からは、どういった世界革命戦略が生まれてくるだろうか。

すなわち、「同化」による他の共同体（国家）の吸収合併によって、人類の生存競争の単位が次第に拡大し、「実在の人格である国家」が法律的にその実在性を承認されるに至ったと言うが、この吸収・合併という論理は近代以降においても変わらないものなのだろうか。もし、これが不変のものであるとすれば、北は、正真正銘のナショナリストであり、ファシストということになる。われわれは北一輝の次の文章を分析することから始めよう。

「人類の過去及び現在に於て異人種異国家間の生存競争が戦闘によりて行はれ来りしとするも其は其れだけの事にして、人類の進化と共に人類の生存競争の内容が更に進化して他の方法にて優勝を決するに至るべきや否やは別問題なり。社会主義の戦争絶滅論は生物種属は進化に伴ひて競争の単位を拡大し行くと云ふ一の理由によりて人類種属を生存競争の単位として他の生物種属に対して完き優勝者たらんが為めなると共に……人類単位の其れに到達するまでに、生物種属は進化に伴ひて競争の内容を進化し行くと云ふ他の理由によりて国家競争を聯邦議会の弁論に於て決するに至らしめんとする者なり」(一一〇頁)。

ここで、注目されねばならない点は、この引用の主語が「人類」にあることと、生存競争の「内容」の進化という二点である。

まずは、人類が主語とならなければならなかった理由から考えて見よう。私は、先に北はナショナリストであると同時にコスモポリタニストであると言ったが、問題はこの点に関わってくる。コスモポリタニズムの場合は、個人を実体とする立場に究極的には立脚しているから、直ちに世界性、普遍性を持つことができる。近代以降、個々の人間が意識作用の所持者として、物体から分離された精神を有する主体とみなされるようになったわけで、そのことから個人が抽象的な意識作用を持つものという資格において人間の平等という議論が成立する。

しかしながら、北は個々人を実体とする立場を「獣類教」として拒否し、したがって国家を契約として考える思想に強く反対し、社会を実体とする立場に立った。だが、そうした視点から捉えられた国家は、発生から見ても、内実から言っても、それぞれの地域性や歴史性に絡み取られている。たとえば、その発展の法則が同化と分化によっていたとしても、農耕民族の社会と牧畜民族の社会とが異なることは当然であり、それによって生み出される国家もそれぞれ異なる。

だから、コスモポリタニズムのように、抽象的個人を前提にして、そこから、ただちに、普遍性を導くことはできない。しかしながら、普遍性が導き出せないならば、論理的に見れば、近代以前と同様に、吸収合併による同化によって進行せざるを得ないことになる。生存競争を唱える進化論者の多くが、こうした結論に至り、征服による世界国家論へと傾斜したことは知るところであろう。だが、北は、そうした道を拒否して、断固として言う。

「社会主義の戦争絶滅は世界聯邦国の建設によりて期待し、帝国主義の終局なる夢想は一人種一国家が他の人種他の国家を併呑抑圧して対抗する能はざるに至らしむる平和にあり」（一一一頁）。

それでは、どのような論理で進化論に依拠しながら、世界聯邦なり世界国家を論理的に導き出そうとしたのだろうか。ここで、北が持ち出してくるのは、個々の人間の同質性に依拠する方法ではなく、人類という大きな概念における人間の同質性である。人類を「他の生物種属に対して完き優勝者たらんが為め」に進化してきた生物として把握することだ。いかなる人種であれ、人間は社会的動物として相互扶助を行いながら他の生物種族に対して勝ち抜いてきた存在であるという点で同質性を持つというのだ。その進化の途上において社会的進化を遂げて、今後も進化の道を歩むものとしての人類である。

つまり、近代主義的なアトミズム、諸個人の同質性から人間の普遍性を導き出そうという議論に対して、北がここで対置しているのは進化しつつある人類という動的な概念における同質性である。たとえ、それぞれの国家が、民族や種族や地理的区画によって異なっていようとも、それらの民族は他の生物や動物と異なり、「人類」という一点において同一な起源を持ち、その性質を発展させつつある社会的動物だということだ。

「人類の万有に対して優勝者たるを得たるは其の社会的生物としての社会的利己心、即ち相互扶助に在り……相互扶助による高級の個体を単位として生存競争をなす菜食動物は、分立による下級の個体を単位とする肉食動物に打ち勝ちて地球に蔓延せりと云ふことなり」（一〇七－八頁）。

ここで言う「個体の単位」とは、次章で詳細に述べることになるが、人間を社会的動物なりとする北は、人間とは個々の個体だけを実体（単位）とはせずに、群れや集団をも一つの単位と看做す存在だとする。人類の始まりより中世に至るまでは、人間はそうした群れを単位として行動し続け、その結果、より大きな国家という単位に到達したと考える。そうした単位のとり方が人類の進化の途上において次第に拡大し、国家に至り、さらには人類そのものに至るのだという。生存競争という概念を生物進化論から受け継いだのである。

つまり、人間以外の他の生物を完全に支配下に置こう（微生物による疾患やその他をふくめて）という目的の共有性により社会（相互扶助）を形成するという同質性が人類という概念である。

「現今の地理的に限定されたる社会、即ち国家を以て永久に生存競争の単位となし、今日の進化の途上に於て生ぜる人種の差を以て永劫まで相対抗すべき単位の競争者なるかの如く断ずるに至つては万有を静的に考ふる者として愈々以て進化論の思想と背馳す」（一〇九‐一一〇頁）。

ここで、本題からいささかズレるが、進化論者たちが「野蛮人」と「文明人」との差は先天的であるかのように論ずるものがいることに対して、人類は進化を遂げつつある社会的動物だという点では同一であるとして次のようにも言っている。

「文明人は天地の始めより文明人にあらず……野蛮人と雖も文明国の空気中に育つれば文明国人に劣らず充分に発達し、文明国人と称せらるるものと雖も其の小児を捉へて野蛮人の部落に置けば全く野蛮人として停滞すべし。『人は只社会によりてのみ人となる』」（一一三頁）。

こうした議論を見ていくと、北の思想は天皇を神として、他の民族に対する優越性を訴える日本のナショナリストたちとは根本的に違っている。ましてや、ヒトラーの民族差別論などとは相容れないことは言うまでもない。

だが、社会的動物として進化し続けてきた人間の目的はこのように同一であり、その発展の法則は同一だとしても、それぞれの国家はすでに述べたようにそれぞれが特殊である。そうした特殊なものが、どうやって、その目的が共通しているからというだけで団結できるのであろうか。それが可能となるのは、それぞれの国家の内部に、戦争に依らずしてそのことを可能にさせる必然性が存在しなければならない。

北は、この問題に対して「生物種族は進化に伴ひて競争の内容を進化し」て行くと述べ、近代に至るまでは、国家は戦争によって他国を吸収合併して同化を遂げて拡大してきたが、これからはその競争の内容が変化してくる、「国家競争を聯邦議会の弁論に於て決する」ようになるという。一体、この「競争内容の変化」とはいかなる根拠に基づいているのだろうか、困惑せざるを得ない。この問題に関して、彼と同時代人である不喚楼主人なる者が、『読売新聞』に書いた「『純正社会主義の哲学』を読む」という書評は考慮されるべき問題を含んでいるのでそれを検討して見よう。

「社会進化の理法を説く中に国家競争を是認しつつ世界聯邦を迎ふる所理路明かならず、殊に今日の大国家が今日の大国家にまで進化来りしとて其原理を辿つて直ちに世界聯邦が来るべしといふ如き尚一段の推理の順序あるを要するならずや、世界を単位とする大社会の同化作用に障害なく発展して行く個人生の分化作用とが著者自身には明瞭に合致し通行するものならんも打見たる処にては猶此辺の妙用未だ透徹せざる処あるにはあらざるか」（三巻、五六九頁）。

この書評者は、帝国主義間の競争がどうやって世界聯邦になっていくのか、その点の論理が明らかではないのではないかと問う。北は、同化作用の延長に世界を単位とする大社会が生まれてくると説いているようだし、それは個人の分化作用の進化と関係するらしいが、しかし、その「つながり」がはっきり見えてこない、この辺の論理が不十分だと批判している。まずは、この問題に関係すると思われる北の二、三の論点を引用してみよう。

「社会の進化は平等観の拡張にあり。個人の権威が始めは社会の一分子に実現せられたる者より平等観の拡張によりて少数の分子に実現を及ぼし、更に平等観を全社会の分子に拡張せしめて茲に仏蘭西革命となり維新革命となり、『個人の自由は他の如何なる個人と雖も犯す能はず』と云へる民主々義の世となれり」（一九一頁）。

「尊王攘夷論は実に国家と云ふ人格が其の権威を野蛮なる形に於て主張し始めたるものなり。個人が其の権威に覚醒せるとき茲に戦士となりて他の個人の上に自己の権威を加へんとする如く、君主等の所有権の下より脱したる国家は其の実在の人格たる権威に覚醒したる結果、他の国家の権威を無視して自己の其れを其の上に振はんとす。――帝国主義と云ふもの是れなり。天則に不用と誤謬となし。社会主義は国家の権威を主張すべき点に於て明らかに帝国主義の進化を継承す」（四三四頁、傍点筆者）。

はじめの引用文においては、社会の分化作用の結果、個人の権威（独立）が次第に拡張していき、各人の平等観を産み、それがフランス革命や日本の明治維新をもたらして近代国家を形成したと述べているわけであるが、ここで重要なのは「『個人の自由は他の如何なる個人と雖も犯す能はず』と云へる民主々義の世となれり」と強調している点である。

さらに、この個人の人格の覚醒が、その初期の段階においては、「他の個人の上に自己の権威を」を押し付けようとするが、それが発展することによって、個人の自由は他の個人の自由を尊重するようになると期待しているのだ。また、国家という「人格」も「押し付け」の段階から他の国家の「尊重」へと成長していくのも個人の場合と同様だ、つまり、「尊王攘夷論」や帝国主義というものは国家の「野蛮」な形での自己主張だが、次の段階に達すれば、他の国家の自由を認める段階に至るだろうというわけだ。こうした意味で、北は、社会主義とは「帝国主義の進化を継承」するものだというのだ。

「社会主義の世界主義たる所以は茲に在り。個人の自由を認識する如く国家の独立を尊重す、而も其の個人の自由の為めに国家の大我を忘却し、其の国家の独立の為めに更に世界のより大なる大我を忘却することを排斥するなり」（一二三頁）。

「個人の権威を主張する私有財産制の進化を承けずしては社会主義の経済的自由平等なき如く、国家の権威を主張する国家主義の進化を承けずしては万国の自由平等を基礎とする世界聯邦の社会主義なし」（四三四頁）。

北は、第二部で論ずるように「個体の階級」という言葉を用いて、その関心の在り方によっては個人が実体であり、社会に注目すれば社会が実体であると述べ、個体という単位の取り方とそれらの相互関係を問題としている。つまり、世界聯邦ないしは世界国家に関して言えば、個々の国家を個人に見立てて議論していることになる。そして、個人、国家、人類というこの三項の関係を規定するものとして、近代的個人のあり方――つまり、個人が自己の権威のみ主張するか、それとも、他者の自由を尊重するのか――がその時代の正義を決定するものとしている。

こうした国家間の問題の取り扱い方を見ると、カントとの相似性を指摘せざるを得ない。というのは、すでにみたように、近代的ブルジョア思想が説く個人間のあり方の問題をそのまま、国家間のあり方、国家の独立と重ね合わせているからである。もちろん、北はカントのように道徳法則がアプリオリに存在するものとは捉えていないが、「汝ならびに他のおのおのの人における人間そのものを、つねに同時に目的として使用し、決して単なる手段としてのみ使用してはならない」というかの有名な格率が思いうかぶ。また、北一輝の「世界聯邦」もカントの『永久平和論』における「国際聯合」の構想と相通ずるところがある。

まとめて言えば、北は戦争に依らない世界聯邦なり世界国家の形成を人類という概念に託し、それに至る方法を近代思想に託したと言える。一般には、北を、個人の自由を無視し、社会や国家を中心に議論を立てている思想家であると見なしがちであるが、実は、社会を実体として考え、そこから出発したその社会進化論は、その片方でこのように個人の自由という近代的精神を孕まざるを得なかったのである。これが、北の社会主義論の長所でもあるが、難点でもある。私は、この問題に関しては、北の日露戦争論を問題とする次章を挟んで、社会主義論を扱う第二部において、再度、取り上げることにしたい。

補　章　日露戦争論とナショナリズムの克服

第一節　若き日の日露戦争論からの飛躍

北は『国体論及び純正社会主義』（一九〇六年）を執筆する以前に三回にわたって卓堂というペンネームで「日露戦争開戦論」を郷土の『佐渡新聞』に掲載している。私は北の日露戦争論を論ずるにあたってこの『佐渡新聞』の三論文（一九〇三年、北一輝二一歳のときに発表された）と『純正社会主義』の比較からはじめようと考えている。

だが、多くの論者たちのように、二・二六事件から遡行し、その原点を『改造法案』に、さらには『純正社会主義』に、そして最後には、その思想の源泉をこの三論文に求めるといった手法を踏襲しようとするわけではない。逆である。ここでは『佐渡新聞』時代と『純正社会主義』との相違点に眼をむけて北の思想の進化を際立たせ、『純正社会主義』における日露戦争論の特色を問題にしようと考えている。

たしかに、思想の原点というものは未熟な青年の時に芽生えるものかもしれない。しかしながら、その原点なるものは、その青年の成長とともに克服されてもいくと考える。北の場合、明かに、『純正社会主義』という大著を独学で執筆する過程で、青年期の思想が大幅に克服され、彼自身の世界観が確立したと見るべきであろう。したがって、私は北の思想の原点として三論文ではなく『純正社会主義』を採るのであるが、こうした視点から眺めると、『佐渡新聞』における日露開戦支持論がどのように『純正社会主義』において克服されているかが問題となる。（註）

（註）明治三六年八、九月に発表された二論文と十月のそれとは位相差が存在する。その相違を問題とすると微細に渉りすぎるのでここでは省略するが、社会主義をも射程に入れている後者のほうが『純正社会主義』に接近したものとなっている。ここでは、主に前者を取り上げ、その差を際立たせることにする。

まずは、『佐渡新聞』時代の開戦論（二論文）の趣旨を一瞥しておこう。それは「領土の狭隘な日本は人口が年々五〇万人の割で増大しつつあり、食糧難が予想される、それゆえにどうしても満蒙の土地が必要だ」という食糧難よりする満州進出論と「日本の独立を守り、中国、朝鮮をロシアのツァールの領土欲の犠牲にしないためには」ロシアとの戦争を行わねばならないという大陸防衛論によって成り立っていた。

こうした論点そのものを見ると、巷間に流布する北一輝のイメージに極めてぴったりと重なる。多くの論者が、北の思想の原点なるものをここに見出そうとするのはもっともなことで、これに二・二六事件をプラスすれば、軍国主義的ファシストである北一輝像が完成されることは間違いない。

だが、ことはさほど単純ではない。『純正社会主義』における日露戦争支持論の論点と『佐渡新聞』とを比べてみるとかなり大きな思想的相違が摘出されるからだ。結論から先に述べれば、食糧難から来る満州進出論は全く反対のものに変化しているし、大陸防衛論についてはその大筋は、つまり、日本の独立と中国、朝鮮のロシア帝国による植民地化を阻止するという点では変わらないが、それを主張する立脚点、思想内容においては大きな変貌を遂げている。

まずは、満州進出－獲得論に関して見ることにしよう。『佐渡新聞』では、マルサスに依拠して「人口の増大は幾何級数的に増大するのに対して、食糧は算術級数的にしか増大しない」という立場から満州の獲得は必要であると主張していた。だが、『純正社会主義』では、ダーウィンの「凡ての生物種属は其種属の生存進化の目的の為めに必要なるだけの子を産む」というテーゼが持ち出され（一五九頁）、あらゆる生物種属は無制限に繁殖を遂げるのではなく、その生物種属を維持するために必要な子孫を出産すると述べる。こうした論拠に立って日本の人口増大について次のように言及する。

「日本の今日に於て年々五十万の率を以て増加しつつある人口は、群雄戦国の中世史の始めより徳川の貴族階級の下に掠奪せられし終末と共に……維新戦争、十年戦争、日清戦争、日露戦争と絶えず戦争を継続せしを以て、日本民族としての生存を維持せんが為めの必要に伴ふ人口にして、戦争は人口の捌口を満韓に求めたるにあらず……。人口過多なるが故に戦争生ずるに非らず、戦争を目的とする中世的思想の国民、戦争によりて優勝者たらんとする野蛮なる理想の国家なるが故に増殖しつつある天則なり」（一六二頁、傍点筆者）。

つまり、人口が増大するから戦争に奔るのではなく、戦争によって勝利を得ようとする「野蛮」な思想が人口を増大させるのだというわけだ。かつて、『佐渡新聞』時代において、北は日露戦争の開戦を急がねばならない理由の一つとして、日本人は「幸ひにして人種の政治的法律的経世的能力無く古今を通じて乱世を以て終始せしが為めに現今の世界に於ては最も能く戦争に長ず」と語り（三巻、七四頁）「戦争によりて立つ」他ないとさえ言い切っていたのだが、この立場は全面的に否定されている。

さらに、この人口増大に伴う食糧難に関して『純正社会主義』では科学の発達によって、将来は、人工的に食糧を生産できるようになるだろうとも言っている。

「今日科学者が折々其の実験室の窓を開きて告ぐる、人類は将来化学的調合によりて食物を得るの時来るべしとの予言を俯伏して傾聴しつつある者なり。……栄養物其れ自身を原始的生物種属に求めずして人為的生物種属に得るの時至るべしと云ふことなり」(一五二頁)。

ここでは人為的生物によって栄養補給が完全にできるようになる(二、三個の錠剤で人間の栄養補給ができるようになる)という議論を大真面目に主張している。さきに挙げた「戦争による人口減少を補うための人口増」論といい、人為的栄養物による栄養補給論といい、可笑しさがこみ上げては来るが、私はこれをあげつらおうというわけではない。言いたいことは、逆で、このように奇妙な議論を持ち出してまで、かつての人口増大論による戦争を否定したかったということである。

次に問題としなければならないのは、日本防衛論から発する日露戦争論である。この観点からする日露戦争への支持論は維持されているが、『純正社会主義』ではその主張の思想的内容が大きく変化している。

一言で言えば、日本という国から発想されていた日露戦争論が、人類史から見直され、位置づけ直されているということだ。第二章で見たように、『純正社会主義』の世界聯邦論はそれぞれの国家の近代化が完成した未来に設定されることになったのだから、その世界聯邦の見地から日露両国の衝突が問題とされることとなった。

日本の国益という観点からのみ捉えられていたかつての日露戦争論は、世界聯邦に至るべき人類史の中で位置づけ直されることになり、そうなれば、日露戦争は日本民族の生存のために必要な戦争であるという民族主義的な主張は後景に退き、別な観点が登場せざるを得ない。こうして「日露戦争の動機の多くは国家的権威の衝突」という観点が『純正社会主義』においては登場することとなる。

前章の繰り返しになるが、『純正社会主義』における北の国際問題に対する立場は、征服による併合・吸収という手段は近代以前の同化の手段である、近代以降は諸国家、諸民族の同化は理性的討論によって導かれるべきであること、こうした理性的討論が可能になるのは、それぞれの国家が諸個人の独立を前提として生み出された近代－社会主義国家でなければならないということであった。そして、こうした近代‐社会主義国家間の関係も、互いに自由でありつつ他者の自由を侵害してはならないという原則に基づくべきだという。

もちろん、日露両国の進化がそこまで達していれば、武力衝突などは起こるはずがないわけだが、現実の歴史はそう簡単、単純に進みはしない。そこで、日露戦争はそうした理想状態に至るまでの一過程とみなされることとなる。

「個人が其の権威に覚醒せるとき茲に戦士となりて他の個人の上に自己の権威を加へんとする如く、君主等の所有権の下より脱したる国家は其の実在の人格たる権威に覚醒したる結果、他の国家の権威を無視して自己の其れを其の上に振はんとす。——帝国主義と云ふもの是れなり」（四三四頁）。

個人がなかなか野放図な個人主義を脱し得ないように、国家もまた、国家の野放図な個人主義を脱することができず、他の国家の権威を無視して自己の権威を他に押し付けようとする。これが「国家権威の衝突」であるということになるが、これは理想状態に近づくための一歩であり、歴史的必然であるとされる。このように、日露戦争は「国家権威」の衝突として、客観主義的に、人類進化の一過程として捉えられることになるわけだ。

だが、それだけでは問題は解決しない。衝突の何れの側に加担するかという主体的な問題がこうした客観主義の裏には発生せざるを得ないからである。そこで、その戦争の性格が問題にされ、日露両国のどちらが人類の進化の過程を体現しているのか、近代にどちらが近づいているのかということが問題となるわけである。

第二節　国家権威の衝突と日露の課題

日本の問題から見ていこう。その実質はともかく、明治維新によって建設された日本は曲りなりにも民主国家であり、かつ、それが標榜する戦争目的は日本の独立ならびに中国、朝鮮の独立である。これに対してロシアは純然たる家長国家でこそないが、ツァールの支配する専制独裁国家であり、その戦争目的はアジアにおける勢力圏の拡大である。したがって、日本にとっての日露戦争は近代化を遂げた国家が行う進歩的戦争であるから支持すべきであるが、ロシアにとっての戦争は中世以来の領土拡大的戦争であるから否定されるべきである、というのが北の基本的な捉え方である。

とはいえ、日本は法理学上では民主国家であるが、その内実は、出発したばかりの民主国家であり、初期の近代国家の欠陥を抱え持っている。すでに述べたように、個人が自己の自由と尊厳に目覚めたときに他者の自由を無視するのと同じで、国家もまた人格に覚醒したはじめの段階では他の国家の自由を無視してしまう。こうした国家の野放図な侵略主義を支えているのは、日本の場合、「尊王攘夷論」であるという。

「日露戦争の動機の多くは国家的権威の衝突にして戦争を要求したる根本思想は実に尊王攘夷論の継承にあり」（四三三頁）。

「尊王攘夷論は実に国家と云ふ人格が其の権威を野蛮なる形に於て主張し始めたるものなり」（四三四頁）。

戦争は支持するが、それを要求した「野蛮な形」は克服されなければならないと言う。その克服は日露戦争後の課題とされるわけだが、一般国民にとっては、国内の階級的な隔絶の克服と同様に困難な課題でもある。というのは、日本は外国との隔絶が甚だしかったため、かなり長期の国民の啓蒙を必要とするからだ。そのために、まず、国内の同化、つまり、階級的隔絶の廃止、社会主義への途をつけることが重要であり、その上で、諸外国との経済的格差を是正し、文化の相違から生ずる軋轢をなくす方向へと進めねばならないという長期的展望に立っている。

「社会民主々義は階級競争と共に国家競争の絶滅すべきを理想としつつあるものなり。而しながら現実の国家として物質的保護の平等と精神的開発の普及となきを以て、社会主義の名に於て階級闘争が戦はれつつある如く……経済的境遇の甚しき相違と精神的生活の絶大なる変異とが世界聯邦の実現と及び世界的言語（例へばエスペラントの如き）とによりて掃蕩されざる間、社会主義の名に於て国家競争を無視する能はず」（四三二頁）。

具体的に、この戦争の遂行のなかで北が期待したのは、戦場における兵士たちの意識の中に国家意識が生み出されてくることであった。つまり、単なる攘夷意識や尊王意識からではなく、国家と国民のための戦争へと兵士たちの意識が変化することであった。そうした兵士たちの意識の変化を前提として、兵士たちに向かって、『純正社会主義』は次のようなアジテーションを展開している。

「『国家の為め』とは国家の上層の部分の為めのみにあらずして等しく国家の部分たる爾等の妻子の為めをも含まざりしか。露西亜の侵害に対して国家の或る部分が脅かさるべきことは事実なり、而しながら等しく国家の部分たる爾等の階級が国家の上層によりして常住不断に虐殺せられつつあることは『国家の為めに』処理すべき途なしとするか」（三九一頁）。

国家の独立が侵されつつあることに対して、兵士たちが闘ったのは正当であるが、その兵士たちよ、君たちの妻や子も国家の部分ではないのか。その国家の部分が「国家の上層」によって毎日のように虐殺されているのに、君たちはなぜ闘おうとしないのだ。満州で君たちはロシア軍と戦い、団結が力であることを学んだではないか。その団結をもってすれば、国家の部分である君たちの妻や子が救えるはずだ。こうして、北のアジテーションはロシアからの帰還兵への期待へとつながっていく。

「団結が一切の力なることを信じて、進退一に規矩を重じたる満州の誠忠質実なる労働者が帰り来る時！ ——今、彼等は続々として帰りつつあり、人は彼等の凱旋を迎ふと雖も彼等は凱旋者にあらずして法律戦争を戦はんが為めの進撃軍なり」（三九〇－一頁）。

これが、日露戦争から導き出されてくる結論である。戦争の中で兵士たちや国民の団結が国家的団結へと変貌することがそれであった。だが、こうした期待は、無残にも戦後においては否定されてしまう。それを象徴していたのは、日露の講和条約に不満を抱いた日比谷での焼打ち暴動（一九〇五年一一月）における民衆の姿であった。彼らは「法律戦争」によって、普通選挙権を獲得し、社会主義へ向けた方向へと歩み出すどころか、尊王攘夷論をいくらも出ていない、いや、それがますます嵩じていることさえ明かにしてしまったのである。

「彼の日比谷原頭の爆発は日露戦争の戦はれたる要求を裸体に発現せるものにして、欧州の或批評家が文明の服装せる韃靼民族なりと云へる如く実に尊王攘夷論に存したるなり。屈辱の外交！ この一語は資本家階級等の利害以上のものなり。……曰く地図面の彩色が単に樺太の半ばに過ぎざるは、往年の怨を報復するに足らずして、彼が屈従者たることを表はす所以に非らざるなりと」（四三三頁、傍点筆者）。

このように、北は江戸期の鎖国下において培われた意識、外国人を「夷狄」とする意識が残存発展し、民衆は「東洋の土人部落」から一歩も抜け出せず、天皇を神として敬う意識から脱却してはいないことを知ってしまうのである。こうした国民意識の下では世界聯邦がたとえ結成されたとしても、日本人はそれに参加する資格がないと口を極めて罵倒、批判している。

「外国の圧迫の為めに国家の自由なくしては社会主義の実現さるべからざる如く、『国体論』の脅迫の下に国家の権威なき東洋の土人部落は南洋の其等と等しく世界聯邦に加盟を要求すべき権利なし」（四三五頁）。

しかしながら、こうした「尊王攘夷論」を、すでに見たように、他方では、国家が覚醒した初期段階の歴史的必然として肯定的に捉えていることも見逃すべきではないだろう。

そうした歴史的必然を経ずしては、次の段階には至り得ないのである。もちろん、それは、個人の自由のために他者の自由を踏みにじる方向にではなく、個人の自由が他者の自由を尊重するように諸個人を発展させるものでなければならず、それはまた、他の国家の自由を尊重する方向へと国家自身を向かわせる道でもある。こうした意味をこめて、北は、一見すると極めて反動的としか思えないが、「社会主義は……帝国主義の進化を継承す」と述べているのだ。

「凡ての人格が権威に覚醒して自由を主張するときに先づ他の自由を尊重せずして自己の自由の為めに他の是れを無視す。故に民主国時代の自由の如く自己の自由に於て他の自由を尊重する所の自由の前に、先づ貴族等の攻戦討伐となりて他の自由を圧伏するの自由となる」(四三五頁)。

「社会主義は国家の権威を主張すべき点に於て明らかに帝国主義の進化を継承す。即ち個人の権威を主張する私有財産制の進化を承けずしては社会主義の経済的自由平等なき如く、国家の権威を主張する国家主義の進化を承けずしては万国の自由平等を基礎とする世界聯邦の社会主義なし」(四三四頁)。

まとめて言えば、一方では、近代国家の初期段階として、自己の権力が他者を抑圧する「帝国主義」(日本の場合で言えば尊王攘夷論という野蛮な形式)を歴史的必然として肯定しつつ、他方では、それを「東洋の土人部落」として否定の対象として痛罵するわけである。日露戦争当時の日本人は、北にはこのように矛盾の過程の中の存在として映じたのである。

それでは、社会主義ないしは世界聯邦という視座から見たとすれば、ロシアおよびロシアの兵士たちはどのように写っていたのだろうか。北にとっては、もちろん、撃退すべき「夷狄」ではあり得ない。共に世界聯邦の社会主義へと突き進むべき同志でなければならない。だがロシアの帝政に関しては家長国とまでは言わないが、それに類似した形態にある専制として位置づけている。

「露西亜皇帝なるものの発する言語を見よ、曰く『朕の臣民』、曰く『朕の国家』と。若し、農奴解放以前の如く土地及び人民が多くの家長君主等(即ち皇帝及び貴族等)の所有たる財産ならば、財産権の主体たる権利に於て斯る主張は不当にあらず。而しながら現代の露西亜は一人を以て最高機関を組織する君主政体なりと雖も国家の外に立ちて国家を自己の利益の為めに手段として取り扱ふ所の家長国に非らず」（三八六頁）。

北の国家論からすると、ロシアは「実在の人格である国家」が、一応は、主権を手にしたものであると言えるが、その政権は皇帝一人が握っており、しかも、その皇帝は国家を自己の財産かのように考え、振舞っている。だから、この専制は明かに実在の人格である国家の破壊行為である。したがって、こうした皇帝へのロシア革命党の反逆は法理上において正当であるということになる。

「人民と土地とを朕の利益の為めに殺活贈与するを得べき朕の所有財産の如く考へつつあるが故に、国民は始めより法理上の正当防衛に立ちつつあるなり。強力の決定なり。刑罰なく、犯罪なく、叛逆なく、只絞殺台とダイナマイトあるのみ。吾人は断言す——露国革命党が止むを得ざる正当防衛によりて国家機関の破壊者の上に殺戮を加へつつあるは……少なくとも法律上の背反に非らざることだけは確実なりと」（三八六頁）。

こうしたロシア皇帝が自己の利益を、国家の利益と称して南下政策を始めたのであるから、戦争それ自体は「国家権威の衝突」であるとしても、北がどういう立場に立ったかは自ずと明らかだろう。それに対する戦いは、ただ、日本や中国、朝鮮のためのみならず、ロシア国民にとっても必要な戦争である。こうした世界聯邦の社会主義にとっての立場から、北は凱旋してくる日本の帰還兵に対して法律戦争を呼びかけたように、ロシアの兵士たちについては次のように言う。

「露西亜国民は怯懦の為めにあらず、国家の為めならざるを明らかに解せるが故に極東の戦争に於て常に退却したり、而も国家の為めには暗殺の決死隊に撰ばれて革命党の実行委員となる」（三八二頁）。「露西亜の彼等は敗北にあらずして帝冠の反逆者を転覆せんが為めに進撃しつつあるにあらずや。……団結は勢力なり」（三九一頁）。

ロシアの兵士が臆病だから戦わなかったのではない、兵士たちは日露戦争で勝利することが国家のためにならないことが分かっていたから退却したのだ。その証拠に皇帝や高官の暗殺のために彼らは志願しているではないかと言う。

第三節　レーニンと北一輝

われわれは、ここで、日露戦争に対するレーニンの視角と北のそれとを比べて見ることにしよう。

レーニンは「旅順の陥落」という小論文において日露戦争について語り、戦争そのものについて「あらゆる階級支配一般の必然的で取りのぞきえない同伴物」「階級支配が存続しているかぎり戦争は除去されない」と記している。これに対して北はどうか。一般には彼は「愛国主義者」として理解されているのだから、石原莞爾などと同じように、「世界最終戦争」に至るまで戦争がなくならないとしていると考えられもするだろうが、そうではないことは既に記した。

征服、併呑による国家の同化作用は、近代以降では文明の進化の結果、別な「内容」で行われる、すなわち、聯邦議会における弁論によって行われるのであり、その弁論を決するのは、ある国家の自由は他の国家の自由を侵害してはならないという原則と、人格が平等であると同様に国家も平等でなければならないと言う近代的理性である。北は、「社会主義の戦争絶滅論は……国家競争を聯邦議会の弁論に於て決するに至らしめんとする者なり」（一一〇頁）と説いている。

したがって、レーニンも北も、世界プロレタリア革命ないしは世界聯邦の社会主義が実現されない限り、この地上から戦争はなくならないという点では一致するのであるが、問題は現実の戦争にどう対処すべきかという点にある。

インターナショナル第六回大会において片山潜はプレハーノフと手を結び、日露戦争に反対して日露両国の労働者、人民が立ち上がることを訴え、満場の拍手を浴びたことはよく知られている。つまり、日本の平民社とメンシェヴィキが非戦論、平和を訴え、手を携えたのであるが、これに対して北は「万国社会党大会の日露戦争の否認は断じて執るに足らず」（四三一頁）と述べ、真っ向から反対の立場を鮮明にさせている。レーニンも、また、こうした一般的な平和論に対して「空文句」だとして軽蔑する。二人の見解を掲げよう。

北一輝——「今の所謂日本社会党の非戦論は其の自ら称する者のある如く無抵抗主義の宗教論なり。——而しながらこの宗教論の無抵抗主義はトルストイの其れの如く下層階級が上層に対する抵抗の階級闘争をも否認して社会主義を排斥するに至らしむ。原子的個人を仮定して直ちに今日の十億万人を打て一丸たらしめんとする如き世界主義なり」(註)（四三一頁）。

（註）このように、この決議を階級闘争の否認と感じたのは北のみではなかった。日本では、荒畑寒村も「絶対的無抵抗主義が社会主義の主張する階級闘争説、或は革命観と理論的にどう調和するのだろうかとは、私などのつねに怪しみ訝ったところである」（『寒村自伝』、一〇一頁）と書いている。

レーニン――「新『イスクラ』も混乱をしめさずにいることはできなかった。同紙は、はじめのうちは、ぜがひでも平和だという空文句をすくなからずしゃべっていた。のちに、平和一般のためのえせ社会主義的な運動は、進歩的ブルジョアジーと反動的ブルジョアジーとのどちらかの利益にかならず奉仕することになるのを、ジョレースがはっきりとしめすというと、この新聞は『前言を訂正』しようともがいた」（「旅順の陥落」『レーニン全集』八巻、三九頁）。

つまり、無抵抗主義的な非戦論による運動が日本において展開されれば、ロシアの反動的ブルジョアジーを助けることにしかならないし、逆にロシアにおいてそれが展開されれば日本のブルジョアジーを助けることになるというわけである。だから、戦争一般に対して反対しているだけではダメで、具体的にこの戦争の性格を吟味しなければならないという。この点に関する北の分析はすでに見たところだが、レーニンはこの戦争を、農奴的専制と進歩的ブルジョアジーとの間の戦争だとする。

「あらゆる戦争とあらゆるブルジョアジーに反対して闘争しながらも、われわれは、扇動を行うさいには、進歩的ブルジョアジーと農奴制的専制とを厳格に区別しなければならず、また、ロシアの労働者が不本意ながらも参加者となっている歴史的戦争の偉大な革命的役割につねに注意しなければならない。古いブルジョア世界と新しいブルジョア世界との戦争に転化したこの植民地闘争をはじめたのは、ロシアの人民ではなく、ロシアの専制である。恥ずべき敗北に陥ったのは、ロシアの人民ではなく、専制である。ロシアの人民は専制の敗北によって利益を得た。旅順の降伏はツァーリズムの降伏の序幕である」（同、三九－四〇頁）。

このレーニンの発言は、いわゆる「革命的敗北主義」と言われているものであるが、革命的敗北主義と一般的な平和運動あるいは反戦闘争を混同してはならない。戦争はプロレタリア革命の勝利なくしてはなくならないという原則を踏まえつつも、ロシアの敗北を専制政治の打倒に繋げろと主張するのである。戦争を行おうとする政府に反戦もしくは平和を呼びかけるといった「空文句」ではなく、自国の政府の敗北を願い、専制政府の弱体化を期待した。それだからこそ、「ロシアの人民は専制の敗北によって利益を得た。旅順の降伏はツァーリズムの降伏の序幕である」と書くことが出来たのだ。

これに対して北はレーニンとは異なり自国の勝利を期待したわけであるから、現象的にのみ比較すれば、一方は、自国の敗北を願う革命主義者、他方は、自国の勝利を願う帝国主義者ということになってしまう。だが、ここで、われわれが目を向けなければならないのは、一見、全く異なるように見えるこの両者の思考に流れる歴史観とそれを踏まえた具体的な方針のあり方だ。

つまり、レーニンは、社会主義になれば平和が招来するという空文句を唱えるのではなく、その大原則を踏まえた上で、その当事者たちに日露両国の状況を分析して見せて、どのような態度でこの戦争に対処するべきか迫ったのである。北もまた歴史を「世界聯邦の社会主義」への過程として見た上で、「ロシア国家は実在の人格」ではあるが、政権者（皇帝）がその国家を私有化しつつあるものだと規定し、この専制者の打倒は歴史の必然であると主張した。

両者共に、いきなり社会主義革命なり、世界聯邦の社会主義なりをこの戦争から導き出そうとはしていない。レーニンは戦争の敗北により帝政の打倒を期待したが、北の場合もレーニンと同様にロシアにおいては専制政府が打倒されることを望みつつ、一方、日本においてはこの戦争の勝利により、労働者の「法律戦争」が行われることを期待した。こうした点で、この二人は相似形にあるということが出来るだろう。

少し余談めくが、このレーニンと北の類似性を私と同じように指摘している松本健一は、レーニンと北の見解がほぼ同一であり、それらは幸徳秋水ら平民社とロシアメンシェヴィキの非戦論と対照をなすとして次のように言っている。

「北とレーニン、幸徳と『イスクラ』との対照を、その社会主義理論のうえからみるべきではなく、その戦争観および革命観におけるちがいからみるべきではないだろうか。いわば、『強力』をいう北と『暴力』をいうレーニンとの相似である。……レーニンが敗北を自国の革命と結びつけたとき、北は勝利を自国の革命と結びつけた。勝利の、敗北の、というのは、畢竟革命のための方便としてしか関わりがないのではないだろうか。それが、マキャベリストとしてのかれらの資質を示している」（『評伝北一輝』二巻、一三四頁）。

ここで松本は、イスクラと平民社が、共に、非戦論を唱え、早期和平を目指したのに対して、レーニンは革命的敗北主義を、北は戦争の勝利から法律戦争を唱えたことを問題にしている。彼は、レーニンも北も戦争の勝利や敗北などは「畢竟革命のための方便」でしかないのだから、二人とも「マキャベリスト」だったと評している。

私は、松本健一の綿密な北一輝研究に助けられもしているし、その仕事を高く評価するものの一人であるが、このマキャベリスト——権力獲得のために手段を選ばない者という、通常、用いられている意味と考えてのことだが——扱いには疑問を感じざるを得ない。レーニンも北も、すでに述べてきたように、社会主義の視点から、現実に行われている戦争を歴史的必然として見つめ、戦争にも進歩的と反動的が存在するという区別を行った。その上で、現実の戦争に即した方針を立てたのである。こうした思考をマキャベリストというならば、長い目で歴史を考えた上で、現実に対して判断を下そうとする思考はすべてマキャベリストということになってしまう。

レーニンが「暴力主義者」であるかどうかは知らないが、ここでレーニンと北を同列に並べる松本の意図は、両者が暴力的な思想の持ち主だからということにあるようだ。彼はそのことを証拠立てるために、北が社会進化との関連で述べた「天地万有ただ『力』なり。社会は強力によりて動く。勝てば是れ官負くれば是れ賊。凡ての善悪は階闘争の決定なり」(四〇五頁)という北の発言をその文脈を離れて引用してみせて、何とか二・二六事件の北のイメージに繋げようと試みているように見える。北一輝を丹念に研究した彼さえも、北を暴力主義者に仕立てないと気がすまないのだろうかと驚くより他はなかったが、私が北とレーニンの相似に関して指摘したいのは、そんな低次元なことではなく、歴史を長期的に見つつ、現実を判断するという複眼的視点を両者が共有していたという事実だ。

第四節　進歩的ブルジョア国家と尊王攘夷論

だが、こうした相似性を踏まえたうえでのことであるが、ここで議論しておかねばならない重要なことが一つ残っている。それは、当時の反戦論の一つであったマルクス主義的な潮流に抗して、北が、日本における資本家階級の力は未だ微弱で、資本家が戦争の原因になったとはいえないと言っていることだ。

「日本資本家の利害が日露戦争に於て有したる動機の如き誠に微小なり。吾人は断言す——日露戦争の動機の多くは国家的権威の衝突にして戦争を要求したる根本思想は実に尊王攘夷論の継承にあり」(四三三頁)。

「日露戦争を否認せし万国社会党大会とは、実に事実を無視するの甚しき、日露戦争とは単に満州朝鮮に利害を有する資本家等の恣に起したるものなるかの如く解す。日本の渺たる三井、岩崎が今日斯る力ありと考ふるならば直訳的慷慨も極まる」(同)。

このように、戦争を引き起こした原因を日本の資本家の利害に結び付ける思考を、直訳的な憤激に過ぎないと批判し、そうした経済的要因よりも、国家権威の衝突と日本人の思想のあり方に、つまり、「尊王攘夷論」に戦争を引き起こした原因を求めている。ある意味では、経済的な土台である下部構造を問題とするマルクス主義的な視点とイデオロギー構造を問題としている北との差もここから指摘することもできなくはないが、北の実践的な志向を考えるとき、そうした指摘だけではすまない問題がここには含まれている。というのは、『国体論及び純正社会主義』の全体において問題としていることは、天皇を神として考える国粋的な国体論への批判、つまり、尊王攘夷論の批判であると同時に、近代の他者を無視するような個人主義（資本主義）批判という両面を有しているからである。

たしかに、北は、実体としての資本家が日露戦争の原因となったという説には反対している。だが、広い意味での資本主義的なイデオロギー、つまり、自己の自由のために他者の自由を蹂躙してかまわないという思想とそれの日本的な現れである天皇主義（尊王攘夷論）を戦争の原因として告発している。したがって、三井や岩崎らの資本家が戦争を画策したとする議論よりも、日本側における戦争の本質をより全社会的なレベルで捉えていると評することができる。

レーニンは、この戦争を始めたのはロシアの専制であると語り、それが「古いブルジョア世界と新しいブルジョア世界」の戦争に転化したというが、この論理から考えれば、戦争の一方の当事者である日本はブルジョア国家でなければならないし、戦争はブルジョアジーによって担われていることになる。しかしながら、「旅順の陥落」という小論を見る限りにおいては、レーニンもまたブルジョア国家という意味を北と同様にかなり深い次元で理解していたように窺える。

「(ロシアの)将校は、無教育で、未熟で、訓練を欠き、兵士との緊密な結びつきをもたず、彼らの信頼を得ていないことがわかった。農民大衆の蒙昧、無知、無学、萎縮は近代技術が要求すると同様の、高い質の人的材料を必然的に要求する近代戦において、進歩的な一国民とぶつかったとき、おそろしいほどあからさまに現れた。創意に富んだ意識的な兵士や水兵なしには、近代戦での成功は不可能である」(「旅順の陥落」、三七頁)。

ここで示されているのは、ロシア軍の将校や兵士の質であるが、その裏側に読めるのは、文明開化と維新をへた後の日本の軍隊の質である。それは――レーニンの目から見たとき――封建的な軍隊とは異なって、その内部に上官と兵卒という指揮命令系統の階級こそ存在するものの(資本主義的企業と同様な)、そこには身分的差別は存在せず、近代的教養と技術を持った、国のために一致協力して戦う存在と映じていたようである。こうした意味においてレーニンは日本を進歩的ブルジョア国家と呼んだのだろう。

しかしながら、北の目には、その日本という近代国家は、先に述べたように、未だ不十分なものとしてしか映じてはいなかった。その「進歩的ブルジョア国家」は、たしかに、ロシアと比べれば進んでいたと考えてはいたが、その内実は、尊王攘夷論と他者の自由を踏みにじって平然としている個人主義的なブルジョアイデオロギーと結び付いたものでしかなかった。それ故、日露戦争の敗北を専制政府の打倒へと結び付けようとしたレーニンに対して、その勝利をもって、社会主義への第一歩である尊王攘夷論の打倒と他者を踏みにじるものたちへの「法律戦争」の糸口を見つけ出そうと北は考えていたのである。

ところで、私は、第二次世界大戦に至るまでの日本の歴史を北の論理によって大まかに捉えれば、自己の自由を絶対化し他者の自由を抑圧する初期段階の個人主義と尊王攘夷論の結合によるものであったと考えることも可能だと思っている。事実、北は、日露戦争をブルジョアジーによる戦争ではなく尊王攘夷論だと語りつつも、この両者が結びつき、中国、朝鮮への侵略となって発展することを惧れてもいた。

「吾人は日本国の貴族的蛮風の自由が更に進化して文明の民主的自由となりて支那朝鮮の自由を蹂躙しつつあるを断々として止めしめざるべからず。社会民主々義の非戦論は実に今後の努力に存するなり」(四三五頁)。

「自国の独立を脅かす者を排除すると共に、他の国家の上に自家の同化作用を強力によりて行はんとする侵略を許容せず。――この点に於て社会主義は国家を認識し、従て国家競争を認識す」(一一一頁)。

ここで言われている「貴族的蛮風の自由」とは、言うまでもなく、尊王攘夷論のことであり、それがさらなる資本主義の発展と結びつくことによって、「文明の民主的自由」となって、中国や朝鮮の侵略を開始することを予見していたのであり、このことが後の中国革命への北の参画と結びついていったのである。

いわば、北は自らの「参戦論」の責任を(本書第四部)、中国革命への参与という形で取らざるを得なくなるわけである。しかしながら、問題は、この責任の取り方の中に、日清戦争やその後の日本の台湾領有問題、朝鮮半島問題、さらには日露戦争そのものが中国の参戦を抜きにして戦われた他国の領土内での戦争であったことなどへの反省が含まれていないことである。

付言しておけば、満州を舞台にして闘われた日露戦争そのものが他国領土内の戦争であり、清朝政府の意思が絶対であるはずだ。事実、中国の清国政府は対露戦争への参戦を申し出ているが、イギリスなどの圧力によって中国の参戦は取りやめとなった。これは対露戦争の勝利によって清国が強大化されるのを欧米が怖れたためとも言われている(註)。

（註）この点に関して、当時のロンドンタイムスの『タイムス日露戦争批評』（一巻、一三三―四頁）は次のようにいう。「世界各国民の真正なる利益に考へて、清国の戦争に加はることは断然之を防止せざるべからざるものなりとす。日本は清国を招きて之と同盟せんことを欲せば、即ち同盟することをなし得たりしなり」。そして、さらに同紙は、「清国人なるものは……若し戦功せばその増長制すべからず、遂に欧米相聯合して之に当たらざるべからず」と「黄禍論」まで持ち出して清国の参戦に反対している。

こうした諸点への考察が『純正社会主義』においても進められていたならば、後に詳論することではあるが、『改造法案』（本書第五部参照）の内容は、もっと、深まった、別な形のものとなったのではないかと私には思える。

それはともかく北の場合には社会主義世界聯邦という目標がまずあり、そのための前提条件として「国家の独立」―「個人の独立」が問題とされるし、レーニンの場合には世界プロレタリアート革命という目標から、進歩的ブルジョアジーと反動的ブルジョアジーの戦争を考えるという、両者共に巨視的立場に立ちつつ、現実を観察するという複眼的視点から問題を立てているところにその相似性が成立する根拠があると私は考えている。

ところが、残念なことに、こうした北の複眼的視点を問題として、その議論を真剣に考えようとする者が日本の思想史においては、ほとんど誰もいなかった。それ故、トルストイ主義的な、メンシェヴィキ的な潮流が主流であった日本の左翼陣営や市民主義的潮流からは受け入れられず、ましてや、尊王攘夷論を引きずるアジア主義や右翼潮流から真面目に取り上げられるはずもなかった。

だが、そうした中にありながらも、『純正社会主義』段階の北は自分を左翼の一員として認識していたことは間違いなく、その著書を幸徳秋水や片山潜などに寄贈し、討論を望んでいたようである。しかし、片山潜にいたっては、冷たい対応をもって臨んでいたことは、彼の『純正社会主義』に対する書評で歴然としている。その書評の冒頭を引用して見よう。

「吾人労働者の信仰箇条たる政綱なる社会主義は数十年間の歴史を有する而も火と血を以つて鍛ひ上げつつある者

なれば無論我日本にも勢力を占むるは明かなり」とインターナショナルの歴史をひきあいにだして、北一輝もまたそれに感化された一人だから、わざわざ筆を取ってやるのだと尊大な態度をまず、示す。その上で、日露戦争に関しては「吾人は労働者の立場より非戦論を絶叫せり、日露戦争にも之が為めに反対せしなり、七万有余の壮丁を満州の原頭に屍を晒らし三万有余は終に廃疾」し、ロシア側でもこれ以上の悲惨な目を見たと述べ、戦争に反対した我々は正しかったとしている（三巻、五七二－三頁）。これでは、レーニンの批判するメンシェヴィキたちの「平和だと叫ぶ空文句」そのものだと言えるだろう。

北が、何れの時点でレーニンの「旅順の陥落」を読んだか否かについては私の知る限りではないが、レーニンに革命家として多大な評価を与えていることは記憶されるべきことだろう。レーニンへの北の評価については、後に触れる機会もあるが、ここでは最後に、レーニンを菩薩と呼んでいる北の発言を引用しておこう。

「露西亜の大地震裂に際して地湧の菩薩等は不動尊の剣を揮ひ不動尊の火を放つた」（二巻、八頁）。

第二部　近代的個人と社会主義

第一章　社会主義と関係論の構図——個人と社会

われわれは、第一部において国家と社会の問題を扱ってきたが、これから問題とするのは社会と個人の関係の問題である。すでに見てきたように、北は、個人を実体とし、それらの個人の「契約」として国家を考える近代的世界観を否定し、社会を第一次実体とする社会有機体論に基づく国家論から出発した。具体的には、スペンサーの同化と分化という社会進化論に依拠しつつ、人間を「群れ」として捉え、その「群れ」が到達したものとして近代国家を考えた。しかしながら、その近代国家は、「自己の労働の成果は自己に属する」という個人を第一次実体とする個人主義思想に基づくものであったため、機械を用いた社会的生産が普及した後においては克服されねばならない対象となったと主張している。

そこで、純正社会主義とは何かを問題とするこの第二部においては、社会が実体なのか個人が実体なのかという古典的テーマに対する北の立場について言及することからはじめて、彼の社会主義へ向けた運動論を扱い、次いで、その社会主義像を吟味することにしたい。

第一節　個人主義と全体主義の対立

われわれは、『純正社会主義』から歴史を見た場合、過去の歴史はどのようなものとして映ずるかを、まず、考えてみることにしよう。

「社会単位の生存競争と個人単位の生存競争とは社会進化論を偏局的社会主義と偏局的個人主義との二大柱となりて建設する者なり。而して斯の二大柱の或は長くなり或は短くなることによりて動揺しつつ支へられ来りし社会進化は、此の二大柱を併行して建てたる社会民主々義の理想によりて始めて健確なる急調を以て進化すべし。社会民主々義は社会の利益を終局目的とすると共に個人の権威を強烈に主張す」（一巻、二二〇頁、以下一巻については頁数のみ示す）。

このように、原始時代、古代、中世の社会を偏局的社会主義が支配していた時代だったとし、近代を偏局的個人主義の時代と規定する。すなわち、近代以前においては、全体の利益が第一とされ個人は無視されていたが、逆に、近代に入ると個人の利益が第一義とされる時代が出現したと述べ、こうした二つの「偏局」を止揚するものとして社会民主主義が位置づけられている。この純正社会主義によって、社会の利益も個人の権威もさらに発展させられるのだというのが大まかな見取り図となる。

こうした図式は、何も北に特徴的なことではなく、ある意味で、フランス革命以降に輩出したさまざまな初期社会主義的な潮流の歴史観と通底するものをもっている。フランス革命は自由、平等、博愛のことばで知られるように、自由、つまり、諸個人の独立、身分制度の撤廃を目指した革命であるが、それが達成されると、次第に、形式的・政治的自由ではなく、経済的・社会的・実質的平等が問題となった。あらゆる社会主義論がこの自由と平等の問題を如何にして両立させるかを課題として発生してきたものだからである。その背景には、ブルジョアジーの唱える「商業と産業」の自由と労働者階級の経済的・実質的平等が明確な対立として歴史の表面に躍り出ることになったという事情が存在したことは言うまでもない。

もちろん、この対立ははじめから労働者対ブルジョアの対立として姿を現したわけではなく、当初は労働者とブルジョアとを含めた産業階級と土地の私有や利子所得に依拠する有閑階級との対立（サン・シモン）として意識された。それが次第に、労働者とブルジョア階級を主体とする両階級の対立へと収斂されていったわけであるが、そうした流れを背景としてさまざまな潮流が形成された。ここでは、後の社会主義思想に大きな影響を与えたプルードンが過去の歴史をどのように捉えていたかを記して、北の歴史観と対比して見ることにしよう。

坂本慶一は「プルードンはヘーゲルの用法によってつぎのような社会発展の三段階を展開する」（『マルクス主義とユートピア』、一二三－四頁）と述べて、プルードンから以下のような引用を行っている。

「社会関係の最初の様式、最初の決定である共有は、社会発展の最初の時代である――定立。共有の反対の表現である所有は第二の時代を形成する――反定立。第三の時代である総合を発見することが残っているが、しかもわれわれは求められた解答をもつだろう。……そこで、定立・反定立の特性の最終的吟味によって……人類協同社会の真の様式を形成するであろう」（同、一二四頁）。

プルードンのこの三段階の歴史観は、定立の時代が原始共産制と呼ばれた時代であり、所有の時代は古代から近代社会にまで至る全歴史を指している。したがって、この時代区分は、前近代を偏局的社会主義、近代を偏局的個人主義とする北の歴史観と相違するが、両者は共に「共有と所有」、つまりは「社会中心主義」と「個人中心主義」の止揚を「人類協同社会の真の様式」に求めることにおいては軌を一にする。

それでは、北の場合、如何なる論理によって、「純正社会主義」なり「真の人類協同社会」なりが実現されることになるのだろうか、その論理を探ってみよう。個人を実体化する契約型の国家論に反発しつつ、社会＝国家を一つの有機体として出発した北の文脈から考えれば、「個人が実体か社会が実体か」という古典的テーマに対して純正社会主義の立場からの解答とはなにかということだ。もちろん、具体的に問われるのは、純正社会主義の中に、個人主義(個人の権威)をどう位置づけるのかということであるが、社会の第一次性を強調しただけでは偏局的社会主義(全体主義)への先祖返りになり、そうかといって、この両者の折衷による調和では、問題を止揚したことにはならない。

ところで、この「社会が実体か個人が実体か」という問題は、今日では、あまり正面から取り上げられてはいないが、哲学的にも政治学的にも未解決な重要な懸案である。そのことを、示すために、蛇足ながら、いくつかの具体例を挙げてみよう。ソヴィエトロシアは、社会主義の建設がいずれは個人の幸福をもたらすという前提の下に、まず、社会(ソヴィエト連邦)への奉仕を呼びかけたし、また、第二次大戦中の日本帝国主義の「欲しがりません勝つまでは」などという合言葉に含まれる思想も、言うまでもなく、個人の利益を未来に棚上げして社会(全体)を強調するタイプだということができる。

また、他方では、個人の利益と社会の利益を「調停」しようという動きも存在する。かつての国家社会主義という立場がそれだ。だが、この立場は、諸個人の利益の根底に存在する資本主義体制の革命を考えず、資本主義によって生みだされてきた諸個人(諸階級)の利益を国家によって調停しようとするものだった。そのため、全体の利益を優先する全体主義的、ファシズム的なものへとなっていった。

では、現代ではどうか。現代の諸国家も基本的、本質的には国家社会主義であり、資本-労働という二大階級の利害を「調停」しようと装うものであるということが出来る。最近の新自由主義にしても、ブルジョア独裁であることは言うまでもないが、労働者をはじめとする国民のさまざまな利害を調停するという作業を装うことを強いられているのだから、完全な意味での自由主義ではなく、個人主義的色彩の強い調停型国家ということが出来る。このような「社会が実体か個人が実体か」とテーマに帰着する論争は、フランス革命後の社会主義者や共産主義者間の論争のみならず、現在においてもその底流に存在している問題なのである。

まずは、哲学的・伝統的な社会実体論と個人実体論（社会唯名論）の対立の地平を一瞥して、与えられた課題への接近を試みることにしよう。

われわれ現代人から見ると、第一次実体を「個」ではなく「類」に置くという発想は極めてナンセンスに思えるが実はそうでもない。森林の比喩を手がかりに考えてみよう。森といっても樹木の集合に過ぎないのだから、個々の樹木を引っこ抜いてしまえば森は実在しない。だから、実在するのは個々の樹木であって森ではない。これが近代以降主流となっている個人主義（Individualismus）の立場である。

これに対して、森に実在を見る立場は、個々の樹木を多少切り倒したところで森は森であり、なおかつ現実の森はある種の大樹の陰、あるいは他の樹木との共生によってのみ生存し得るものも含んで成り立っている。したがって、樹木というものを個別的に取り出して問題にすることはできない。森という全体の中ではじめて樹木は樹木でありうるのだ。これが第一次実体を「類」に見る全体主義（Totalitarismus）の立場である。

この二つの立場、すなわち、第一次的な実体を個人に求めるのか、それとも社会なる全体に求めるのかという論争は近代以前から行われてきたものであるが、古代においては、アリストテレスの「ゾーオン・ポリティコン」や「ポリスは個人に先立つ」という定義を持ち出すまでもなく、社会実体論が主流であった。「国家・社会の外に存在するものは獣か神」であったのであり、つまり、個人は、第一次実体である国家・社会に規定される第二次的存在であった。また、ヨーロッパ中世においては、キリスト教、神との関係もあって「類」や「種」なる普遍が「個」に先立って存在するという全体＝類の第一次性が説かれていた。

こうした思考が大きく転換したのはデカルト以降のことである。デカルト哲学が「精神」と「物体」とを二元的に区別したとき、旧来の世界観と近代の本質的な断絶が象徴的に体現されたと言われている。物体と分離された精神が「純粋な意識作用」として、個々の人間に内在する「私の意識」とされ、そこから近代的個人が生み出されてくる。「精神」を抜き去られた自然は単なる物体とされ、個々の人間は「意識作用」の所有者として考えられ、そこから近代的な主客図式が生み出されていった。国家や社会については、ルソーやホッブスなどの、個人を社会の基本的な単位と見なし、それらの結合として社会や国家を表象するという近代的社会観・国家観がこうした流れの中から生まれ、個人は第一次実体とされ、社会は第二次実体とされるに至るのである。これが、近代の主流をなす国家・社会契約説である。

しかしながら、こうした近代と共に始まった個人主義思想は資本主義社会の本格的な成熟とその矛盾の拡大によって危機に直面することになる。周期的な恐慌、厳しくなる搾取が労働者階級をはじめとする貧しき人々の反抗を余儀なくしたからである。これがフランス革命後に登場してきたさまざまな社会主義思想であることはすでに述べたが、コントやスペンサーらの社会有機体論もそうした流れの中に位置づけられる。

北が依拠したスペンサーらの有機体論は、どちらかと言えば、体制を安定させようという側の立場からのものと言われる。それは、一方で、個人を実体化する個人主義思想には社会有機体論を対置するものの、他方では近代的個人主義の母斑も残しているという二面性を持っていることに現れている（「分化」とは個人の自由の主張であり、「同化」とは社会の成員の同質化であり全体化を意味する）。

それ故、事実問題として、スペンサーの著作が日本では自由民権論者にも国家主義的な明治国家の指導者たちにも読まれていたわけである。だから、北が、もし、こうしたスペンサーの両面をそのまま受け継ぎ、個人主義思想と有機体論との「調停」を図ろうとしたならば、言葉を換えれば、ブルジョアジーと労働者階級の利害の「調停」を考えていたならば、彼は穏健な改良主義者として終わっただろう。問題は、北がそれでは満足せず、近代的な個人主義思想の良質性を受け継ぎつつも、それを生み出した資本主義体制そのものを否定しようとしたところにある。

そうである以上、北の思想はスペンサーの思想の内部に止まっているわけにはいかない。そこで、まず、問われるのは、「社会か個人か」という伝統的な論争に、北がどのような回答を与えることになったかということである。

第二節 「個体の階級」という概念と社会主義

まずは、われわれが先に挙げた「森林」が実体か、「樹木」が実体かという議論と極めて類似した議論を、北が「アメーバ」が実体か、それともそれを構成する個々の「細胞」が実体かという問題において展開していることに注目しよう。

「顕微鏡以前に於て個体と云ふときには、個々離れ離れになりて中間に空間の存するものを一個体となすと定義し、或は一個の卵より成長したる者を一個体となすと定義するの外なかりしも、斯くしては単細胞の分裂によりて生ずるアミーバの如きは一個の卵子より生長せる者に非ざるを以て、又樹状をなして繁殖せる個々の生物が密着せる芽生生物の如きは中間に空間を存せざるを以て、一個体なるか、一個体の断片なるか、個体の集合なるか、全く何れとも定むる能はずして不明瞭極まる観念となる。即ち、個体の定義として中間の空間、或は一個の卵と云ふが如きを以て観念の基礎とすることは顕微鏡以後に於ては全く維持すべからざる臆説として棄却さるるに至れり」（一〇四頁）。

顕微鏡以後は、ある細胞と他の細胞との間に空間が存在するか否かを基準として、それぞれの細胞を個体として考えることが出来なくなったという。北はこのように生物学を持ち出すことによって個人主義と同時に全体主義の克服を図ろうとしているが、これは、私が、先に、森林と樹木の比喩を持ち出し、全体と個の関係の問題を説明しようとしたことと全く同様である。森林が実体か、樹木が実体かという問題が「細胞かアメーバか」という問題に置き換えられているに過ぎないからである。

だから、もし、単純に、北が、ここから、実体は個々の細胞ではなく、全体が第一次的実体だという結論を導き出すのであれば、われわれは、北を単なる全体主義者だと規定しておけば済むであろうし、逆であれば、近代 - 個人主義者とすればよいことになる。しかし、北にとって社会主義とは、全体を実体として考える「偏局的社会主義」もまた個を実体として立てる「偏局的個人主義」もともに止揚したものでなければならない。苦悩する北がここで持ち出してくるのが生物学者ヘッケル(註)の唱えた個体の「階級」という概念である。

（註）ここで、北がヘッケルを持ち出したからといって、直ちに、社会ダーヴィニストだとか、ナチズムの亜流だろうと早合点していただきたくはない。そのことは、「個体の階級を教へたるヘッケルにして社会主義が生存競争説によりて維持すべからざるを論ぜる生物学者大会の演説ありとは奇怪とするの外なし」（一〇四頁）と述べているのを見れば明らかである。北がヘッケルの議論から読み取ろうとしたのは、森が実体なのか、樹木が実体なのかという問題を止揚するためであった。

「茲に於て個体の階級と云ふ説明によりて、一個の個体たる単細胞生物より分裂せる無数の単細胞生物はそれぞれに無数の個体と考ふることを得ると共に、又始めの一個体の一部と云ふ点より見て分裂によりて生ぜる単細胞生物を空間を隔てて分子とせる一個体と考ふることを得るなり」（一〇四頁）。

つまり、個々の細胞をとりあげて考察すれば、個々の細胞が実体といえるが、それを全体の一部をなすものと考えれば、全体が実体であり、個々の細胞はその部分に過ぎないというのだ。これは、わけの分からない逃げ口上に過ぎないようにも見えるが、北としては、個体を実体化することも、また全体を実体化することも避けたいのである。すなわち、個々の細胞それぞれが、われわれに対して実体として映現（Erscheinen）してくるのは、そうした視角で見るからであって、われわれが別な視角から見れば、アメーバ全体が実体としてわれわれに現れてくるというのだ。

すなわち、北は、どちらが実体であるかという論争を、それを観察するものとの相関関係に置いたのである。言い換えれば、存在は、物自体は、そのままの姿では現象はしないで、それを観察するものの立場と相関するという関係主義的な構図に踏み込みかけたのである。それ故、「正義は時代とともに変遷する」とも述べ、実体論的な世界了解から脱皮の兆しさえ見せたと一応のところは評価することが出来る。

周知のように、廣松渉はその四肢的構造論において、認識主体とその認識対象の関係を問題としている。ごく大雑把にその議論を紹介すれば、認識主体（能記）は認識対象（所与）を単なる「個体としての私」が、あるものとしてその所与を認識しているのではなく、ある文化や社会や言語社会の一員の「誰かとしての私」（jemand als Ich）が、その所与を「それ以上のあるもの」（etwas als mehr）と認識しているのだと説いている。この四肢的構造論から、北の議論を考えれば、北の捉える「アメーバ－細胞」という所与は、あるときはその所与をアメーバとして認識し、あるときは細胞として認識するわけであるから、認識主体である私、つまり、「誰かとしての私」が「誰かXとして」の場合にはアメーバとして認識し、「誰かYとしての私」の場合には細胞として認識しているということになる。

このことが意味することは、認識主体が、恒に、一見、単純に見えるアメーバの観察においてさえ、ある一定の社会的文化的環境に置かれているということであり、ましてや、その対象が社会である場合においては、観察主体である自己、否、観察主体であるのみか行為主体である自己が、この四肢的関係に巻き込まれてしまっている自己なのである。

北は、このアメーバと個々の細胞の議論からもう一歩踏み込んでこのことを認識すべきであったのだが、残念ながらそれ以上は進むことができなかった。こうした「個体の階級」論を人類社会に適用しようとする段になると大きな後退を遂げることになってしまった。すなわち、個体の階級という考え方を、人類に対しても適用しようとするや否や、この認識主体の相対性は、対象の問題とされるにとどまり、認識主体である北そのものの社会認識との相関性では考えられなかったということである。しかしながら、人々がようやく「自我」に目覚め始めたこの時代にあって、北が廣松渉の関係論的視点にここまで肉薄していたことは驚嘆に値する。

「個人が一個体として意識する時に於て之を利己心と云ひ個人性と云ひ、社会が一個体として意識する時に於て公共心と云ひ社会性と云ふ。何となれば、個人とは空間を隔てたる社会の分子なるが故に、而して社会とは分子たる個人の包括せられたる一個体なるが故に個人と社会とは同じき者なるを以てなり。即ち、個体の階級によりて、一個体は個人たる個体としての意識を有すると共に、社会の分子として社会としての個体の意識を有す。更に換言すれば、吾人の意識が個人として働く場合に於て個体の単位を個人に取り、社会として働く場合に於て個体の単位を社会に取る」（一〇五頁、傍点筆者）。

ここで、まず、注目して欲しいのは、先の引用文とこの引用文との若干の、しかしながら重要な相違である。アメーバと細胞の場合は、観察者の立場によって、個々の細胞やアメーバ全体が実体として映ずると述べていたが、人間社会を論ずる右の一文では、「個人と社会とは同じき者」なるが故に、あるときは個人が実体とされ、あるときは社会が実体と映ずるのだと断定している点である。つまり、この断定によって、個人が実体でも社会が実体でもなく、「個人＝社会」が実体だという立場に北は立ってしまった。いわば、観察主体である北一輝は、社会という関係に内在する「誰かとしての私」という立場を超えて、一気に、客観的に「正しい」立場なるものに移行してしまったのだ。その上で、社会内の諸個人の体質をも「個人と社会は同じき者」としてしまったのである。

その人の立場によって、「同じ事物」がどのように異なった映現（Erscheinen）の仕方をするかという観点（プロレタリアートと資本家では同じ事物が異なって映現する）が消えうせ、事物の真実在がいきなり姿を現してしまったわけだ。そして、この視点から、過去の人類の歴史を観察したとき、冒頭において述べたような「偏局的社会主義」「偏局的個人主義」という規定が生み出され、「社会民主主義は社会の利益を終局目的とすると共に個人の権威を強烈に主張す」（一二〇頁）とあるように未来への展望が「真実」として主張されるという構図になる。

こうした純正社会主義の地平から見たとき、言い換えれば、「個人と社会とは同じき者」という地平に立つならば、近代以前においては「偏局的社会主義」が、近代以降は「偏局的個人主義」が、それぞれ支配的であったと言えるが、しかし、この両者は同じものなのだから互いに入り混じったものとして現象していたということにもなる。すなわち、偏局的社会主義の時代においては「個人」は押さえ込まれ、逆に、偏局的個人主義の時代には、「社会」は希薄化されていたが、そうした体制の中においても、それぞれ、個人主義ないしは社会主義的な要素が存在していたということになる。北は、この個人としての意識を「個人的利己心」と、社会としての意識を「社会的利己心」と呼び、また、近代以前＝偏局的社会主義の時代において、「社会」が強調された理由を社会進化と結びつけて説明する。

「斯の個人的利己心も社会的利己心も共に等しく軽重あるべからず。而しながら其等の利己心が一は個人の者にして他は社会なるが為めに、而して人類は特に社会的団結によりて他動物を凌駕し社会的団結を単位として他の単位たる其等と競争し来りしが為めに、社会的利己心のより多き必要よりして殊更に公共心、社会性、道徳的本能、神の心等と命名せられて特別に重き地位に置かるるに至りしなり」（一〇五頁）。

個人の利己心と社会の利己心は、本来、同じものであるはずだが、人類の進化が発展途上にあった段階にあっては他動物や他の人間集団との競争が第一であり、社会的利己心が重視されざるを得なかった。だが、こうした偏局的社会主義の中にあっても、「個人＝社会」という原理が、諸個人の「分化」という形で人類の進化の中で貫かれていたというのである。その「分化」はすでに第一部で述べたように、近代以前の社会においても同化にともなう分化としてはじまり、暫時、全社会に広まっていった。

「社会の進化は凡てのことに於て直ちに全分子に及ばざる如く、個人の自由につきては先づ其の一分子たる皇帝をのみ進化せしめて君主国となり、更に其の進化を少数分子に拡張せしめて茲に貴族階級に及びて貴族国となり………。個人の権威が始めは社会の一分子に実現せられたる者より平等観の拡張によりて……全社会の分子に拡張せしめて……『個人の自由は他の如何なる個人と雖も犯す能はず』と云へる民主主義の世となれり」（一九〇‐一一頁）。

このように、一応のところ、北は、その内部においては同化と分化という論理を内包している社会の発展を軸にして、言い換えれば、「社会と個人は同じき者」であるという視点から古代・封建制から近代への移行を捉えたのであるが、それでは、近代から「純正社会主義」への移行についてはどうであろうか。

「個人と云ふは社会の一分子にして社会とは其の分子其のことなるを以て個人即ち社会なり。之れを偏局的個人主義時代の機械的社会観の如く個人のみ実在の者にして社会とは其の個人の集合せる或る関係若しくは状態な

り と解しては、個人は目的たるべし手段たるべからずの言は異議なしと雖も、個人が社会の分子として社会其者たる以上は個人の目的は即ち社会の目的たるべきなり」（一二〇頁、傍点筆者）。

すなわち、個人は社会の分子である以上、本来、個人と社会は同じものであるけれども、近代においては個人が実体として扱われ、社会がそうした独立した個人の集合もしくは関係だと表象されている。しかし、これは誤りであり、個人の目的と社会の目的は一致させられるべきものなのだ。だから、その対立を止揚するものとして、「個人の目的は社会の目的たるべし」といった「当為」が持ち出されてくるのである。こうして、純正社会主義と労働者および大衆の関係は社会進化の方向を明確に把握している者と個人主義を抜け出せないでいる者との間の「啓蒙」ないしは「外部注入」の問題にされてしまうのである（労働者階級と社会主義の関係は次章において詳細に論ずる）。

第三節　北‐プルードンとマルクス

ここで、われわれは、北と同様に歴史を三段階に分けて、「真の協同社会」を人類の次の段階としたプルードンの議論を北の議論と簡単に比較して見ることにしよう。すでに述べたことだが、プルードンは北とは正反対に、個人主義の貫徹として未来社会を夢想する。彼によれば、互いの労働成果が、契約に基づいて交換されるという交換的正義を基準として行われるものだとして、これを原理として社会経済システムの改革を企てる。

プルードンのいう交換的正義とは、人と人との関係を律する自然的な法であり、サーヴィスにはサーヴィスを、生産物にはそれと等価生産物をその代償として与える契約によってなされるものであり、自由なる人格を前提したものである。

「契約とは、二人あるいはそれ以上の人間が、ある範囲、ある期間内で交換とよばれる産業的力を自分たちのあいだで組織することに同意するための行為である。したがって契約を結んだ人間は相互に義務を負い、一定量のサービス、生産物、利得、義務などを相互に保証しあい……提供」しあうものである。「契約者には、各契約者にとって現実的で個人的な利害というものが必ずある。だから一人の人間が代償なしに自分の自由と収入を減らすという目的で契約するなどというのは矛盾である」(『一九世紀における革命の一般理念』、訳文は河野健二編『プルードン・セレクション』、一五五頁)。

この原理から見れば、土地の占有に基づく地代、金利生活者の利子などは、何らかの労働に基づく対価ではないのであるから、「財産は盗みなり」ということになる。さらに、労働賃金および資本家の利潤について言えば、労働者一人が一〇〇〇日で行う労働の成果と一〇〇〇人の労働者が一日で成し遂げる労働の成果を比較し、後者の成果が前者より圧倒的に巨大であると述べ、資本家の搾取をこうした労働者の「集合力」の占有の結果であると断ずる。こうした議論に基づき、各工場の生産協同体化や労働者の自由なる契約に基づいた新たな協同体の設立が目標とされ、それらを円滑に運営させるためには、無利子、無担保の人民銀行の創設も目論見られることとなる。

プルードンによれば、このような交換的正義に基づく社会が「真実の社会」なのであり、それは、一般に社会と呼ばれている「公認の社会」の深部に存在しているものとされる。

「正義はその本性からも、その形式においても、交換的である。社会が諸個人をこえて、諸個人の外に存在するとは考えられないし、社会が共同体のなかで生まれるとも考えられないから、社会は、諸個人によってしか存在しない」「真実の社会とは生きた社会であり、絶対的で不変の法に従って発展する社会であり、われわれが社会とよんでいるあの束の間の腐敗したかさぶたをその生命によって支えているものなのである」（プルードン『手帖』、河野健二編前掲書、一二六－九頁参照）。

こうしたプルードンの議論からも、われわれは、北との共通性とその相違を読み取ることができるだろう。北の「個人と社会とは同じき者」という原理は普遍的な人間社会の原理であり、プルードンの「真実の社会」も同様であるが、プルードンの場合は交換的正義という個人主義の原理的貫徹の立場から、「真実の社会」を考えるのに対して、北は、「社会と個人が同じき者」という立場から社会主義を考えているのである。言葉を換えて表現すれば、北は社会唯名論と社会実体論の対立を社会実体論の立場から止揚しようとし、プルードンは、この対立を個人実体論（社会唯名論）の立場から超克しようと試みているわけだ。

しかしながら、この両者ともに、一方の立場に立ちつつ他方の止揚を試みているのはたしかだが、社会唯名論と社会実体論の対立の地平そのものを超えたものではなかった。北の場合で言うならば、「社会と個人が同じき者」という社会実体論的な立場を現実の社会へ押し付ける形で「止揚」が図られるのに対して、プルードンの場合は、個人主義に基づく「交換的正義」が「真実の社会」には貫かれているとして、個人実体論を社会に押し付ける構造を取っている。

こうした構造をこの両者ともとらざるを得なかった根底には、それぞれが認識主体である自己の立場を絶対化してしまっていることに起因する。本書の主題である北の場合を取って見よう。

私は、すでに、同じ事物がその認識主体にとって異なった映現の仕方をすることについて触れておいたが、そのことは、その認識対象のみならず観察者の位置にもかかわるのである。北は、「個体の階級」を論ずる際に、アメーバが実体か個々の細胞が実体かを問題にし、観察者の視点によってアメーバなり細胞が実体として映現するというところまで到達した。つまり、対象が何であるかは観察者との相関関係で決定されるということの一歩手前までは至った。

しかしながら、その観察者の位置をそれ以上、問うことなく、すべてを対象の本質なるものに帰着させてしまった。個人と社会の問題で言えば、「個人と社会とは同じき者」というのがそれで、これを社会の原理としてしまい、それと同時に、観察者の位置もその社会内在的なものとして問われることなく、上空飛翔的に社会の外部に立つものであり、真実を知るものとしてしまった。ところが、この観察者そのものも社会関係の内部に存在する主体なのであり、ブルジョアジーとプロレタリアートの闘争もそれを観察する理論家も、ともに、存在被拘束的な関係内在的な存在者であることは免れないのだ。

社会唯名論と社会実体論との対立という地平は、実は、こうした社会外在的な立場からの視点を抱くもの相互の対立に過ぎない。マルクスは、『フォイエルバッハテーゼ』およびそれに続く、エンゲルスとの共著『ドイツ・イデオロギー』によって、人間の存在被拘束性を指摘し、こうした社会唯名論と社会実体論の地平そのものを越えたのである。マルクスは「人間的本質」なるものを抽象物と見なすことによって、社会や個人を実体化することを拒否し、それらを、社会的関係というものへと非実体化している。

> 「フォイエルバッハは、宗教の本質を人間的本質のなかに求める。しかしながら人間的本質なるものは一個の個人に内在する抽象物なのではない。本当は（in seiner Wirklichkeit）社会的諸関係のアンサンブル[註]（Ensemble）なのである」（MEW. Bd. 3. S. 6　訳文は筆者）。

この一言でもって、北の「個人と社会とは同じき者」だという「抽象物」も、また、プルードンの主張する「交換的正義」なるものが人間には内在するという議論も共に否定されていることが窺われるだろう。マルクス・エンゲルスは個人を実体とみなすことも社会を実体とみなすことも共に否定し、人間的本質を社会的諸関係のアンサンブルと規定したのだ。

(註) アンサンブルというフランス語は、いうまでもなく、ドイツ人であるマルクスにとっては外来語である。総体とか、全体とかを意味するドイツ語ではマルクスの意を尽くせないということから、このフランス語を用いたのであろう。

「社会的諸関係のアンサンブル」というのは、さまざまな社会的諸関係が諸関係として作動しつつ、全体としてはあるまとまりを呈しているということなのである。だが、この社会は決して調和が取れた音楽の如きアンサンブルなのではなく、矛盾と闘争に満ちた社会なのだ。

このように社会を何等かの原理が、たとえば、プルードンのように交換的正義が、また、北のように「個人と社会とが同じき者」が作動しているものとは考えず、ただ、アンサンブルとしての社会関係が、それ自体で運動しているものと考えるならば、人間の本質や何らかの原理からではなく、そのアンサンブルとしての社会の運動の中で労働者の在り方が見えてくる。そして、それと同時に、その労働者の運動の行き先も見えてくるというのがマルクスの立場である。(註) これが廣松渉のいう有機体的全体主義とも機械論的個体主義的立場とも異なる聯関論的統体主義の立場である。

(註) 廣松渉は人間的本質を社会諸関係のアンサンブルとして捉えるマルクスの立場に関して、以下のように述べている。「旧来のヨーロッパ的『人間 - 社会観』は三つの類型ないしは三つの極を立てて類別することができるように見受け

られる。①機械論的個体主義、②有機体的全体主義、③聯関論的統体主義の三つがすなわちそれである。①が近代ヨーロッパの典型的な人間‐社会観、②は古代・中世の主流であり、近代ではファシズムが典型、③はマルクス主義が典型であるといえよう（ヘーゲルは②と③との中間というよりも、両者のあいだを動揺している）」（『マルクス主義の理路』、二八四頁）。

たとえば、マルクスは『ドイツ・イデオロギー』で、個別利害が分業によって生み出されることに触れたうえで、この分業の中から他の諸階級を支配する階級が生み出されることを記す。つまり、アンサンブルとはこうした分業をはじめとする生産関係を軸とするさまざまな社会関係、すなわち、利害の対立を含んだ社会的諸関係の全体のことである。そして、その指揮権をめぐって階級闘争が闘われているということになるのだ。『ドイツ・イデオロギー』は次のようにいう。

「特殊利害と共同利害の矛盾の中から、共同的利害が国家として自立的な姿態を取るに至るが、それは、個々および総体の真実の利害とは切り離されたものであり、それと同時に、幻想的な共同性が生み出されるに及ぶのである」（廣松渉編『die deutsche Ideologie』, S. 35. 訳文は筆者）。

「国家内部における一切の抗争は、民主制と貴族制と君主制との間の抗争、選挙権のための抗争、真理のための抗争などなど、これらはさまざまな諸階級の現実的抗争がそういう形態をとって行われる幻想的な形態である」（同）。

人間的本質が社会的諸関係のアンサンブルというマルクスの規定は、したがって、人間が生存するための対自然、対社会という関係性を含むと同時に、右に述べたような利害関係の対立の関係なのである。社会をこのように諸関係の総体と見る立場は、プロレタリアートとはその関係の内部で生まれてきた階級でありながら、既存の関係性そのものを破壊しない限り自己の解放が勝ち取れない存在として位置づけられるとともに、その闘争の観察者であり理論家であるマルクス自身をも、その関係に内在するものとして位置づけられることとなる。

「共産主義というのは、僕らにとって、創出されるべき一つの状態、それに則って現実が正されるべき一つの理想ではない。僕らが共産主義と呼ぶのは現実的な運動、現在の状態を止揚する現実的な運動だ。この運動の諸条件は、今日現存する前提から生ずる」（廣松渉編訳『ドイツ・イデオロギー』日本語訳版、三七頁）。

これは、エンゲルスの基底稿に対するマルクスの欄外への書き込みだが、「僕ら」とは言うまでもなく、マルクス・エンゲルスを含む労働者階級全体の運動を指していることは自明であろう。マルクスにとって理論とは、それ故、社会的諸関係の一部でもあることをも自覚しつつ、そのアンサンブル全体を射程に収めたものであるということになる。

こうしたマルクスの視点から見たとき、北の社会有機体論・進化論に基礎を置く社会主義論は、有機的全体主義的なファシズムだとまでは言えないとしても、現実の運動の内部から発想されたものでも、また、社会をアンサンブルとして把握したものともなりきってはいない以上、ある種の空想的社会主義だということになるだろう。

それでは、プルードンはどうか。プルードンの場合は、北とは逆に個人実体主義に基づくものではあるが、それはブルジョア社会内部の自然発生的なプロレタリアの運動の初期的形態と結びついており、その限りでは、プロレタリアートの運動の一部として評価されることとなるが、他方では、ブルジョア的な思考形態の延長でもあるとして批判の対象とされることになる。（註）

（註）マルクスのプルードン評価が二面的であるのはこのためだ。マルクスは、一方でプルードンの著作を「プロレタリアの科学的宣言」と書くと同時に、国民経済学的な枠内における疎外の克服に過ぎないと述べている。

われわれは、本章において、社会実体論と社会唯名論に対して北がどういう立場に立っていたかを確認するために、プルードンならびにマルクスと不充分ながら対比させつつ問題を展開させてきたが、次章においては、北の社会主義へと至る階級闘争と党の関係の問題をとらえ、第三章においては、彼が唱える建設されるべき社会主義の問題を労働価値説との関連で論ずる予定である。

付記

廣松渉が「〈近代の超克〉論」を『流動』に連載し始めたのは七四年のことであったが、私がそれを通読したのは、八九年に講談社学術文庫に収められてからのことであり、再読し、それに対する私の見解を曲がりなりにも持つことが出来るようになったのは、氏の逝去後のことである。身近な人の偉大さはその人が亡き人となった後に知るというが、私にもそれがあてはまる。

考えてみれば、私が、廣松さんと知り合ったのは、まだ私が在学中のことであり、それ以来、三十年余りにわたって廣松さんに助けられ、教えられて今日に至ったのであるから、私の人生の半分以上は彼の影響下にあったといっても過言ではない。しかしながら、私は他に言葉がないので「教えられ」と書いてしまったが、実のところ、廣松渉の学生でも、また、学問上の正式の弟子でもないのである。だから、私は殆ど廣松渉の哲学的言説に直接触れたわけではないのであり、影響を受けたのは、新左翼の活動家であった時代やその後の雑誌『情況』の編集に携わっていた時代における対人関係や党派問題の処理の仕方などの日常的な活動を通してのことである。それゆえ、もう少し真面目に廣松哲学に触れておけばよかったと、今更のように思うのである。

そのような私ではあるが、廣松渉の「関係の哲学」に対する私の見解をここでまず述べさせてもらうと、廣松哲学の基本的なモチーフの一つは「個と全体」の対立の地平をどう止揚するのかということであり、また廣松渉のマルクス主義の捉え方や物象化論にしても「個人主義」対「全体主義」の対立の地平を批判することによって、それらを超克しようとするものであったということになる。

そうした視角からすると、近代的主客図式批判やそれを含んだ人間主義的マルクス主義批判については、数多くの書を廣松渉は著しているが、その対極にある「全体主義」批判については、前掲の「〈近代の超克〉論」以外には、欧州のファシズムを論じた「全体主義的イデオロギーの陥穽」(『マルクス主義の理路』所収)しか、少なくとも私の知る限りでは扱っていない。それだからこそ、二・二六事件や北一輝に関する論文を書こうとした際に、廣松渉は北に関してどのように見ているのかを期待しつつ再読したのであるが、同書が『文学界』の「誌上座談会」や京都学派を中心に扱っているため、北については二・二六事件以後になされた「二・二六事件聴取書」からの引用がなされているだけで、北の思想分析を行ってはいない。

私は大変残念だと思った。というのは、北の『純正社会主義』は関係論的な視点への萌芽を含んだものとして読むことができると思ったからである。こんなことを言うと、また、廣松さんに私の思い込みの強さを指摘され、「別な見方からするとね」などと「学知的」視点から私はたちどころに「当事主体」(für es)とされてしまうのではないかと懼れつつも、それが聞きたくてこの一文を記しているのである。いわば、この原稿は、廣松ゼミのレポートであるのかもしれない。

したがって、私の分析の視角は北一輝を関係論的なマルクス主義の萌芽と位置づけることができるか否かであった。自立的な諸個人がまずあって彼らが社会関係を取り結ぶのではなく、社会関係が第一次的に存在し、その関数的関係の項として諸個人が存在するということになっているか否かである。このことを否定的な言い方で表現すれば、北の「個人‐社会」関係論は「個」をも「社会」をも実体化しているか否かを見極めることにあった。その結論は、すでに述べたように、接近はしているが、肝心なところで失敗に終ってしまったということである。

そこで、次なる課題は、北のこうした欠陥が、その労働者論や社会主義論にどのように影響を及ぼしているかを見定めることとなってくる。こうした視座を抜きにした北一輝批判では、田中惣五郎などのような、北には労働者階級の魂がないなどという、あたかも、自己がそれを有するかの如き批判にしかならないからだ。批判とは自己を高めるものであると考えるので、あえて、廣松渉を多用しつつ、われわれの立脚する立場を私なりに深めようと考えている次第である。

第二章　社会主義とプロレタリアート

第一節　「労働説」と「全体」主義の視点

個人としての個人の意識が生じ、イデオロギーとしての「偏局的個人主義」が支配するのは、言うまでもなく、近代に向かい始めてからのことである。北はこの個人主義を社会主義の前提として評価して次のように言う。

「社会主義は固より個人主義と根本の思想に於て相納れざるものなりと雖も、個人主義の理想が如何に文明史の潮流を指導して流れつつありしかを考ふるならば個人主義の尊厳なる意義につきて決して不注意なるべからず。……仏蘭西国民が天賦の平等を論じてマルセーユ城に突貫せしに至るまで個人主義は実に革命思想の源泉なりき。これ理由あることなり。個人主義は之を説明の理論としては誠に一の臆説に過ぎずと雖も、理想として考ふるならば、或る高貴なるものを有す。社会の組織は自由の活動を理想とすることに於て進化すべく人類の幸福は万人の平等を理想として達せらるべし」（九頁）。

近代革命とは個人を無視する偏局的社会主義を打破して、個人が自由独立を勝ち取った輝かしき革命であり、社会主義も「平等」と「自由」というその理想と伝統を受け継ぐものであることが語られるが、その一方、その個人主義に対しては、説明の原理としては「臆説」に過ぎないとする。北が言おうとするのは、個人主義がもたらした自由と独立の精神をはじめとする近代精神については評価するが、個人主義イデオロギーに基づく社会理論は社会を有機的全体として捉えていないから誤っているというのだ。

それでは、社会主義を建設する上で、どこが誤っているのかというと、その槍玉に挙げられるのは、「労働の果実は労働せるものの所有なり」という「労働説」である。もちろん、北といえども労働説が近代革命に際して果たした重要な役割については認めてはいる。

「この労働説による所有権の要求は中世の封建諸侯の掠奪に対して市民の商工業を保護し、更に占有説によりて立てる国王貴族の土地所有権を打ち消して唱へられたり。彼の革命の大破裂に於て掠奪によりて得たる彼等の土地財産を転覆せるものは、実に此の労働の果実は労働せるものの所有なりと云ふ労働説が占有説の掠奪を否認したる者なり」（二五頁）。

しかしながら、その近代革命によって、資本主義制度はよりいっそうの発展を促され、貧富の差は拡大され、大きな社会的不平等を招くに至ったわけで、資本主義を打倒しない限り真の自由と平等な社会は生み出されない。ここに北の社会主義論もその出発点をもつ。だが、その実現は、「個人の労働の成果は個人の所有なり」という「労働説」の延長からではできないというのだ。

初期社会主義運動の主流が「労働の果実は労働せるものの所有なり」というイデオロギーを徹底化する方向に向かったことはすでに述べてきたところだ。プルードンは、近代革命によって明確にされた自由の理念を貫徹させ、それを基軸として平等な社会を実現しようとして、交換的正義を中心にした労働の価値がそのまま通用する社会を考えた。それに対して、つまり、こうした個人主義的な思想に基づいて主張される社会主義に対し、北は機械の発明という歴史的事実を持ち出す。すなわち、生産が機械による社会的生産となっているという事実に社会主義思想は基づくべきだと主張する。

「個人的労働によりて個人の所有権が神聖なる時代は歴史に葬られたり。社会的労働の今日、社会のみの所有権が神聖なり」（一二五頁）。

「農夫の有する一丁の鍬、大工の持てる一振の斧は固より彼等が勤倹貯蓄の結果なるべし。山と河に分かれて働きし翁媼の昔話の時代に於て、アダム、イヴの労働を命ぜられたる時代に於て、勤倹貯蓄は実に資本の源泉なりき。而しながら機械発明以後の資本は斯る個人的労働の資本とは流れ来る所の水源を異にす」（一一五頁、傍点筆者）。

断っておきたいのは、だからといって、北は、「労働説」によって生み出された近代の理念や個人の独立を否定するわけではない。ただ、その基礎にあった個人主義、「労働の果実は労働せる者の所有なり」という労働説そのものは否定しなければならないというのである。そこで持ち出されてきているのは、「社会的労働」という概念であり、「機械の発明」という歴史的事実であるが、注目すべきは、「機械発明以後の資本は斯る個人的労働の資本とは流れ来る所の水源を異にす」ると述べている点である。

一見すると、機械の発明以前には、「労働説」が現実の諸関係を律しているような社会、つまり、独立自営農民や独立した手工業者の社会が存在し、そこでは価値どおりの交換が行われており、そうした社会において、機械が発明されて資本主義が生まれたかのような印象をこの引用は与えかねない。だが、北の言いたいことはそのようなことではない。そもそも、社会有機体論の立場に立つ北が、原始時代（アダムとイヴの時代）においても、独立した個人なるものが存在し、その勤労によって資本が生み出されたなどとは考えようともしなかったはずである。
要するに、ここで言われている「労働説」とは、そうした社会が存在したと仮定するフランス革命当時の社会主義イデオロギーのあり方の一つを指しているのであり、それの延長線上には機械発明以後の社会主義革命はあり得ないと言っているだけだ。
それでは、そうした「労働説」や「機械」が生み出された歴史的根拠をそれぞれ北はどこに求めているのであろうか。まずは、「労働説」に関してだが、すでに見たように、これはイデオロギーの一つであり、したがって、社会の道徳や倫理などのいわゆる上部構造に属するということである。

「社会と云ふ大なる個体の生物が其の生命を維持せんが為めに経済状態の異なるに従ひて其の組織と、及び組織を繋ぐ道徳とを其の目的に従ひて其れ其れ変化せしむるは当然のことなり。……故に道徳の進化と云ふことは社会の進化と云ふことにして社会の進化と云ふことは経済状態の進化と云ふことなり。是を以て道徳の進化を見る倫理史と社会の変遷を察する政治史とは凡て経済状態の時代的考察によりて解せらる」（三〇四頁）。

この北の唯物史観的な考え方から、「労働説」を定義するとすれば、それは社会の道徳や倫理といった上部構造的なものに属するもののことであり、「社会と云ふ大なる個体の生物」の経済進化の一定の段階が生み出したものだということになる。だが、経済の進化については、機械の発明を除いては殆ど説明されてはいない。[註]

（註）　なぜ、北が機械文明にのみ目を奪われたのかについては、明治という時代、急速に機械文明が日本に流入した時代の特色の反映と考えるべきであろう。ちなみに、田添鉄二の『経済進化論』（一九〇四年、平民社）は、生産に用いられる労

力の問題を中心に、歴史を、動物の力の利用の段階、他の人間の奴隷化による労働力の調達の段階、機械による労力の節減の段階と分類し、人類の経済的進化を問題にしている。この田添の影響もあって機械の発達に北の関心が注がれたと思われる。

それはともかく、「社会と云ふ大なる個体の生物が其の生命を維持せんが為め」に、社会が経済状態を進化させ、機械を生み出したとしている点は注目されるべきだろう。

「一つの蒸気機関に於けるワットの個人的効果は其の機械を組み立つるに用ひられたる全知識の百千分の一にも過ぎず――故に個人主義は非なり。真に法律の理想によりて円満なる所有権を主張し得るものは、其等個々の発明家にもあらず、其の占有者たる階級の資本家にもあらず、又その運転を為しつつある他の階級たる今の労働者にも非ず、只歴史的継続を有する人類の混然たる一体の社会のみ。機械は歴史の知識的積集の結晶物なり。機械は死せる祖先の霊魂が宿りて子孫の慈愛のために労働しつつあるものなり」(註)(二一六頁)。

(註) ワットの蒸気機関というものをここで持ち出してきていることからみても、北が日本という一地域ではなく、人類世界というものを基礎において発言していることは明らかであろう。

機械が人類の社会的-歴史的産物であるということを指摘する限りでは、マルクスの唯物史観とも共通性を有することは否定できない。ともに、社会を一つの全体として扱っている点では、北の有機体的全体主義もマルクスの聯関論的統体主義も共通した側面を持っているからだ。『ドイツ・イデオロギー』は言う。

「彼(人間)をとりまいている感性的世界は……産業と社会状態の産物であるということ、しかも、感性的世界は歴史的産物であり、活動の成果であるという意味でそうなのだということを。それは、世代から世代へと続く一系列全体の活動の成果であって、世代の各々は先行する世代の肩の上に立ち、その産業と交通を拡張し、変化した欲求に則ってその社会秩序を変容させてきたのである」「歴史は個々の世代の連鎖に他ならず、どの世代も先行の全世代から遺贈された原料、資本、生産諸力を利用する」（新編輯版『ドイツ・イデオロギー』、小林昌人補訳、四四、七六頁）。

マルクス・エンゲルスの場合は、産業と社会状態を発展させていく基礎は「先行する世代」の活動の成果だとされているが、北の場合も、機械というものに限定されてはいるものの、産業を発展させていく根底には、「歴史的継続を有する人類の混然たる一体の社会」が置かれている。両者ともに歴史を進化する全体として考えていることにおいて同じような構図を有している。さらに、北の有機体的全体主義とマルクスの聯関論的統体主義が同一な構図を示している例を挙げてみよう。現代の労働者に対するこの二人の見解である。

北一輝――「奴隷制度！　鎖と鞭とあるもののみが奴隷制度にあらず。法理的に云へば人類の人格が剥奪されて他の同類の自由なる生殺の下に在るを名づく」（七頁）。

マルクス――「賃金労働者は、ある時間を無報酬で資本家のために（したがってまた剰余価値にたかる資本家の伴食者たちのために）働くかぎりで、自分の生活のために働くこと……を許されるのだということ……したがって賃労働制度は一つの奴隷制度であり、しかも……労働の社会的生産力の発展につれてますます苛酷なものになる奴隷制度である」（『マル・エン全集』、一九巻、二五－六頁）。

このように、両者ともに労働者階級を奴隷として規定していることに共通点がみられる。また、貨幣に対する見方においても同じである。

北一輝――「貨幣の本体たる黄金が光輝ある物質なるが故に珍重さるるは本来の意義にして野蛮人はこの意味に黄金を使用す。然るに黄金が貨幣に用ひらるるに於ては単に光輝ある物質と云ふ意味にあらず又単に他の物質の代表と云ふ意味にも非らずして黄金の代表する者は実に人生其者の価格なり。一片の黄金の中には、生存の安慰籠り、疾病の平癒籠り、家庭の快楽籠り、子女の教育籠り……良心の独立、政治の自由、公共の活動、知識、品性、権力、名誉の源泉、実に一切人生の意義籠れるなり」(四四頁)。「社会主義の実現されて人生の価格が黄金によりて評価されざるに至るも、尚黄金が人生と同一なるメートルを保つと考ふるならば憐むべき思考力なり」(四五頁)。

マルクス――「社会的生活過程の、すなわち物質的生活過程の姿は、それが自由に社会化された人間の所産として人間の意識的計画的な制御のもとにおかれたとき、はじめてその神秘(商品–貨幣の呪物的性格)のヴェールを脱ぎ捨てるのである」(『資本論』マル・エン全集、二三巻a、一〇六頁、カッコ内は筆者)。

私は、これまで、資本主義社会を捉える際のマルクスと北の類似点を、三点にわたって挙げてみた。すなわち、一、機械を用いた生産が行われているが、その機械は人類の歴史の成果であるということ、二、労働者は奴隷と等しい状態に置かれていること、三、貨幣というものは神秘的なものとして映じているが、人間の意識的計画的な制御を受ければ神秘なものではなくなるということ、の三点である。

第二節　プロレタリア革命と社会有機体論

こうした類似点を踏まえた上で、この両者の決定的な相違がどこに存在するのかということ、つまりは、社会有機体論からの革命とマルクス主義との相違を問題とすることにしよう。

マルクスは「賃労働制度は一つの奴隷制度」と述べて、近代の奴隷制度が賃金奴隷制度であることを明確にしているが、北には、こうした近代社会と前近代的社会の政治的区別は行われているものの、生産様式による相違の区別は見られない。なぜ、そうした認識が北には存在しないのかについては後に説明するとして、ここでは、労働者を「物格」と呼び、資本家や地主を「黄金貴族」「経済的諸侯」と呼んでいることのみ指摘して先に進もう。

「彼等（労働者のこと）は人に非らず。商品として見らる。市価を有す。この商品は魚の如く早く沽（売）らされば、腐敗するものなり。市価は需要供給の原則によりて支配せらる。法理的に云へば彼等は人格にあらずして物格なり」（七頁）。

「地主と云ふ黄金貴族は土地を私有して吾人を土百姓《サーフ》となし、資本家と云ふ経済的諸侯は工場の封建城廓に拠りて吾人を素町人として遇す。……武力によりて経済的源泉を掠奪せる貴族は維新革命によりて法律の上より掃はれたり、然るに今や資本によりて他の資本家と小有土農とを併呑せる経済的家長君主等は往年の其等に代りて国家の機関を自家の階級の恣に取扱ひつつあり」（三七八－九頁）。

このように、資本主義的生産の段階に至っても、北にあっては、前近代的な生産関係が残存している。労働者は「物格」として扱われる農奴と変わらず、資本家は大名と同様に位置づけられている。支配者と被支配者の関係を貨幣が媒介することになっても実質は変わらない。こうした思想が北の根本には存在しているように思われる。

マルクスによれば前近代的な関係における領主による掠奪と近代的な資本による労働者の搾取とは本質的に異なっている。近代的な搾取は商品交換関係に基づいており、それは互いに独立した生産者ということを前提にしている。こうした独立した生産者たちは、互いに自らの生産物を他者の生産物との関係に置き、自らの生産物の「価値」を測り、その比率に基づいて交換するのである。リンネルの価値は上着で測られるのであり、上着が価値に見えるのである。

価値なる概念や貨幣なるものはこうして発生する。こうした価値概念の発生とともに、価値や貨幣なるものは何であるか、つまり、その実体なるものが何であるかという問題も発生する。自らの労働生産物が他者の労働生産物と交換され得るのは、他者の労働も自己の労働も共に同質な人間労働（抽象的人間労働）であるという観念が生ずる。

この点に関してマルクスはアリストテレスが、五台の寝台が一軒の家に値するという等式からこの両者に共通するものを導き出せなかったことを挙げ、その理由を以下のように説明している。

「ギリシャの社会が奴隷労働を基礎とし、したがって人間やその労働力の不等性を自然的基礎としていたからである。価値表現の秘密、すなわち人間労働一般であるがゆえの、またそのかぎりでの、すべての労働の同等性および同等な妥当性は、人間の同等性の概念がすでに民衆の先入見としての強固さをもつようになったときに、はじめてその謎を解かれることができるのである」（『マル・エン全集』二三巻a、八一頁）。

つまり、価値表現の秘密の根底に存在するものは、諸個人の同等性が民衆の先入観として強固になった時に解かれるわけであり、その先入観によって、自らの生産物が価値物であるのは、そうした人間労働が凝固しているからという認識にまで至っていくわけである。本来的に言えば、交換という行為は、ある生産者と別な生産者の間の、互いに所持する消費財の交換にすぎないのであるが、それが、その消費財に価値が内在するが故に交換がなされるということになり、人と人との関係が物と物との関係になっていくのである。こうした観点を押さえた上で、北のマルクス批判を読んでみよう。

「カール・マークスの『資本論』が頗る遠き以前の知識なるがために其の枝葉の点に於て無数の非難を被むるべき余地ありと雖も、『資本は掠奪の蓄積なり』と云ふ大原則は引力説の如く不動の真理なり。彼が其の価格論に於て貨物の価格は需要供給によりて決定せられず之を生産に要する労働時間の長短によりて定まるとして一切の議論を建設せしがために。……長時間の労働が無用の生産に終りし時と雖も短時間の有用なる貨物よりも高き価格を有するかと云ふが如き……斯る正当なる批評に対して根拠より動揺せしが為めに、遂に資本が掠奪の蓄積なりと云ふ鉄案をも蔽はしむるに至りしことは事実なり」（一五頁、傍点筆者）。

問題とされなければならないのは二点である。「資本は掠奪の蓄積なり」としている点であり、第二は商品（貨物）の価格は労働時間の長短において決まるということを否定していることである。第一の点からいえば、マルクスならば、資本による搾取というべきことを、掠奪という言葉で語っているように、北は封建諸侯による土地の占有に基づく農民からの収奪と資本家による搾取を同列において論じている。それ故、資本家を「経済的諸侯」、地主を「黄金貴族」と呼ぶ発想が生まれてくるわけだ。

だが、こうした発想は必ずしも全面的に否定されるべきものでもない。というのは、北は、「掠奪」という言葉を用いることで、あくまでも物と物との関係ではなく、人と人との関係を基準にして考えていることが読み取れるからだ。

第二点は、「労働時間の長短」が商品の価格に影響を及ぼさないとすれば、何によって資本家が利益を挙げているのか、その利潤の源泉は何かという問題になる。この点に関して北は、次に見るように、労働者の賃金にあてられる部分は市価によって最低限に抑えられ、生産した商品も市価によって売られ、その差額が資本の利潤となるとする。

「労働者の賃銀は需要供給の原則によりて支配せらる。而して人口の増殖は労働者の供給を過多にし機械の発明は（其の事業の拡張さるる時を外にして）需要を減少せしめ、賃銀の市価をして労働者自身を維持し得る食物の市価にまで低落せしむ。資本家は此の食物の市価に於て労働者と契約し一日十二、四時間の長時間を労働せしむ。此の長時間の労働によりて得る生産物の中（必ず注意するを要す、吾人は労働の時間其者を価格となして長時間の労働によりて得る価格の中とは云はず）、労働者の賃銀たる食物の市価だけを引き去り、残れる生産物の有用なる価値を需要せらるることによりて生ずる価格は悉く資本家の掠奪する所となる」（一一六頁）。

それでは、その市価なるものを媒介する貨幣の価値は何かといえば、「黄金の代表するものは実に人生其者の価格」ということになり、貨幣には「一切人生の意義籠れる」ということになる。貨幣が価値を持つと映ずるのは、貨幣そのものが価値物なのではなく、人々が貴重なものと考えるからに過ぎない、貨幣が代表するものとは人生そのものだとするからだというわけだが、こうした北の発想も単純に誤りとして斥けるわけにはいかないだろう。

ところで、ここまで書いてきて、私は、北には価格という概念があっても、商品や貨幣に内在する価値という概念が皆無であることに気づかざるを得なかった。考えて見れば、ある商品に価値なるものが内在するという発想は、すでにみたように、互いに独立した生産者が「他者のための生産」を行うという特殊な社会的生産の形態が一般化されたときに生まれるものだからである。

「商品生産者の一般的な社会的生産関係は、彼らの生産物を商品として、したがって価値として取り扱い、この物的な形態において彼らの私的労働を同等な人間労働として互いに関係させるということにある……」（『資本論』、マル・エン全集、二三巻a、一〇六頁）。

したがって、北の発想は、その発想だけを取り出してみれば、マルクスと同様に商品経済社会に特有の物象化をはじめから免れていたとも言える。貨幣には「一切人生の意義籠れる」という発言には、そのようなおかしな話はあり得ないのだけれども、資本制社会というものは、そうした物象化された世界なのだという認識がうかがえるからである。もちろん、それで十分だったとは言えない。現実の人間はそうした物象化された世界の住人であり、問題は、その住人たちがどうやってこの世界から抜け出すかにあるのだから。

だから、この現実の社会の中で——互いに独立の生産者たちが社会的生産を行っている——北が問題としなければならなかったのは、どうして、価値なるものが存在し、貨幣なるものが人生を代表することになったのかということであった。そのことを行わなければ、貨幣もしくは商品の価値が物象化による錯視であることを指摘しえたとしても、その錯視のなかにある人間たちをその外に連れ出すことはできない。マルクスは貨幣が商品の価値尺度としての機能を果たしていることに関して、一定の鉄量が重さの尺度として機能することを例に挙げて次のように説明している。

「棒砂糖は物体だから重さがあり、したがって重量をもっているが……棒砂糖を重さとして表現するために、われわれはそれを鉄との重量関係におく。この関係のなかでは、鉄は、重さ以外のなにものをも表わしていない物体とみなされるのである。それゆえ、種々の鉄量は、砂糖の重量尺度として役立ち……重さの現象形態を代表するのである」（『マル・エン全集』二三巻a、七六－七頁）。

このマルクスの比喩のなかでは、鉄を等価物に、その重さを価値の実体になぞらえられているのだが、「とはいえ、類比はここまでである」と述べて次のように続けている。

「鉄は、棒砂糖の重量表現では、両方の物体に共通な自然属性、それらの重さを代表している――、ところが、上着は、リンネルの価値表現では、両方の物の超自然的な属性、すなわちそれらの価値、純粋に社会的な或るものを代表しているのである」（同、七七頁）。

「超自然的」で「純粋に社会的な或るもの」とは何であろうか。マルクスが言いたいのは、おそらく、以下のようなことだろう。すなわち、ある一つの商品に価値なるものが内在している、その価値の実体は抽象的人間労働であると考えることができるが、そうした想念が生じてくるのは互いに独立した生産者たちによって社会的生産が行われているからだということだ。つまり、価値の実体とされる「抽象的人間労働」なるものも社会的関係性によって生み出されたもの、言い換えれば「私的労働を同等な人間労働として互いに関係させる」ことによって生ずるものなのである。

マルクスはこのようなものとしての抽象的人間労働という概念を用いて価値形態論を展開し、貨幣形態を導くわけである。その際に、上着やリンネルを代表している「純粋に社会的な或るもの」として持ち出されてくるのが、この抽象的人間労働である。これを基準にとりつつ、諸商品間の関係的な規定として貨幣が生み出されるわけだ。

この価値の実体としての抽象的人間労働と価値－貨幣形態との関係について、廣松渉は、次のように記している。

「価値の実体といい『絶対的価値』といっても、真実態においては「関係的＝相対的」な規定である。但し、同じく関係規定といっても、それは価値形態・交換価値の次元での関係規定とは別次元であって、この形態論的・相対価値論的な次元での関係規定に対しては実体的・絶対的な規定としてそれが基礎づけを与える」[註]（『資本論の哲学』、一六三－四頁）。

（註）なお、廣松渉の『資本論の哲学』に関しては、吉田憲夫『資本論の思想』ならびに日山紀彦『「抽象的人間労働論」の哲学』も参考にさせていただいた。だが、ここで記した私の見解は、あくまでも、北一輝の社会有機体論と対比させることを主眼としたものであることを断って置きたい。

私がこのように価値実体の問題を抽象的人間労働が関係性によって生み出されたということと価値形態の問題とに二分して考えたのは、マルクスが社会主義社会（あるいは非資本主義的な共同社会）を思い浮かべつつ、価値ないし貨幣が資本主義社会において特有な現象であることを指摘していることと関連する。社会主義社会や資本主義に先行するさまざま共同体を念頭に置きつつ、資本主義社会における価値なるものを考えるならば、貨幣や商品価値なるものの神秘的・呪物的性格は消え失せ、それは人間と人間との関係が物と物との関係として現れていたに過ぎないということが明らかになる。

しかしながら、現実に存在する資本主義的生産様式とは、右に述べたような、抽象的人間労働が「価値の実体」として通用し、それがとる価値形態を基礎にした社会である。そこにおいては、労働力そのものさえも商品化され、労働者が生産する剰余価値を資本家が搾取する社会として成立している。こうした労働者と資本家の対立を基礎として、その上に、さまざまな階級や階層の矛盾を孕みつつ一つの「統体」（アンサンブル）として成立している社会なのである。

したがって、この現実の次元においても、価値を実体と考えず、それを「想念」や「人生が籠められているもの」といった形で考えるならば、その社会を超克することは観念の上ではできるとしても、世界内在的な超克ではなくなり、ある別な観念をその社会の外部から持ち込まざるを得ないことになってしまう。

北は、すでに見たように、掠奪と搾取を同一化してしまったことに現れているように、物と物との関係の世界に惑わされることがなく、人と人との関係そのものを、ある意味では問題とはしている。近代以前においては社会＝国家（人間の団結）そのものが、君主あるいは領主の所有であったから、その社会の生産物の全てがそうした支配者の所有に属していたという。そして、また、その近代国家の内部に、前近代と同様な掠奪の構造を生み出してしまったと続けているわけだ。つまり、その掠奪の構造とは、かつては全社会の私有に基づく掠奪であったが、資本制に基づくそれは社会的生産物である機械の私有に基づく掠奪であるということになる。

しかしながら、こうした掠奪の構造論からは、商品交換社会という物と物の世界における「掠奪」（搾取）の構造が如何なる論理によって合法化され、汎通的なものとなったのかということを説くことができない。労働者は「人生そのものが籠められている」貨幣が欲しいから、その労働力を資本家に市価で提供せざるを得ないのであり、この構造から脱出させるためには、いきなり、革命を説くより仕方がないという結論になる。つまり、資本家の所有する機械は全社会の社会的生産物であるから、それを社会の管理に移せという要求になる。別な言葉で言いかえれば、所有の私的形態と生産の社会的形態（ただし、北の場合には、機械による生産という意味であるが）の矛盾ということになるだろう。

北の社会主義運動論が啓蒙主義的な「外部注入」論的にならざるを得ないのはこのためである。その根源は、人間社会全体を「社会と云ふ大なる個体の生物」として把握していることに求められよう。喩えれば、蟻や蜂の社会のように人類社会をその外部から観察すれば、人間社会はその生産と生産物の分配をさまざまな方式にしたがって行っている存在である。その社会は「個人と社会は同じきもの」なるが故に、社会主義に止揚される方向に進化するべきものなのであり、そのことを主体的に担うのが純正社会主義である。

歴史や社会を一つの統一体（統体）と眺める点では、北の議論はマルクスの聯関論的統体主義と共通した側面を有するが、マルクスの場合は、社会を上空飛翔的に全体として捉えるのみではなく、同時に、それを世界内存在としてのプロレタリアートの立場からも捉えているのだ。マルクスは、歴史を生産関係に規定された社会的諸勢力の抗争の場と考えるのだから、歴史の原動力は生産関係と生産力の矛盾を体現している階級闘争であった。そうした諸勢力の闘争のアンサンブルとして全体が存在する。これは商品交換をベースとする資本主義社会においても同様である。プロレタリアートとブルジョアジーの闘争が未来を決定する。

ところで、こうしたマルクスと北との相違には、この二人が置かれていた社会が反映していたということは間違いない。

マルクスがプロレタリア階級という概念に目覚め、それを中心に歴史と社会環境を考え始めたのは、フランスとドイツの学問同盟、『独仏年誌』のためにパリに移住した（一八四三年）頃であることはよく知られている。そこで、マルクスが遭遇したのはパリのプロレタリアートの運動やその思想の余燼であった（主なものをあげると、コンシデランを中心としたフーリエ主義、『イカリア旅行記』のカベ、ルイブラン、ブランキーの残党たち、プルードンなどなど)。こうした雰囲気の中でマルクスは共産主義運動が「現実の運動である」ことを認識し、階級という概念によって歴史と現在を考察する端緒を見出したのである。

これに対して、北が、社会主義に目覚めたのは日清戦争後のことである。幕末の動乱の余波も収まり、文明開化の波が農村部にまで本格的に押し寄せ始め、封建制からの解放が実感されるに至った段階である。自由民権運動は弾圧されたとはいえ、その余燼は全国に広がり、民権の理想と国家主義とが未分解のまま各地に残存していた。一方、織維産業、軍需産業などの機械を用いた生産が途に就いたが、労働運動はいまだ微弱であり、フランスとは比べようもなかった。こうした時代の中で、北が課題としたのは明治維新の解放という側面を受け継ぎつつ、それを社会主義に如何につなげていくかということであり、そこから、自由を基礎とした個人と社会の統一という北の社会有機体論が生まれてきたということになるだろう。

次節では、こうした社会有機体論に基づく、社会主義革命論がどのようなものであるかを論ずるとともに、それと対比させる形でマルクスのそれをも併せて展開したいと考えている。

第三節　プロレタリアートの形成と党

『純正社会主義』は社会主義の理念と労働者階級の関係を直截に表現して次のように記している。わかりにくい箇所をあらかじめ解説しておくと、「此れあるが為めに労働者階級を維持する者と解すべからず」というのは、社会主義革命は労働者階級を本隊として遂行されるが、だからと言って、プロレタリアの独裁を目指すものではないということである。

「固より社会主義は当面の救済として又運動の本隊として今の労働者階級に陣営を置くものなりと雖も、此れあるが為めに労働者階級を維持する者と解すべからず、階級なき平等の一社会たらしむるのみ」（三八頁、傍点筆者）。

ここで、北の説きたいのは、社会主義とは「階級なき平等」の社会を建設することであり、その運動にとって貧しい労働者階級は「救済」の対象ではあるが、この階級が掠奪階級の地位に至ることを期待するものではないということだ。一方、社会主義は「運動の本隊として今の労働者階級に陣営を置くものなり」とも言う。労働者階級は「救済」の対象であり「本隊」であると言う。しかしながらこうした議論は大きな矛盾を孕んでいる。

労働者階級が運動の「本隊」ならば、当然、プロレタリアが指導権を握る社会が生まれてくるはずだし、「救済」の対象ならば、プロレタリアを救済する主体がそれとは別に存在しなければならない。マルクス主義の場合、いかなる極端な前衛主義者であろうとも、あくまで党はプロレタリアの前衛なのであり、運動の本隊であるプロレタリアートと完全に切り離された「主体としての党」は、事実上はどうであれ、考えられてはいない。

それでは、北の場合、なにが「主体」だというのかが、当然、問われなければならないが、それと同時に、なぜ、それが労働者階級に本隊を置かねばならないのかということも併せて考えてみなければならない。そこで、先ず、問題としたいのは、階級闘争という北の概念である。

北はプロレタリアートの階級闘争を含めて、歴史上に存在したすべての階級闘争に関して、「只社会は進化す。進化は階級闘争による」と書いているが、この概念はマルクスのものとも、また、通常のイメージとも異なっている。

「社会は其多くの分子を犠牲にして先づ上層の分子より漸時に理想を実現し、以て全分子に其実現を及ぼす（社会学者の或者は之を指して模倣による同化作用と云ふ)。故に大体の事実として上層階級の知識道徳容貌は其の階級の理想たると共に全社会の模倣して到達せんとすることに於て全社会の理想なるなり」(註)(一七七頁)。

(註) この一文を引用しつつ北を評して、田中惣五郎は、「(北は) 勤労階級の行きつく先は支配階級の容貌をもち、教養をもつ上流階級に向上することによってはじめて資本家と労働者の平等をかちうるものとした。だから労働による生産者としての尊貴性はつねに無視されているのである」(『北一輝』、八六頁) と述べている。この批評がある意味では正当であることを認めるのに私とても吝かではないが、労働者の尊貴性なるものの中身を田中が明記せぬ限り、単純な労働者主義であると断じざるを得ない。ましてや、この下層階級が上層階級を模倣して向上するという北のテーゼから、「そういえば、北輝次郎 (北一輝の本名) の容貌は秀麗であった」(同書、六七頁)、「没落した北家よ、ブルジョアジーとなれ」(同書、八七頁) などと揶揄するのを聞けば、批判のための批判であるという感を強くせざるを得ない。いわゆる「左翼」の側からの北一輝論はこの手のものが多くうんざりさせられる。

すでに、われわれは、国家論を問題とする際に、北一輝の進化論の中枢を占める「分化と同化」という概念について触れておいたが、その際、「同化」を他の共同体ないし国家の「併合」の問題として扱ってきた。だが、北は、この「同化」概念でもって、それにとどまらず、一国内の階級の「同化」をも視野に入れているのである。だから、右の一文を読んで、上層階級の「知識道徳容貌」などを下層階級が手に入れたくて闘争を行っているのだと北を浅薄に誤解してはならない。それは北の歴史観が「分化と同化」に基づくということを全く理解できていないことを意味するものだと言えよう。

北によれば、歴史は個人の自由独立の発展史であり、まず、君主が独立を遂げて「個人の権威の為めには如何なる多数を以ても敵として敢然たるべし」(一九一頁) といった「自由主義」の精神を身につけ、その精神が、貴族、武士、平民へと受け継がれていく、つまり模倣されていく。これが北のいう「階級闘争」なのだ。階級という言葉を用いてはいるが、その内実は上昇志向であり個人の独立史なのである。

しかし、この上昇志向型の「階級闘争」は、それ自身の内部に矛盾を含んでいる。というのは、「社会の進化は下層階級が上層を理想として到達せんとする模倣による。……模倣の結果は……平等なり」と説きつつ、戦国時代に例をとり、「群雄諸侯の貴族階級の君主等は平等観を血ぬられたる刃に掲げて君主と同一なる個人の絶対的自由を得んことを模倣し始めたり。……自己の自由を妨ぐる凡ての者を抑圧して個人の権威を主張せんが為めのみ！」（一九一頁、傍点筆者）とも語っているからである。

「個人の絶対的自由」のための「他者の抑圧」と「模倣による平等」――この矛盾する二つは北の内部では純正社会主義によって統一されており、統一されるべきものとしてあった。第一章で見てきたように、人間は、個であると同時に全体であるから、個々人は「利己心」と同時に「公共心」を持つものとして考えられていたからだ。下層が上層に到達しようとする「階級闘争」、言葉を換えて言えば、労働者が物化の状態を抜け出し人格を得ようとする闘争から、直接的に出てくるものは戦国大名が行ったような他者の抑圧になってしまう。だから、プロレタリア独裁は不可なのである。

「社会主義は社会が終局目的にして利益の帰属する主体なるが故に名あり。現今の階級的対立を維持して掠奪階級の地位を転換せんと考ふる如きは決して社会主義に非らず」（三八頁）。

こうした論理に基づいて、プロレタリの運動とは別個なものとして社会主義の運動が位置づけられることとなる。この社会主義は、当面のところは、抑圧に苦しむ労働者階級を救済し、その救済運動の中に自己の「本隊」を置くものではあるが、それと同一なものではないということになる。こうした純正社会主義の理論は、すでに述べてきたように、機械の所有権をめぐる議論と接続するのは見やすいところであろう。

機械を「運転」する労働者には、その成果を独占する資格がなく、その資格を有するのは「混然たる一体の社会」なのであり、その社会は社会主義者によって代表されることとなる。しかも、その社会主義者なるものは、一気に「原始的平等」を達成しようとするのではなく、社会の下層階級を少しずつ上層階級に引き上げるとともに、最終的には社会の全部分が現在以上の生活を享受できるように努めるのだとされる。

「下層階級が其れ自身の進化による階級の掃蕩にして上層階級の地位が転換されて下層となり、若しくは社会の部分中、進化せる上層が下層に引き下げらるる原始的平等への復古にあらず。……更に換言すれば、社会が其の進化に於て社会の部分を区劃して漸次に進化せしむる結果、社会の全部分が終に今日の上層、否固より是れ以上に進化するに至ると云ふことなり」(三九三頁)。

ここで、注意しておかなければならないのは、北の視線は、社会全体の生活水準の向上に注がれていることと、それが「漸次」に行われるということである。このことからすれば、穏健な社会主義路線、もしくは修正資本主義路線だと映ずるであろう。しかしながら、それは、労働者階級と資本家階級の利害を「社会ないし国家」が「調停」しようとする国家社会主義とも、修正主義的な路線とも原理的に全く異なっているのだ。

「社会主義は階級の掃蕩を計る、資本家階級と労働者階級とを対立せしめて其の上に資本労働の調和と云ふが如き補綴を以てせんとする者とは論拠其者よりして異なることを知らざるべからず。資本の労働調和を計ると云ふものは現在の資本家労働者の二大階級を永劫不滅の制度なりと認識し、其の何れかの階級が歴史と社会との生産物をより多く掠奪すべきかを争論するものにして、社会主義は此の二大階級を絶滅して『社会』が歴史的累積の知識と社会的労働とを以て得たる生産物に対して所有権を有すと云ふ者なり」（三七－八頁）。

こうした社会主義によって出来上がる社会というものは、資本家階級を残存させるものだなどという北に対する色眼鏡を除けば（階級は掃蕩されるのだから）、最終的には（というのは、平等化は漸次になされるのだから）マルクス主義者のいう社会主義と大きな差が存在しないように見える。

しかしながら、社会を関係として、階級関係としてとらえるか、それとも社会なるものの本質が社会と個人の統一体であり、その本質の実現に向かって社会そのものが進化していると捉えるのかという歴史観の相異から両者には大きな違いが存在している。それは、また、剰余価値の根源を剰余労働に求めるのか、それとも、機械という人類渾然一体の成果に求めるのかという違いでもある。

それでは、『純正社会主義』ではどのような運動論を提案しているのかを見ることにしよう。まず、第一に、この運動は労働者の救済を当面の任務とするということだ。つまり、「救済」とは、物質的な意味での労働者の地位の向上ばかりではなく、「物格」である労働者階級を近代的主体へと転化させることである。だが、それは「掠奪者」の地位に労働者が就くことを目指すものであってはならない。だから、ストライキによる賃上げ闘争は労働者の物質的地位の向上のために必要ではあるが、その延長に武装蜂起などといった直接行動による政権の奪取を試みるものではないということとなる。

物質的な地位の向上とともに、労働者を「物格」から解放し、近代的主体へと転化させ、その主体を、啓蒙によって教育し社会主義に向かって前進させるという路線、一言で言えば、選挙による政権の獲得という路線に帰着する。

「啓蒙運動は凡べての革命の前に先き《（ママ）》て革命の根底なり。社会民主々義は其の実現を国民の覚醒に待つ」（三八五頁）。

北はこのように啓蒙運動を社会主義に至る運動の中心課題だとし、さらにこの啓蒙運動を階級闘争と位置付け、階級闘争は投票という平和的な手段によるものだという。

「只社会は進化す。進化は階級闘争による。社会が今日まで進化し而して階級闘争の優劣を表白するに投票の方法を以てするに至れり。投票は最もよく社会的勢力を表白する革命の途にして、爆烈弾よりも同盟罷工よりも最も健確に理想の階上に昇るべき大道なり」（三八八頁）。

「普通選挙権の要求はこの法律戦争の為めなり。実に維新革命の理想を実現せんとする経済的維新革命は殆んど普通選挙権其のことにて足る。……『投票』は経済的維新革命の弾丸にして普通選挙権の獲得は弾薬庫の占領なり」（三八九頁）。

啓蒙と投票、この二つが社会主義に導く手段とされるのは、近代革命によって「個人の絶対的権威」＝近代的自我が大部分の国民の中に浸透し、理性でものごとを処理できるようにまで人類が成長したということを前提とする。そうした国民に対して社会主義を説けば、必ず、受け入れられるはずである。なぜならば、社会と個人とは一体のものなのであるから、諸個人は利己心を持つと同時に公共心を持つものであり社会主義は浸透していくはずだ。社会主義者の任務は、したがって、労働者階級をはじめ、ブルジョアジーを含めた全国民を啓蒙すればよいのだ。

（註）後の話になるが、『国家改造法案』においてはクーデターという暴力路線を採用しているので、北に思想的な転換が存在したと指摘する向きもあるが、これは誤解に基づくものである。というのは、『改造法案』の目指すところは中国革命の進展を勘案しつつ、不十分であった日本の民主革命を徹底させることにあったのであり、北にとって社会主義とは、あくまでも「民主革命」を前提とした上で、理性に訴えるものであったのである。これに対して、近代革命は国家と国民が人格をとりもどす革命であり、これには暴力がともなうが、社会主義革命は理性を持った社会によって行われるものであるから、基本的には、暴力によらないものとされている（本書第四部参照）。

われわれは、この節において、社会主義者と労働者の関係を「救済」の対象であるとともに、社会主義の「本隊」であるという北の発言を中心に分析してきたが、それが「啓蒙」と「投票」に帰着するのは当然だといえるだろう。なぜならば、北の資本主義論においては、労働が価値を創造するのではなく、価値の源泉は機械という「人類混然一体の成果」として社会（共同体ないしは国家）に帰属させられてしまっているからであり、さらに、北の分化－同化論から言えば、「自己の労働は自己の所有なり」という労働説は取らないものの、近代的理性や諸個人の独立は輝かしき遺産として継承されるべきものとされているからだ。一言で北を評するとすれば、近代思想に依拠した社会主義者であるということになるだろう。

第四節　「前衛」とマルクス主義の構図

私は、北の階級闘争論なるものは、個人の自覚史、分化史であること、また、そこから党とプロレタリアの関係も啓蒙する者とされる者という関係にならざるを得なかったことについて論じてきたが、次に、そうした議論との対比において、マルクスの階級闘争論ならびに党を前衛とするマルクス主義の基本的視角を問題とすることにしたい。

共産党宣言における「これまでの歴史は階級闘争の歴史であった」という発言はあまりにも有名であるが、プロレタリアートとブルジョアジーの階級闘争と歴史上の階級闘争とはどのような共通性を有するのであろうかということから論を進めることにする。

マルクスは『要綱』において「人間の解剖は、猿の解剖のための一つの鍵である」と記していることからも、過去の階級闘争と現代の階級闘争に関しても何らかの共通点を見つけ出したということは推測できるが、その結論を先取りすれば、その共通点は剰余労働の支配権をめぐる闘いということになるだろう。『要綱』はそれに続けて下等な動物種類にみられる高等なものへの暗示は、この高等なもの自身がすでに知られている場合にだけ理解されうるということであり、そうした高等なるものの理解が可能となるのは、その高等なるものにおける自己批判が始まった場合だけである、と述べている。つまり、ブルジョア社会における階級的矛盾の解明は、過去の社会における矛盾の解明の道をも開いたというわけである。

「ブルジョア経済学も、ブルジョア社会の自己批判が始まったとき、はじめて封建的、古代的、東洋的社会の理解に到達したのである」(『マル・エン全集』一三巻、六三三頁)。

それでは、その自己批判の内容とは一体何をさすのか。それをマルクスは、古典派経済学、なかんずく、リカードに求め、『経済学批判』では次のように言っている。

「商品を二重の形態の労働に分析すること、使用価値を現実的労働または合目的的な生産的活動に、交換価値を労働時間または同等な社会的労働に分析することは……古典派経済学の一世紀半以上にわたる諸研究の批判的最終成果である」(同、三六頁)。

このように、マルクスが批判的なブルジョア経済の自己批判として評価するのは、古典派経済学が商品を使用価値と交換価値という概念をもって分析したということであり、具体的にはリカードが労働時間による交換価値の規定をもっとも純粋に定式化したという事実である。

「リカードは古典派経済学の完成者として、労働時間による交換価値の規定を最も純粋に定式化し展開したのであるから、経済学の側から起こされた論争は、当然彼に集中された。この論争から大部分ばかげている形態を取り去ると、それは次の諸点に要約される」(同、四六頁)。

『経済学批判』はこのようにリカードを古典派経済学の完成者として捉え、彼をめぐる論争を更に発展させようとしているのだが、ここで述べられている諸点とは、次の四点に要約できる。一、商品の交換価値が労働時間で計られるならば、労働そのものの価値は何によって計られるのか、二、生産物の交換価値が労働時間に等しいならば、労賃は労働生産物の交換価値に等しいはずである。だが、そうでないのはなぜか、三、商品の市場価格は絶えず変動するが、交換価値の基準が労働時間ならば、なぜ、市場価格は変動するのか、四、土地などのような自然力の交換価値はどこから生ずるのか——である。

これら四点に関してマルクスは、それぞれ、賃労働、資本、競争論、地代論で解決すると『経済学批判』では述べているが、この問題の解決が本格的になされるのは『資本論』であることをわれわれは知っている。その際、階級闘争という視角からいえば、大きな意味をもつのは、一、二の問題であり、剰余価値概念の明確な規定であろう。

この剰余価値の明確化は、過去の歴史的社会の「解剖」への道でもあった。『ドイツ・イデオロギー』においては、次の註に見るように、主として「階級」はそれぞれの時代の支配的「思想」との関連で語られていたが、それは、まだ、剰余労働に対する支配の問題、つまり、生産関係をめぐる支配の問題へと関連させられてはいなかった。だが、資本主義という商品交換社会の交換価値から労働力の商品化を軸として「剰余価値」が取り出され、剰余労働と必要労働の問題が明らかにされることによって、過去の社会も資本主義社会と同様な階級社会であり、階級闘争に基づく社会であることが解明されたのだ。

（註）「支配階級の思想が、どの時代においても支配的な思想である。すなわち、社会の支配的な物質的な威力であるところの階級が、同時に、その社会の支配的な精神的威力である。物質的生産のための手段を意のままにしている階級は、そのことによって、同時に、精神的な生産のための手段をも処置する……」（廣松渉編訳『ドイツ・イデオロギー』、六六頁）。

このように、マルクスの階級概念は、北のように「個人の絶対的自由」を獲得するための個人の独立史などではなく、剰余労働を取得するための生産関係そのものに関わるものとして規定されることとなった。

「人間が彼らの最初の動物状態からやっと脱け出してきて、彼らの労働そのものもすでにある程度まで社会化されてきたときに、はじめて、ある人の剰余労働が他の人の生存条件になるような諸関係が現われる。……このような初期には他人の労働によって生活する社会部分の割合は……小さい。労働の社会的生産力が増進するにつれて、この割合は絶対的にも相対的にも増大する。そのうえに、資本関係は、長い発展過程の産物である経済的な土台の上で発生する」（『資本論』、マル・エン全集、二三巻b、六六三－四頁）。

歴史は、それ故、生産力と生産関係の矛盾という唯物史観の中に位置づけられ剰余労働の、つまり、剰余生産物の生産方法とその支配権をめぐる闘争ということになるわけである。歴史を動かす原動力は、社会に内在する生産力と生産関係の矛盾であり、その矛盾を階級闘争が代表するという構図がこうして出来上がっていく。したがって、社会主義も、現実に存在するプロレタリアートと資本家の闘争によって生み出されてくるもので、北のように社会の発展なるものを観念的に先取した社会主義とは異なるのである。

したがって、マルクスは、北のように「個人と社会は同じきもの」という立場から、労働者を救済の対象と考える立場ではあり得ない。マルクスもまた社会内存在であり、階級闘争の内部の存在者なのである。ただ、彼が、一般の労働者と異なるところは、この階級の利害（労働価値説と剰余価値理論）をその根本において捉えているからである。つまり、階級の「前衛」なのである。階級対立を本能的に実感してはいるが、未だ、ブルジョアイデオロギーの支配下にある労働者階級に対してその「前衛」が記したものが『資本論』であると私は理解している。ここで、この私なりの『資本論』読解を示さねばならないのだろうが、ここでは労働日の長さをめぐる資本家と労働者の闘争についてマルクスが語っている箇所を、要約的、例示的に示すことで満足することにしよう。

資本家は労働者と契約し、その労働者の一日分の労働力を買った。したがって、資本家は出来るだけ長時間労働者を働かせようとし、また、それが資本家の権利だと主張する。これに対して労働者は、「ぼくの一日分の労働力の使用はきみのものだ」と基本的にはその契約を承認しつつも、「しかし、ぼくの労働力の毎日の販売価格によって、ぼくは毎日労働力を再生産し……明日も今日と同じに正常な状態にある力と健康と元気とで労働することができなければならない」といって、労働時間が長時間に及ぶことに反対する。こうした事例を挙げた上で、マルクスは「ここでは一つの二律背反が生ずるのである。つまり、どちらも等しく商品交換の法則によって保証されている権利対権利である。同等な権利対権利とのあいだでは力がことを決する」と述べている(『マル・エン全集』二三巻a、三〇四－五頁参照)。

このようにマルクスは資本家と労働者の階級闘争が、まずは、商品所持者(近代的人格、ないしは個人主義的なレベル)からはじまり、それが全社会的なレベルに至ることを叙述しようとしている。労働者の闘争は、個人的な異議申し立てから始まり、次第に集団的なものへと発展していくわけだが、そうした労働者の意識の発展過程と相即に資本主義のメカニズムへの理解も進化していく。

廣松渉はこうした『資本論』の叙述に関して、『資本論』を読む「読者」と「学知的立場」がともに形成するわれわれ(wir)と「当事主体」(für es)との三者の関係として定式化している。「学知」の仕事は「当事主体」の事情を聴取しつつ、その聴取の中で、当事主体も「読者」をも理論的・実践的により高度なものへと導いていくことにある。

(註) こうした問題を認識論の問題として明らかにしたのが、廣松渉の四肢的構造論であり、共同主観性論であるが、それとの関連はここでは控えておく。

「『読者』は或る時には『当事意識』(es)と重なり、或る時には『著者』と偕《とも》に『われわれ』(wir)を形成しつつ、esの〝知〟を批判的に止揚します。精確に言えば、『読者』は『著者』との〝対話〟を通じて『エス』の準位を自己止揚しつつ、『著者』との間に『われわれ』を形成するわけですが、この過程の進行を通じて『われわれ』の〝知〟的準位が高まって行き、最終的に『著者』の体系知と合一するに及びます」(廣松渉『弁証法の論理』、著作集第二巻、三三七頁)。

いささか難解な文章なので、解説すれば、読者である労働者は、あるときは、著者と立場を共にして、その立場からそれ以前の「自己」を単なる「近代的個人としての労働者」として捉え、その自己を乗り越えていくのであるが、しかし、次の問題に遭遇すると、その「乗り越えた自己」が再び著者と立場を共にすることになり、その「乗り越えた自己」をも対象化してさらに次の段階へと進んでいく。こうして最終的には著者の立場と合一することになるということである。

私が、この一文を読みつつ思い出したのは、廣松渉に教えられた大衆運動――もちろん、大衆運動とはいっても、それは高々一つの学園の自治会運動に過ぎないのだけれども――のやり方である。彼が教えてくれたのは、クラスや活動家のオルグ活動において、自分の意見を押し付けてはならないという原則であった。まず、行わねばならないのは、何とかして、学生たちの間から発言を求め、討論を組織するという方法である。討論を学生たちがはじめれば、必ず、私の意見と異なる「右翼的」意見が登場する。そうした意見は歓迎すべきものであって、それらが強く主張されればされるほど、逆に、それに反発する意見が生み出されてくる。それを待って、その反発する意見に対して、必要があれば支持し、それとなくサジェスチョンを与えればよいのである。その過程で自分そのものも更に明確になっていく。

廣松渉が説くマルクスの弁証法（対話、ディアレクテーク）とは、もちろんもっと複雑な要素を含むものではあるが、こうした大衆運動の組織化の方針とも関連するところがあるかもしれない。それはそれとして、だが、こうした方法が可能になるのは、著者が当事主体である労働者と共有するものを持っていることを確信していた場合に限られるだろう。それがなければ、そうした対話なるものが成立しないし、討論の前進というものは期待すべくもない。マルクスが、そのように考えることができたのは、彼が現実世界をモロモロの力関係のアンサンブルとして捉え、資本主義社会もそうした力関係によって成立している一つの全体と考えた上で、その力関係を成立させている根本に労働者階級と資本家階級の闘争が存在するということを見たからに他ならない。

『資本論』にあらわれてくる労働者（es）は、労働日をめぐる闘争に現れているように、ブルジョアジーと対等な権利をもつ近代主義的な主体として、物をめぐる闘争の当事主体として登場するが、その労働者は「自己の労働の果実は自己に属する」という個人主義的な「労働説」をも超えて、労働力の商品化を止揚し、「自由人の共同体」を形成するに至るというのが、マルクスの言うプロレタリア独裁論の基底をなす考え方であった。したがって、こうした理論的な構えから出てくる結論が、賃労働制の廃止であり、社会主義社会となるのは当然なことであろう。

この点において、北の社会主義理解とは決定的に異なってくる。すでに述べたように北の場合には、労働者階級は人格を未だ持っていない「物格」であり、したがって、社会主義運動の物質的基盤を提供するものの、救済の対象でしかない。そこから自然発生的に起きてくるのは、上層階級を模倣しそれに近づこうとする上昇志向でしかないわけだから、社会主義はその外部から持ち込まざるをえないのである。対話ではなく、啓蒙によってしかその目的は果たせないことになってしまったわけである。私は、こうした北の社会主義がどういうものになるかを、マルクスの社会主義論（共産主義の第一段階）から第二段階への展望の問題と絡めつつ次章では捉える予定である。

第三章　「万人一律」の社会主義のイメージ

私は北の社会主義論を記述するに当たって、ただ単に北の描く社会主義社会を素描することにとどまらず、北に貼られているさまざまなレッテルと対比させながら、その特徴を捉えてみたいと思う。そうすることによって、北の描く社会主義社会のイメージが鮮明になると考えるからである。

まずは、ファシズム（国家社会主義を含む）というレッテルの検討からはじめて、「国家資本主義」、次いで「国家による社会主義」（天皇社会主義という規定もある意味ではこの中に入るが、北の天皇論、つまり国体論を問題とした後でないと取り上げることが出来ないのでここでは除外しておく）という順で考察することにしたい。あらかじめ断っておくと、一、私的所有が廃止され、資本の共同所有化が行われるか否かという問題、二、国家が資本家に代わり労働者から搾取する体制になってしまっていないかという問題（官僚制社会主義も含む）、三、抑圧機構としての国家は死滅することになるのか否かという問題を検討することになる。

第一節　私的所有の廃絶とファシズムの社会体制

廣松渉はイタリア、オーストリアのファシズムの理論家、アルフレッド・ロッコやオトマール・シュパンなどをとりあげ、ファシズムは、諸個人こそが第一次的に存在する主体＝実体であり、社会・国家は第二次的な形成体にすぎないとする個人主義的イデオロギーに対する批判として登場してきたが、逆に、社会・国家を第一次的な存在として実体化（物象化）することになったと次のように言っている。

「社会編成のゲゼルシャフトリッヒな原理をそのままにして（私有財産制の公認！）〝全体〟なるものを物神化して奉公を求めるとき、資本の論理にからめとられ、たかだか国家独占資本主義の確立と維持に終始することは理の必然である。そして現にこれがファシズムの論理必然的な帰結であった」（『マルクス主義の理路』、二八四頁）。

この廣松渉の定義にしたがえば、ファシズムとは、私有財産制の廃止、つまり産業の公有化は考えず、ただ、ひたすらに民族なり国家なりの全体性を強調することを本質とするものだ。具体的には、対外的緊張関係を媒介にして意識される民族国家（全体）が実体化（物象化）され、その内部の資本による支配関係（社会的編成）が不問に付され（たとえ問題とされたとしても労使協調が叫ばれるだけであり、搾取関係は存続する）、現実には資本への奉仕に終わらざるを得ないことを意味する。

そこで、第一の問題となるのは、廣松渉がいう「社会編成のゲゼルシャフトリッヒな原理」の中心に位置する私有財産制度に対して北がどういう態度をとっているかである。

「純正社会主義は個人の自由を個人其者の為めに要求して社会国家の幸福進化を無視せんとする個人主義の革命論に非らず。……国家を最高の所有権者となしつつある今日の法律の理想に於て実現し、以て個人を社会国家の利益の為めに自由に活動すべき道徳的義務を有する責任体たらしめんとする者なり」（九三頁）。

一見すると、このように社会国家の利益なるものを実体化し、それへの諸個人の奉仕を訴えているのだから、ファシストと同様な構造を呈しているかのように思われるかもしれない。だが、ここでいう「社会国家」とは「実在の人格である国家」であることを考えれば、単純にファシズムと決めつけるわけにはいかない。その上、以下のように、資本主義的生産関係、つまりゲゼルシャフトリッヒな原理の革命も忘れてはいない。

「社会民主々義の革命は法理上個人に分割されて存する私有財産を（而しながら事実は経済的貴族階級に占有せられたる社会の上層部分の私有財産を）社会全部分の共同所有に移すことにして、個人主義の革命の如く法理上上層階級に占有せられたる社会の上層部分の私有財産を社会の全部分たる個人に分割して個人の私有財産を平等にせんと理想したることとは全く異なるなり」（四〇八頁）。

社会民主々義の革命は、ブルジョア革命とは異なり、旧来の支配階級の財産を個人に分割して、私有財産制を打ち立てるものではなく、私有財産そのものを社会の共同所有にすることであるというのだ。資本主義的生産関係の基礎である私有財産制はこのように明確に否定されている。

しかしながら、後の『国家改造法案』に引きずられて、そこから『純正社会主義』を恣意的に読み込み、「北においては資本制が根本的には擁護されている」などという説もあるのでこの点をさらに論じてみよう。北の原理的な把握に従えば、資本家の利益は社会的生産物である機械による社会的生産の掠奪によるのであるから、機械の登場の時よりして、個人の所有権が神聖とされる時代は終わり、社会的所有権が神聖だという革命思想が始まったのである。繰り返すことになるが、この点を確認しておこう。

「社会的労働の今日、社会のみの所有権が神聖なり。実に所有権神聖の如き語は寧ろ社会の権利を神聖なりと云ふ者にして却て社会主義の金冠たりとすべし」（一二五頁）。

言うまでもなく、機械の発明によって「社会のみの所有権が神聖」なる時代が現実にはじまったわけではなくそうした時代は革命によって達成されなければならないのだ。ところが、現実は全く逆で、機械を用いた生産は、資本の蓄積を加速化し、その利潤の量も拡大させていったことは誰しもが知るとおりであり、北もまたこのことを指摘する。

「一歩の幸運児は掠奪せる価格の蓄積を以て更に新機械を使用し、是を使用する能はざる他のより小さき資本家を圧倒す。……圧倒は更に資本の増大となり、資本の増大は亦更に転じて圧倒となる。茲に至りては勤惰にあらず賢愚にあらず、資本増大の速力は新機械の発明に応じて数学的確実を以て進行す。而して新機械の発明と其れに対抗する能はざる大資本家の敗北とは、無数の失業者をして彼等の門前に集まらしむ。……失業者は失業者各自の競争のために其の市価を動物として生存し得るだけに低落せしめ……」（一七頁）。

要するに、北は「生産の社会的性格」と「所有の私的性格」の矛盾が、ますます激化していくことを描いて見せて、この矛盾はついに大トラストの形成に至るまで発展していくと述べ、それが社会主義成立の条件ともなると言っているのだ。

「社会主義はツラストが如何に専横を働くとも歴史の進行に逆ひて小資本分立の前世紀を回顧する者にあらず、

ツラストの進行を継承して更に大合同に進まんとする者なり」（六二一－三頁）。

「ツラストの資本家大合同は同業者間の破壊的競争を止めて広告の莫大なる浪費と各自の破壊的行為による資本の徒費なしと雖も、そは単に資本家間の大合同に過ぎずして他の労力大合同の労働組合と激甚なる戦闘を絶たざるが故に如何に資本と労力の浪費あるや知るべからず。……而もその経営が専制権に伴ふ暗愚と驕慢に基くを以て需給の関係を見るの明を蔽はれ、諸侯等の誅求苛斂の為めに社会の購買力を枯渇せしめて茲に頻々たる生産過多となり社会は如何に資本と労力を浪費しつつあるや知るべからず。……ツラスト資本家大合同は……収益少なき工場を閉鎖するより解雇する労働者等によりて労力の消費を避くることに於て大なる利益を得つつありと雖も、其の節約されたる労力は直ちに生産の途に即く能はずして……次ぎの需要までを遊食し或は社会を脅かして犯罪者となる。……社会主義は此の資本労力の大浪費あるツラストを社会の経営に移して斯る浪費の欠陥を去れる者なりと考へらるべし」（六三一頁）。

長々と引用してしまったが、述べられていることは簡単である。トラストによって計画経済化が一定程度進行したが、資本による計画化であったため、労使の紛争は絶えず、生産は過剰となり、搾取は厳しく、労働者の購買力は不足し、さらには採算に合わない工場のリストラなどによって失業者が増大している、これは社会の労働力と資本の浪費であり、そうした浪費を避け社会を豊かにするためには、社会主義による計画経済化が焦眉の課題だということである。このような文脈で、トラストの共同所有化、つまり資本の国有化を図らねばならないと主張する。

エンゲルスが「トラストにおいては、自由競争は独占に転化し、資本主義社会の無計画的な生産は、押しいってくる社会主義社会の計画的な生産に降伏する」（『空想から科学への社会主義の発展』マル・エン全集一九巻、二一七頁）と語っているが、北もまたエンゲルスと同様に生産力が発展することにより、それが資本主義という生産様式と矛盾をきたしていると言っているのだ。

ただ、問題があるとすれば、社会的生産力の更なる発展のためだけにトラストの公有化を主張するものだという見方から、このことを一つの根拠にして北の社会主義は資本－労働関係の調停を図る国家社会主義だと断じる者もある。そこで、国家社会主義に関してのみ一言述べておこう。北は、国家社会主義のことを鵺《ぬえ》的社会主義と呼び次のように言っている。

「社会主義は資本家階級が祖先労働の蓄積たる資本より生ずる凡ての生産物の掠奪を否認する如く、現在の労働よりして過去の労働に対する壟断が労働者階級の権利なりとは是認せざるなり。社会主義は階級の掃蕩を計る、資本家階級と労働者階級とを対立せしめて其の上に資本労働の調和と云ふが如き補綴を以てせんとする者とは論拠其者よりして異なることを知らざるべからず。資本の労働調和を計ると云ふものは現在の資本家労働者の二大階級を永劫不滅の制度なりと認識し、其の何れかの階級が歴史と社会との生産物をより多く掠奪すべきかを争論するものにして、社会主義は此の二大階級を絶滅して『社会』が歴史的累積の知識と社会的労働とを以て得たる生産物に対して所有権を有すと云ふ者なり」（三七－八頁）。

マルクス主義的な意味での社会主義はプロレタリアートの独裁であり、国家社会主義は国家が労使の上に立ちその調停を図るというものであるが、北の純正社会主義はそのいずれでもなく、労働者、資本家という階級そのものを「掃蕩」してしまうものとして主張されている。強いて言うならば、社会主義の「独裁」という構図になっているが、独裁とは言っても、すでに見たように啓蒙と議会制民主主義による社会主義であり、階級の解体なのである。(註)

（註）ただし、後年の北の『国家改造法案』との関係を考えると、北が国家社会主義に関して次のような発言をしていることは見逃せない。この点は『改造法案』を扱う際に論ずることにするが、ここではとりあえず、その一文を引用するにとどめることにする。「而しながら、社会主義の理想郷に到達するまで資本家階級に対する階級闘争の一挙にして勝を制する能はざるが為めに、社会進化の跡が国家社会主義の途を経由するの形を現すや否やは自ら別問題なり」（六七頁）。

このように、『純正社会主義』段階における北一輝のトラスト公有化路線は「国家社会主義」を目標とするものではない。しかしながら、こうした国有化されるトラストが一部の産業部門に限られていれば、その国有化は資本主義的生産様式を、総資本としての国家が支えるためのものであるということになってしまう。

エンゲルスは「国家的所有に転化させる必要がはじめに現れてくるのは、大規模な交通通信施設、すなわち郵便、電信、鉄道においてである」（前掲書、二一八頁）と述べている。周知のようにこれらの産業の国有化は他の資本の発展のためである。だが、北が主張する国有化（公有化）とは一部のトラストに限るものではなく全社会におよぶものとなっている。

「社会主義は小企業家と云ふが如き小さき掠奪者が尚経済的諸侯の勢力外に立ちて存在しつつある現時代に甘んずる者に非らずして来るべき時代に於ては小企業家をも存在せしめて掠奪せしむべからずと主張する者なり」（六五頁）。

北にあってはこのように全資本が国有化（公有化）されるのである。国有化されるのは資本ばかりではない。土地の私有財産権も以下のように否定され、さらには農業の機械化と集団化による大農法の推進が語られ、すべての農民を労働者と同様な国家機関の一員とするという徹底したものであり、小作制度なども残りようがない。

「吾人は茲に世に存する無数の私有財産権の弁護論につきて煩はしく語らざるべし。労働説によりて機械の私有すべからざるは上述の如く、又占有説に基きて土地を所有する理由なきことも……」（二七頁）（なお、占有による土地の取得ではない売買に基づく土地の取得に関しても、もともと占有とは盗みと同じなのだから「贓品の売買は無効なり」（二七頁）として片付けられている）。

「社会主義は其の実現と共に日本の未開なる小農法の如きは根底より棄却して大農法の機械農業に改めざるべからざるを主張する者なり」（一一九頁）。

こうして見ていくと、北の社会主義は、それが現実化できるか否かは別として、恐ろしいほど徹底したものであるといっても過言ではない。私が、「恐ろしい」と言ったのは他でもない、こうした社会主義的な形態が、労働者なり、農民なりの運動の中で見出されていくのではなく、たとえ議会による決定だとはいえ、労働者や農民と切り離されたところから持ち込まれてくるという印象を拭えないからである。社会主義が押しつけられてくるからである。

それは次の問題へとつながっていく。北のいう社会主義とは国家資本主義ではないかという問題である。たしかに、すべてが国有化したからといって、それが必ずしも資本主義でなくなったということは意味しない。再度、エンゲルスの発言を見てみよう。

「国家がますます多くの生産力を引きついで自分の所有に移せば移すほど、それはますます現実の総資本家となり、ますます多くの国民を搾取するようになる。労働者はあいかわらず賃金労働者のままであり、プロレタリアのままである」（前掲書、二二九頁）。

このエンゲルスの発言で重要なのは、国有化されたとしても労働者が未だに搾取されているのではないかということ、労働力の売買がなされているか否かということであるが、この問題を明らかにすれば「国家資本主義」ではないのかという先の疑問に答えることになる。その問題の検討は次節に譲るとして、ここでは北の社会主義とは一切の資本と土地を国有化することであり、私有財産制の廃止ということに関する限りでは、「ゲゼルシャフトリッヒな原理」の革命をも目指すものであることだけを確認して次の問題に移ろう。

第二節　搾取の廃絶という目標と国家資本主義体制

ここで問題にしたいのは、『純正社会主義』が国家資本主義ではないのかという問題であるが、そのことを吟味する指標として、私は次の三点を挙げようと思う。

一、貨幣経済なのか否か
二、労働者への配分は必要労働に限定されているのか否か（搾取は存在するのか）
三、国家の死滅を目指すものなのか否か（国家は誰の手によって運営されているのか）

第三の点は「国家の死滅」の問題と絡むので、ここでは、はじめの二点に絞って問題とすることにしたい。

まず、第一の問題である。労働価値説を否定してしまった北にはとっては、労働時間を基準とし労働力を配分し社会的な生産を計画的に行うことも、また労働証書制によって労働者への消費財の分配を行うことも不可能だから、貨幣は必要欠くべからざるものとなっている。だが、一切の生産手段が公有化されている社会においては、貨幣の役割は資本主義社会のそれとは大きく変わっているのだと主張する。

「社会主義の提案の如く、手形が紙幣を代表し紙幣が黄金を代表し更に黄金が貨物を代表すと云ふが如き重複を去りて、貨物其物を直接に代表する紙片を以て貨幣とすとするも、人生の充分なる満足は大いに拡張されたる公共財産によりて足れりとするが故に、其の紙片が今日の貨幣の如く人生其者の価格を有して争奪の対象となるが如きは想像すべきものに非らず」（四五頁）。

貨幣は残存するが、その貨幣が資本に転化するなどということは考えられない、貨幣は「貨物そのものを直接代表する」に過ぎないと北は述べているわけだ。言うならば、労働証書制において消費財の「価値」が時間表示されるように、ここでは貨幣でそれが表示されるに過ぎないというわけである。そうであるとすると、われわれは貨幣経済が残るという理由だけで、単純に、国家資本主義と規定するわけにはいかないであろう。（註）

（註）しかしながら、貨幣が蓄積されることによって、それが資本に転化する歴史的必然性は否定できない以上、何らかの公的権力による介入がなければならないことになる。そこに北の社会主義の「上からの革命」という性格の一つが浮かび上がってこざるを得ないのだが、それと同時に忘れてはならないのは、労働者個々人の意識に与える時間表示と貨幣表示の相違の問題である。私はそのことにマルクス主義と北の社会主義との相違を見るものであるが、その点については後に問題とする。

そこで、第二の問題、すなわち、労働者への分配は必要労働を上回る（剰余労働の搾取がなされていない）ものとなるのか否かということを吟味してみよう。北は全国民を国家の機関とし、労働するその全体を「社会主義の労働的軍隊」と呼びつつ、それを通常の軍隊と比較して次のように言っている。

「今日の公民国家の軍隊は外国の利益と権利とを排斥せんがために少くも対抗せんが為めに徴集訓練せらると

雖も、社会主義の労働的軍隊は全世界と協同扶助を共にせんがために生産に従事すること。今日の公民国家の軍隊は絶対の専制と無限の奴隷的服従の階級とに組織せられ、其の報酬の如きは往年の主従の如き差ありと雖も、社会主義の労働的軍隊に於ては各個人の自由と独立は充分に保證せられ、権力的命令的組織を全く排斥して公共的義務の道徳的活動と他の多くの奨励的動機とによりて労働し、物質的報酬に至つては如何なる軽重の職務も全く同一なること是れなり」（三二頁）。

また、この労働的軍隊が「全世界との共同扶助」を行うものとしている点は、北の分業論ないしは世界聯邦論との関係で重要である。しかし、それは別の箇所でも取り上げることとして、給与の問題において、「物質的報酬に至っては如何なる軽重の職務も全く同一」と言い切っている点に注目しよう。この「同一の分配」とは「労働に応じた分配」ではなく、文字通り「万人一律」に平等な分配なのだ。

「一個の生産物の上に其の生産に従事せる人々の個人的勤労の限界を付する能はず、又歴史的累積の知識の効果が其の中に如何ほどの分量に於て含まるるや知る能はず、生産物とは渾然たる一個不可分の社会的歴史的産物なるを以て、其れを個人的に現在的に分配の差等を設けんとするは、社会的生産時代に於て個人的生産時代の分配法を継承する者にして今日の正義とする所と甚しく背馳すべければなり」（六〇－一頁）。

労働価値説を否定しているのだから、すべての生産物は渾然一体たる社会の生産物であるとしなければならず、それゆえ、労働の質や量などを云々して分配に格差を設けることなどできない。したがって、「労働時間に応じた分配」を説けないのは当然だ。だが、そうした消極的な理由からだけではなく、自分の働いた時間を基にした分配というものは、個人主義の残滓を示すものであるというのが北の主張なのである。社会が生産しているのであるから、すべての人が社会のために働き、社会から等しく分配を受けるべきであるというのである。

「労働に応じた分配」を説くマルクスも、この分配方法は、自分の労働に見合う報酬を受け取るというのだから、そこに個人主義的な性格が残存することを認めてはいる。しかし、それだからといって、マルクスは北のように「過激」に万人一律の分配などとは言っていない（では、北の言う万人一律は個人主義的ではないのかといわれると、個人を単位とした分配なのだから、より個人主義的だとも言える。だが、ここではこの万人平等の分配は北の社会主義思想から出てきたという側面のみを強調することにする）。

それでは、この万人一律の分配によって、労働者が受け取る部分は実質的に必要労働分の支払いを上回るのかどうかということである。言うまでもなく、必要労働、剰余労働の区別がない北の理論からそれを摘出することは困難であるので、その社会主義像から推測するほかはないが、そこで、まずは、社会保障ならびに社会福祉の問題から見ることにしよう。

「子女の養育は公共に於てその費用を支弁し、教育は社会之に任ず。病みては公共の病院と医師の自由あり、老いては養老金の下賦あり。平等の分配の為めに家庭は経済的従属関係より生ずる専制と屈従と無くして純潔なる父母の恋愛と親子の慈悲とのみによりて結合せられ、今日存する生存の不安の如きは夢むべくもあらず」（四五頁）。

さらに、さまざまな図書館や公園などの公共施設も社会の手によって建設され、「人生の充分なる満足は大いに拡張されたる公共財産によりて足れりとする」とも書いている。つまり、個々人に配られる万人一律の報酬というのは、純粋の個人的な消費に属するものであり、その他の部分は社会によって保障されるという。それでは、そうした社会保障なり、公共財産を充実させるために労働者に要求される労働時間は平均でどのくらいになるかといえば、一日につき四、五時間程度で済むというのだ。しかもそれは強制ではなく、人々の自由意志的な「公共心」によってなされる。

「平和に、愉快に、社会の為めにする労働なることを明かに意識して服する一日四、五時間の僅少なる肉体的活動に於て、人の利己心が公共心を圧伏すと考ふる如きは嬰児の推理力にも劣る。……否、四、五時間の労働は生物として生理的に要求せらるるものなり。有機体は有機的活動を要す。……苦痛なく倦怠に至らざる程度の労働は却て当然の生理的要求なり」(四一一―一二頁)。

もちろん、こうした社会主義が現実化されたわけではないのだから、以上のような北の描く社会主義を「夢」(ロマンチシズム)だと嘲笑したり、デマゴギーであると言って批難することは可能であろう。だが、私がここで行おうとしている作業は、純粋に北の「夢」を取り出し、その「見取り図」においては労働者が搾取されていないか、労働者が必要労働以上のものを社会から受け取ることになるのかどうかを確認することである。こうした観点から言えば、少なくともここに書かれている限りでは、労働者の受け取り分は必要労働以上になると推定できることだろう。

さらにその例証として、社会主義が安価な労働力に基づく資本主義的な諸外国との経済的な競争に敗れるのではないかという問いに対して、北は「是れ事実なり」と認めるとともに、しかしながら、そうした中でも「微温的なるにせよ一国内に於ける社会主義のある程度までの実現は不可能にあらず」と言っていることが挙げられよう。他の資本主義国においては必要労働分しか労働者に支払われないのに対し、それ以上が支払われることを意味するからである。

それでは、労働者に配分される部分と元本および拡大再生産のために蓄積される部分の比率は誰が決めるのかということが問題となるが、北の理論から言えば、議会制民主主義によって選ばれた社会主義勢力ということになる。したがって、国家に一方的な奉仕を要求し、それによって労働者階級を搾取する国家資本主義とは全く異なる。だが、まだ、問題は残っている。一応のところ議会制によって民主主義的な体裁は整えたとしても、それを実施する官僚機構がどうなるかという点を見ないならば、官僚制国家資本主義ないしは官僚制国家社会主義ということになる惧れも十分に考えられるからだ。そこで、次節では、国家機構の革命に関して問題としてみよう。

第三節　社会主義下における国家の死滅

『純正社会主義』は、明確に、旧来の国家機構の解体を唱えている。マルクス主義と同様に、北にとっても、事実上の国家はブルジョアジーに占拠されている抑圧機構であるから、その国家に多少の修正を加えただけでは、そのまま社会主義の生産管理機構へと転換させるわけにはいかないのだ。抑圧機構としての国家は原理的、抜本的に革命させられねばならない。この点に焦点をあてつつ北の「国家の死滅」論を本節においては詳しく見ておくことにしよう。

「社会主義の世と雖も決して僅少なる監督者の凡て無用なりと云ふにあらず。只其の監督者とは今日の官吏と全く別種の者なることを忘却せざれば足る。今日の官吏の重要なる任務は権力階級の維持の為めに常に反抗せんとする劣弱階級を抑圧することに在り、而して経済的誘惑によりて腐敗し易き組織の下に置かれ、階級組織の為めに専制の驕慢と奴隷の卑屈あり。斯る者が社会主義の実現されたる暁に於ても尚存在すと考ふるは、日出でて尚狐の隠れずと云ふと同一なり」（五八頁）。

このように現存する官僚機構が権力階級のために劣弱階級を抑圧するためのものであることを認め、それの解体と新たなる管理機構が必要であるということを積極的に語る。それではどのようにして北の社会主義体制における管理機構が生み出されてくるのか。まずは、それぞれの部門の経営者としてその才能のあるものが選び出されねばならないとするのであるが、そうした経営の能力あるものの特権化は明確に拒否している。

「国家の目的の為めに国家に帰属すべき利益のために国家の機関として企業を為す才能ある者を無用なりと云ふに非らず。繰り返へして云へば、工業の船主たり利益の主体たる企業家は国家にして、全国民は国家の機関として国家の利益の為めに或は筋肉を労し或は才能を働かす所の労働者なりとすべし」（五四頁）。

このように、経営や監督にあたるものは、労働者と変わらない国家機関の一員であり、その報酬も同一である。それでは、どのようにしてそうした才能がある人間を選び出すのか。

「監督者の推挙に至りても決して今日の官吏の如く、妻君の縁故、形式の試験、月謝納付の履歴書、政党騒擾の猟官に非らずして選挙によりて立ち。而して其の選挙と云ふも其の軍中より選出されし羅馬末年の皇帝の如くならず、労働の義務を終へたる局外者より労働軍中の適当せる者を選挙すとのベラミーの提案の如くせば何処に専制あらんや」（五八頁）。

公有化された産業の管理機構は、それぞれの産業の労働者から選び出されるのだが、その選出にあたるのは「引退した労働者たち」だというのがその提案である。この選出方法には、官僚ないしは経営に当たる者の独裁化を防止しようとする配慮がうかがわれる。すなわち、現役の労働者たちの間での選出ということになれば、労働者の中のボス的存在が権力を握り、社会主義体制を腐敗させかねないという事態を危惧しているからであろう。もちろん、このように被選挙権と選挙権を分けることが、実際に有効か否かは判定できないが、少なくとも北が社会主義の経営管理体制が官僚化しないように注意を払っていたということは確認できる。これが階級的国家機構を社会主義的な「国家」へと転換させるための北の提案の大筋であるが、マルクス主義的な社会主義論とほぼ同じだといってよいだろう。

エンゲルスは「プロレタリアートは国家権力を掌握し、生産手段をまずはじめには国家的所有に転化する。だが、そうすることでプロレタリアートは、プロレタリアートとしての自分自身を揚棄し、そうすることであらゆる階級区別と階級対立を揚棄し、そうすることでまた国家としての国家をも揚棄する」（前掲書、二二〇頁）と述べている。また、レーニンは「資本家を打倒するがよい……近代国家の官僚機構を打ち砕くがよい、――そうすれば、『寄生体』から解放され、高度の技術で装備された機構がわれわれの前に現われる。そして結合された労働者は、技術者、監督、簿記係を雇い……労働者なみの賃金を支払うことによって、この機構を自分で運用してゆくことが十分にできる」（『国家と革命』レーニン一〇巻選集八巻、四七‐八頁）という。

プロレタリアートが国家権力を掌握するのではなく、社会主義勢力が議会制民主主義を通して権力を掌握するという点を除外するとすれば、北の社会主義においても、階級国家は廃絶させられるのであるから、エンゲルスのいう「国家としての国家をも揚棄する」というのと内容においては大きな相違はない。北の社会主義においても、残存している国家とはエンゲルスのいう「国家としての国家」ではなくなっているからである。

ただし、マルクス主義の場合、ある一国の革命は世界革命という観点（プロレタリアートの世界性）から位置づけられているのに対して、北の場合は、まず、さまざまな国家が階級国家であるという面を払拭して（北の言葉で言えば「実在の人格である国家」の法理上のみならず事実上の復活）、つまり各国がそれぞれ革命を行い、それらの諸国家が世界聯邦を形成すると考えている。この点に大きな相違が存在する。インターナショナルに関しても、自国の社会主義を達成させるためには必要なものとして位置づけられているのであり、その逆ではない。

「一国家内に於ける生産組合が労働者の適度の労働時間と高尚なる生活との為めに、他の廉価なる賃銀奴隷の酷使によりて廉価なる生産費にて足る資本家組織の産業と市場の競争に勝へざることは事実にして、是れが為めに社会主義が一局部の生産組合の方法を排し政権の上に立ち現はれて国家が凡ての産業を国家の手に吸集せんとする如く、外国に於けると同じき資本家的産業の存在は社会主義の実現されたる国家の産業に妨害たるべきが故に、茲に社会主義の万国国際大同盟の運動あるなり」（五五頁）。

「其の微温的なるにせよ一国内に於ける社会主義の或る程度までの実現が必ずしも不能にあらず、……何となれば小資本の分立的競争よりも大資本の合同的活動が遥かに有力にして、相殺的破壊的労働よりも団結的秩序的労働の大なる生産を来すべきは経済学の原理にして……」（同）。

もう一度繰り返すと、北の場合、ナショナルな一国革命を完遂させるために世界革命がなければならないという論理になっているのであり、そこに、プロレタリアートは国家を持たないというマルクス主義と大きな差異が存在する（これが北一輝が自らも国家主義者と自任し、他者からもそのように考えられ、当時の共産主義者と対立を余儀なくさせられた理由でもある)。スターリンの一国社会主義論は世界革命の挫折によって余儀なくさせられていったという面を含むが、北の場合、はじめから一国社会主義を建設し、その先に世界革命を展望していたのである。

第四章　二つの社会主義と共産主義のモデル

われわれは前節において、北のいう社会主義社会のイメージを素描し、それがファシズム型（国家社会主義を含む）でも、国家資本主義型でもないことを確認し、なおかつ、国家の死滅を目指すものであることを見てきた。しかしながら、同時に、このバラ色とも見える社会主義のイメージには重大な欠陥が含まれていることを指摘しなければならない段階に差し掛かったように思われる。その重大なる欠陥とは社会主義の建設目標として掲げる「万人一律平等」の社会ということに象徴されている。

私は、この「万人一律平等」の社会主義を、マルクスの社会主義論と比較することによって明らかにしつつ、それとともにこの両者の共産主義にいたる過程の相違をも問題としたいと考えている。マルクスの共産主義の第二段階と北のいう共産主義へ至る道筋との相違も明らかにしたいと思う。

マルクスは、個人主義時代の残滓が色濃く残っている過渡期の時代を社会主義（共産主義の第一段階）とし、その社会における分配形態を「労働時間による分配」としている。これに対して、機械による生産は歴史的・社会的に渾然一体のものとして行われているのだからその渾然一体なものに境界線を設けることができないという理由で、北は、「万人一律」の分配を主張することになった。（註）

（註）この点に関して『純正社会主義』は、「シモンの提案（『労力に比例した分配』のこと）を暫くの間取ることは生産の然かく発達せざる国の状態として可なるべしと雖も、斯る実現は決して今日に期待さるべからず」（六〇頁）として斥けている。

だが、このような諸個人の労働時間の長短を全く無視する分配を維持するのはかなりの困難が予想される。三時間働いた者も、十時間働いた者も同一賃金というのでは、余程の聖人君子でもない限り我慢できるものではないであろう。この困難を克服する鍵として、北が持ち出してくるのは、個々人の「利己心」を克服する「公共心」と計画的生産による社会の富裕化である。

「純正社会主義は鵺的社会主義の誤解する如く微弱なる生産をなし清貧の平分に甘ずる者にあらず又分配論を重要視する者にあらず、一切が大生産によりてのみ実現さるることを知りてツラストの進化を更に進化せしめツラストに伴ふ凡ての浪費を去り、資本家間のみの合同を更に全社会の大合同に来らしめ、私人の権利たる生産権を国家の目的と利益との為めにする公権となし、個性発展の競争と公共心の強烈なる動機によりて全社会を驚くべく富裕ならしむることに在り」（六六頁）。

たしかに、計画的生産によって社会が驚くほど富裕になれば、「万人一律」の分配に対する不満も多少は解消されるであろうが、それも程度問題である。それよりも重要なのは、社会主義の成立をもっていきなり社会の富裕化が実現されるわけではないのだから、それまでの期間はどうなるのかということだ。

「（利己心だけではなく）人類には他の公共心即ち社会性の本能的に存在するを認識し、公共心による経済的活動を研究の対象に包容せるを嘉するものなり。……社会主義は実に人類が強盛なる公共心によりて生産に従事するに至るべきことを期待するものなり」（四〇－一頁）。

依拠せざるを得ないのは「公共心」である。「社会と個人とは同じき者」という立場に立つ北にとって、「公共心」は、人間には本能的に存在するものである。そもそも人間は個人であると共に全体の一分子であるのだから、「諸君にも利己心の他に公共心があるはずである、これを発揮したまえ」ということになる。

このような「公共心」への信頼と押しつけは北の社会主義論には枚挙のいとまがない。たとえば、社会主義社会では労働者の働きを監視する特別な監督者が必要ではないということを説明するために、「公共心が一切を排除して進むときに於て何の監督を要せんや」（四一頁）と述べ、また、すでに引用したところだが、「一日四、五時間の僅少なる肉体的活動に於て、人の利己心が公共心を圧伏すと考ふる如きは嬰児の推理力にも劣る」とも述べている。さらには、この公共心による生産を強調するために、日清戦争において日本の徴兵制度に基づく兵隊は清国の傭兵制度に基づく軍隊よりも勇敢であったという、当時一般に流布していた説を引き合いに出してもいる。

「支那の傭兵よりも日本の徴兵が公共心によりて遥かに活動せるを知れるならば、今日の傭兵的労働者よりも社会主義の徴兵的労働軍が如何に熾烈なる公共心によりて経済的活動に従事し生産的効果を挙ぐるかは日清戦争の懸隔によりても想像せらるべし。人類が一私人の命令によりて死する者に非らざるを知れるならば、……貪欲なる資本家の利益の為めに全力を注ぎて労働せざるは当然の事理なり」（四一頁）。

ここで対比させられているのは、資本主義体制下の賃金労働者と社会主義体制内における労働者であるが、北が言いたいのは賃金目当てに働く「傭兵的」労働者よりも、社会主義という「公共性」のために働く労働者の方が勤勉に働くということである。しかしながら、さすがに彼も、社会主義の成立をもって、一気に、公共心をもった「社会主義的人間」なり「共産主義的人間」なりが生み出されてくるとは、考えてはいなかったようでその公共心を引き出す方策に苦心もしている。

「社会主義の徴兵的労働組織は大に公共心の強盛なる活動を待期すると共に、社会の或る進化に達するまでは名誉と地位に対する利己心の競争によりて生産的活動の刺激さるべき奨励的設備を要すと信ずる者なり」（四六頁）。

この一文を読んだとき、嫌な感じを抱くのは私だけではあるまい。そんな奨励的政策によって「公共心」を発揮させられるなんてたまったものではないし、それによっても「公共心」に目覚めないものには、恐らく強制収容所みたいなものが待っていて、「公共心」の大切さなどを教育されるに違いないと考えるからだ。さらに、そんな「公共心」が声高に叫ばれねばならない時代がいつまで続くのかと問えば次のような答えが跳ね返ってくる。

「今日の強盛なる利己心は人類が私有財産制度に入りしよりの強盛にせられたる本能にして、社会主義の実現後三、四世の後に及ばば共産制度に適合すべき道徳心の本能化すべきは社会進化の理想として吾人の充分に信ずべき根拠あればなり」（四四頁）。

ここで、北にとってもこの万人一律の分配による社会主義社会が最終的な社会のありようであったわけではなく、マルクスやルイ・ブランなどの共産主義者と同様に、「能力に応じて生産し必要に応じて消費する」という共産主義の第二段階を社会主義の真の目標として掲げていることを指摘しておこう。

「サン・シモンの如きは労力に比例する分配の差等と云ひ、ルイ・ブランの如きは理想の極致を掲げて能力に応じて生産し必要に応じて消費すと云ひ、今日の社会主義者は万人平等の分配と云ふ。固より『能力に応じて生産し必要に応じて消費す』とのプランの理想は吾人の理想にして遠からざる将来に於て達し得べき者なり。然しながら斯る理想的の共産社会は生産のより一層に多くなり道徳的進化の更に一段の高きに到らざれば実現さるべからざる者なるを以て、科学的社会主義（北自身を指す）は現今の程度に応じて万人平等の分配に止まりて次の進化を待つ者なり」（六〇頁、カッコ内は筆者）。

三、四世代の後には「共産制度に適合すべき道徳心の本能化」が実現されるというわけである。だが、なぜそうなるかは「充分に信ずべき根拠あり」と述べるのみで、それに至る論理は示されていない。しかし、先の「公共心」強調の論理から考えれば、資本主義によって発達させられた「利己心」を克服するためには、三、四世代にわたる社会主義の「習慣の力」を要するということになるだろう。

われわれは、これまでに、北の社会主義から共産主義に至る展望を駆け足ながら見てきたわけであるが、そこにおいて大きな役割を果たすのは、「個人と社会は同じき者」という視点に立った確信であり、その視点から、機械の発明という役割も位置づけられるとともに公共心の強調がなされていることである。

それでは、マルクスの社会主義から共産主義への移行論はどうなっているのであろうか。

いうまでもなく、北のように、公共心の強調によって移行が唱えられているわけではない。まずは、社会主義社会であるが、すでに紹介した「自由人の共同体」、つまり、ロビンソンの労働を一つの社会全体に見立てたイメージが社会主義像として描かれている。

「いまようやく資本主義社会から生まれたばかりの共産主義社会……は、あらゆる点で、経済的にも道徳的にも精神的にも、その共産主義社会が生まれでてきた母胎たる旧社会の母斑をまだおびている。したがって、個々の生産者は、彼が社会にあたえたのと正確に同じだけのものを——控除をしたうえで——返してもらう。……個々の生産者はこれこれの労働（共同の元本《フォンド》のための彼の労働分を控除したうえで）を給付したという証明書を社会から受け取り、この証明書を持って消費手段の社会的貯蔵のうちから等しい量の労働が費やされた消費手段を引きだす。……ここでは明らかに商品交換が等価物の交換であるかぎりでこの交換を規制するのと同じ原則が支配している」（『ゴータ綱領批判』マル・エン全集一九巻、一九－二〇頁）。

こうした社会主義は、労働日をめぐる闘争の中で描かれていた、労働者と資本家の対等なブルジョア的権利に基づく闘争から発展してきたものであり、この個々の労働者の異議申し立てが、一つの工場へ、さらにそれが全労働者へと高まっていくことによって、労働者の自覚を呼び起こし、労働者自身による生産そのものの全体的掌握へと発展してきたものだと原理的には考えることができる。

私が、わざわざ「原理的には」と書いたのは、経済的闘争から、自然発生的に社会主義が生み出されるということを意味するのではない。実践的、現実的には、どのような労働者の反乱も、国家およびブルジョア社会の反撃を呼び起こし、それとの闘争を抜きにしては、すなわち、プロレタリアによる国家権力の獲得を抜きにしては、『ゴータ綱領批判』において指し示された社会主義社会が実現されることはあり得ないからだ。

しかしながら、ブルジョア的生産体制の内部から発生してきた原理的矛盾、つまり賃労働と資本の対決が、その運動の根底に存在し、それが次第に、政治的であるにせよ、経済的であるにせよ、全体的なものへと高まっていき、その結果、そうした矛盾を止揚する社会として『ゴータ綱領批判』(註)型の社会が生み出されることを示したかったからに他ならない。

（註）この『ゴータ綱領批判』におけるマルクスの社会主義像は、資本主義社会を、上空飛翔的に、一つの有機的社会編成体として捉えつつも、その内部には労働者と資本家の対立を基礎とするさまざまな対立競争を抱え込んだ社会だという二つの側面からとらえていたことから生まれたと言える。そのことに関しては、本部、第二章第二節で論じてきたが、ここでは『資本論』における「自由人の共同体」について触れた一文を見ておこう。

「生来質素な彼（ロビンソン）ではあるが、彼とてもいろいろな欲望を満足させなければならないのであり、したがって、道具を作り、家具をこしらえ、ラマを馴らし、漁猟するなど、いろいろな種類の有用労働をしなければならない。……やがて自分自身のことを帳面につけはじめる。彼の財産目録のうちには、彼が持っている使用対象や……いろいろな生産物の一定量が彼に平均的に費やさせる労働時間の一覧表が含まれている」（『資本論』マル・エン全集二三巻a、一〇二－三頁）。

マルクスの発想はこのロビンソンを人類全体に見立てようとするものである。人類全体はさまざまな労働をそれの分肢である諸個人に分割しつつ生活している。もちろん、人類全体は、ロビンソン個人のように一個体ではないから、さまざまな諸個人間は（諸生産手段を含めた）その生活資料の貨幣を媒介とした相互の交換においてその全体性を実現させていくわけである。これが上空飛翔的に、資本主義を捉えた場合の資本主義社会への視点であり、その内部には社会主義社会への暗示が含まれている。このことは見やすいところだろう。

しかしながら、こうした暗示された社会が現実的なものとなるためには、賃労働制の廃止を目標とした労働者による革命が要求される。そして、このような単純な社会が現実化された場合には、その生産物の分配はこのロビンソンの「労働時間の一覧表」に基づいてなされることになるわけだ。これが当面の、マルクスの目標である社会主義（マルクスはこれを共産主義の第一段階とする）である。

したがって、ブルジョア社会内部の階級的利害（北の言葉でいえば「利己心」）から発展してきた労働者階級が生み出した社会主義においては、マルクスの言うように「ブルジョア的な制限」がつきまとうこととなる。ところが、北の場合は、社会主義はそうした労働者階級や貧農の利害を超越したところで立てられているのである。

「維新革命は納税の苦痛を訴へて竹鎗蓆旗を掲げたる百姓一揆と決して同一に非らざる如く、米価の高きを訴へ賃銀の低廉を叫びて同盟罷工をなす如き工場一揆は断じて社会主義と同一視さるべからず」（四〇〇頁）。

もちろん、北の場合も、このように語っているからと言って、労働者階級は救済の対象であると同時に社会主義革命の本隊だとするのだから、労働争議を全否定しているわけではない。だがそれとは別のところで社会主義が立てられているのだから、社会主義社会における問題も、すでに述べたように、公共心に依拠した啓蒙になってしまうのだ。

ところが、マルクスの場合は、社会主義社会におけるブルジョア的制限の例として、一、ある者は、肉体的または精神的にまさっているので同じ時間内により多くの労働を給付し、あるいはより長い時間労働することができる。二、さらに、ある労働者は結婚しており、他の労働者は結婚していない。三、ある者は他のものより子供が多い、等々……という例を挙げた上で、だから、「権利は平等であるよりも、むしろ不平等でなければならないだろう」とさえ語り、こうした結果が生み出されてくるのは、「人々はただ労働者としてだけ考察され、彼らのそれ以外の点には目は向けられず、ほかのことはいっさい無視され」た結果であると結んでいる（『ゴータ綱領批判』マル・エン全集一九巻、二一頁）。

こうしたマルクスの発言は、資本主義階級に対抗するという形で生まれた労働者の階級闘争は、その階級の敵対物である資本家階級を打倒したが故に、必然的に、自己の内部に発生する別な問題との対決を余儀なくさせられるということを意味するであろう。さらに言えば、この共産主義の第一段階から共産主義のより高度の段階に至るための問題として、一、分業の止揚の問題、二、精神労働と肉体労働の対立の問題、三、労働の意味の変化と個人の全面的発達の問題、四、生産力の増大の問題、の四点を挙げ次のように言っている。

「共産主義社会のより高度の段階で、すなわち個人が分業に奴隷的に従属することがなくなり、それとともに精神労働と肉体労働との対立がなくなったのち、労働がたんに生活のための手段であるだけでなく、労働そのものが第一の生命欲求となったのち、個人の全面的な発展にともなって、またその生産力も増大し、協同的富のあらゆる泉がいっそう豊かに湧きでるようになったのち、――そのときはじめてブルジョア的権利の狭い視界を完全に踏み越えることができ、社会はその旗の上にこう書くことができる――各人はその能力におうじて、各人にはその必要におうじて！」(同、一九巻、二一頁)。

周知の『ゴータ綱領批判』を、私がながながと引用したのは、北のように社会進化を「個人と社会とは同じき者」という大前提から、未来をそこに至るものとして考えたものではなく、マルクスは社会を、次々と生じてくる矛盾を解決しつつ進むものとして捉えているということを示すためである。すなわち、解決すべき矛盾とは社会の発展の中で、次々と現れてくるものであり、それがどのようなものであるかは「人間は解決可能なことのみを課題にできる」のであるから、現在のわれわれには不鮮明であることは避けがたいことであろう。

なお、付け加えておけば、この共産主義の第一段階から第二段階への移行に関して、廣松渉は「ゲゼルシャフトリッヒ」な社会編成から「ゲマインシャフトリッヒ」な社会編成への大変換であることを強調しつつ、マルクスがその転換に関して、細かくは述べていないことを次のように指摘している。

「第一段階から第二段階への移行については、これはまさしくゲゼルシャフト型の社会編制からゲマインシャフト型の社会編制への転換という大変換であり、単なる社会変革という以上の射程をもつ総体的な推転であるがゆえに、一大命題の措定という域に止まっている」(「根本理念の再確認から始めよ」『廣松渉コレクション』二巻、二三九頁)。

「現在のわれわれには不鮮明である」と書いてしまったが、それは、社会を諸関係のアンサンブルとして捉えるマルクスの視点を強調するためであり、現在のわれわれが直面している情況から言えば、この第二段階において解決すべき問題としてマルクスが予想した諸問題、否、彼が予想もしなかった諸問題にわれわれが直面していることはたしかであろう。しかも、それらの諸問題が、第一段階の問題とも絡んで登場してきていることを認めなければならないだろう。

現在の時点での一、二の例を挙げるならば、精神労働と肉体労働の対立の問題は形を変えてはいるが、エリート社員と派遣社員の問題となって現前しているし、分業に下属せざるを得ない人々の人間性回復への強い願望の噴出、コンピュータ社会ないしは消費社会というものの生み出す新たな矛盾や新たな欲求の出現、さらにいえば、世界的、人類的な問題である原子力の問題、環境問題などなどである。

まとめて言えば、関係のアンサンブルとしての社会は複雑化を増しており、それらの解決を第一段階の革命とともにわれわれは押し進めつつ、それを第二段階の共産主義との関連のなかでも認識しなおしていかなければならないであろう。廣松渉の「根本理念の再確認から始めよ」はこの点に触れていると私は受け止めている。

この第二部を閉じるにあたって、最後に、北の社会主義論を振り返りつつ、その限界と問題点をまとめておこう。

人類は「個人と社会は同じき者」という思想の実現、すなわち、純正社会主義へと向かって進化しているというのが北の根本的な歴史観である。北は、近代以前の社会を「偏局的社会主義」の時代、近代社会を「偏局的個人主義」の時代と規定し、その近代社会が「機械による生産」としてはじまりつつあることに着目した。機械とは人類社会の渾然一体たる進化の産物であり、それの私的所有を廃止して社会的所有に移行させれば個人と社会が一体化された純正社会主義の社会が生まれるというのがその社会主義論の概略である。

この視点から見るとき、現実の労働者は、この理念によって「救済」される存在であり、かつ、その理念を担う「本隊」として位置づけられることとなる。しかしながら、他方では、現実の労働者は個人主義的な「利己心」に囚われており、「個人と社会は同じき者」という理念を持つ社会主義者による啓蒙が不可欠である。彼が「公共心」を説き、労働者の「利己心」の克服を図るという構図が現出することとなる。

こうした北の純正社会主義とマルクス主義の立場は明らかに異なる。社会を生産関係を基軸とする社会的諸関係のアンサンブルと考える唯物史観は、北と同様に、社会を進化しつつある全体とは考えるが、北のように「個人と社会は同じき者」という立場をあたかも自己が社会の外に立つかのように、絶対化してはいない。社会全体は階級闘争に突き動かされていくアンサンブルなのであり、自己、つまり、共産主義者そのものも社会内在的、階級内在的なのである。ただ、その内在者が、社会的諸関係のアンサンブルということを知っているだけなのである。

それ故に、社会主義が実現された後も、その中に、克服されねばならない矛盾を予測することも可能な開かれた思想になっている。ところが、北の場合、社会主義が実現されれば、機械という物質の発展は期待されるが、その社会体制内部の矛盾や発展は事実上閉ざされてしまうという構造になっている。

社会主義＝共産主義の実現後においては、人間が類人猿から人類へと進化してきたように、今度は、人類は神と人との間の類神類になると『純正社会主義』では述べられているが、こうした発言は残念ながら北が社会関係内的な人間社会の進化を閉ざしてしまった結果だと言わざるを得ないだろう。

第三部　天皇制イデオロギー批判

第一章　万邦無比の国体への挑戦状

第一節　国体論という迷信と奴隷道徳

北一輝の処女作であると同時に主著である『国体論及び純正社会主義』は、明治三九年五月十四日に発売禁止処分となった。同書の出版許可が内務省から出されてから十日ほどの後であり、いくつかの書店に配本されてから六日しか経っていなかった。この発売禁止処分の主要な理由は、これから問題としようとする『国体論』（同書第四篇）にあったといえるが、『東京日日新聞』が以下のような記事を掲げて発売を禁止するよう訴えたその当日のことであった。

「事既に我国体に関する議論なる以上、又言の我皇室に対及せる以上、吾人は臣民の一部として又教育を受けたる紳士の一楷として、相当の敬意礼貌を表示せざるべからざるや論を待たざる処なり。然るに本書の著者に至りては、其放言高論、筆路屢々嘲罵に走り、其非礼殆ど読むものをして憤慨せしむるに足るものあり」（『著作集』三巻、五七四－五頁）。

そこで問題となるのは、こうした「不敬」な言論が、曲がりなりにも当局の検閲を一旦はパスしたのは何故か、そしてまた十日後に発売禁止処分を受けることに至ったのは何故かということになる。この点に関して松本健一は、天皇機関説は当時すでに権力上層部においては公認の思想であり、これをもって発売禁止にするわけにはいかなかったから一旦は許可した。しかしながら、権力はこの思想が大衆に流布することは恐れていたので、北を社会主義者として認定する手続きをなし、なおかつ『東京日日新聞』のような非難の声が挙がることを予期し発売禁止にしたのだと述べている（『評伝北一輝』二巻、一五八－九頁参照）。

ここで、私が問題としたいのは、敢えて、発売禁止になるかもしれないものを自費出版することに踏み切った北の意図である。北はこの出版にすべてを賭けていた。この出版のために佐渡の実家を破産状態に追い込むのみならず、親戚縁者からの借金を重ね五百部の初版を出版したのであるが、この出版が成功しなければ、経済的に身動きできないことになるのは目に見えていた。それなのにどうしてこの「国体論」をも含めて『国体論及び純正社会主義』を発刊することに踏み切ったのだろうか。私にはその理由を何回か『国体論』を読み返してみて、おぼろげながら分かるような気がしてきた。

まずは、この「国体論」が『純正社会主義』のなかで占める位置である。この一篇は普遍的な国家論や社会主義論一般といったものではなく、実践的な日本革命論には不可欠なものであり、これ抜きにしては他の議論は画竜点睛を欠くことにならざるを得ない。『純正社会主義』の緒言において、第四篇に位置する「国体論」に関し、「この篇は著者の最も心血を傾注したる所なり」と述べ、「独立の憲法論として存在すると共に、更に始めて書かれたる歴史哲学の日本史として社会主義と係はりなく見られ得べし」（一巻「緒言」、三頁、以下、本部においては一巻からの引用はすべて頁数のみを記すこととする）とも記している。これは日本における明治憲法の解釈は社会主義革命と切り離しても問題にできるということを言ったまでのことであり、いわゆる国体論の打破が社会主義革命の前提であることは言うまでもない。

「特に彼の国家社会主義を唱導すと云ふ者の如きに至りては、却て此の『国体論』の上に社会主義を築かんとするが如きの醜態、誠に以て社会主義の暗殺者なりとすべし。吾人は純正社会主義の名に於て永久に斬く主張せんとする者なり――肉体の作らるるよりも先に精神が吹き込まれざるべからず。欧米の社会主義者に取りては第一革命を卒へて経済的懸隔に対する打破が当面の任務なり、未だ工業革命を歩みつつある日本の社会主義にとりては然かく懸隔の甚しからざる経済的方面よりも妄想の駆逐によりて良心を独立ならしむることが焦眉の急務なり」（二一〇頁）。

（註）本書においては、「国体論」という言葉で天皇神格論的な国体思想を指す場合とそれに対する北の批判を意味する場合の両者があり、文脈から注意して読んで欲しい。なおカッコ内を除いて、二重カッコは、『国体論及び純正社会主義』の第四篇「所謂国体論の復古的革命主義」を指す。

このように国体論の打破を「良心の独立」の問題として訴えるのである。近代的自我の確立なくして社会主義はありえないというわけだ。したがって、この『国体論』の発禁を恐れてその部分をカットしたのでは、北の社会主義論は砂上に楼閣を築くようなものであり、意味をなさないと考えていたのである。なおかつ、この書を公刊することそのことが「良心の独立」のための闘いと位置づけていたのだろう。

そのことは了解できるとして、私にとって奇異とさえ思えるのは、この国体論批判における北一輝の舌鋒の激しさである。緒言において、北は自らの文体について、「新しき主張を建つるには当然の路として旧思想に対して排除的態度を執らざるべからず。破邪は顕正に先つ。故に本書は専ら打撃的折伏的口吻を以て今の所謂学者階級に対する征服を以て目的とす」（緒言、四頁）と記しているが、その「打撃的折伏的口吻」の最も激しいのが、この『国体論』である。どんな革命思想も既成のイデオロギー的空間を打ち破り、別の空間を現出させようとするのであるから、既成の空間との「断絶」が第一義的であることはいうまでもない。

が、それにしても、その舌鋒の激しさは異常ささえ帯びている。しかも、それは国体論のイデオローグである穂積八束、有賀長雄、一木喜徳郎（有賀や一木も北は国体論派とみなしている）などの憲法学者に対してのみ向けられているだけではなく、国体論を信奉する日本国民全体に向けられている。天皇を神として怖れるのは、国民全体が「土人部落の土偶」に踊らされているものとさえ言い切って憚らない。

「『国体論』の神輿中に安置して、觸るるものは不敬漢なりと声言せられつつあるは、実は天皇に非らずして彼等山僧等の迷信によりて恣に作りし土偶なればなり。即ち、今日の憲法国の大日本天皇陛下に非らずして、国家の本質及び法理に対する無知と、神道的迷信と、奴隷道徳と、転倒せる虚妄の歴史解釈とを以て捏造せる土人部落の土偶なるなればなり。……土偶を恐怖するは南洋の土人部落にして東洋の土人部落中亦之を争奪して各々利する所あらんとするものありとも、社会主義は只真理の下に大踏歩して進めば足る」（二一〇頁）。

この天皇制イデオロギー批判は、天皇という存在そのものへの批判でこそないが、天皇は神の子孫であり、史上一貫して日本の統治権者であり、その天皇の赤子である国民は天皇に対して忠誠を励んできたという、いわゆる「万国無比」の国体、つまりは教育勅語に象徴されるイデオロギーに対する最も大胆な批判だった。神輿とはいうまでもなくこうした天皇制イデオロギーを指すことは自明だが、北は、比叡山の荒法師の神輿に対し立ち向かった平清盛に自らを擬しつつ、その神輿に向かって矢を番えるのである。日本人が神輿を恐れるのは、日本人が無知であり、「奴隷道徳」に支配されているためであり、未開状態を脱していないからだ。だが、清盛との違いは、たった一人で立ち向かう北にこの戦いの勝算があるのかといえばほとんど零に近い、と、心のどこかでは彼は感じていたようにも思える。

私にはそのことが、日本を「東洋の土人部落」という差別的言辞をもって表現していることに無意識ではあるが、現れていると考えている。日本そのものを「土人部落」と形容する表現は『国体論』の至るところに見出されるし、さらに、「万世一系の鉄槌に頭蓋骨を打撲せられたる国民」とか、「痴呆は土人部落に非ずして何ぞ」とか、「憐れむべし東洋の土人部落よ！　維新革命をして王政復古と云ふことよりして已に野蛮人なり」「四千五百万同胞の土人等よ」「蛮神の土偶」など止まるところを知らない。これだけの罵詈雑言を天皇を敬うことを最大の美徳とする当時の国民に浴びせかけたのだ。

だから、私は、こうした表現に目をやるとき、その勇気をたたえるというより、国民から孤立してしまっている北の「あがき」さえ感じてしまうのだ。「土人部落」のただ中に存在する文明人であると自らのことを考えざるを得なかったし、日本に絶望していたのだ。

それでは、なにが、このような絶望に追い込んでしまったのだろうか。その絶望は大逆事件の菅野スガや宮下太吉らと同質なものを含んでいるようだ。それは、ある意味では、自由民権運動や北村透谷などの明治初期から中期にかけての近代的自我を求める青年たちの流れの中に明確に位置づけてしかるべきものである。明治一六年生まれの北はそうした青年たちよりもはるかに後輩ではあったが、早熟な彼はその精神をくみとって成長していったのであるから、その意味で村上一郎が「最後の明治人」と呼んでいるのは当を得ている。

ところで、北一輝が他の一般の日本人、皇国史観に飲みこまれてしまった日本人たちとの断絶を意識化し、それを理論化していったのはいつごろからであろうかということであるが、私は明治三六年に書かれた「国民対皇室の歴史的考察」がそのはじめではないかと考えている。なるほど、中学時代においてすでに自由民権運動系の思想とも接触し、第一回目に上京した（明治三四年、十九歳）際に、社会主義的思想の感化を受けたようではある。だが、そのとき故郷の『佐渡新聞』に書き送った「人道の大義」においては、北は未だ教育勅語的な「国体論」の影響は脱し切れてはいない。試みに『佐渡新聞』に掲載された「人道の大義」を見てみよう。北はこの論文において皇室と国民の関係に言及し、天皇が一般人民にもっと接触できるような制度をつくるべきであると主張する。

「伏して惟みるに天皇は民の父母たり民は其子女に異ならず、是れ我立国の大本にして万世不易の格言国情の列国に異なる所爰《ここ》に在り。……我国民に限りては本来至誠至忠の先天性を有し……」（「人道の大義」明治三四年、三巻、五頁）。

天皇は国民の父母のような存在であり、国民は天皇の赤子である、日本は万邦無比の国家であり、国民は天皇に忠節を尽くしてきたとここでは述べているのだが、この時より五年後に書かれた『国体論』（明治三九年）は、後に見るように、そのいずれもが否定されるに至っている。この思想的転換は、「国民対皇室の歴史的考察」（三六年、『佐渡新聞』）に始まると言えるのだが、それをもたらしたものとして、まずは内村鑑三、ついで美濃部達吉の名を挙げることができると思う。そこで次節においては内村鑑三の影響を考察し、次いで章を改め、美濃部との対質を試みることにする。

第二節　北一輝の「乱臣賊子」論と内村鑑三

内村鑑三と北一輝という取り合わせはいかにも奇妙な取り合わせであるという感じを人々に与えるかもしれない。片や非戦論を唱えるキリスト者であり、片や日本のファシストと言われる北一輝であるからだろうが、実は、北と内村の関係性は無視できないものがある。

明治三六年六月に『佐渡新聞』に北は「国民対皇室の歴史的考察」を発表し、万世一系の天皇に対して日本国民が忠を尽くしてきたという順逆論をもって日本史を描く歴史観に対して、「乱臣賊子」論を発表し、真っ向から批判する。

そこにおいて、まず、「克く忠に億兆心を一にして万世一系の皇統を戴く、是れ国体の精華なりといひ、教育の淵源の存する所なりといふ。而して実に国体論なる名の下に殆ど神聖視さる。無分別なるは日本国民なるかな」（三巻、三六頁）と記し、さらに、蘇我氏、藤原氏の専横、清盛、頼朝、北条、足利、豊臣、徳川などの武家政権が如何に皇室を迫害したのかという事実をあげる。完全に二年前に書いた「人道の大義」とは、別の空間に立ち始めている。

「事実をして事実を語らしめよ。実に、久しく専横を恣にせし蘇我を斃したる鎌足の子孫は更に蘇我の其れを繰り返へしたるに非ずや……清盛は更に其の刃を提げて其れ（禁闕）に迫りたるに非ずや……其の平氏を滅したる頼朝は更に其れを欺きて帝王の実権を奪ひたるに非ずや……反動的王朝政治を一掃すべく起てるクロムエル（足利氏のこと）は其の可憐なる忠臣を湊川に屠りたり。……斯の如し。吾人の祖先は渾べて『乱臣』『賊子』なりき」（『佐渡新聞』明治三六年、三巻、三七－八頁）。

ここでの論調と先に引用した日本人は「至誠至忠」の先天性を持っているとする「人道の大義」とを比較してみれば、北における歴史観の革命は一目瞭然であるが、この革命をもたらしたのは内村鑑三の次の一文だと思われる。

「上古のことは措《お》いて問はず、藤原氏政権を握りてより以来、日本人は実に王室に対して忠良なりしか、なるほど将門を誅するに貞盛ありしに相違なし、清盛の暴逆をくじくに義仲、頼朝ありしといはん、然れども過去八百年間の日本歴史は、王朝衰退、武臣跋扈の歴史ならずして何ぞや……、楠氏の主従七百騎、七生の冀望を約して陣に臨むや、三十万の九州人は乱臣足利直義の旗下に隷属し、義人を湊川のほとりに屠りしにあらずや……、九州一円は乱臣賊士の巣窟と化せしにあらずや。……楠公の名を繰り返すを以て宗教的義務の如くに信ずる今日の日本人の多くは、楠公を殺せしものの子孫なることを記憶せよ……、公平なる歴史的観察を以て王室に対する日本臣民の去就を照し見よ、吾人は勤王を誇るをやめて、不忠を恥じて地に哭すべきにあらずや」（『内村鑑三思想選書』二巻、九一－二頁）。

これは内村鑑三の「時勢の観察」（『国民乃友』明治二九年）の一節であるが、北はこれと全く同一な思想を展開しているといえるだろう。日本人は天皇に忠誠を尽くしてきたのではなく、それに逆い続けてきたのだという発想は全く同じである。内村の「乱臣賊士」論は、日清戦争後の日本人が、日本は「万邦無比」な国体をもつなどと威張りまくっていた世相に対する一種のアイロニーであったが、北がそれにヒントを得て書いたのが前掲の論文であり、それをさらに深めていったものが『国体論』における「乱臣賊子」論であることは間違いないところである。（註）

（註）ことごとに北の独創性を否定しようとして、やれ竹腰与三郎の引き写しだとか加藤弘之の思想の延長だとかいっている松本清張も、この「乱臣賊子」論については「ユニーク」だと言わざるを得なかったのだが（『北一輝論』、九二頁）、その出所は内村鑑三だったと私は考える。

しかしながら、内村と北の関係性はこのことのみに止まるのではなく、微妙な問題を孕んでいる。「時勢の観察」は内村鑑三が清国との開戦論を唱えた後に、それの「反省」もあって書かれたものであり、内村は日露戦争には非戦論の立場に立つことになる。ところが、日露開戦論を支持する北は「咄、非開戦を云ふ者」（明治三六年十月）において内村批判を行うのであるが、その前置きとして次のような一節が置かれている。

「ああ内村鑑三氏。本紙に寄稿せらるる等の関係よりして諸君の最も多く知り、最も多く尊ぶ所なるべし。吾人の如き。氏の『警世雑著』を読み、『小憤慨録』を繙きし幼き時に於ては、氏の名は殆ど崇拝の偶像なりき。世が物質的文明の皮相に眩惑して心霊の堕落を忘れたる時に於て、……氏は教育勅語の前に傲然として其の頭を屈せざりき」（三巻、八八頁。なお、「本紙」とは『佐渡新聞』を指す）。

「氏は教育勅語の前に傲然として其の頭を屈せざりき」と書いているのを見れば、天皇制の問題に関して、北は内村を高く評価しているのは確かであろう。しかしながら、日露戦争に関しては、かつて、日清戦争を支持した内村鑑三が、なぜ日露戦争には反対するのかと述べて非難するのである。

「氏よ。日清戦争は何が故に正義にして日露開戦は何が故に罪悪なるか。……朝鮮の独立を扶くることは何が故に正義にして支那帝国を保全することは何が故に罪悪なるか。……日本国民の正〔義〕は清国なるが故に発したるにあらず。日本国民の人道は露国なるが故に蔽はるべきにあらず」（同、八八－九頁）。

しかしながら、奇妙なことに、「時勢の観察」における内村鑑三の日清戦争支持論への自己批判はこの北の論文では全く触れられることなく、清国に対して大義を貫いた日本がなぜロシアには大義を貫くことができないのかという論点のみが強調されている。なぜ、北は「時勢の観察」における内村の日清戦争支持の自己批判にここでは言及していないのか、大きな疑問であるが、その問題に立ち入る前に内村の「自己批判」の内容を見ることにしよう。

「彼等は日清戦争を義戦なりとうたへり、而して余輩の如き馬鹿者ありて彼等の宣言を真面目に受け、余輩の廻らぬ欧文を綴り、『日清戦争の義』を世界に訴ふるあれば、日本の政治家と新聞記者とは心ひそかに笑つて言ふ、『善なるかな、彼れ正直者よ』と、義戦とは名義なりとは彼等の知者が公言するを憚らざるところなり……その主眼とせし隣邦の独立は措いて問はざるが如く、新領土の開鑿、新市場の拡張は全国民の注意を奪ひ、ひとへに戦捷の利益を十二分にをさめんとして汲々たり、義戦もしまことに義戦たらば……何故に同胞中国人の名誉を重んぜざる、何故に隣邦朝鮮国の誘導につとめざる、余輩の愁嘆はわが国民の真面目ならざるにあり、彼等が義を信ぜずして義をとなふるにあり」（前掲書、八六頁）。

ここに見られるように内村は、大義名分は名分でしかなく、本音は別のところにあるという日本人そのものを批判し、もし、その日本人の言う「大義」に乗せられれば、新領土の開鑿や新市場の拡張といった侵略に加担することになってしまうと言っているのである。そしてその上で、本当の意味での大義が必要だと言う。

だが、すでにみたように、北の「咄、非開戦を云ふ者」においては、それへの直接の反論は書かれていない。では、この無視の意味するものは何かということになるが、私は北が内村の「自己批判」を深刻に受け止めたからだと考えている。というのは、内村が日本人のいう大義名分は名目でしかないという主張を認めるからこそ、逆に、北は生涯を賭けて、あくまでも大義名分は大義名分として貫くという道に賭けてしまったとも言えるからである（北が日露戦争を支持したということが、あらゆる意味で彼の生涯を決めてしまったと考えるが、それは後の課題とする）。

日露戦争に賛成した北は、日清戦争に賛成した内村のようにはそのことを「反省」したりはしないが、その代わりに日露戦争の「大義」を国の内外において貫こうとしている。つまり、何故に内村が日清戦争に賛成しつつ日露戦争に反対したのかを知った上で、日露戦争に賛成した北には、最早、内村のような「反省」は許されない。残される途はただ一つ「野蛮」な日本人を近代的な主体にさせねばならないし、日本人は対外的にも「野蛮」であってはならない。北が『国体論』において、日本人を「東洋の土人」と規定し、日本は日露戦争後も「蛮風」に支配されていると語った上で、その「蛮風」が「支那朝鮮の自由を蹂躙しつつあるを断々として止めしめざるべからず」(四三五頁)と力説しているのはこのためだ。

このように見てくると、北の『国体論』は内村鑑三の継承であるとともに、内村への理論的な挑戦であったという意味合いを帯びてくる。内村は朝鮮、支那の独立と近代化のためだという「大義」に賛成し日清戦争を支持したが、その「大義」は日本人の未成熟のため貫けなかった。このことの反省として彼は日露戦争では反戦論を唱える。

これに対して、北は、しかし、大義はあくまでも大義であり、それは内外において貫かれねばならないとする。

「俺は日露戦争を支持し、中国の独立とその近代化をはかるという大義を貫いてみせる。それは同時に日本の『蛮風』を駆逐する闘いでもある」——これが北一輝の内村鑑三への挑戦の心情であったろう。

しかしながら、内村の言うように日本人全体が「蛮風」に支配されているときに、それを近代的な人格へと成長させていくことは可能なことだろうか。ほとんど絶望に近いことを認めつつも、ひとは、どこかにその希望を見出さざるを得ない。北は日露戦争からの帰還兵たちにそれを期待していた。

「今、彼等は続々として帰りつつあり、人は彼等の凱旋を迎ふと雖も彼等は凱旋者にあらずして法律戦争を戦はんが為めの進撃軍なり」(三九〇－一頁)。

そのための「批判の武器」として『国体論及び純正社会主義』が書かれているのだろうが、それで勝利できるかと北に問えば、内村鑑三と同様な答えしか返ってこなかったであろう。その絶望の激しさが日本国民全体に対する絶望として、「未開の土人」といった日本人を罵倒する言葉の激しさとして現れてきているのだと私は考えている。そして、そのことを現実として北に突きつけたものこそ、『国体論及び純正社会主義』の発売禁止処分だった。その発禁処分にあった直後のことであるが、北は「自殺と暗殺」という小論を『革命評論』に発表し、いわゆる国体論ならびに天皇が人々の良心を支配し、日本人を圧殺しつつある情勢を嘆いた上で、北自身も含む反逆者たちの行方について次のように記している。

「思想界における叛徒は内心の革命戦争に苦闘して瀑に走り火山に赴きて敗死しつつあり。其の革命を終へたるものも未だ新領土に足を投じたる者の歴史少なしとせらるるが故に眼前の暗黒に絶望して進み戦はざるに自刃しつつあり。希くは彼等の前に希望の閃光を投ずなかれ。ああ誰か煩悶的自殺者の一転進して革命的暗殺者たるなきを保すべきぞ」（三巻、一三九－四〇頁）。

第二章　美濃部憲法学の継承と深化

第一節　天皇機関説における「君主の地位」

自由民権運動の終焉と明治欽定憲法の発布をもって、明治初期の私擬憲法の時代は終わり、論争は明治憲法を前提としたアカデミックな議論に移っていった。天賦人権論に基づいた主権在民論的傾向は大幅に後退し、明治憲法が君主主権論を取るのか、それとも国家主権論を取るものかの論争の時代に移ったのである。この論争は、天皇の権力は無制限なものである（超憲法）か、憲法に制限されるものかという論争でもあり、前者は穂積八束、上杉慎吉らに代表され、後者は有賀長雄、一木喜得郎、美濃部達吉らに代表される。この両系列の論争は憲法が施行せられた明治二二年に、まずは穂積と有賀の間でなされたが、それ以後、華々しい論争はなされず本格的な論争が開始されたのは、美濃部が登場して以降のことである。

しかしながら、こうした二つの系列は、日本が万国無比の国体を有する特殊な国家であるとする点においては、美濃部を除外するとすれば、何ら変わりがなく、後者を民主主義的であり、前者のみを天皇制イデオロギーに基づくものと規定するわけにはいかない。ところが、美濃部の登場によって、論争の意味が変わっていったのである。

美濃部は一木喜徳郎の弟子として、大学院時代の明治三二年に「憲法の解釈に関する疑義数則」を発表し、その後、ドイツ留学し、明治三六年に帝大教授になったのであるが、帰国と同時に「君主の国法上の地位」「大権の観念を論ず」などの諸論文を著し、一木を踏まえつつも独自な天皇機関説を展開し始めた。

私はここで明治三六年に発表された美濃部の「君主の国法上の地位」を紹介することによって、美濃部と北の関係に立ち入ってみようと考えている。というのは、北一輝が国体論の執筆のために上野の帝国図書館に通い詰めていたのは明治三八年ごろのことであり、これに出会ったことは確実であるからだ。

美濃部はこの論文において、

（一）国家は統一体である。

（二）君主を「主体」とし国民をその統治の「客体」と考える君主主権説は、主体と客体との二つに国家を分かつものであるから国家の統一性を破壊するものである。

（三）憲法の解釈にあたっては、成文法の文字に拘って解釈すべきではなく、憲法の精神に基づくべきである。

（四）その点から見れば、明治憲法も欧州の立憲君主国と異なりはしない。

（五）君主主権論者の主張は、自然人としての君主が死ねば、国家には主権が存在しないことになり、国家の存続性を保障できない。

（六）また、君主が交代すれば、後継の君主は先の君主の制定した憲法その他に拘束されるのだから、主権は無制限であるという主権の定義と矛盾することになる。

（七）そこで、君主主権論者は主権は自然人としての君主に存在するのではなく、「皇位」に存在するなどということになるが、これは抽象であり、成文法にある「君主が統治権の主体なり」という規定をもって君主主権論を唱える人々にとっては自己矛盾である。

以上の七点がこの論文における美濃部の論点のすべてであるが、北はその全部を継承しつつ発展させている。しかしながら、それらを一々吟味するのは煩瑣極まりないので、上記の論点のうちもっとも本質的だと思われる二、三の論点についてここでは吟味するとしよう。

第二節　「実在の人格」と「綜合的実在人」

まず、問題としなければならないのは、天皇の明治憲法における地位の問題であろう。その問題の中心に位置するのは、天皇が統治権の主体であり、国民がその客体であると明治憲法が位置づけているのかどうかという点である。美濃部は統治権の主体が天皇に属するという議論に対して真っ向から反対して次のように言う。

「君主は国家と相対する独立の人格たるものに非らす。……君主か統治権の主体たりといふの当然の論結は臣民を以て君主と相対立する統治権の客体なりとなささる可からす。……君主は独立の一の人格たり、之と相対して臣民は或は其全体相合して集合的の一人格を為すと看做すか然らされは臣民の各個か各独立の人格にして君主と相対して統治権の客体たるものは此数多の人格の雑然たる集合なりと看做すかの何れか一ならさる可からす。何れに従ふも国家は統一的の一体に非らす……」（「君主の国法上の地位」『法学志林』第五〇号、明治三六年、二一―三頁）。

美濃部の論理は単純明快である。君主を主権者とすれば国民はその客体ということになり国家の統一性は破壊されるというものである。こうした議論の背景にあったものとして考えられるのは、ドイツに留学した美濃部がそこで学び取った国家主権論的な法学思想であったであろう。この点に関して家永三郎は『美濃部達吉の思想史的研究』において、美濃部の思想はドイツの法学者ギールケの流れを汲むものであり、日本では自由民権時代に現れた植木枝盛の国家主権論に近いと位置づけている。

「美濃部においては、法人としての国家は『全国民の共同団体』という意味であり、法人をもって抽象的擬制人とする見解は強く排斥されているので、その国家はむしろ綜合的実在人としての色彩が濃厚であって、国家と国民とはほとんど同一観念にちかいものがあったように思われる」（同書、一一頁）。

北の近代国家という概念も、すでに見たように、君主あるいは貴族の所有物であった国家が、つまり、客体として存在を余儀なくさせられていた「実在の人格である国家」が自己の本来の姿を取り戻したものとして捉えている（本書第一部参照）のだから、こうした美濃部の考え方にも影響されていたように考えられる。事実、北は、君主を統治権の総覧者とする君主主権論に反対した美濃部を支持して次のように書いている。

「吾人は美濃部博士の天皇は統治権を総攬する者に非らずとの断言を嘉みする者なり。何となれば……吾人は美濃部博士が明かに今日の日本憲法が比喩的有機説の痕跡を有すとなして統治権総攬の文字を否定したりや否やは想像すべき根拠なしと雖も、其の国家有機体説を排すと云ふより見れば他の国家主権論者より一歩の高き地位に立ちて論断したるべきを信ぜんと欲す」（二三三頁）。

ここで言われている「比喩的有機体説」ならびに「国家有機体説」とは、いうまでもないことだが、国家を一つの動物のような生命体と考え、君主をその頭部、一般人民や労働者をその手足と考える王権を絶対化する思想のことである。だが、そうした思想には北は明確に反対していた。北の「実在の人格である国家」論も国家を有機体、人格であると見なすものではあるが、その人格は歴史的に進化を遂げるものであり、君主に所有されていた国家が、自己を取り戻したのが近代であり、その近代においては、君主はその国家の外部に立って国家を所有するものではなく、国家の内部に存在するものとされている。したがって、近代国家にあっては、国家が目的であり利益の帰属するところであり、主権が存在するところなのである。こうした観点から、国体と政体との区別を主張し、国体とは、国家が君主の所有物であるか否かに係わり、政体とはその国家の最高機関を誰が握っているかの問題だとする。

付言しておかなければならないのは、北が、古代や中世に見られる「君主に所有されている国家」とは、人民と土地の二要素から成り立っている国家であるが、近代国家とは「統治者と人民と土地の三要素なりとの思想」によって組織されていると述べていることである。したがって、近代国家とは「君主が国家を所有物として贈与し相続せし中世時代」とは異なった国家であると述べ、その主権は国家に属するものだとしている（二二一頁）。こうした国家主権論から発想するとき、美濃部が「綜合的実在人」としての国家観を根底にもちつつ、天皇を統治権の主体とし、人民をその客体とする憲法論に異を唱えたことに対して、北が賛同するのは当然であり、逆にまた、そうした美濃部の議論を踏み台として自らの議論を組み立てて行ったことは十分に推測可能であろう。また、こうした思想に基づき、さまざまな近代国家は、本質的には同一であるが、その政体は異なると述べ、政体の分類を以下のように行っている。

「今日の公民国家と云ふ一体に就きて政体の三大分類を主張するものなり。――第一、最高機関を特権ある国家の一員にて組織する政体（農奴解放以後の露西亜及び維新以後二十三年までの日本の政体の如し）。第二、最高機関を平等の多数と特権ある国家の一員とにて組織する政体（英吉利独乙及び二十三年以後の日本の政体の如し）。第三、最高機関を平等の多数にて組織する政体（仏蘭西米合衆国の政体の如し）」（二三六頁）。

その国家が君主独裁制であれ、立憲君主制であれ、完全な共和制であれ、それは政体による区別に過ぎず、問題は国家が君主の私有物、つまり「客体」とみなされているかどうかだというのである。つまり、国家が人民と領土の二要素なのか、それともその二要素に統治者を含めた三要素なのかがここでは基準となっている。

この分類では、日本は「最高機関を平等の多数と特権ある国家の一員とにて組織する政体」として位置づけているが、明治憲法第一条に謳われている「大日本帝国は万世一系の天皇之を統治す」や第四条の「天皇は国の元首にして統治権を総攬し此憲法の條規に依り之を行ふ」という規定については美濃部や北はどのように解釈しているのだろうか。

まず、美濃部から見ておこう。この点に関して、家永三郎は、美濃部が明治憲法を拡大解釈してはばからなかったのは、法律の文字をもって法の唯一の淵源とせず、憲法の全文をみて法を解釈しようとしたからであるという。美濃部自身もそのことを明言している。

「成文法の文字に依て凡ての法理上の観念を説明し得へしとなす所の幼稚なる非専門者流は憲法第一條に於て君主は帝国を統治すといふの文字あるに依りて我国の国体に於て君主か統治権の主体たるの疑ふへからさるの根拠なりと為す者あり（専門法学者にして往々此の如き所説を唱ふる者あるは怪しむへきなり）」（「君主の国法上の地位」前掲誌、六頁）。

「統治権の全部が果して君主にのみ専属するや否やは憲法の全文を見て之を決すべく、単に此の条のみを以て決することを得ざるもの」（美濃部達吉「法律の裁可を論ず」、家永三郎『美濃部達吉の思想史的研究』、一〇頁より）。

さらに、美濃部は明治憲法の解釈にあたっては、その精神を理解する上で諸外国の憲法を参考にすべきことを主張する。

「我国の国体か其歴史上の基礎に於て欧州の諸国と同しからす、国民の忠君愛国の信念か欧州の国民と同日に論することを得さるは固より論なし。然れとも……、今日の法的顕象に於て我国の国体は決して欧州の立憲君主国と其模型を異にするものに非らす。独乙の国法学者か統治権の主体に付て説明せる所は、我国の国法に於て亦等しく適用せらるへき所なり」（「君主の国法上の地位」前掲誌、五－六頁）。

「抑憲法は我国歴史の産物に非す、憲法以前に於ける我国の歴史は嘗て国民の参政権を認めたることなし。我国の憲法は専ら模範を欧州近世の憲法に取りたるなり。……明白なる反対の根拠あらさる限りは、欧州近代の立憲制に共通なる思想は亦我憲法の取りたる所なりと認めさる可からす」（「君主の大権を論して教を穂積博士に請ふ」『法学新報』十三巻上、三四頁）。

つまり、美濃部は憲法の解釈にあたっては、個々の条文にこだわることなく、憲法全体の趣旨をヨーロッパ憲法を参考にしつつ明らかにし、そこから判断すべきだと主張しているのであるが、これに対して北もある意味では、（註）ほぼ同様な主張を行っているのである。

（註）「ある意味で」と書いたのは、美濃部は「欧州近代の立憲制」を基としているのに対して、北は、歴史的進化を勘案しろと主張している点で大きな相違があるが、この点については、後に詳述する。

「如何なる憲法も法文の文字其の儘を以ては決して解釈せられ得べきものにあらずして、憲法の解釈とは其の根本思想と其の表白たる多くの法文とが円滑に考察さるべく其の法文の文字の意義を決定することに在ればなり」

（二二七頁）。「日本国のみ特殊なる国家学と歴史哲学とによりて支配さるると考ふることが誤謬の根底なり。謂ふまでもなく人種を異にし民族を別にするは特殊の境遇による特殊の変異にして人種民族を異にせる国民が其れ其れ特殊の政治的形式を有して進化の程度と方向とを異にせるは論なきことなりと雖も……、些少の特殊なる政治的形式によりて日本国のみは他の諸国の如く国体の歴史的進化なき者の如く思惟するは誠に未開極まる国家観にして、依然たる尊王攘夷論の口吻を以て憲法の緒論より結論までを一貫するは誠に恥づべき知識の国民なり」（二三六頁）。

さらに先へ進もう。美濃部も北一輝もこうした憲法解釈の手法によって、明治憲法の第一条ならびに第四条と他の規定との矛盾（つまり、憲法改正権が天皇にのみ属していない以上、「天皇の統治」「統治権の総攬」という第一条、第四条の規定は他の規定と矛盾に陥ることになる）をあげつつ、第一条の「大日本帝国は万世一系の天皇之を統治す」および第四条「天皇は国の元首にして統治権を総攬し此憲法の條規に依り之を行ふ」という規定を否定する。つまり、両者とも「立憲君主国に於いては国権は君主の独り総覧する所に非ず」と述べている。

このように見てくると、君主が主体で国民が客体であるか否かをもって古代中世と近代の分岐点となすこと、近代国家を実在の人格ないしは総合人とみなすこと、憲法の解釈にあたっては成文法に引きずられず、その全体ならびにヨーロッパ諸国の憲法の精神（北の場合は歴史的進化）に基づいて判断することといった主要な思想において両者は一致しているということができる。以上のことから、私は、北の国家論の主要な枠組みが美濃部によって与えられたのではないかと推量するものであるが、そこまで言えないにしろ、大きな影響を美濃部が与えた点は否定できないだろう。

第三節　美濃部批判における革命性

われわれは、ここで北一輝と美濃部の相異を問題としなければならない段階に差し掛かったようである。北の美濃部に対する不満は美濃部憲法論には国家学がないという点に集中されている。

「美濃部博士が『法律学上の国家とは現行の法律を矛盾なく解釈するには如何に国家なるものを思考すべきかに在り』と云へる姑息を極めたる国家観の如き是れなり。現行の法律と云ふが如き絶えず動揺する所の者より帰納して、国家と云ふものを単に現行法の矛盾なき状態に思考すれば可なりとは、仮令個人主義の機械的国家観を捨て比喩的有機体説の独断を捨てて未だ思想の基礎とすべき国家学を有せざるよりする止むを得ざる一時的の者なりとするも、其の姑息を極めたる者なることは蔽ふ能はざる……」（二三四頁）。

すでに見たように、美濃部は、明治憲法も欧米のそれも近代国家の憲法であるかぎり、同一の思想に基づくものであることを主張しているのであるが、北はその点を越えて、その近代国家の本質を美濃部は捉えていないと言うのである。先の一文にある「機械的国家観」とはいうまでもなく、個人を実在となし、それら諸個人の社会契約によって国家が生み出されたとする国家論であり、「比喩的有機体説」とは、すでに述べたように、国家を生物体に類比させ、その頭部を君主に（ここから元首という言葉が生まれた）、手足を農民や労働者に見立てる十九世紀に流行した国家論であるが、美濃部がこれら両者を否定していることを評価しつつ、それでは美濃部は国家をどう捉えるのかと迫っているわけである。言い換えれば、美濃部は「総合人としての国家」という概念を明確化し、そこから憲法解釈を行うべきだったとしているのだ。

北が美濃部を足がかりにしつつ「実在の人格である国家」という概念に到達したと考えるならば、これは批判というよりも自己の到達点を北が誇示しているものだと読み取れないことはない。しかし、この「姑息」という批判にはそれ以上のものも含んでいるように思える。それは法学者としての美濃部と社会的実践家としての北との相異ということになるかもしれない。というのは、次のように、はっきりと、北が憲法の解釈はイデオロギー的立場によって異なると主張しているからである。

「相矛盾せる条文は憲法の精神に照らして執れかの取捨を決定すべき思想の独立を有すと云ふことなり。故に憲法第二条と他の重大なる第五条および第七十三条と矛盾せる如きに於て、各々其の憲法の精神なりと認むる所、国家の本質なりと考ふる所によりて自由に取捨するを得べく……神道的信仰を有する者が第二条をとりて他の条文を無視することの恣なると共に、吾人は亦第五条及び第七十三条に注意を集めて第二条を棄却するに於て自由なるは、憲法の精神と国家学につきて法文の文字は強制力を有せざる者なればなり」[註]（二三五頁）。

（註）第二条は「皇位は皇室典範の定むる所により皇子孫之を継承す」とある。第五条は「天皇は帝国議会の協賛を以て立法権を行ふ」とあり、第七十三条は、憲法改正に関する規定で、天皇は改正に対する発議権を有するが、衆議院ならびに貴族院それぞれの三分の二以上の出席者の下における、三分の二以上の賛成によって可決されるとする規定である。

穂積八束が神道的信仰をもとにして、天皇の神聖性を唱え「復古的革命主義」を喧伝することも自由ならば、北一輝がその国家論に基づいて明治憲法を社会主義的に解釈することも自由なのだというわけだが、しかし、どちらが勝利するかは社会の進化の方向を捉えているか否かにかかっていると言いたいのである。そして、社会の進化の方向を明確にせず、その社会の進化によって絶えず揺れ動く現行法から国家論を導き出そうとする美濃部は「姑息」極まりないというのだ。

「社会進化の跡を顧みよ。社会は其の進化に応じて正義を進化せしむ。河流は流れ行くに従ひて深く廣し、歴史の大河は原人部落に限られたる本能的社会性の泉よりして、社会意識発展の大奔流となりて流る。——人類の平等観これなり」（四九頁）。

「日本国憲法は西欧諸国の憲法を『模型』として制定されたものだから、その解釈に当たっても西欧の憲法学が適用されるべきだ」という美濃部の次元に止まってはいられないのだ。それを超えて、社会進化の中で日本をも捉えなければ、日本が万国無比の国体を有する神国であるという国体論派に本当の意味で勝利することができないというのだ。そこで問題は日本の社会進化とはどういったものであったのかということになるが、それは次章の課題として、ここでは美濃部の天皇機関説と北のそれとの相異を一瞥し本章を閉じることにしよう。

天皇機関説に関する北と美濃部の相異は、天皇のみを国家の最高機関として位置づけるか、それとも天皇および国民の二者を最高機関とするかという問題である。美濃部は、憲法改正の発議権が天皇に存在し、かつまた法律の裁可権も天皇にある以上、天皇が国家の最高機関だという。

「抑我国の憲法に於て帝国議会か君主と相並て、対等なる国家最高機関を為すものに非さるは、何人も疑はさる所……憲法改正の発議権を大権に留保したるは其不対等なる第一なり。法律の裁可権を大権に留保し而して外部に対して立法権を発現する所以は独り裁可に在るは其不対等なる第二なり」（「君主の大権を論して教を穂積博士に請ふ」前掲誌、二八頁）。

だが、こうした天皇のみを国家の最高機関だとする美濃部の見解に対して、北は、次のように批判している。

「而しながら天皇は統治権の総攬者に非らずと云ふことは、天皇一人にては最高機関を組織して最高の立法たる憲法の改正変更を為す能はずと云ふ他の条文と憲法の精神とに基きて断定さるべき者にして、美濃部博士の如く日本の国体は最高機関を一人にて組織する君主国体なりと解釈しては斯る断言の根拠なくして明かに矛盾せる思想たるは論なし」（二三三－四頁）。

天皇は単独では最高の立法である憲法を改正できないのだから、天皇のみが国家の最高機関であるとは言えず、最高機関は「平等の多数者と一人の特権者」でもって組織されていると北は主張する。美濃部と北をこの点で比較して見ると、北の方が美濃部より国民の権利を強く主張しているように見えるが、しかしながら、この相異は見かけほどには大きなものではない。美濃部もまた「天皇は統治権の総攬者ではない」ということを認め、国民が統治権に参与することを積極的に承認しているからである。

家永三郎は美濃部が「法律の裁可」についての論文において、「立法は君主と議会との共同の行為である」と書いていることを引用しつつ、美濃部は「自由民権時代の一般的要望より後退した線で制定された憲法を前向きに拡大解釈することによって」「君民共治」の線にまでもってきたと言っているのを見ても明らかである。

だが、この問題における二人の相異を国家論ないしは歴史観の問題としてみた場合にどうであろうか。美濃部の場合は、あくまでも近代的な（ヨーロッパの）立憲君主制を前提とした上で、明治憲法の矛盾なき解釈を行おうとするものであり、その射程は君主制そのものの是非にまで発展することはない。それに対して北の場合は、歴史を「人類の平等観」の全地球への発展の歴史と捉えているし、しかもその視点から憲法を自由に解釈できるとするのだから、その解釈は美濃部以上に過激とならざるを得ない。その相異が天皇ひとりを国家の最高機関とするか、それとも最高機関を「平等の多数者と一人の特権者」と見るかという見解の相違になって現れていると言えるだろう。だが、そうした相違点を超えて、もっと深刻なのは、北の場合である。平等思想がますます発展していったならば、この「平等の多数者と一人の特権者」の関係が論理的には問題とならざるを得ないことになるからである（この問題については、第四章第二節参照）。

いや、それ以前に北にとって大問題は天皇制を国体論派に反対して批判的に考察しようとするのだから、この「一人の特権者」の存在を「人類の平等観」の拡大の中で位置づけなければならないという作業である。もちろん、こうした問題はヨーロッパの立憲君主制が「模型」であるとしてヨーロッパ的近代に逃げられる美濃部にとっては起りようがないが、北の場合はそうはいかない。社会進化論を踏まえた「実在の人格である国家論」において、「万国無比」の国体なるものを如何に批判し、なおかつ、天皇を自己の国家論の枠の中に位置づけることができるだろうかという問題が生ずる。

人は、簡単に、北にあっては「天皇の国民、国民の天皇」になったとか、あるいはまた、象徴天皇制こそ北の目指す天皇制であるというけれども、論理的に考えていくとそう簡単にはいかない。たしかに、北はいろいろと苦労して明治天皇制を正当化しようと試みてはいるが、同化と分化論を踏まえた平等観の発展という歴史観の中では相当の無理が生じてくる。このことは北も自覚していたのではないだろうかと考えるが、そのことに立ち入る前に、北が穂積国体論（皇国史観）をどのように批判しているのか、また、北にとっては、同じことになってしまうが、日本史をどう見ているのかということについて考察してみよう。

第三章　穂積八束批判と古代－中世

第一節　神話と天皇神格化論への批判

「国体論」派の巨頭といえば、言うまでもなく、穂積八束である。穂積は明治憲法が欽定憲法であることを強調し、この憲法の発布をもって天皇主権の日本の国体が変わったのではなく、それ以前の国体の延長上に明治憲法体制もあるのだと言い、連続性を強調している。ヨーロッパ諸国の憲法が革命によって旧国体を亡ぼして新しい国体を樹立したのに対して、日本の憲法は欽定憲法であるのだから、それ以前の法令、習慣の上に築かれたものであり、その解釈はそれらを参酌してなされねばならないという。

こうした穂積の憲法論と全面的に対決しようとすれば、現行憲法の「矛盾なき解釈」だけでは不十分であり、天皇制の成立ならびに日本史そのものをどうみるかということが問題とならざるを得ない。殊に、穂積が連綿と続く天皇制を次のように述べているとき、この家族制度的国家観を打破するにはそれが必須となるだろう。

「家国は本と二義ならす、一家は一国を成し、一国は一家を成す、共に父祖を崇拝しその威霊の保護の下に子孫相依りて和親敬愛の公同の生を全うするなり。家に於ける家長の位は即ち祖先の威霊の在ます所……、国に於ける皇位は即ち天祖の威霊の在ます所、現世の天皇は天祖に代り天位に居り……、国は家の大なる者、家は国の小なる者、之を我か民族建国の大本とす、国体の淵源茲に在るなり」（穂積八束『憲法提要』、一〇四－五頁、長谷川正安『日本憲法学の系譜』、一〇〇頁より）。

この穂積の説は、後に天皇制イデオロギーとして猛威を振るうこととなった「天皇は天照大神の子孫である『現人神』であって、日本国民は天皇の『赤子』である」という「君臣一家論」の源流であることはいうまでもない。北はこうした天皇制イデオロギーを人類の未開時代に存在した祖先教への「復古主義」であるとして批判するのであるが、穂積をはじめとする「国体論」派が『古事記』、『日本書紀』などの神話に依拠していることに対し、まず、次のように言う。

「吾人は断言す――王と云ひ治らすと云ふ文字は支那より輸入せられたる文字と思想とにして原始的生活時代の一千年間は音表文字なりや象形文字なりや将た全く文字なかりしや明らかならざるを以て神武天皇が今日の文字と思想に於て『天皇』と呼ばれざることだけは明白にして、其の国民に対する権利も今日の天皇の権利或は権限を以て推及すべからざる者なりと（吾人は文字無き一千年間の原始的生活時代は政治史より除外すべきを主張する者なり……）」（二一七－八頁）。

こうして二千五百年とされる日本歴史のうち、はじめの一千年間について記されていることを単なる伝説として日本の政治史より大胆に削除し、その時代を原始生活時代としている。

「歴史的生活に入らざる原始的生活時代は、日本国土の上に無数の家族団体が散在し皇室はその近畿地方に於ける家族団体の家長として神道の信仰によりて立ちたりき。是れ先に詳説せる文字もなく、数の観念も朦朧として今の土人と大差なき生活をなせる一千年間と伝説さるる時代なり」（三一六頁）。

北の国家論に関しては第一部で見たところであるので、詳説をさけるが、相互扶助に基づく社会的本能的団結（原始共産制）の状態から、社会的団結が意識化されるにともなって生じてくるものが祖先教である。したがって、祖先を神として崇める祖先教は日本のみに固有のものではなく、人類の未開時代の産物なのであり、日本の天皇制もその例外ではない。

「所謂国体論の脊椎骨は、如何なる民族も必ず一たび或る進化に入れる階段として踏むべき祖先教及び其れに伴ふ家長制度を国家の元始にして又人類の消滅まで継続すべき者なりと云ふ社会学の迷信に在り。家長制度や祖先教は何ぞ独り日本民族のみの特産物にして日本のみ万国無比の国体なりと云ふが如き性質の者ならんや、今の欧州諸国も皆悉く一たびは経過したり」（二六〇頁）。

だから、こうした北一輝の視点から見たとき、国体論を鼓吹している穂積八束や有賀長雄のような憲法学者はもとよりのこと、それを信じさせられている日本国民全体が精神的な意味において「未開人」なのである。先に挙げた北の日本に対する「東洋の土人部落」といった蔑視や、「土偶」を尊ぶ「土人」といった悲痛な叫びはこうした認識から生まれているのだ。そうであればこそ、こうした「未開人」の宗教を担ぎまわる穂積八束や他の国体論派に対する揶揄、悪罵はとどまるところを知らない。北は穂積に対して次のように罵倒している。

「問ふ――祖先教とは多神教のことなるが足下は多神教の信者か。恐らくは氏は傲然として然り八百万神を信ずるのみと答へん。……而しながら祖先教と云ふ多神教は其れ以外に多くの拝すべき神を有す。……最も極端なる印度に於てはいま尚祖先の霊魂を祭る多神教の在りて其の多神教には大蛇、木石、鳥獣、甚しきは生殖器等が礼拝せらるる如く、基督教伝播以前の欧州人も種々の動物奇石怪木を祖先の霊魂と共に拝りたる……。氏は動物園の大蛇を神社に祀るべく主張し、木造の生殖器の前に朝夕合掌稽首しつつありや」(二六一頁)。

北一輝の「国体論」批判は、このように過激を極めている。それは、天皇の存在そのものに対する批判ではないとしても、天皇を「大蛇」や「生殖器」と同列に扱っているのだから、「不敬」と言われても致し方ないものだったであろう。

ところで、そうした北の説くところによれば、たしかに、祖先教の時代は日本においても存在したが、それは他部落の征服が近畿地方に限定され、また三韓よりの移住者が非常に少ない段階のことであり、そこにおける天皇の持つ意味も現代のわれわれが考えるものとは全く別なものであった。したがって、国家ならびに天皇を歴史的に考察しようとする立場から言えば、穂積や有賀らの国体論者たちは今日の天皇の権利から「逆進」し、古代や中世の天皇を位置づけ、それへの復古を考えるものだということになる。

「等しく天皇と云ふも神武天皇と後醍醐天皇と明治天皇との全く内容を異にせる者なるべきに考へ及ばざるか。彼等は文字の発音が類似すればミゼレブルと云ふ英語の悲惨もミゾレフルという日本語の霙降るも……同一なる意義にして……と考ふる者なるに似たり」(二一九頁)。

このような軽口を叩きつつ、同じ「天皇」という語を用いてもその内容は限りなく変化してきたということを、国体論派は全く忘却していると批判するのであるが、それでは、「天皇」の内容はどのように変化してきたとするのだろうか。先ず、祖先教の時代の天皇とはどういうものであったかを見てみよう。

第二節　祖先教時代の崩壊と古代‐中世的国家

社会進化の過程は日本もその他の諸国も変わりはない。人口の増殖とともに沃野ならびに漁場などをめぐる部族間の生存競争から権力構造の端緒が生み出されてくるのであるが、その各々の部族の団結を保障するものが祖先教である。したがって、この祖先教の時代は原始的な平等時代から、文明時代への過渡期として位置づけられることとなる。北は「日本民族」の大部分が原始的共和平等の時代を、朝鮮半島もしくは大陸にて過ごしてきたものとして想定する。

「日本民族は原始的共和平等の時代を他の国土に於て経過し已に農業時代にまで進化せる家族団体として移住し来れる……」（二四四頁）。

「三韓よりの移住者は多く九州中国に独立し若しくは独立せる部落に属して未だ近畿に入りて帰化人となるほどに至らず、九州も、東北も、又神武の経過せしと伝説する中国も全く独立の原始的部落にして、雄健なる皇室祖先の一家が純潔なる血液によりて祖先教の下に結合し以て近畿地方と被征服者の上に権力者として立てる者なりき」（三一六頁）。

この段階においては、部族間の権力関係は存在するのだが、それは未だ完全な意味での家長国家（君主国家）とは言えない。というのは、ある部族による他部族の支配が部分的に存在したとしても、独立の原始的部族は残り、なおかつ支配的部族の権力機構も完全ではないからである。明確な君主国家になるためには、この他部落の吸収・合併がさらに進展し、つまり部族間の同化が行われ、この同化が同じ祖先をいただくものとしての団結の基礎を掘り崩し、新たな分化（権力関係）を必然化していくことが必要になる。つまり、同化にともなって、「一族宗家の家長として祖先を祭るときの祭主」が、徐々に権力的（政治的）支配者へと転化していかねばならない。この過程を促進したのは、日本の場合、朝鮮半島との交通の拡大であると捉えている。

「三韓交通と共に日本民族は第一の革命を為せり。……外国との交通の為めに無数の帰化人種の血液も混和し、征服せられたる奴隷との階級的隔絶が恋愛の蟻穴より崩れ始じめ、更に人口増加によりて系統家筋の混乱を来せるが為めに、家族単位の社会組織は決して原始的生活時代の如き純潔を以て維持すべからざるに至れり」（三二七頁）。

このようにして祖先教の時代が終焉し、それに代わって登場してくるのが、「家長国家」の時代である。この家長国家の時代とは、潜在的に社会的団結として存在していた「実在の人格である国家」が、君主の統治の客体として「物格化」され、一切が君主の所有物となった時代であり、それが古代および中世の国家である。この段階への移行にともなって、日本の天皇も「祭主」としての地位から、全土全人民の所有者としての地位に進化したわけである。

「進化律は原始的宗教の祭主たりし『天皇』の内容を進化せしめて第二期に入れり。即ち日本の社会其れ自身の進化と、更に進化せる社会と交通せる三韓文明の継承以後の天皇は、凡ての権利が強力によりて決定せられし古代として最上の強者としての命令者と云ふ意義に進めり。――吾人はこれ以後の古代中世(註)を通じて『家長国体』となし、藤原氏滅亡までに至る間の君主国時代を法理上『天皇』が日本全土全人民の所有者としての最上の強者と云ふ意義に進化したる者となす」(三一七頁)。

(註) ここから見られるように、古代とは天皇が人民の生殺与奪の絶対権を握る奴隷制的な時代として規定している。それでは、中世はどうか。中世とは、天皇の全国支配権が崩壊し、天皇は他の封建領主とならぶ地域的な権力者となった時代だとする。さまざまな分立する権力者たちが「実在の人格である国家」の所有者たちとなり、国家はその客体となった時代である。だから本質的には古代と同じものと捉えられるが、そこには変化が生じている。変化は権力基盤の拡大、つまり、同化とともに進行する権力者内部での分化の進展として捉えられる。この問題は次節で展開する。

ところで、「原始的祭主としての天皇」が「最上の権力者」となり、「家長国体」が成立するまでには、三韓文明の影響とそれによる権力機構の動揺があったという。それが蘇我と物部の宗教論争であり、天智天皇による公地公民制だということになる。それを、北の依拠する同化‐分化論から見れば、同化の進展がもたらした祖先教にもとづく旧い社会的団結の崩壊であり、新たなイデオロギーの発生という事態だということになる。

「この動揺(「祖先教」の動揺)を更に甚しからしめたる者は原始的宗教より遥かに進化せる儒教と仏教となりき。……仏教の進化せる宗教は先づ上層階級より未開なる神道を駆逐し『天皇』は神道の祭主として立てる意義を全く一変せざるべからざるに至れり。斯くて蘇我対物部の旗幟に於て宗教闘争は行はれたり」(三一七‐八頁)。

「英雄皇帝天智は……国家を以て終局目的となし天皇が国家の利益の為めに（人民の為めと云ふこととは別問題なり）最高機関として存すべしと理想したる儒教をそのままに実現せんとしたり。而しながら是れ固より不可能のことにして彼の死と共に社会進化の原則に従ひて国家が天皇の利益として取扱はるる君主主権の家長国となれり」(註)（三一八頁）。

（註）このように、天智天皇による「公地公民制」を高く評価しているため、北を東洋的君主制の賛美者として位置づけることが多くの北一輝論に見られる。だが、北は、国民の社会的自覚が未成熟な段階においては、天智の理想は天智という一個人が抱く理想でしかなく、失敗に終わらざるを得なかったと言っている。「実在の人格である国家」の実現はあくまでも、社会的進化の結果であると主張するのである。

したがって、この第一の革命において、祖先教としての神道ならびに天皇の意義は大きく変化し、主要なる国家統合のイデオロギーとして仏教ならびに儒教が登場することになったわけであるが、ここで喚起しておきたいのは、祖先教が完全に社会から駆逐されたわけではなかったということだ。そのことを、「仏教の進化せる宗教は先づ上層階級より未開なる神道を駆逐し」と述べているわけで、このことは逆に言えば、神道ならびに天皇崇拝が社会の下層には残ったということを意味しよう。このことを私が取り立てて指摘するのは、北の「乱臣賊子」論を理解する上での重要な鍵となるからである。

第三節　「乱臣賊子」と血統主義－平等主義

われわれは前節において、天皇制が神道に基づく「祖先教」の時代から、仏教、儒教を基にした「家長国」の時代に推転していったという事情を極めて駆け足ながら見てきたが、これから明かにしようとするのは、古代天皇制から鎌倉幕府や徳川幕藩体制にまで及ぶ中世を北がどう捉えていたかということである。その際に、北の議論において、重要な役割を果たすのが内村鑑三からヒントを得た「乱臣賊子」論である。天皇は神武天皇以来の万世一系の血統の上にたって国民を統治し、国民は天皇の赤子として、親に孝を尽くすように天皇に忠を尽くしてきたという「国体論」に対して、北は真っ向から反対して言う。

「日本民族は歴史的生活時代に入りしより以降一千五百年間の殆ど凡ての歴史を挙げて、億兆心を一にせるかの如く連綿たる乱臣賊子として皇室を打撃迫害し来れり」（二九二頁）。

この命題は繰り返し現れるが、北は『国体論』では、最早、単に、「国民と皇室の歴史的考察」のなかでのように、藤原氏がどうしたとか、平家がどうしたとかといった「乱臣賊子」の事例を挙げるに止まってはいない。また、それは、教育勅語的な日本史理解に対するアンチ・テーゼに止まるものでもない。北は、日本の歴史が「乱臣賊子」の歴史であったことの解明をもって、日本人の精神的進化の跡を位置づけるとともに、その不十分性をも突き出そうと試みているのである。

「吾人は暫く逆進的批判者に習ひて日本民族の凡ては乱臣賊子なりと云へり。而しながら斯る逆進的批判は道徳を進化的に批評せずして皇室の側に粘着せるよりの誣妄なり。即ち皇室の側よりの見て乱臣賊子なりと云ふことは、皇室の対抗者たる他方より見れば誠に忠臣義士なりしなり」（二九三頁）。

このように述べて、日本における道徳がどのように発展してきたのかについて問題としようとするわけであるが、北がここで持ち出してくるのは、血統主義と忠孝主義という二つのイデオロギー的な流れである。

「日本民族は系統主義を以て家系を尊崇せしが故に皇室を迫害し、忠孝主義を以て忠孝を最高善とせしが故に皇室を打撃したるなり。……系統主義の民族なりしと云ふ前提は世界凡ての民族の上古中世を通じて真なり、而もその故に万世一系の皇室を奉戴せりと云ふ日本歴史の結論は全く誤謬なり。忠孝主義の民族なりしと云ふ前提は……真なり、而もその故に二千五百年間皇室を奉戴せりと云ふ日本歴史の結論は皆明らかに虚偽なり」（二六八頁）。

だが、なぜ、血統を大切にし、親に孝、君に忠を尽くせば、天皇を迫害することになるというのだろうか。このことは前節の末尾で述べた社会の上層部からは祖先教が駆逐されたが下層部分にはそれが残存したということと関係する。すでに見てきたように、三韓との交通による仏教、儒教の伝来は、「祖先教」の時代から、天皇による全国土、全人民の支配という古代的な天皇制へと決定的な革命をもたらした。だが、それが王朝の交代によってでも、また、革命戦争によってでも行われたのではなかったので、「祖先教」を新体制の中に残すこととなったと見るべきだというわけだ。

「神道の信仰が今日に於ても尚匹婦匹夫の間に於て、……惰力としての勢力が残る如く、社会の進化は截然と区別すべからず。天智の大革命により儒学により仏教によりて神道の勢力は大に削られつつ進みしに係らず尚古代及び中世を通じての一勢力なりしことは疑ふべからず。特に其の排外的信仰なる点に於て、長き間を海洋に封鎖せられたる日本民族にとりては恰も猶太教と等しき意味を以て国家起源論として考へられたりき。即ち我が民族のみ特別に神の子にして他は夷狄なりとは凡ての民族が近き以前までの信仰なりしがごとく、日本民族も等しく斬る信仰の神道を幕末に至るまで脱却する能はずして尊王攘夷論となり……」（三一九―二〇頁）。

北の文章はアジテーションであり、この引用文にみられるように、天智天皇後の天皇制を議論していたかと思えば、そのすぐ後段では、一気に、幕末に筆が飛んでいる。これは明らかに飛躍であるが、この飛躍を私は面白いと思っている。というのは、北は、日露戦争に賛成しながらも、そこにおける日本人の心性については「尊王攘夷論」を脱していないと否定的に評価し、それの根源を、「古代」に見ていることが窺えるからである。しかも、それは社会の上層部よりも、下層部分に多く残るとするのであるが、これは社会変化が、まずは社会の上層部においてもたらされ、それが、漸次、下層に至るという北の社会進化論と呼応するものである。

しかしながら、祖先教が社会の下層部分に残ったとしても、それは皇室の権威を高めこそすれ、皇室への反抗や迫害には繋がりようがないはずである。こうした「祖先教」が「匹婦匹夫」の間に存在し続けたことが皇室への迫害に繋がるためには、それとは別な要因を必要とする。かくして北の分析は社会の上層部の分析に移ることとなる。

天皇は古代国家の成立とともに、神道という「祖先教」の祭主でありつつ政治的な権力者となったわけであるが、ここで問題が生じてくる。天照より分かれたそれぞれの分家末家の家長たちは共通の祖先である天照に忠節を尽くすことはあり得るとしても、その忠節はその子孫たる天皇への忠節とはならないという点である。また、それと同じことがさまざまな天皇とその分家の間では生じてくる。すなわち、単なる宗教的な儀礼としてならば、天皇家は「祭主」なのだから尊重してもよいが、政治的な忠誠の対象とはならないというのだ。

「天照大神其者の命令に服従し天照大神其者に大孝を述ぶることに於て即ち末家本家の共同の祖先に対してのみ忠孝の一致すと云ふことにして、共同の祖先より分れたる末家本家の間に於て……末家が神武に孝を尽くして神武に忠孝が一致すと云ふことには非らざるなり」(註)（二九六頁）。

（註）もちろん、総ての豪族が天皇家の出自ではない。それらについては、北は以下にみるように「国体論」の外に立つと述べている。「大部分の地方に散在せし大多数の家族団体が各々忠孝一致の本体たる家長或は遠き家長の代弁者を有して対抗し……『遠荒の民今尚正朔を奉ぜず』の語ある如く一千年間と伝説さるる原始的生活時代の大多数の国民の祖先が国体論の外に独立せし所以なり」（二九七頁）。

しかしながら、これらの豪族の多くも、天皇家の支配を受けて、存在していたのであり、それらの叛乱も多くは、天皇家内部に結びついていた。それ故、北の分析は天皇家内部における祖先教と政治的分裂の問題にしぼられている。

ここで生まれてくるのは、歴代の天皇家から発生したと見られる諸貴族、諸豪族の平等観の発達である。それらの諸貴族、諸豪族も天皇と同じ血統に属しているから、天照大神は敬うが、しかしながら、現在の天皇に忠誠を尽くす義務はないのである。そこから、かれらが政治的意味での平等を欲求するのはかくして当然のこととなるという。このように血統主義は、天皇に対する臣従ではなく、それとの平等主義を育てるのであるが、他方では自己より血統の劣れる、つまり、被征服民も含めた、自己の家の子、郎党に対して臣従を呼びかけるものとして作用する。

というのは、家長主義とは身近な家長への忠誠を第一とするものである上、社会の下層部分には祖先教ならびに血統主義が色濃く残っており、自己より血統が優れているとされる天皇の血統を尊重するからである。だから、天皇の分家である貴族たちが自己の血統を誇ることは天皇への平等観を表現するものであると同時に身内に臣従を呼びかけることとなるという奇妙なる政治体制がかくして成立することになるというわけだ。

「臣連と云ふが如き権力階級は皇族と元と共同祖先の系統より相分れたる同じき枝なりと雖も、遠き本家たる皇室に対する希薄なる社会意識よりも、各自家の家長若しくは近親の本家に対する忠が遥かに強盛なる社会意識によりて道徳の第一位に置かれ、終に本家たる皇室と其末家たりし各家の家長と——同一系統の同一なる枝なりと云ふ平等観によりて——相対抗する場合に於ては……各自の家長或は近親の本家のために忠孝を尽くし以て皇室を打撃すべき道徳的義務の履行に服したる所以なり」（二九八頁）。

このようにして、乱臣賊子が日本に跋扈するわけであるが、以上のことをまとめてみれば次のようになるだろう。日本人は忠孝を重んずる国民であり、一貫して皇室を奉戴してきたという「国体論」に北は反対する。北によれば、血統主義も忠孝主義もともに全世界共通の古代中世の道徳であったが、日本においては、その血統主義と忠孝主義が天皇に対し反逆し、対抗させた原因であったという。天皇家と血縁関係にある社会の上層部の貴族たちは天皇と同一血統に属することを意識するがゆえに、天皇に対する平等意識を抱く一方、また、この同じ事実が社会の下層部分に対する権威として作用したということである。「桓武平氏の末裔」とか、「清和源氏の嫡流」とかといった血統の誇示が、天皇に対する平等意識をその本人に抱かせると同時に、「その家の子郎党」に対しては忠誠を誓わせるイデオロギーとなったのだ。

元来、家長主義とは、血縁関係が遠くなればそれへの帰属意識は薄くなり、「遠くの祖先」（天皇家）よりも「近くの家長」（源氏や平家の頭領たち）への忠節が第一義的な意味を帯びることに基づくが、こうした論理による乱臣賊子の輩出は、原始社会に生まれた祖先教による支配の限界を示すと同時に、その祖先教の清算が完全にはなされず、それが残存した結果であるということができるだろう。

しかしながら、この説明だけでは古代中世の日本社会の封建的、奴隷的な道徳のすべてを説明したことにはならない。というのは、古代天皇制は同一の血統に属する共同体の同心円的な拡大ではなく、他部落、他民族の征服による同化を伴っているからだ。したがって、天皇家という氏族と血縁的関係を有さない者の「忠」についても見ておかねばならない。それが次節のさしあたっての課題である。

第四節　忠孝の自律道徳化と封建社会

北は、血縁関係に基づかない「忠」という道徳も血縁関係に基づく「孝」という道徳もその出発点は「外部的強迫力」にあったとみなしている。すなわち、「孝」の場合だと、祖先ならびに無数の神々が「外部的強迫力」として作用していたと考えるわけであるが、「忠」の場合には、被征服民への征服者の強制、つまり奴隷に対する支配がその起源だとする。

「忠の最も原始的なる奴隷制度の他律的道徳時代に於ては欧州に於ては鎖と鞭とを以て、日本に於ても恐くは厳酷を極めたる刑罰の外部的強迫力を以て、其の道徳の履行を要求せざるべからざりき」（三〇五頁）。

「プラトーが其の社会主義の財産公有の中に人類たる奴隷及び婦人を包含したるは、奴隷及び婦人が共に人格にあらずして経済物たりしが為めなる如く、殉死の時に金銀玉石の経済物と共に近臣妻妾を土中に埋めたるは其等が経済物なりしを以てなり」（同）。

このように被征服民は経済物としての奴隷とされ、鎖と鞭によって支配されたのであるが、外国との交戦による奴隷の獲得が比較的長期にわたって続いていた欧州諸国と異なり、日本においてはそうした暴力のみの支配の期間は長くはなかった。神武移住時代や「三韓、蝦夷の征服」をもって、ほぼ武力による征服は終わりを告げ、反抗心の旺盛な、新たに獲得した奴隷の数は次第に減少したからである。その子孫に至ると、「良心の社会的作用」によって、彼らは奴隷としての自己の立場を承認するようになっていった。つまり、暴力、外部的強制力による支配から、道徳による支配への転換がなされたのである。

「神武移住時代に於ける奴隷、其後の三韓蝦夷の奴隷は、征服せられたる若しくは捕虜とせられたる初めの一二代の奴隷に於ては独立心による反抗の有りしことは記録の上に見らるる如くなりと雖も、其の子孫たる奴隷に至りては良心の社会的作成の理由によりて経済物としての処分に対する絶対的服従を他律的に（或は進みて自律的に）承認するに至りしなり。……此の経済物としての処分に服従する奴隷的道徳の極度は即ち殉死なり」（同）。

ここで注意して欲しいのは、外部的強迫力による服従の強要が、良心の社会的作用によって、次第に自律的なものへと発展させられていくものとして歴史を捉えているところであるが、北はこれを「他律的道徳」から「自律的道徳」の時代への進展として定式化している。また、こうした転換と並んで、先に述べた血縁関係に基づく祖先教の道徳も自律的なものへと変化していったとされる。

「従来他律的に系統主義を以て家長の下に団結したりし者、明確に自律的意識として訓戒せられ、国民は系統的団結を道徳の最高善となし外部的強迫力たる祖先の霊魂或は刑罰等を待たず、自ら良心の無上命令として進で系統主義の下に一切行為を為すに至れるなり」（三〇一頁）。

「遠くの祖先より身近の家長」への忠誠という血縁関係に基づく道徳と、刑罰による強制が、それぞれ内面化されることによって「忠孝主義」なる奴隷道徳が被支配層の間に成立することとなる。奴隷とはいうまでもなく、主人の

「経済物」であり、主人に対する人格的な隷属であるのだから、それが内面化、自律化された「忠」の場合においても、その忠の対象が「眼前の君父」である「家長」となったことは自明である。こうして家長は血縁主義による支配と経済物としての奴隷を従え、豪族として成長していくということになるのであるが、こうした道徳の発展過程は、社会経済関係の発展と絡み合うものであった。

すでにみたように、社会の経済的発展は同化と分化によってもたらされたと北は説くわけである。すなわち、征服による他民族ないしは他部族の同化は、その共同体内部に諸個人の分化を生み出し、生産力を増大させる。そして、その生産力の増大が、再び新たな形態での同化を引き起こし、諸個人の分化を更に進展させていくというのが、同化と分化による社会進化論の概要（本書第一部参照）である。したがって、道徳の発展もこの社会の発展の中に位置づけられることとなるわけである。

「道徳的判断は社会の生存進化の目的に応じて作らる。而して社会の形態は経済関係の其れ其れ異なるに従ひて組織を異にす。故に又道徳の内容も社会組織の異なれるに従ひて異なる」（三〇四頁）。

ここで北が言っているのは、道徳（イデオロギー）とは現存する社会を維持するためのものであり、既存の社会秩序を超えることはできない、だから、新たなイデオロギーが生まれてくるのは新たな社会関係が経済的発展によってもたらされたときである、ということだ。しかしながら、新しい道徳も古い道徳を引きずっており、その形式を変化させながら新たな経済関係に対応していくことになる。この観点から、「他律的道徳」から「自律的道徳」への進化を眺めてみると、征服（同化）による生産力の拡大を基盤として、諸個人の分化が進展し、自律的道徳という新たな道徳形態が誕生したということになる。そして、この古代において達成された一定程度の諸個人の分化を基盤として、生産力が発展し、新たな社会の同化（同質化）が生み出され、「人格的従属関係」に置かれた奴隷を基盤とする生産関係から「土地を媒介とする従属関係」へと進化していったと考えることができる。

「中世貴族国の家長君主等は其の家長君主等の目的と利益との為めに土地及び人民が其の所有権の客体として存したる者なりと雖も、古代の家長制度よりも漸次に進化して其の所有物たりし人民も、古代の家長の下に在りし奴隷より或る程度まで人格を認識されたる者なり。即ち人類其れ自体が直接に貴族の所有権の下に経済物として取扱はれず、人類を養ふべき土地が貴族の所有物なりしを以て土地に対する経済的従属関係よりして土地に養はるる人類其の者を土地の所有者たる貴族の従属物と考ふるに至りしなり。言はば間接の関係なり」（三〇六頁）。

このように、古代から中世に至る生産関係の変化に見合って道徳の自律化も更に進展していったのだが、その自律性とは、その究極において、自己が行うべき道を自己の良心によって決め、一切の他者の強制を排除して行動するものへと発展すべきものとしても想定される。しかしながら、中世における道徳の自律性とは土地を媒介とする経済的な従属性の下に置かれている自律性であるため、そこには自ずから限界が存在する。

「道徳進化の過程として如何なる民族に於ても中世史頃までは現存の道徳を批評して其の上に超越せる道徳的理想を掲ぐる能はざる模倣的道徳時代なりしを以て、已に社会の進化して其の道徳的形式を自律的に於てする時代に入れるに係らず、其の内容は古代より社会に現存する奴隷的服従の道徳的訓戒を模倣して受け入るるの外無く、此の点よりしても中世史の武士道が各自の君主に対する奴隷的服従を最高善とするに至りしなり」（三〇七頁）。

北はこのように武士道を「形式」としては自律的なものであり、近代的人格に連なるものが存在することを暗示しつつも、その「内容」としては古代以来の奴隷道徳の延長であるとしてその限界を指摘している。したがって、武士道に対する評価は二面的である。つまり、自律的な道徳であるという点において評価し讃える一方、奴隷道徳であるという点において批判するという姿勢がそれである。

「自律的形式の荘厳華麗なる武士道は其の道徳的形式としては誠に高貴なる者なるに係らず道徳的判断の内容を奴隷的服従を以て充塞したりしなり。而して欧州中世史の騎士気質《ナイト・キャラクター》も其の中世史なることと階級国家なることに於て同様なり」（同）。

ここで注目したいのは、北が武士道を日本特殊のものとみなしてはいないこともさることながら、「道徳形式」と「道徳内容」に分けて問題とし、単に武士道を「奴隷道徳」としてのみ単純に切って捨ててはいない点である。こうした視角は、あくまでも、歴史を近代的人格の形成過程として分析し、つまり、外来思想からもたらされたものとして捉えるのではなく、日本における思想の発展として考えようとする姿勢とも絡んでくるように私には思える。

ここで、想起されるのは、「君、君足らずとも、臣、臣足るべし」という武士道の根本精神である。これは一般には、たとえ、君主が暴君であったとしても家臣は家臣であるのだから、君に忠義を尽くさねばならないと理解されているのであるが、私が幼いときに北一輝の門下生の一人とも言うべき父から教わったのはそうではない。父の言うところによると、武士には武士道というものがあり、それに反する命令は拒絶してもかまわないし、場合によっては主君に反抗したり、主君を見捨てても良いのだとするものであった。その例として、君主の不条理な命令に、敗北を承知で逆らった森鴎外の『阿部一族』の話や、自己を貫くために主君を見限った後藤又兵衛などの話などを聞かされた覚えがある。

今、父の書いた『武士道論攷』と北の武士道把握を比較してみると、武士道を自律的なものとみなしている点において共通性を有していることは否定しがたい。しかしながら、大きな相違点も存在する。『武士道論攷』においては、この武士道の自律性が明治維新を準備した「自我」の源ともみなされているが、北にあっては、この自律的な道徳形式を「荘厳」と述べつつ、その道徳内容を奴隷的としている点である。この自律的「形式」が奴隷道徳という「内容」から解き放たれるのは諸個人の経済的自立という物質的基盤がなければならないというのが北の論理である。

それでは、この「忠孝主義」と「血統主義」が支配する中世にあって、天皇家はいかなる意味を持つことになったのか、つまり、諸侯によって反乱され続けてきた天皇家が、どのようにして中世を生き延びてきたのだろうか。

「皇統は如何にして万世一系なりや。この説明は依然として系統主義と忠孝主義となり。而して皇室は他の貴族階級の君主等と異なりて後世漸次に希薄になりしと雖も神道的信仰の勢力によれり」（三二五－六頁）。

このように、神道的信仰の残存が、天皇家を生き延びさせてきたとするのだが、その理由は、最早、明確である。諸侯の支配が血統主義に基づく忠孝主義によるものである以上、それを可能ならしめるためには、祖先教に端を発する「神道」は不可欠な存在だということになるからである。こうした論拠に基づいて、北は、中世の天皇を指して「神道の羅馬法王」だとし、武家の幕府を「鎌倉の神聖皇帝」と呼ぶのである。

『神道の羅馬法王』も純然たる原始的信仰を維持せし間は聖壇の上より俗権を振ひて源家の祖先義家の如き征夷大将軍を支配したりき。……而しながら……『鎌倉の神聖皇帝』は神道の信仰盛ならざりしに至りて『神道の羅馬法王』を自由に改廃するに至れり。神聖皇帝に羅馬法王の加冠なくしては其尊厳を保つ能はざりしが如く、『神道の羅馬法王』より征夷大将軍の冠を加へらるることによりて『鎌倉の神聖皇帝』の飾られたることは神道の信仰の勢力ありし間は事実なりき。……神道の信仰が大に力なくなれる後も尚朝廷よりの叙位叙爵を悦びたりしことは事実なり」（三三二頁）。

この神道の羅馬法王とされる天皇は、「天下を所有する強者」という古代のそれでは最早なく、政治的には他の諸侯と並ぶ一諸侯の位置でかろうじて存在を許されていたに過ぎない。乱世の傍観者であるしかなかったのだ。

「強力を失へる皇室はこの流血の外に傍観者たるの外なく、為めに万世一系に血痕を付着せしめざりしのみ。……天下の所有者たる意義を国民の乱臣賊子によりて奪はれたる神道の羅馬法王は、強盗を招くべき懐を有せざりしなり」（三二六頁）。

われわれはこれまで北一輝が、古代から中世に至るまでの日本史をどのように見ているかについて考えてきたが、それをまとめて言えば次のようになるだろう。

社会上層部においては、古代国家からの諸貴族の経済的独立を基盤としつつ、諸貴族の意識は進化し、血統主義（祖先教）から発する平等主義を生み出し、天皇に対する反抗（乱臣賊子）を開始したこと。そしてこの乱臣賊子を支えたのは、これらの貴族たちに経済的に従属している「家の子郎党」であったが、彼らの意識もまた進化し武士道という自律的な道徳を生み出した。しかし、その自律性は経済的従属の故に「奴隷道徳」という道徳内容を超え出ることができなかった。そして、天皇家は、この血統主義（神道）の総元締めとして存続すると共に、政治的には一弱小諸侯として、天下の争奪には傍観者でしかなかった。

それでは、こうした日本の中世はいかにして克服されることになるのだろうか。われわれは、ようやく、明治維新を問題としなければならない段階にさしかかったようである。

第四章　明治維新と近代天皇の成立

第一節　下層武士階級のイデオロギー

北は、日本史全体を総括して全歴史を三期に分類している。第一期は君主一人が「実在の人格である国家」を所有していた時代、第二期が複数の貴族が国家を所有していた貴族国時代（中世）、第三期はその「実在の人格である国家」が公然と自己を顕在化し「国民全部が国家なり」という国家主義ないしは国民主義の時代である。この歴史の大枠は後の『改造法案』においても維持されており、彼の終生変わらなかった図式であるといえる。

「（古代においては）個人的利己心の意識が同時に国家の意志たる者多かりき。家長国の君主国時代これなり。而して家長国の潮流は斯る個人を終局目的として行動する多くの家長が相抗争せる貴族国時代となり国家意識は少数階級にまで拡張したり。固より其の各地に相攻伐せる戦国時代に於てはその所有の区域内に於て朕即ち国家たりしと雖も、封建制度に入りて貴族階級の聯合するに至るや、彼等は彼等各を以て国家の全部とせず茲にその階級間の凡べてに平等観を拡張せしめて他の貴族等と共に国家の一部なりと云ふ国家意識を有するに至れり。国家の進化は平等観の発展に在り。……平等観が貴族階級にまで拡張せられて貴族等が国家の部分なることを意識するに至りたる如く、同一なる平等観は社会の進化と共に武士平民の一般階級にまで拡張して国民全部が国家なりと云ふ国家主義国民主義の進化に至れるなり」（三四九－五〇頁）。

ここに見られるように、日本の近代を準備したものとして北が取り上げているのは、平等観の発展進化であり、それに伴って発展してきた国家意識の生成である。江戸末期においては、平等観と国家意識が諸侯の間に広まり「他の貴族と共に国家の一部なりと云ふ国家意識」が彼らの間に生み出されたとしている。まず、留意したいのは、この頃から、これらの支配者（天皇を含む）が、国家の外に立つ存在ではなく、国家の内である存在へと転化したことであるが、それとともに、ここで扱わねばならないのはこうした平等観と国家意識がどのようにして下層武士や平民の一般階級にまで発展してきたかということである。そこで、この平等観の底に存在するという経済的独立の問題から見ることにしよう。

「通商の発達は素町人と卑められたる市民を先づ経済的独立に導き、三百年の平和は諸侯の下に永小作権を有するに過ぎざるに係はらず尚庄屋名主の大百姓をして経済的基礎を作らしめたり。革命の炬火は先づ下級武士の手に焔を挙げたり」（三五〇頁）。

このように、幕末に於ける商人や豪農層が経済的独立を遂げた事実をあげ、あたかもそれが革命の炎の発火点となったかのように記しているが、明治維新を考える場合には、この経済的独立という論理だけでは説き得ないものがあることはいうまでもない。明治維新の担い手あるいは後援者となった者に豪商や豪農層が存在したことも確かであるが、「革命の炬火」を掲げ、維新の実体的な担い手となったのは経済的独立を遂げていない下級武士層であったからである。明治維新をフランス革命と同様な近代革命として位置づけようとし、経済的な独立による平等化の進展論でもって日本史を解明しようとする北にとって、下層武士の革命性をどうとらえるかは大きな難問となってくる。そこで、この難問を解決するために、持ち出されてくるのは商人や豪農層の経済的独立によってもたらされる全社会的なイデオロギー状況であり、その中での下層武士階級の意識の変化の問題である。

「三百年の平和と文化は権利思想を全く一変したり。切り取り強盗を習ひなりとせる武士は、町人よりの借財に向つて強力に訴へて所有権を定むが如き野蛮をなす能はずなれり。この強力が権利に非らずとさるるに至れる権利思想の進化は、実に強力によりて得たる中世的家長君主の基礎を波濤流水の如く崩壊しつつ始めたり。三百年の平和に莫大なる経済的進化を齎らし従て凡ての所有権は肉体的精神的勤労(註)によりて決定せらるるに至れり」(三五一頁)。

(註) ブルジョア革命の時代においては所有権が勤労によるものであるという労働説を北は革命的なイデオロギーであったとして評価するが、社会主義が課題とされる時期、すなわち、機械の発明以降の時代においては、労働説は過去の時代のイデオロギーに過ぎないとして否認している。本書第二部参照。

商品経済の普及と経済的進化は、強力もしくは占有による所有権という中世的思想を掘りくずし、それに代わって、未だ思想というほど確固としたものでないとはいえ、所有権は「肉体的精神的勤労」によるものだという思想や雰囲気が登場し始めたという。その上で、こうした雰囲気は、徐々に、下層武士階級にも浸透し、「貴族武士なるもの何の労働だもなさず只晏然として威権を弄しつつあるは何ぞ」(三五一頁)と自己や藩侯を省みるようになった。つまり、下層武士階級が明治維新にむけて立ち上がった根拠は、直接には経済的独立にあるわけではないが、経済的独立を遂げた商人や豪農層が抱くイデオロギー的雰囲気を代行していたということになる。こうすれば、経済的独立による進化論と下級武士が実体的な担い手となったという事実は一応のところ矛盾なく通り抜けることができる。しかしながら、代行はあくまで代行でしかない。それ故、下級武士による封建社会批判は大きな矛盾を孕むことになるが、その矛盾の展開が、北の明治維新論の概要であるとともに、その後の日本社会を規定するものとなっていく。ここでは、その下級武士階級の思想的な矛盾について見ることにする。

「三百年前の父祖が関ケ原矢石の間に於て得たる権利は三百年後の当時に於て一個の犯罪として歴史家の評論に昇れり。革命の風潮は只否認に急なり。彼等は嘗て貴族階級に対する忠を以て皇室を打撃迫害せる如く、皇室に対する忠の名に於て貴族階級をも転覆せんと企てたり。貴族階級に対する古代中世の忠は誠のものなりき、今の忠は血を以て血を洗はんとせる民主主義の仮装なり。彼等は理論に暇あらずして只儒学の王覇の弁と古典の高天ケ原との仮定より一切の革命論を糸の如く演繹したり」（三五二頁）。

封建制度のもとでの諸侯、大名による支配を「切り取り強盗」「犯罪」と非難することにおいては、下級武士たちは新興の商人や豪農層に代表されるようなあり得べきブルジョア的イデオロギーの萌芽と共通性を有するが、その批判の理論的内容はフランス革命などの近代革命のように人間平等論や自然法思想などによるものではなかった。つまり、藩侯や将軍の「悪」、もしくは、それらに対する奴隷道徳を否認するために、別な貴族（天皇）に対する奴隷道徳をもってせざるを得なかったのである。ここで、北が強調しているのは、下層武士階級が持つ「否定」というモーメントである点に注目して欲しい。諸侯たちの支配を否定するためにだけ天皇を持ち出してきたということをこの一節において「血で血を洗う」という言葉で表現しているが、それは忠孝主義を否定するために忠孝主義を持ち出したということである。

したがって、武家政権の覇道に対する天皇を中心とする王道の対置、あるいは、封建制に対する高天ヶ原を引き合いに出す国学の対置は、「仮装」であり「本音」ではなかったということとなる。それでは、なぜ、下層武士たちが「本音」ではなく、「仮装」をそのイデオロギーとして用いることになったのか。根本的には、それを鎖国の結果、外国の道徳の発展、つまり市民的イデオロギーの発展について無知でしかなかったからだと言う。

「海洋に封鎖せられたる日本民族の中世史に於ては今日の如く他の社会の進化の程度或は方向を異にせる道徳とを比較対照してさらに進化せる道徳の理想を得て、現存の道徳を批判するの機会なかりしを以て、良心の形成に於ては全く投射的模倣的にして已に社会に存在する道徳的慣習倫理的訓戒を受け入るるに止まりたりしなり」(三〇一頁)。

外来思想が鎖国のために日本には入らず、近代思想の発達が遅れたことは北の言うように確かであろう。下級武士の革命論は、封建的な旧道徳の「投射的模倣」になり、忠孝の対象が「眼前の君主」から「天皇」へと変わるだけだという外観を呈してしまったというのが、繰り返すようではあるが、北の言いたいことである。

それでは、そうした革命イデオロギーが存在しなかった中で、革命的イデオロギーに代わる役割を果たしたのは何かということになるが、そこで持ち出されてくるのは頼山陽の『日本外史』である。

「只急なり。革命家の歴史的叙述は殆ど古代を高閣に束ねて中世以降に論議の筆を凝らしたり。頼山陽の日本外史は今の国体論者をして諸侯将軍をまで尊王忠君なりと誤らしむるほどに驚くべき舞文曲筆を以て言論迫害の中に世に出でたり。水戸の大日本史はマークスの資本論が資本家掠奪の跡を叙述せる如く、強者の権に於てせる貴族の掠奪を最も精細に叙述したり」(三五二頁)。

少し難解な一文であるから、私なりの解釈を示しておこう。――頼山陽は神武にはじまる神話時代を棚上げして、源氏前記として平氏から筆を起している。だが、その論調は、あくまで、日本史を「乱臣賊子」の歴史として描くものではなく、「忠君愛国」者の歴史であるかのように記されている。しかしながら、こうした描き方をしたのは、徳川時代の儒教を国教とした言論迫害の中で筆を曲げて書かざるを得なかったためであり、だから、よく読めば、水戸の『大日本史』も、『日本外史』も、日本の歴史は「乱臣賊子」の掠奪の歴史であることを明らかにしたものだといえる――。

このように、北が頼山陽の『日本外史』を明治維新の支えとなった革命的な歴史叙述として評価するのは、幕末に、最も多く読まれていたという事情もさることながら、すでに述べたように、下級武士階級に「眼前の君主」（藩侯ならびに幕府）を「切り取り強盗」を行った「掠奪者」に過ぎないということを認識させる契機となったと考えるからである。一方、こうした歴史観が原始時代や古代にまで及ばなかった理由について、革命の波があまりにも急に押し寄せたからだと次のように述べている。

「明かに聴かるる古文書の囁きは彼等の主君として奉戴しつつある将軍諸侯が切り取り強盗なりしと云ふことなり。ああ切り取り強盗！　彼等は貴族階級の強力による権利を否認することは更に古代史の強力を否認するに至らしむことに気付かざりき。……革命論の理論は火よりも急に要求せらる。……原始時代にまで無用の学究的研究を積むの暇あらんや」（三五一頁）。

ここで批判されているのは本居宣長や平田篤胤らの国学思想（註）であると言っても差し支えないであろう。諸侯の存在が切り取り強盗だという論理の延長で古代史が問題とされず、逆に、古代史を神話化してしまった国学が批判の対象ともされているのだ。国学思想から出てくるのは、天皇が日本の正当な所有者であったということである。だから、北に言わせれば、「勤皇」思想とは、明治維新を担った思想が未成熟であったため取らざるを得なかった「仮装」を本質と見誤ったものでしかないということになる。

明治維新の本義は、あくまでも、幕藩体制の中において生まれた百姓、町人の経済的独立と、それに促されて生じた下級武士階級の革命性と、それとともに生じていた「他の貴族とともに国家の部分である」という諸侯たちの「国家意識」が合流したものであるということであり、勤皇論はそのための方便に過ぎない。

(註) 右翼の本流の天皇神格化論者たちが、江戸末期における本居宣長や平田篤胤の『古事記』『日本書紀』の研究の深化を明治維新と関連させて問題とするのに対して、「文字なき時代の伝承は政治史からはずすべきだ」と主張する北にとっては国学の無視は当然のことである。また、現代においても日本の天皇制を論ずる論者たちが、明治維新における国学の役割を過大に評価するのを見れば、北はこれを本末転倒もはなはだしいと感ずるにちがいない。

「維新革命とは国家の全部に国家意識の発展拡張せる民主主義が旧社会の貴族主義に対する打破なり。而してペルリの来航は攘夷の声に於て日本民族が一社会一国家なりと云ふ国家意識を下層の全分子にまで覚醒を広げたり。恐怖と野蛮の眼に沖合の黒煙を眺めつつありし彼等は、日本帝国の存在と云ふ社会主義を其の鼓膜より電気の如く頭脳に刺激せられたり。国家は生存の目的を有す、国家は進化の理想を有す、而して吾人は凡て上下なく国家の分子なり、国家の分子として国家の生存進化の目的理想のために努力すべき国家の部分たる吾人なり」(三五〇頁)。

北の歴史哲学から言えば、「実在の人格である国家」が自己を顕在化させたのが明治維新だということだが、この国家意識と民主主義の誕生は、また、右の一文にもあるように、「恐怖と野蛮の眼に沖合の黒煙」を眺めることによって刺激され生まれたものであった。ここで北が「野蛮の眼」と言っているのは、古代の祖先教以来、下層の武士や庶民の間に残存していたとする排他的な神国思想であり、武士階級が彼らの「忠其者を否定する為めに」依拠した「仮装」もそうした旧道徳であることは強調するまでもないだろう。（註）

（註）藤田省三は『維新の精神』において、幕藩体制を覆したのは、海防策をめぐる下層武士、浪人たちの「横議」「横行」だとして、身分によるコミュニケーションが、横の「志」による結合によって突き崩されたが、その「志」に一定の方向を与え新しい秩序へ統合していくべき「普遍的価値」が見出せなかったとして次のように述べている。「『横議・横行』は身分の解体をもたらし身分社会の解体は彼等『浪人』に忠誠の対象を喪失させた。……この内面的空虚は何によって満されるのであろうか。……彼等は新たな忠誠対象を欲した。……彼等の心理的欲求に手っ取り早く応え得るものは、むしろ眼前に在る伝統的な価値としての『天皇』であった」（同書、一三－四頁）。

こうして見てくると、明治維新とは、「経済的な独立」を遂げていない者たちの手によって「代行」させられることとなったために、旧道徳の残滓を引きずったものになってしまったが、その歪みは、維新後の国家建設の無計画性としても現れているということになる。

「維新革命の民主主義が無計画の爆発なりしことは明かに事実なり。彼等は王侯相将豈に種あらんやとの平等主義に覚醒したり。貴族等が天皇に対して乱臣賊子たりし如く吾人は貴族等に忠順の奴隷的義務なしとの自由主義は意識せられたり。而しながらこの自由平等主義を以て貴族国を転覆したる後は如何にすべきやと云ふ建設的方面に至つては殆ど全くの無計画なりき」（三五四頁）。

「これが為めに薩長の貴族等は徳川氏の占有せる地位に執つて代らんと夢みたり、野心家は一躍以て侯伯たらんことを期したり。万機公論によると宣言しつつ尚諸侯の聯邦国の上に撰良を以て議せんと云ふが如きを夢想したり」(同)。

この無計画性が、かつての革命家であった維新の志士たちをして権力を握るや否や、徳川家に取って代わり、封建的な権力者になろうとさせた歴史的要因となったとする。ここに、かつて、日本刀を落とし差しにして、「王侯相将豈に種あらんや」と君主に対する平等主義を主張した若き志士たちが、封建的勢力に変身してしまう要因を見出すのである。また、この明治維新の総括ともいうべきものが、後の『改造法案』の計画性と結びつくこととなるのは見易いことであろう。(註)

(註) 後に詳しく展開することであるが、二・二六事件の綱領と言われているこの書は、実に細かく、国家機関である天皇への報酬をはじめとして、宮中の改革、枢密院、貴族院の革命、さらには、私的企業の資本金の最高限度の制限、労働者に対する賃金などなどの国家建設の細目が定められている。私は、こうした綱領は、北が空想的社会主義者の系譜を引いているところから生まれたものでもあろうが、そればかりではなく、維新の無計画性に対する反省から生み出されたものでもあると思っている。

それはそれとして、明治維新の志士たちの全部が「王侯相将」を夢見て変身を遂げてしまったわけではない。維新の「本義」を貫こうとした部分も存在していた。敗北に終わってしまったが、明治初期の西南戦争をはじめとするさまざまな動乱の中にもそれは存在したし、また、その後の自由民権運動がそれであるのは言うまでもない。

「彼等藩閥者は維新革命の破壊的方面に於て元勲なりき、而しながら維新革命の建設的本色に至つては民主主義者を圧迫する所の元凶となれり。維新元勲其れ自身が二派に分れて果断聡明の貴族主義者は勝を取れり。大久保利通の絶対専制に対して西南佐賀の民主党は割腹に獄門に終りたり。山県有朋の保安條令は熱狂せるダントン、ロベスピールを一網打尽して京城三里外に放逐したり。伊藤博文の帝国憲法は独乙的専制の翻訳に更に一段の専制を加へて、敗乱せる民主党の残兵の上に雲に轟くの凱歌を挙げたり」（三五五頁）。

それでは、北は、明治維新以後の日本が全くの「反動」になってしまったと言っているのかというとそうでもない。伊藤博文の手による帝国憲法が、先にあるように「独乙的専制」に「一段の専制を加へ」たものであると語っているかと思えば、その同じ憲法を、「民主主義の建設的本色」に満ちたものとして評価もしている。

「維新革命は貴族主義に対する破壊的一面のみの奏功にして、民主主義の建設的本色は実に『万機公論による』の宣言、西南佐賀の反乱、而して憲法要求の大運動によりて得たる明治二十三年の『大日本帝国憲法』にありと」（三五四頁）。

そこで、われわれはこの二つの位置づけの相違をどう解釈するかが問われることとなるのだが、この矛盾はおそらく北の論理的な叙述上の矛盾なのではなく、北が矛盾した両側面を持つものとして明治憲法を捉えていたことの現れと解釈すべきだろう。そしてこの明治憲法の位置の矛盾は、また、それの解釈上の矛盾に連なり、それはまたその矛盾の一方を是として戦う彼の実践上の問題でもあったわけである。両側面を持つこの憲法のどの一面を継承するのかということであるからこそ、北は、天皇神格化論に基づく国体論に対して天皇機関説を対置したのである。言葉を換えて言えば、明治憲法の解釈問題における論争は、幕末から憲法制定にまで至る維新革命における、「仮装」と「本義」の矛盾の継続として位置づけられることとなる。

第二節　「民主主義の大首領」とその矛盾

それでは、平等意識の社会的発展と民主主義とによってもたらされたという明治憲法下における天皇は、どのように位置づけられるのであろうか。天皇が天照の子孫だから尊く、日本を治める権利を有するといった国体論派の論拠をもって、天皇という「一人の特権者」の存在を正当化するわけにはいかない。そのような「祖先教」に基づく根拠は北一輝にとっては「未開人」「土人」たちの根拠ではあっても、明治憲法を「法理学上においては社会主義」だと規定した北の根拠にはならない。そこで、この問題をめぐって北の苦闘が理論的にも、実践的にも続くことになる。

「日本民族も古代の君主国より中世史の貴族国に進化し以て維新以後の民主的国家に進化したり。——而して現天皇は維新革命の民主主義の大首領として英雄の如く活動したりき。『国体論』は貴族階級打破の為めに天皇と握手したりと雖も、その天皇とは国家の所有者たる家長と云ふ意味の古代の内容にあらずして、国家の特権ある一分子、美濃部博士の所謂広義の国民なり。即ち天皇其者が国民と等しく民主主義の一国民として天智の理想を実現して始めて理想国の国家機関となれるなり」（三五四頁、傍点筆者）。

ここで明らかなように、明治維新派は天皇を担ぎ出すことによって、封建的体制を打ち破ろうとしたのだが、そこで担ぎ出された天皇とは「国家の所有者」としての古代の天皇なのではなく、「実在の人格である国家」を指導する国民の一人なのである。そして、このことを鮮明にさせるために、北は明治天皇を「民主主義の大首領」だと規定し、歴代の天皇たちとは異なる「初代」の民主的国家の天皇としている。
もちろん、私も、明治維新の当時、未だ少年であった明治天皇を「民主主義の大首領」であったと位置づけるには相当の無理があるのではないかと考えるが、それに答えるようにして、北は以下のように言う。

「現天皇が万世一系中天智とのみ比肩すべき卓越せる大皇帝なることは論なし。常に純然たる詩人たりしものが徳川氏の圧迫を排除せんが為めに、卓厲明敏の資質を憂憤の間に遺伝したり。爾を玉にすと云へる艱難に充てる歴史を以て垂髫の時より革命動乱の渦中に在て磨かれたり。……維新革命の諸英雄を使役して東洋的摸型の堂々たる風丰は誠に東洋的英主を眼前に現はしたり。（吾人は想ふ、今日の尊王忠君の声は現天皇の個人的卓越に対する英雄崇拝を意味すと）」（三五七頁）。

つまり、維新革命とは幕末の動乱のみにあったのではなく、明治二三年の憲法発布までの時期を意味するのであり、明治天皇は幼年のころ（垂髫の時）、つまり幕末の動乱の中でその素質を磨かれ、その後に「民主主義の大首領」となったというのだ。これで、一応、北はその強弁の辻褄合わせを行ったつもりに違いないが、ここではこの強弁の是非は問わない。だが、それにしてもなぜ、幼年の天皇が明治の動乱で担がれ、磨かれたのかという「仮装」の問題は残る。「仮装」ではあるが、その「仮装」が、民主主義の首領として活躍したと言いたいのであろう。
それはともかく、北が明治憲法の「万世一系の天皇大日本帝国之を統治す」という条文の中の「万世一系」の文字を以下のように解釈して見せていることが、北の天皇論を象徴しているので、それを見ておこう。

「『天皇』と云ふとも時代の進化によりて其の内容を進化せしめ、万世の長き間に於て未だ嘗て現天皇の如き意義の天皇なく、従て憲法の所謂『万世一系の天皇』とは現天皇を以て始めとし、現天皇より以後の直系或は傍系を以て皇位を万世に伝ふべしと云ふ将来の規定に属す。憲法の文字は歴史学の真理を決定するの権なし。従て『万世一系』の文字を歴史以来の天皇が傍系を交へざる直系にして、万世の天皇皆現天皇の如き国家の権威を表白せる者なりとの意義に解せば、重大なる誤謬なり」（三六一頁）。

「万世一系」ということは、過去において「万世一系」の天皇が日本の統治者であったという歴史的事実を指しているのではなく、この明治憲法以降、明治天皇の子孫が日本国の特権ある一人として平等な多数者が組織する議会とともに最高機関を形成することになるという「将来の規定」なのだとする。このように、明確に、明治天皇を近代国家日本における初代天皇だと規定し、神話に起源を求める過去の天皇と近代天皇制との断絶を主張している。しかしながら、すでに見たように、明治天皇が天皇である理由は、明治維新において、「民主主義の大首領」であったこと以外には北の国体論からは見出しえない。これを根拠として、北一輝は明治憲法における天皇制を正当化し、明治天皇を「初代」とするわけだ。だが、これは、二代、三代と継承される点を除けば、さまざまな民主主義（社会主義）革命の指導者たちが、革命後においても独裁を行い、その後の「民主主義的制度」の中で――権力が憲法によって保障されるか否かを別とすれば――「特権的な権力」を有するという事態と同様に明治天皇を位置づけようとしたものだ。というのは、辛亥革命の際に、アメリカ型の大統領制を導入しようとする孫文に反対し、北は、東洋的共和制を主張し、「終身大統領」という概念を持ち出してきていることにもこうした考え方は現れているからである。

後に詳しく展開することになるが、『支那革命外史』においては、「民主主義とは各個人が独立していて、他者の自由を尊重するという風土の中でおいてのみ可能なのであり、中国のような奴隷道徳に長い間支配されていたところでは、アメリカ型の大統領制の導入は『政権党』の巨大化を招くだけで、反対党の言論の自由さえ認めることにはならず、弾圧は過酷になるに違いない」と説明されている。北は、日本の天皇制に類似した「終身大統領制」によって中央集権体制を整え、その枠の中で議会を発足させるべきだと主張したのだ。

ところが、天皇制の場合は、単なる「終身大統領制」と異なり、「終身－世襲大統領制」である。したがって、この主張からは、次の二点が問題として浮上してくるのは避けられない。すなわち、第一点は、中国革命やその他の革命と相違し、明治天皇という特定人格が、なぜ「民主主義の大首領」たり得たのかといえば、それ以前の「祖先教」を引きずっていたからでしかなく、その点において他の民主革命の指導者とは異なる。したがって、この点をどう考えるかということが第一の問題であり、第二には、明治天皇その人は民主革命の指導者であるという理由で、「終身大統領」だと認めたとしても、その子孫までが天皇であり得るのは何故かという問題が生ずる。

北は、維新において天皇が担ぎ出されたのは、「眼前の君主」を否定しようとする平等観の拡大であり、否定的な意味でしかないと述べていた。しかしながら、否定的な意味にせよ、天皇が意味を持ったのは尊王攘夷論に象徴される「土人部落」的思考が残存していたからである。そうであるならば、明治維新以後、「土人部落」的思考が克服されていくならば、天皇は純粋に民主主義運動の指導者としてのみ存在しなければならないことになる。つまり、天皇は天皇である限り、民衆を指導し続けることができるように絶えず民主主義者としての自己を刷新していかねばならない。それができない限り天皇は天皇ではなくなるはずである。

この問題と関連して、面白いのは、最高機関である天皇と帝国議会の意志が相反する場合にはどうなるのかという点について、北が述べていることである。天皇が民主主義の指導者ではなくなってしまった場合も想定されているかのように思えるこの発言を引用してみることにしよう。

「天皇と帝国議会とが最高機関を組織し而もその意志の背馳の場合に於て之を決定すべき規定なきに於ては法文

の不備として如何ともする能はざるなり」（三六四頁）。

この発言を引用し、北一輝をどうしても天皇主義者に仕立て上げねば気がすまない松本清張は、「北は天皇の絶対権を認めたのであり、天皇の『神聖不可侵』を承認した」（『北一輝論』、八六頁）と述べているが、私にはこの清張の発言は全くといってよいほど理解不可能である。ここでは北は明治憲法の条文に規定がないから、この問題は「如何ともする能はざる」と言っているのみで、天皇を絶対視する解釈が優先するなどとは言ってはいない。では、この発言の意味することは何かということになるが、まず、われわれは、そのような対立がなぜ起こるのかということから考えねばならない。そうすれば、この対立は、特殊な場合（議会の反動化など）を除くと、天皇が民主主義の指導者ではなくなってしまった場合でしかあり得ないと考えるのが当然だろう。すなわち、北の歴史観によれば、平等の発展進化が歴史なのであるから、この歴史の根本法則を了解しない天皇（もしくは帝国議会）は歴史から葬り去られるべきだということになる。したがって、この「如何ともする能はざる」という言葉は、憲法そのものを越える歴史の進行を示しているとしか考えられない。

第二点は、明治天皇の子孫はいかなる根拠に基づき天皇、つまりは「特権ある一人」となり得るのかということであるが、この問題に対する北の解答は、明治憲法の規定にあるということ以外には見当たらない。

「現天皇以後の天皇が国家の最も重大なる機関に就くべき権利は現憲法によりて大日本帝国の明らかに維持する所なるを以てなり」（三六一頁）。

だから、初代天皇である明治天皇が「民主主義の大首領」として天皇となったと明治憲法を解釈する以上、その子孫たちもまた「民主主義の大首領」である以外には憲法上の存在意義がないことは自明であろう。しかも、明治憲法体制下の日本は、実質的には「経済的諸侯」の支配体制であるが、憲法それ自身は社会主義だとして、議会制民主主義を通じての社会主義も謳っている（第二部参照）のだから、その後の天皇たちにも、維新革命時に於いて明治天皇が「民主主義の大首領」の役割を果したと同じように、「民主主義、社会主義の大首領」としての役割を果たすことが要求されることになる。そのことを抜きにしては、天皇は最高機関の一人であることはできない。実に、奇妙な結論であるが、北の論理に従えばこうならざるを得ない。

私が、こんなことを言い出したのは、単に北の天皇制論の矛盾を突きたいためだけではない。ここに『改造法案』や二・二六事件における北一輝の「国民の天皇」論への萌芽や天皇神格化論と誤解される議論や態度の根拠が感じられるからである。天皇は生まれながらの「社会主義の大首領」でなければならないとするこの議論は、悪意に解釈すれば天皇は神であるとする天皇神格化論とある意味では紙一重であるともいえるかもしれない。

だが、そこには根本的な相違が存在することを見落としてはならない。天皇神格化論者のいう「昭和維新」とは、簡単に言えば、大衆の疲弊をもたらしたのは、天皇を取り巻く重臣、藩閥、政党などであり、こうした君側の奸を取り除きさえすれば、神である天皇の親政が実現され、すべてがうまくいくというものである。しかし、この論理は明治維新の論理の二番煎じであり、「眼前の君主」に対する忠孝主義による否定でしかなく、「仮装」を実体化したところに成立したものである。これに対して、北の場合は、天皇は「民主主義、社会主義の大首領」にならねばならない存在なのであり、もし、そうでないならば、天皇という存在自体が否定されて、明治憲法そのものが否定されることになるからである（北一輝の改造法案はこの線で書かれているが、将校たちの一部の天皇親政論は必ずしもそうではない。明確に北一輝を了解していたと確認できる青年将校に磯部浅一がいる）。

そして、天皇が社会主義の指導者になり得ないならば、明治憲法は「法理学的には社会主義だ」とした北の憲法解釈は全面否定されることとなり、北の思想体系の崩壊を意味する。だから北は、天皇を社会主義者として育て上げねばならないのだ。

（註）北の天皇家に対する係わり（たとえば、法華経を大正時代に皇太子であった昭和天皇に奉献している）や、『国家改造法案』における天皇の顧問団（枢密院）の改組（つまり革命派による任命）は、こうした北の天皇観に発していると言えるが、その問題に立ち入るのはここでは自制しておくことにしよう。

北の思想は天皇社会主義だとか、天皇を利用する革命だとかと言われているが、どうもそのような規定はぴったりとしない気がする。北はあくまでも「実在の人格である国家」が法理的のみならず事実的にも自己を貫徹することを追究したのであり、その過程において天皇が「最高の国家機関の一人」としてとどまろうとすれば、その国家機関という役割を全うすべきだと主張したに過ぎないのである。考えてみれば、天皇問題に限って言えば、美濃部の天皇機関説はその市民版ともいえる。その機関説が右翼に排斥され（昭和一〇年）、急進版であるとも言える北が期を同じくして挫折した（昭和一一年）ということは、この時期を以て維新の残り香が終焉したのだと言えるのかもしれない。

おわりに

これで、私の北一輝論の前半部、『国体論及び純正社会主義』についての考察は完結したこととなる。本文中にすでに幾つかの点に関して、『支那革命外史』や『改造法案』についても言及した箇所は存在するが、次部以降はこの二つの著作を中心に論及を進めていきたいと考えている。

北一輝といえば、二・二六事件であり、著作で言えば『改造法案』であるが、私は、そうした後期のイメージを先行させて北の思想を問題にする方法を排して、まずは、初期の大著を分析し、論理的に整序することに全力を尽してきた。今までの北一輝論とは異なったものが出来ればと念じつつこの作業を行ってきたのであるが、叙述に当たっては、必要以上に「原著」から多用な引用をせざるを得なかった点は反省している。しかしながら、そうせざるを得なかったのは私の罪ばかりではない。北一輝論は数多く出されているにもかかわらず、あまりにもこの『純正社会主義』は読み込まれていないため、私の読解に対して、「本当に北はそんなことを語っていたのか」と感じる読者が多いと考えたからだ。

おそらく、多くの論者たちにとっては、北一輝の社会主義論を分析するという作業は無駄に等しいと考えられていたのであろうが、これを書き終えた現在、後期の北を理解するためには、初期の北の理論を理論として理解することが必要不可欠であるという考えは、ますます、強くなっていった。一般に流布されているように、若き北一輝は社会民主主義者であったが、後期の彼は「転向」し、「国家社会主義者」ないしは「天皇主義者」「ファシスト」となったというようなものではないからである。

私に言わせれば、北一輝という人は二六歳の時点で書き上げたこの書の思想に拘束され、その晩年に至るまでそれに忠実に生き抜いてきたように思える。いわば、彼は、自己が考え抜いた思想に、終生、責任を負って、生きたのだ。第一部で明らかにした「実在の人格である国家」、第二部で明らかにした「近代的人格」に基礎を置いた社会主義論、そして本稿で解明した天皇論ならびに明治維新論は、その過ちや善悪は別として、その後の彼の実践の中で生かされ具体化されていっている。大きく転換したとすれば（本当は転換などしていないのだが）、初期の「議会を通しての社会主義」という路線であるが、これは後編で問題とするように革命中国と日本との関係の中で生み出された転換でもあり、ある意味では、彼にとっては止むを得ない転換だったというのが私の位置づけである。

最後に、北という人間像に対する正反対な二つの評価を書き記し、初期の北の理論と後期の北の実践との関係を暗示しておきたい。若き北が『国体論』の発禁直後に誘われて入社したのは宮崎滔天を主筆とする同人誌を出していた革命評論社というクラブであった。その同人たちの楽しみは、近藤秀樹によると「一日の客去り予定の原稿も書き上げた灯ともし頃、やおら台所から一升瓶を持ち来たり」一献傾けることにあったらしい。(これは、私が創刊した当時の雑誌『情況』の編集部を思い出させてなにやらおかしくもあるが)そこへ北が入った途端に、酒盛り禁止令が出されたという(近藤秀樹『宮崎滔天、北一輝』日本の名著四五巻)。この一件について、近藤秀樹は宮崎滔天の筆になる「素面語」という同誌のコラムを引用しているので、抜粋しておこう。

「評論事務処も上戸党の旗頭鳳梨内閣更迭し、下戸党の旗頭外柔内閣と相成り、禁酒弁当主義の実行を始め、社員は勿論お客様に同主義を以て待遇致し候事と相定め候……」(同、六七頁)。

ここでいう外柔内閣とは、北一輝を指すのだが、この一節は彼の堅物ぶりを髣髴とさせる。おそらく、この禁酒令を出すことを北が要請した背景には、彼が酒を飲めない下戸であったということもあるだろうが、「酔うては枕す美人の膝、醒めては握る天下の剣」といった日本的な「志士」ないしは「浪人」のあり方に対する彼の批判があったと思われる。ちなみに、内村鑑三は本部第一章で挙げた「時勢の観察」において、この対句を持ち出し、日本的な政治家によくあるダブルスタンダードな態度を指摘し、あらゆる生活の場面における一貫した態度を取ることが本当の意味での思想なのだということを訴えている。この禁酒令の底には北が内村から学んだ「ピューリタン的謹厳さ」があった。

ところが、後期の北からはそのような「謹厳」な人間像は浮かび上がっては来ない。周知のように、酒を呑まないことは変わりないが、後期の北に対しては、変幻自在な魔人という見方が普及している。これは大川周明が名づけた「魔王」というニックネームに由来するのでその大川が語っていることを引用しよう。

「一言で尽せば北君は普通の人間の言動を律する規範を超越して居た。是非善悪の物さしなどは、母親の胎内に置去りにして来たやうに思はれた。生活費を算段するにも機略縦横で、とんと手段を択ばなかつた。誰かを説得しやうと思へば、口から出放題に話を始め、奇想天外の比喩や燦爛たる警句を連発して往く間に、いつしか当の出鱈目が当人にも真実に思はれて来たのかと見えるほど真剣になり、やがて苦もなく相手を手玉に取る。口下手な私は、つくづく北君の話術に感嘆し、『世間に神憑りはあるが、君のは魔憑りとでも言ふものだらう』と言つた。そして後には北君を『魔王』と呼ぶことにした」（「北一輝君を憶ふ」大川周明全集四巻、二三九－四〇頁）。

これでは、まるで詐欺師のようであるが、この変幻自在な「魔王」とそれと相反する初期の「ピューリタン」としての北のどちらが彼の素顔であるかということになるが、私はピューリタンの方ではなかったかと思っている。というのは、北の書いたものを読んでいると、後の行動や著作には若き時代に書いたものに責任をとるというような姿勢を感じずにはいられないからである。

言葉を換えて言えば、後期の「魔王的な変幻自在性」が遺憾なく発揮できるのは、ピューリタン的な核が固く存在しているからだ。このことと関連させて今後の私の課題を言わせてもらえば、このピューリタン的な核が後期の「魔王」の実践や理論にどのような縛りをかけているのかを明らかにすることだと言えそうである。

第四部　中国ナショナリズムと孫文・北一輝

第一章　対立する二つの革命コース

第一節　中国人留学生と北一輝

生涯で一度だけ、北一輝が政治組織らしい政治組織に加わったのは孫文を党首とする「中国同盟会」であった。それまで北は幸徳秋水や片山潜らの「日本社会党」、その後には頭山満や内田良平などの「黒龍会」からの誘いがあったにもかかわらず、いずれも、「自分は『客将』でよい」と、正式に入会することを断っている。もっとも、ずっと後になって、満川亀太郎、大川周明らに誘われて「猶存会」に入ったが、これを除けば、「中国同盟会」への参加は唯一の党体験だったということになる。

北が「日本社会党」からの勧誘を断ったのは、多くの論者が指摘しているように、当時の日本の社会主義運動の貧弱さに失望したためであったろうし、また、「黒龍会」からのそれを謝絶したのは、おそらくイデオロギー的な違和感があったのではないかと推測できる。後にこの違和感は、中国革命の進展と共に鮮明となり、頭山や内田らのいわゆる「アジア主義者」（大陸浪人）に対する批判となっていく。

それでは、なぜ、中国同盟会にだけ主体的に参加し、党首孫文の前で宣誓を行ったのであろうか。考えてみれば奇妙な話である。北は「黒龍会」系の宮崎滔天を通じて「中国同盟会」と接触したが、その黒龍会には加わらず、いきなり外国の組織に加わるという行為に出たわけだが、その裏には中国に対するどのような思いがあったのであろうか。

その点に関して、まず、考えられることは、一、中国革命に革命の現実性を感じていたこと（多数の在日中国人留学生の存在）、二、中国革命をアジア革命の中心と考える宮崎滔天の影響（革命評論社）などが挙げられるが、それとともに考慮しなければならないのは、三、日露戦争に反対した内村鑑三や他の社会民主主義者たちに抗して、彼だけがこの戦争を中国の独立を守るための戦争だとして賛成したことに対する責任意識の強さも考えておかなければならない。

内村は日清戦争の際には、戦争に賛成し、その意義を英文で自ら書き記し、欧米諸国に送りつけさえしている。ところが、朝鮮の独立を守るための戦いだったと信じていたその戦争の結果は、全く逆で、日本は「新領土の開墾、新市場の拡張」（内村鑑三「時勢の観察」、明治二九年）に狂奔することとなってしまった。こうした事態を目の当たりにして内村は非戦論に転じ、日露戦争に反対する。その内村に対して北は「日清戦争」の大義が正しいのならば、「日露戦争」の大義もまた正しいはずである。問題は戦争の大義とされた朝鮮、中国の独立を守ることである。その大義を最後まで追求することが社会主義者の任務ではないかと主張する。『国体論及び純正社会主義』は、その末尾を「吾人は日本国の貴族的蛮風の自由が更に進化して文明の民主的自由となりて支那朝鮮の自由を蹂躙しつつあるを断々として止めしめざるべからず。社会民主主義の非戦論は実に今後の努力に存するなり」と結んでいる。中国の自由と独立のために闘うことは、したがって、北の義務でもあったのである。

しかし、ここでは、北自身の内的な精神的過程は右記に留めて、当時の日本と中国の関係の問題から論を進め、前記一、二の問題を見ていくことにする。その際、まず、注目したいのは、当時の日本における中国人留学生の数である。

日清、日露戦争以降、清朝は近代化に必要な知識を日本に求め、留学生を日本に送り続けていた。その結果、在日中国人留学生の数は明治の末年において、延べ十万ないしは二十万に達し、士官学校卒業者だけでも一千人を超えるとも言われている。(註)これは、当時の日本人学生の数を考えれば驚くべき数字であり、神田などを歩けば、それこそ、石を投げれば中国人留学生に当たるという状態であった。

（註）堀川哲男『孫文』（九六頁）は一九〇五年の在日留学生総数を一万人以上とし、また平川清風『支那共和史』（大正九年）もほぼ同様な数字を挙げている。また、士官学校出身者数について、平川は「日本の士官学校出身者一千余名は所謂新軍に配給せられ、新軍は当時既に中央の倚頼に背く状態であつた」（三一頁）と記している。

中国人留学生の辮髪は格好のからかいの的とされ、留学生たちは帽子の中で辮髪を丸めたのであるが、今度は、学生帽の天辺だけが盛り上がり、「富士山帽」などと揶揄されることとなってしまった。彼ら留学生にとってこの屈辱は耐えられないものであっただろうが、さりとて、満州族に強制されている辮髪は切るわけにはいかない、心の奥に、彼らを軽蔑する日本人への反感も芽生えていたことは十分に推察できよう。その上、彼ら留学生は中国においては知識階級に属する人々であり、将来は社会の指導的な役割を期待される青年たちであったが、経済的には、日本での生活や勉学も楽なものではなかった。

「東京に留学した多数の支那青年は、学術研究よりも日本の短所の視察に、より多くの意を用ゆるといふ一種の癖を持つてゐたが、彼等が住む所はその頃彼等の為めに急に開業した如何はしき下宿屋であつたから、この下宿屋を通じてなす所の観察が正鵠を得べき筈もなく、殊に当時は金儲けを目的とし争ふて支那人学生を収容した学校経営者も尠くなかつたので……帰国後は其の浅薄なる観察と甚だしき誤解を以て侮日の風潮を撒き散らしたのである」（葛生能久『東亜先覚志士記伝』中巻、五四〇頁）。

これは、昭和十年にまとめられた黒龍会史の記述である。筆者の葛生能久は北一輝よりも若干遅れて中国に渡った大陸浪人の一人であるが、「日本の短所」ばかりに目を奪われたこれらの留学生たちが、後の反日運動を煽っていると言いたいのである。日本人の差別の方が先であろうとは言いたいが、それはともかく、ここからも言えることは、こうした留学生に芽生えたのは一刻も早く清朝を打倒し、日本人を見返してやれるような近代国家中国を建設せねばならないということであった。こうした中国人留学生たちの運動[註1]に北が接触したのは宮崎滔天[註2]が主催する「革命評論社」に招かれ、その同人となってからである。「アジア革命の中心は中国にあり」とする滔天の影響もあって、中国革命に現実性を感じたというのが、北一輝の中国同盟会への参加を決定付けるものとなったと見て間違いない。

（註1）当時の在日中国人ならびに留学生の主だった者たちの名を挙げるならば、黄興、章炳麟、宋教仁、汪兆銘、胡漢民、張継、陳其美などであり、魯迅もまたその一員で、女性革命家として著名な秋瑾なども然りである。その上、これら留学生たちの手によって、日本の書籍が次々と中国語に翻訳され、それが中国にいる年少の青年たちを刺激してもいた。しかも、刺激を与えた日本の書籍とはなにも社会科学に関する文献のみではなく、法律や文学はもとより自然科学に関する書籍も、いまだ『四書五経』に支配されている中国社会にとっては「革命思想」だったのである。北はこうした書籍をフランス革命の際の『百科全書』になぞらえて、「万千種を以て数ふべき漢訳の『百科全書』は禹域四百州（中国のこと）渉らざりし所なし」と記している。こうした書籍が留学帰りの青年たちとともに大きな運動を生み出していったわけである。

（註2）宮崎滔天は自由民権運動の残党とも言える人物で、彼は兄弥蔵の影響を受けて、「累卵の危うきにある清国で真の共和制（自由民権）革命を実現し、ここを拠点にアジアの、日本の、そして世界の革命を達成する」（近藤秀樹『宮崎滔天、北一輝』日本の名著四五巻、三二頁）と考えていた。その彼は、「アジアの問題は、シナの興亡によりて定まる、朝鮮畢竟なにするものぞ、じゃ。あれはただの踏み台じゃ、僕は少なくとも朝鮮という小問題は閑却しておる」（同、三〇頁）と滔天に

語った金玉均（明治二七年暗殺）と共鳴している。その後、宮崎滔天は来日した孫文を訪ね、その同志として活躍するわけだが、北が中国同盟会に入党するきっかけは、彼が中国同盟会の機関紙『民報』と連携を取りつつ出版していた『革命評論』に同人として入社したことによる。

それでは、北一輝にはこれら留学生を中心とした革命運動がどのようなものと考えられたかといえば、日本の明治維新と二重写しに見えたのである。それはまた『国体論及び純正社会主義』で明らかにした自らの近代革命の理論を裏打ちするものとも映じたのだ。

「革命の支那は其の覚醒に於て恰も日本の其れに国学（註）の復興ありしが如く、固より其れ自身の国粋文学に依る東洋精神の復活に在り。而も其の復活を促進し鞭撻し東洋魂の溌剌たる光輝を示しつつ鼓励したる者は日本及び日本の思想なりとす。強露を破つて旭日沖天の勢ある日本を仰望したる彼等は、豚の如く活き蝿の如く死せし奴隷時代の仏蘭西人が大憲章の自由を有する対岸の英国を眺る如くなりき。従て自由なき仏蘭西人が己の乏しきを英国の思想に要めたる如く、将に亡国に瀕せる彼等は日本に就きて興国の精神を研めざるべからず」（『支那革命外史』著作集二巻、一五－六頁。以下、頁数のみ記す）。

（註）狭い意味での国学ではなく『日本外史』などを含めたさまざまな学問と考えるべきだろう（第三部参照）。

中国の革命の精神的原点が、ここでは、日本における「国学の復興」と類比され、「其れ自身の国粋文学に依る東洋精神の復活」と捉えられている。この主張を『国体論』の脈絡から考えるとき、君主に所有されていた「実在の人格である国家」の回復として読むことは十分に可能であろう。つまり、中国という歴史的に形成されてきた「共同体」（国家）が清朝という君主の所有物とされ、その支配によって「物格」化されていたが、革命によって、国家の人格を回復するという図式である。その際、明治維新が西欧近代諸国の刺激により自己を回復したように、中国革命を刺激しているのは日本の思想だというわけだ。

しかしながら、北は、この日本の「思想」なるものが、中国人にそのまま受け入れられるとも、また、日本の帝国主義者が後に盛んに口にした「八紘一宇」などのように、中国人に強制的に受け入れさせようなどとは考えてはいない。中国には中国のナショナリズムがある。そのことは、先の一文においても中国革命を「其れ自身の国粋文学に依る東洋精神の復活」と捉えていることからも明らかである。よく、人は北の思想を「アジアナショナリズム」「アジア主義」などと言うが、それは全くの誤解である。いささかこのことを強調して言うならば、これから扱おうとする『支那革命外史』における北の目線は中国ナショナリズムと同一であり、北は一貫してその目線から孫文のアメリカ型路線、日本のアジア主義といわれる「大陸浪人」たちの思想、そして日本の「帝国主義者」たちの行為を批判し続けている。

私がこれから明らかにしようとする作業は、中国ナショナリズムの代弁者とも言うべき北一輝に迫ろうとするものであるが、そのためには、北一輝と孫文の思想的、実践的対立を縦軸とし、その横軸として孫文と関係が深かった頭山満、宮崎滔天らの「大陸浪人」たち、および日本帝国主義者たちへの批判を扱わねばならないと考えている。(註)

しかし、ここで予め断っておきたいのは、以下において叙述されることは、あくまでも北の眼に映じた辛亥革命であり、孫文像であり、日本の大陸浪人たちのイメージであるということである。もちろん、辛亥革命という歴史事実に触れる以上、それに関説することも辞さなかったが、それは、あくまでも北の主張を明らかにするためのものである。

(註)ここで注目されねばならないのは、日本の右翼本流とみなされている「黒龍会」と民主主義者と評価されている孫

文の結合に対して、日本ナショナリズムの典型とさえ言われる北一輝が中国ナショナリズムの立場からそれに真っ向から対立しているという事実である。日中関係史を扱う多くの学者は孫文の晩年における神戸での「大アジア主義」という講演での「あなたがた日本民族は……いまより以後、世界文化の前途にたいして、結局、西方覇道の手先となるのか、それとも東方王道の干城となるのか、それはあなたがた日本国民が慎重にお選びになればよいことであります」（孫文「大アジア主義」、一九二四年神戸での講演、『世界の名著』七八巻、二六六頁）という発言を好んで引用し、この発言に日本人が答えられなかったということを日中関係の分析の主軸に据えているものが多い（たとえば竹内好「日本のアジア主義」ほか）。

しかしながら、孫文のこの「大アジア主義」なるものと当時の日本の大陸浪人たちのイデオロギーとの関係についての分析はあまり行われてはいない。このことを私が奇異に感ずるのは、以下に見るように北の孫文批判の中心がアメリカ型社会を理想とする近代的な欧化主義者であるということに置かれているからである。したがって、その孫文がなぜ「王道」論を唱えだしたのかという点は、いずれは、理論の問題としても明らかにせねばならないが（本書では理論的なこの両者の結合ではなく、現実的な結合を取り扱った）、とりあえず言っておきたいことは孫文ならびに大陸浪人たちを串刺しにして批判しようとする北一輝にとっては「王道」「覇道」といった概念は批判の対象でこそあれ、ほとんど無縁な概念であるということである。

北にとっては、それぞれの社会ならびに国家はその進化の度合や現実の形態は歴史的地理的要因によって異なるとはいえ、古代の奴隷制国家から中世の封建的社会をへて「実在の人格である国家」へと進化を遂げていくのは全世界的、普遍的なことなのである。だから、東洋の王道が西洋の覇道より優れているなどということは問題になってはいない。

この作業に客観性を持たせようとすれば、中国ならびに日本の近代史の研究を必要とするばかりではなく、北一輝の行動をも細かく調べる必要がある。だが、それは歴史家でも北の伝記を詳細に調べた経験もない私にとっては不可能なことである。そこで、北ならびに孫文の伝記に関しては松本健一氏および堀川哲男氏らの極めて詳細な研究があるのでこれを利用させていただくことにし、辛亥革命に関しては北の叙述を中心とし、いくつかの史書と照らし合わせつつ、叙述することにした。

第二節　中国同盟会の成立とその分裂状況

北一輝が中国同盟会に加入したのは明治三九年のことである。同盟会はそれに先立つ一年前に孫文の三度目の来日の際に結成されていた。この結成は宮崎滔天が孫文と黄興を引き合わせたことが引き金となり、孫文の率いる「興中会」と黄興の「華興会」と章太炎の「光復会」の三団体の統一合併によって生み出されたものであった。ちなみに、「興中会」は広東省中心の組織であるが、ハワイにおいてまず成立した点から見ても、思想的には多分に西欧的であり、自由主義的個人主義的な傾向が強かった。これに対して「華興会」は長江流域の湖南省が中心であり、また、「光復会」は上海中心でともに民族主義的傾向が強かったといわれている。

この大合同の結成大会に先立つ八月十三日に東京の飯田町で「孫文歓迎大会」が開かれたが、なんとこの集会に参加したのは千人を超す留学生を主体とする中国人であった。そしてさらに、同盟会の結成大会には三百人あまりが参加して一九〇五年八月二十日に開かれ、孫文と黄興をそれぞれ総理、副総理とし、張継、章太炎、陳天華、宋教仁、汪兆銘らを中心とする役員が決められたのであるが、孫文以外の多くは在日留学生および在日中国人であった。このことは、結成一年後に神田錦輝館で開かれた『民報』一周年記念大会においても歴然とする。会場に入り切れず、五千とも一万とも言われる留学生が集まったのだ。(註)

(註) 北が、中国同盟会に入会したのは一九〇六年十二月のことであるが、この大会も同月である。入会後、すぐに北はこの大会で演説を許されたわけだ。これは北の理論がある程度、役員たちに受け入れられていたことを示すだろう。なお、通訳は張継だった。また、北は武昌峰起(一九一一年一〇月)の直後に、宋教仁からの招請電報により中国へ渡っている。

このような中国同盟会の構成を見ると、孫文は在日留学生たちより一〇歳以上年長であり、また、革命経験もあり、しかも、欧米思想に通暁していて、彼だけが異質であり、飛びぬけた存在だったといえる。

孫文は一八六六年、中国広東省（香港の西、約七〇キロ）で生まれ、一八七七年から五年間ハワイに移民していた叔父の下で生活し、そこでアメリカ人経営のカレッジを卒業した後、帰国し、香港の西医学院でイギリス人教師から医学を学んだという学歴の持ち主である。一八八三年生まれの北に比べれば、一七歳も年長であり、こうした学歴にしても、革命の指導者としての経歴からしても在日留学生や北たちとは大きな差がある。

一八九四年にホノルル興中会を創立したことからはじめて、その翌年には香港興中会を設立し一〇月には広州の奪取を計画した武装蜂起を行っている。その後、亡命を余儀なくされ、日本、ハワイ、サンフランシスコ、ニューヨーク、ロンドンと世界各地を転々とするが、ロンドンでは駐英清国公使館員により監禁されるという苦難にも遭っている（ロンドンにおける監禁事件はマスコミに突き動かされたイギリス外務省の働きかけによって釈放されることになるが、このときの新聞報道が西欧や日本における孫文の名を高めたといわれる）。

監禁から解放された孫文はカナダを経て再び日本に到来する。この二度目の訪日で中国革命に多大な関心を持つ宮崎滔天の訪問を受け、彼の紹介で犬養毅、頭山満らを知り、その交際範囲を大隈重信、副島種臣、尾崎行雄などの政界人にも広げている。そして、こうした日本人たちの中の何人かの協力もあって、フィリピン独立運動の支援（日本からの武器輸出）をも試みるが、船が沈没したり、再度の武器輸出が間に合わなかったりして挫折に終わってしまう。こうした経歴からも彼が中国同盟会の総理に推されるのは極めて当然のことであったといえるだろう。

ところが、この孫文の指導する同盟会に、北が加入してわずか数カ月にして内紛が巻き起こったのだ。直接のきっかけは国旗問題であった。

執務室には、孫文自らがデザインし、滔天の夫人が縫い上げたという青天白日旗が飾られていたが、これを見咎めた黄興は、「これはなにか。同盟会の決定を経ていない以上、同盟旗とは認められない」と言って孫文に迫り、「四角い白布を黒と黄の線と帯で九等分する、いわゆる井字旗」（平均地権を意味する。近藤秀樹、前掲書、七〇頁）を対置した。これに対して孫文は、「これは海外にある同志がじぶんに託したもので、じぶん一個の考えで外すわけにはいかない」と言って拒絶したため、黄興、宋教仁が中国同盟会から退会するという事態に発展した（ただし、黄興は後に退会を取り消している）。

この一件で黄興は青天白日旗は日本の日の丸に似ているから良くないとして反対したとされているが、青天白日旗は興中会が広東蜂起で用いた軍旗であり、この旗を承認することは興中会に他の組織が吸収されたような感じを与えるといった旧三組織間の軋轢も伏在していたであろう。しかし、それ以上に見逃せないのは、中国同盟会の構成員の大多数と孫文との世代間ギャップであるように思える。というのはこの世代間の対立の底には、日本で中国革命に対する自覚を強めた者たちとアメリカ社会の中で学んだ孫文との対立が隠されていたからである。言うならば、前者がよりナショナリスティックであるのに対して、後者はよりデモクラティックであり、プラグマティックだということだ。

このことは、この内紛におけるもう一つの問題が如実に指し示している。それは、清国政府からの要請で、日本政府は孫文を国外退去処分にしたが、その退去と引き換えに「餞別金」が贈られたという問題である（餞別金は外務省から六千円、鈴木久五郎から一万円）。これに対して中国国粋主義的な章太炎はもとより宋教仁や張継などもこの餞別金を受け取ることを民族的な恥辱と感じ、激しく抗議した。なぜこの餞別金を受け取ることを恥辱と感じたのだろうか。その底には、強烈な中国ナショナリズムが存在していた。その一例として、宋教仁の以下のような行為をここで紹介しておこう。

宋は、朝鮮と中国の国境地帯にある間島の帰属が日本と清国の間で問題となったとき、たまたま、日本の帝国図書館で、間島が中国領であるという証拠の古文書を見つけ出した。ところが、彼はそれを日本政府に売りつければ多額の報奨が得られることを承知のうえで、当面の敵であり、打倒しようとしている清朝政府にこの文書の写しを送った。その結果、問題は清朝に有利な解決をもたらすこととなり、北は、「これ革命党の愛国党なる所以が実際問題に触れて現はれたる事例」（三一頁）として紹介している。この事例でわかるように、彼ら在日留学生たちは中国民族の尊厳を守ることを第一に考えていたのであり、そうした彼らにとっては、外国政府から金銭をもらって追い出される孫文は許しがたい民族の恥辱ということになったのだ。

それでは、こうした内紛に対して北はどういう態度をとったのだろうか。北は、中国の独立を守ることを自らの責務と考えていたのであるから、同世代の中国ナショナリストたちと行動をともにするのは当然のことであるが、その孫文打倒グループの首謀者の一人とも目されてさえいたのである。しかも、これは事実だったようで、彼が幸徳秋水の研究会に連れて行っている張継（同盟庶務部長）は反孫文の急先鋒となり、（註）「革命の前に先づ革命党を革命せざるべからず」として孫文暗殺さえ企画していたし、後に北の親友となる宋教仁もまたそうだったからである。北自身もまた暗にそのことを認めていたようだ。

（註）近藤秀樹によると、孫文打倒グループは程なる人物に一〇万円で孫文の暗殺を託したが、この程が裏切り、同盟会幹部に密告したという事件があった。この裏切りに激怒した反孫文派はこの人物をリンチにしたが、その際、北もそれに加わっていたと、程の追悼録に依拠して近藤は記している。この話は大筋において間違ってはいないともいえるが、冷静に考えると疑わしい点は存在する。それは、反孫文グループが一〇万円の大金を持っているはずもないことは、程も知っているはずで、金銭による孫文暗殺依頼だったのか否かということについては疑問の余地がある。孫文暗殺計画そのもの

については、「熱狂児張継君は当時已に一党の輿望を負ひて立ち革命の前に先づ革命党を革命せざるべからずとして排孫の第一先声を叫びたり。彼は党首の恃むべからざるを視て自ら暗殺団を組織したり」（二二四頁）と北も記している。

「当時其内訌が不肖の入党数月後に起りしを以て、諸友は不肖の行動に責を負はしめたり。而も不肖は彼等の思想的色彩の漸く鮮明ならんとするを悦び、覚醒の各々向ふ所に徹底せんことを望みて敢へて自己一身の非難を顧慮せざりき。思想の異同に依る離合は、気運の計らひ以外に人工は多く効なし」（同）。

当初においては、その対立は国旗問題、金銭問題という現象的な問題から始まったが、実は、その底に辛亥革命に向けての思想的、戦略的な対立が潜んでいたことを「思想の異同」として捉え、それを促進することを「悦び」としているのだから、彼が首謀者の一人だったと読むことも可能であろう。また、そうした視点から考えれば、国旗問題において黄興が主張した井字旗は、中国古代の共同社会（口分田）を連想させるし、その現代的な回復をかかげる北の「実在の人格である国家」の主張と重ならないこともない。

もっとも、この内紛は、表面的には収束した。孫文が明治四〇年の三月に日本政府から退去命令を受けてアメリカへ出国し、張継もまた幸徳秋水らと関係を深めていたために日本の官憲にアナーキストとして追われ、フランスに逃れた。また、黄興も一旦は同盟会から離れると決意したが、孫文と和解したので組織の分裂という事態にはいたらなかったが、この事件以後、孫文は東京の同盟会本部を当てにしなくなり、宋教仁は同盟会を離れ独自の組織を中国において建設するために動き出したのだから、同盟会は事実上の分裂に等しい状態になったのである。

第三節　軍隊の反乱と外国依存型の蜂起

すでに日本における中国同盟会の分裂にも現われていたように、北一輝と孫文の思想的な分裂は、ナショナリスティックなものを重視するのか、それともデモクラティックなものを重視するのかという点に存在していたと言えるが、それは、実践的な革命運動の中で、どのような相違となったのであろうか。北は孫文の革命方式がアメリカ独立戦争の引き写しであるとして次のように批判している。

「彼（孫文）は植民地の経済的政治的興隆によりて旧き本国の支配を要せずして分離せんとする別個の一新国家の創建と、経済的政治的頽廃より将に亡びんとする旧国家其者が存亡の暗中に復活飛躍を試みんとする革命と、寧ろ両極に立つべき反対的意義のものなることを考へず。為めに外国――例へば日本の援助を哀求することを恥辱とも恐怖とも感ぜざるかの如し。創建されんとする一新国家が旧本国との開戦に於て、本国の敵国たる者に援助せらるることは恥辱にあらずして堂々たる国際間の攻守同盟なり。……（これに反して）革命とは疑ひなき一国内に於ける内乱にして、正邪孰れが援けらるるにせよ、内乱に対して外国の援助とは即ち明白なる干渉なり」（一〇頁）。

アメリカの独立戦争のようにすでに経済的政治的な中心が存在し、それが本国からの独立を要求して戦う場合は、攻守同盟として外国の援助を求めてもかまわないが、しかし、革命の場合は、これと異なり、外国からの援助は干渉を意味するものであり、領土の分割さえ生じてしまう。このように述べて、国家の独立を守るという中国ナショナリズムの立場から外国依存型の孫文に対して強硬に反対しているのだ。このことの例として、北はフランス革命を挙げつつ、外国の援助に頼った貴族階級は結局は「隣強の侵入軍のために故国分割の嚮導を努めた」という。ここからも窺えるように、北の視点はあくまでも国家の独立を維持しようとし、そのために中国の近代化＝革命を志向する在日留学生のそれと一致するものであった。

ところが、アメリカで教育を受けてきた孫文の場合は明らかに北とは異なっていた。彼の計画した武装蜂起はすべてが失敗に終わったが、その多くが日本からの武器弾薬の援助を期待したものであった。事実、先にあげた同盟会結成以前に行われた広東蜂起、恵州蜂起がそうであったように、また、孫文が日本を追い出された後に企てられた蜂起でさえも日本からの援助を前提としていた（日本からの密輸船「幸運丸」あるいは「辰丸」が拿捕されるという事件はいずれも宮崎滔天をパイプとするもので、孫文は在日の中国同盟員ではなく、滔天のみを信頼していたといわれている）。それのみではない。実現には至らなかったとはいえ、参謀本部や台湾総督などからも援助の約束を取り付けようとしているのである（この場合、領土的分割や日本への特権提供が見返りとして提案されていたことは言うまでもない）。

さらに言えば、李鴻章と組んだ広東省、広西省の両広の独立計画であるが、これはイギリスの香港領事ブレークのイニシアティヴによるもので、実現すれば、両広はイギリスの保護国化する危険性が十分あるもので、孫文もそのことは承知した上で、この計画に乗っていたとされる（堀川哲男『孫文』、七五頁参照）。また、堀川は同書の中で、宮崎滔天と孫文の筆談を引用しているが、それによれば、中国の各省が独立化してそれぞれが欧州諸国の保護国化するのが望ましいというようなことまで言っていると記している。

こうした孫文の外国からの干渉に対する無警戒ぶりは、当然のことながら、ナショナリズムに目覚めた在日留学生たちとはぶつからざるを得ないものがあったわけだが、孫文にとっては封建的な清朝を打倒し、中国を近代化することが第一の課題だったのであり、そのためには多少の外国からの干渉などは恐れるに足りないものだったとも言えよう。

だから、その革命路線が、アメリカの独立戦争をイメージしたものであり、外国からの武器援助をあてにした地域（各省）独立型の戦略であったと批判するのだが、北がこれに対置するのは、清朝打倒を目的とした全国的な革命である。したがって、中国中心部における民族的大衆的闘争が、重視されるわけである。だが、ここでは、順序は逆になるが、孫文との対比上、まずは、北が武装闘争を外国からの援助ぬきでどうやって組織しようとしていたのかを見ることにしよう。

「本国より分離せんとする独立戦争は独立せる地域に拠りて戦ふ一種の国際戦争なり。故に他動的に運命的に平凡なる戦時犠牲者として死せば可なり。革命は国士の事業。隻手国運を翻へすべき意気、一人万夫に当るの精神、凡て犠牲の自動的なるものを要す。米国独立戦争に殆ど記すべき程の悲惨事なくして、革命の支那に惨烈なる物語の漸く多からんとするを視よ。革命は腐敗堕落を極めたる亡国の骸より産れんとする新興の声なり」（二一頁）。

この一文のみを読めば、北の言っているのは、単なる精神主義ではないかと思うかもしれないが、重要なのは革命とは「亡国の骸より産れんとする新興の声」と語っている点である。「新興の声」とは在日留学生たちのことであり、その他の革命の主体的勢力のことである。清朝は英仏露日に次々と領土ならびに権益を譲り渡し、そうした外国からの借財によってますます亡国の深みにはまっていった。だが、それを目の当たりにしつつ日本へ留学した青年たちは、日本を見ることによって「興国の気概」を取り戻したのだ。これこそが中国革命の原因を「我が日本の思想が其の十中八九まで原因を為せる」と北が断言する所以なのである。（しかしながら、ここで注意を促しておかねばならいのは、そのことは必ずしも「親日」を意味するものではなく、場合によれば「反日」を意味するものでもあることを指摘することを北は忘れてはいない。この点が他の大陸浪人たちと北の重大な相違点である）。

では、「亡国の骸」を如何にして「新興の声」が葬っていくのかということであるが、それについては、国家が腐敗堕落していれば、当然のことながら軍隊も腐敗堕落しているから、その国家の剣である軍隊を盗めばよいと北は続けている。武器弾薬や援助を孫文のように外国に頼らず、軍隊の反乱を組織すれば良いというわけである。すでに見たように、中国の新軍の内部にはかなりの数の日本の士官学校出身者がいることを考えれば、この発想には現実性があったのだ。

「只彼等が支那人にして運動が革命なりしが為めに、米人の行きし所と方向を異にして断岩絶壁の革命道を蹌踉として歩みたりき。即ち叛逆の剣を統治者其人の腰間より盗まんとする軍隊との聯絡これなり。――革命さるべき同一なる原因の存在は革命の過程に於て同一なる道を行く。実に腐敗頽乱して統制すべからざる軍隊は古今東西、革命指導者の以て乗ずべしとする所。彼等は全党の心血を茲に傾注したり」（二五頁）。

腰間より剣を盗まんとする工作、つまり軍隊工作を行ったのは日本留学帰りの青年やそれに影響された人々であったが、それを担ったのは孫文と袂を分かって帰国した宋教仁を中心とする中部同盟会であった。この組織は、形式的には中国同盟会の一部ということになっているが、孫文らとは没交渉であり、長江流域の中国中心部の運動の指導に当っていた。また、留学帰りの青年たちのほかに土着秘密結社の首領である譚人鳳（この人物については次章参照）も加わり、一般の農民層にまで組織基盤を拡大していったことが大きな成果を生み出したのである。その中部同盟会の軍隊工作の手法を、北は以下のようにまとめている。

「革命さるべき程に堕落せる国に於ては大隊長以上の栄位に在る者は悉く飽食暖衣の徒にして冒険の気慨なきは固よりなり。特に已に斯る栄位を得たるは軍功学識にあらずして一に請托贈賄の賜なるが故に、其関係上直ちに反復密告に出づべきは推想し得べし。彼等は又大隊長以下に連絡するに於ても下級士官に働ける手と、兵士を招ぐ手とを互に相聞知せざらしむることを規定したり。斯る複雑煩累なる手数を重ねずしては陰謀の漏洩を保つ能はざるほどに道念の頽廃し、国家組織の崩壊せる支那の現状を察せよ」(二三三-四頁)。

人はここで青年将校が主体であった二・二六事件における反乱軍の組織化と相似たものを想起するかもしれないが、この組織方法だけを北が辛亥革命から学んできたなどと考えるのはそれこそ「木を見て森を見ない」ものと言わざるを得ない。北が見ているのは支配階級全体の「腐敗堕落」なのであり、その一つである軍隊なのだ。だから、北が軍隊に注目しているからという理由で、彼を「軍事クーデター」主義者と規定してはならないし、また、『外史』の中にはテロリズムを評価している箇所もあるが、それも、あくまでも全体とのかかわりで述べているのである。彼が重視しているのは世論、大衆運動の流れなのだ(この点については武昌蜂起を扱う次節参照)。

では、このように中部同盟会が緻密な軍隊工作を展開していたとき、孫文はなにをしていたかと言えば、軍隊を味方につけ、武器弾薬を手に入れようとも試みてはいるが、孫文自身の関心は相変わらず外国からの武器密輸、資金の獲得に向いていた。たとえば、黄花崗起義(一九一一・四)では、蜂起軍の中核を新軍に置くと定めてはいたが、一方で十分な資金の獲得が必要であるとして、孫文は東南アジアからヨーロッパ、アメリカ、カナダなどの華僑を回り資金集めに奔走している。だが、その結果はといえば、「アメリカ・蘭領方面からの送金が期日どおりに到着せず、日本・ヴェトナムからの武器搬入も遅れ」(堀川哲男『孫文』、一二五頁)、不十分な「会党」主体の蜂起を行って敗北に終わるという従来のパターンを繰り返している。なお、この黄花崗起義の前のことであるが（一九〇九年）、孫文はアメリカの鉄道王ハリマンに対して三五〇万ドルの資金を要請し、その見返りとして税関管理人にアメリカ人を採用し、なおかつ商工業に対する数項目の独占権を与えるという提案もしている。

第四節　中部同盟会の譚人鳳と武昌蜂起

辛亥革命は、孫文の影響が強かった広東州や広西州ではなく、武昌から革命の炎が上がり、それが全国に波及していった。このことは革命が中部同盟会の手によって行われたことを証明している。この叛乱の直接の契機は粤《エツ》漢鉄道の問題であった。清朝政府がこの鉄道を国有化することによって、それを担保にして英米独仏の四カ国借款団から六〇〇万ポンド借り入れを行う契約をしたことが原因で引き起こされた。清朝の郵伝大臣だった盛宣懐が英米独仏の四カ国と結んだ契約で、そのためには民有だった同鉄道の株式を無償（四川省）あるいは低額で没収するという強引な処置が必要とされた。これは、当然、地方の利益と真っ向から衝突するものでもあったため、湖南、湖北、四川、広東などの関係各省では保路同志会が組織され反対運動がもりあがり、ついに、四川省では暴動状態にまで至ったのである。

「盛宣懐は革命党の予言する国家売買の将来が如何なる状態なるかの実証を示さんとするものなるかの如く民有の株券を没収し始めたり。其の国有とは人民の成せる国家が所有者たる意味に非ずして征服者の財政破産の為に四国に売らんとして今人民より掠奪する者なることを目に視、耳に聴かしめたり。国民は利権回収の故に血を絞りて持てるものを奪はれつつ始めてチュレリー宮殿の売国奴を発見したり。『市民よ国危ふし』。民立報は輿論の鐘楼に登りて存亡の急を乱打したり」（三五－六頁）。

『民立報』とは上海に本拠を置く、中部同盟会の機関紙的な存在で中国全土の連絡網の中心であった。これは、宋教仁、譚人鳳、范鴻仙などが創設したもので、辛亥革命の中枢神経であった。すなわち、その論説が中国各地の革命党や国民に粤漢鉄道問題の重要性を訴え、武昌の武装蜂起への道を切り開いていったのである。北は辛亥革命における『民立報』の役割を高く評価し、革命とは「政府と輿論」とが統治権を交代することであると定義している。

「革命とは政府と輿論とが統治権を交迭することとなり。而して上海は当時全支那輿論の神経中枢たりしこと尚維新前の京都の如し。実に革命生起前に於て已に彼等の所説は悉く各地の各報に転掲せられて陰れたる新統治階級の心意に号令したる形なき中央政府として統治したり」（三三頁）。

こうした「形なき中央政府」の手によって清朝打倒のための中国全土の大衆運動と武装蜂起にむけた軍隊への秘密工作がなされていたわけであり、武昌の軍事クーデターはその一つに過ぎなかったのである。武昌の蜂起ではなく、四川での大衆的暴動が辛亥革命の端緒を切り開いたとする当時の蜀（四川省）の人々の言を肯定して、「革命は戦争に非ず大勢の決定なり。誠に蜀人の誇りとする如く四川の乱を以て革命の幕は切り落され、長江の舞台は将に俳優の登場を待てり」（三八頁）と述べている。つまり、四川の後はどこで武装蜂起が起ころうと不思議ではなかったと言いたいのである。

ところで、ここで、われわれが注意せねばならないのは、この中部同盟会と孫文の革命路線の相違点である。中部同盟会は上海を中心とする中国全土にわたる組織網を建設し、四国借款に反対し清朝打倒を目指したことに表現されているように、はじめから全国的な中国ナショナリズムに立脚した売国的な清朝打倒のための政治闘争を志向したものであったのである。これに対して孫文の革命路線は、地方権力の奪取から始めて、それらの地方権力の連合によって清朝を打倒しようとするアメリカ独立戦争型の革命路線であり、これはナショナリズムよりも民主主義を重視する必然的な産物であったと言える。こうした革命路線の大きな相違はすでに東京における中国同盟会の内紛においても見られたのであるが、現実の革命闘争の中ではっきりした形をとり、さらに、後には南京政府の憲法制定をめぐって、中央集権型の権力か、それともアメリカ型の合衆国方式かという論争にまで発展することになる。すなわち、孫文が各省独立型の大統領制を主張したのに対し、宋教仁‐北一輝は、中央集権型の大統領の下に、存在する責任内閣制を対置したのである。

しかしながら、そのことは次章に譲るとして、ここでは革命の第一の烽火が上がった武昌における革命派の戦いを見てみよう。一九一一年一〇月一〇日、武昌における武装蜂起が行われ、武漢の権力を革命派が握ったわけだが、この蜂起は武昌の文学社、共進会という中部同盟会の傘下に加わった二つの組織の手によって起こされたものだった。この二つの組織の性格とその合流の経過を松本健一の『評伝北一輝』から引用してみよう。

「一九一一年、武昌には、新軍兵士それも農民出身の下級兵士を組織的な母胎とする革命団体、文学社が設立されていた。これは、同じ湖北の共進会が地主・富豪出身の知識人や学生を中心に、会党を吸収した革命団体だったのと較べると、いちじるしくその性格を異にしていた。そのため、両派の反目も激しく、中部同盟会は譚人鳳を派遣して、たびたび合作を行なわせた。その結果、九月二十三、四日の連合会議では、上部機関に『中部同盟会』をあおぎ、そのもとに責任分担のうえ協力する体制が創り出されている」（三巻、一二三頁）。

こうして二つの組織が合流するという決定的な事態が生まれたわけだが、ここで私が注目したいのは、この合流に際して、譚人鳳が重要なる役割を演じていることである。というのは、彼こそがこの作業を行うのにもっともふさわしい人間だったからであり、また、そのことを説明することは辛亥革命全体の性格にもかかわることでもあるので、ここで譚人鳳について触れておくことにする。

再三、述べてきたところだが、中国同盟会ならびに中部同盟会は留学帰りの若い青年たちで占められていた。革命運動の中枢部上海においては、彼らの服装のほとんどが日本の学生服姿で、それが革命派の制服と言ってもよいほどであった。そうした中で北が老譚と呼んでいる譚人鳳は年齢的にいってもかなりの年長者で異質な存在であり、その人柄は日本の古武士を連想させるものがあったという。北自身に譚人鳳を語らせよう。

「其盟主（中部同盟会）たりし譚人鳳は外国思想に聊かの影響だにせられざる純乎たる大陸産の豪雄なり。彼自身は愕くべき博覧強記の読書家なるに係らず、彼の革命伝は青年読書生の一団を以て崑崙山なるものを組織し、中清南清の大勢力たる哥老会の各山を統一し覚醒せしめ以て興漢を策せる一見甚だ古怪なる者なり」（三三頁）。

つまり、譚人鳳は孫文などとは違い土着の革命家だったのである。それゆえ、農民出身の下級兵士と知識人―学生中心の革命団体の二つを統一することが出来たのだ。また、彼の持つ影響力によって中国中部から南部にかけて、つまり、中国の先進地帯とも言うべき長江一帯の地域に中部同盟会が組織を形成することが容易となったのである。ここからも孫文の革命路線と宋教仁、譚人鳳ら中部同盟会のそれとの大きな相違が生まれてきている。

中国地図を広げてみれば分かるように孫文が生まれた広東省とは、イギリスの中国経営の根拠地である香港を含む中国南部の一帯である。この広東、広西の二省において数々の蜂起を彼は企てたのだが、どうしてもここから出てくる政治路線は、まずは、この一帯が清朝からの分離独立を遂げて、それから清朝打倒へと向かうというものにならざるを得なかった。これに対して譚人鳳を首領として擁した中部同盟会側は、長江流域に広がる平野という漢民族の中心部を基盤にしていたため、「排満興漢」のスローガンに象徴されるように、はじめから中央権力打倒の全国的な政治闘争になったのである。

もちろん、こうした地理的関係のみで中部同盟会と孫文の相違点を考えることは、事態の矮小化につながることはいうまでもないが、このことは中国史および革命後の中国の政体を考えるとき重大な意味を帯びてくる。詳しくは第三章において展開するが、この地理的条件を強調し、中国社会が歴史的に中央集権型の社会であり、来るべき社会も各州連合型の集合国家とはなり得ないことを北は説いている。

宋教仁、譚人鳳ら中部同盟会は本能的にこうした事情を察知し、清朝打倒を目指す全国政治闘争型の戦略を採用したわけであり、また、長江領域をほぼ網羅する粤漢鉄道の国有化が格好の課題を提起したわけだ。国有化によって、事実上、四国借款団の手にこの鉄道が奪われてしまうことを熟知している中国の大衆が、植民地化の危機を感じ、立ち上がったのが辛亥革命だったのである。

それでは、この辛亥革命が勃発したとき孫文はどこでなにをしていたのだろうか。彼が武昌の蜂起の知らせを受け取ったのはアメリカ・コロラド州デンバーであった。その後、直ちに帰国せず、シカゴ、ニューヨークを経てロンドンに渡り、さらにパリに赴き、香港に寄航し、上海に戻ってきたのは革命が勃発した一〇月一〇日から二カ月以上経過した一二月二五日のことであった。だが、その月の二九日にはすぐさま中華民国臨時大総統に選任される。

たしかに、こうした事態の進捗を見れば辛亥革命は外国からの孫文の電報による指令に基づいて行われていたといった神話が作られたのも止むを得ないが、多少でも運動というものを知っているものにとっては、これは噴飯ものとしか言いようがない。上意下達型のスターリン的な官僚的党組織なるものが中国に出来上がっていたと考えるならば、この推測は可能かもしれないが、そうした組織は存在しなかったし、また、そうした組織によっては革命などというものは成功するはずがないからである。

「不肖は茲に外人の身を以て彼等革命家の勲等を審判する者にあらず又要なきことなり。而しながら動かすべからざる一事は、斯くの如き思想系の分離と運動手段に於ける斯る截然たる袂別より推して、少くも孫逸仙君が一九一一年の革命に於ては全く局外者なりといふことなり。これ彼自身の承認する所にして後の史家も亦論証すべし。特に当時彼は米国の遠きに在りしが為めに、支那浪人等の臣事的吹聴に聴く如く遥かに四百余州を指揮したりといふ超人的解釈は首肯し得べきものに非ず」（三七頁、傍点筆者）。

ここで北が「思想系の分離と運動手段に於ける斯る截然たる袂別」と言っているのは、すでに述べてきたように、孫文の思想がアメリカ独立戦争型のヨーロッパ諸国依存性を帯びたものであるのに対して、武昌蜂起をもたらしたイデオロギーは、中国の植民地化阻止という「愛国的、国粋的」なものであること、孫文はアメリカ型の各省独立を目指していたが、武昌蜂起を組織化した中部同盟会は中央政治闘争型であったということ、孫文の戦略が「『金銭主義』を奉じ、その時になって烏合の衆を募集して革命党の中に混入し、僥倖に頼って事を成就しようと願う」（「中国同盟会中部総会宣言」、譚人鳳起草、原典中国近代思想史第三冊、一一二－三頁）ものだったのに対して、中部同盟会は武力の中心を新軍兵士の反乱に求めたということ、などを指しているのである。

ところで、もし、中部同盟会と孫文の路線とがこのように明確に相違していたとすれば、なぜ、孫文が帰国後直ちに大総統に推されたのかということが問題とならざるを得ないだろうが、それについての詳説は次章を見ていただくことにして、ここでは日本の大陸浪人たちの働きも関係していたことを示唆して次章へのつなぎとしたい。

「論ずる迄もなく、武漢の革命と没交渉なりし孫逸仙君は米国の新聞紙を翻へして只驚愕したるに過ぎざりしなるべし。彼が米国より又其通過しつつある欧州の先き先きより打電して、大総統は黎元洪其他起義の元勲たるべしとの意志を表示したる再三なりしに見よ。彼が上海に来らざりし以前、少くも香港に於て日人諸君に迎へられざりし以前までは此の最高の栄位が己を待設けつつあるが如き甘夢は午睡にも見ざりしなるべし」（五六頁、傍点筆者）。

注意すべきは、先の引用における「支那浪人等の臣事的吹聴に聴く如く……」という一節であり、上記の「香港に於て日人諸君に迎へられざりし以前までは……」という行である。上海に孫文を出迎えたのは、大陸浪人たちの首領を中心とする「数十百人」という日本人たち（犬養毅、頭山満らを中心とする一団のことで、北はこの一団を「愚人島興行団」と言っている）であったが、この大人数の出迎えが上海の空気を孫文になびかせる一因を形成したというのだ。

革命以前においては孫文のために武器の調達に努力し、革命後は孫文大総統の就任のための世論づくりに貢献した大陸浪人たち――こうした大陸浪人たちとの繋がりが、孫文が「大アジア主義」なるものを唱えだす背景にはあったのである。孫文の大アジア主義とは北一輝に言わせると、外国依存型革命論が産んだ副産物ということになるのかもしれない。

第二章　南京政府の成立と崩壊

第一節　孫文臨時大総統の成立と大陸浪人

本来ならば、南京臨時政府の大総統に就任すべきであったのは、譚人鳳もしくは黄興であったし、その実現こそ中国革命の進展にとって望ましかったというのが北一輝の見解である。そこで、ここでは彼らがどうして大総統にならなかったのかという経緯を記しつつ、孫文大総統誕生に至るまでの政治情況を明らかにしよう。

まずは、譚人鳳である。彼は中部同盟会の党首というべき人物であり、革命の発火点となった武昌においても、文学社、共進会の両組織を協力させた中心人物であった。彼が武昌の軍隊および民政上の指揮権を握り、革命の中心部を掌握するのは当然の流れだった。だが、彼がそうした立場に立つことにはならなかったのにはいくつかの理由が存在した。

第一は、上海にいた譚は武装蜂起が近づいていることを知り、武昌に駆けつけはしたが、蜂起には間に合わず三日遅れてしまったことにある。それでも、彼が武昌の権力を握ることは、過去の経緯からして、十分に可能だった。しかし、「東洋的謙譲精神」の持ち主である譚人鳳は遅れたことを恥じ、武昌の権力を握ろうとはしなかった。彼は、革命派に衣替えをしたばかりの元清朝軍の武昌の副指令であった黎元洪にそれを譲ってしまったのである（黎元洪は元清朝軍の叛乱によって捕虜とされていた）。もし、黎元洪ではなく、譚人鳳が革命の中心部、武昌を掌握していたら、大総統には彼がなっていただろうと北は悔んでいる。

「中部同盟会の頭首たりし当然の責任として、黎が軍を率ゐて彼（譚）を推戴するの形を踏んで親ら群衆心理の神経中枢として立ち、国民の前に新精神の体現となり全軍の上に必勝的決意を与へざるべからざりしなり。三日は後れたるにあらず。彼の禅譲的旧道徳が彼に斯る大失策を為さしめて革命の発足に禍せるに非ざるなきか」（四三頁）。

しかも、譚人鳳の「禅譲的旧道徳」による過ちはこのときのみではなかった。武昌蜂起の成功の知らせが伝わると、それまで香港で革命を画策していた黄興も武昌に来て、漢陽において清朝政府軍と戦ったが手痛い敗北を喫してしまった。このとき、その敗戦に驚いて武昌を守っていた黎元洪も逃げ出し、革命の拠点は危機に瀕したことがある。これを救ったのも譚人鳳であった。だから、この時点において、再度、譚人鳳が武昌を握り大総統へと道を進めていく機会はあったと北はいう。しかし、その道を譚は進まなかった。

「其の敗るると共に黎が武昌を棄てて蔡甸に走るや、直ちに城に入りて驚卒を鎮し、民心を撫し『北面招討使』を兼ねて『武昌防禦使』たりしもの実に彼老譚其人なりしを見よ。逃亡俘虜の発見引致と共に再び禅譲的旧道徳を頑守せる彼の愚や終に及ぶべからず」（四四頁）。

こうした譚人鳳を、「春秋の筆法を学ばずと雖も、漢口に敗れ漢陽に失へる敗責の第一人者は黎にあらず、黄にあらず、誠に譚人鳳其人なりと云ふべし」（同）と北は酷評するが、これは譚人鳳を惜しんでのことである。武昌は革命の発祥地であると共に地理的に見ても中国全土の中心を占めており、この地を押さえているものがその後の革命の進展に大きな影響力をもつのであるから、武昌を他に譲ったことは、譚人鳳が大総統となり革命を成功に導く機会を自ら放棄したことを意味していた。

それでは、もう一人の大総統候補であった黄興はどうだったのか。黄興が東京において国旗問題で孫文と抗争したことについてはすでに見たところであるが、宋教仁らとは異なり、中国同盟会からは離れず、香港周辺で革命運動に従事していた。その後、武昌の蜂起を知り合流したが、漢陽で敗れ、大総統候補としての資格に大きな傷を負ってしまったが、武昌蜂起後、次々と中国の各省は清朝から独立を遂げ中央指導部の確立が急務になっている状況にあって、革命を実質的に指導してきた宋教仁(註)は、その黄興を大総統に推そうと試みたのである。

(註) なぜ、宋教仁自身が大総統になれなかったかという疑問が存在すると思うが、それには、二つの事情があると考えられる。一つは年齢的にいって彼は三十を超えたばかりの若輩である上、中国同盟会ならびに中部同盟会の構成も留学生が主体であり、そうした同年齢の指導層に対して、絶対的な権威をもってはいなかったということ、次に、武昌に呼応して立ち上がった各都市の指導層は革命派とのみ言えず、旧官僚層を抱込んでいたので、それらを統括するにはそれなりの「大物」でなくてはならなかったことである。宋はそうした「大物」を大総統にし、その下で実権を握るという道をえらばざるを得なかったのである。

「彼(宋教仁)は各省の日本的思想系の全部に普く認識さるる黄興を以て中央政府の首脳となさんとしたり。武漢の挙義と共に月余ならずして各省競ひて呼応したる所以は各省の彼等に同様なる国家的意識民族的情操の覚醒せられて存するが故なり……。従て其の共通的心意を組織し統一する意識中枢としての中央政府に首脳たる者は、同一なる意識情操に共鳴し共通的心意に普く認識されたる人物ならざるべからず」(五二一-二頁)。

黄興は、日本から帰ってきた留学生たちを中心とする革命の主体的勢力によく知られており、それだから「国家的意識民族的情操」を「統一する意識中枢」としてふさわしいというのが彼を大総統に推す理由であるが、ここには宋教仁＝北一輝の国家形成の構想も含まれている。つまり、新国家の大総統はあくまでも民族革命の精神的支柱でなければならないということである。この「統一する意識中枢」、精神的支柱が何であるかは、後の説明（第三章）にゆだねなければならないが、とりあえず言っておけば、北が理想化していた日本の維新における「明治天皇」の如き存在ということになろう（本書、第三部参照）。

だが、こう述べたからといって、単純に、日本の天皇制の直輸入だとか、帝政などと誤解しないで欲しい。「日本的思想系」とは、日本の近代化に刺激された中国ナショナリズムを指しているのであり、その中国ナショナリズムを体現する精神的、象徴的な存在として大総統を位置づけているのである。それによって国家的統一を確保し、その下にその時々の実務を掌る責任内閣制を組織しようというのが彼らの国家構想であった。（この構想は同じ大総統制といっても、孫文の目指すような、各省の独立の上に大総統が実権を握るアメリカ型の大統領制とは異なり、フランス型の大統領制に近いものだったといえる）。こうした国家構想から見れば、譚人鳳以外では、日本留学組より年長であり、かつまた、華興会の指導者であった黄興しか考えられなかったのである。

漢陽における黄興の敗戦が大きなネックとなり、各省幹部や将軍たちの間に反対の声が上がったため、この人選も難しかったが、宋教仁は彼らを強引に説得した。彼はそのために大総統という名称ではなく、大元帥（北の発案）という名称を用いるという妥協も行い、武昌蜂起のほぼ二カ月後、一二月四日にようやく同意を取り付けることができたのである。だが、今度は黄興その人が就任を躊躇してしまった。こうした紆余曲折の末に、宋がやむを得ず打ち出したのが黎元洪大元帥、黄興副元帥という人事であった。

「大元帥黎元洪副元帥黄興の決定を断行し、副を以て正の実権を行使せしめんとしたり。彼（宋）は此の正副元帥の決定を以て正副大総統の別名となし、当時の天下亦之を以て中央政府設立の根柱を樹てたる者と信じたるは論なし」（五三－四頁）。

このようにして、漸く、国家の中心が定められたのである。ところが、大元帥に就任した黎元洪とは、先に触れたように、革命派に捕らえられて清朝から寝返った旧官僚（軍人）なのである。こうした人間を大元帥に据えなければならなかったのは、黄、譚以外に革命派には人物がいなかったからに他ならないが、このことは、取りも直さず、革命の主体的勢力の弱さの表れだったということになる。また、黎大元帥というような人事が各省幹部たちに受け入れられたということは、革命勢力の内部における旧官僚層の発言権が増大してきたことを意味しているともいえる。

これに関して、松本健一は、黄興の躊躇があったとはいえ、最終的には、黄興大元帥をあきらめ、黎元洪へと宋教仁が路線を切り替えた背景には、袁世凱大総統擁立説というものが革命派内部で有力になってきたからだと説いているのは興味深い。

「北は、『大元帥黎元洪、副元帥黄興』へと急遽、戦術を切り換えた宋教仁を『天稟の組織的手腕』とたたえていたが、しかし、宋がそのように戦術を切り換えたのは、もっと緊急を要する事態が出来《しゅったい》していたからにほかならない。すなわち、袁世凱大総統擁立説である。この大事のまえには、黄興が大元帥であるか副元帥であるかなどということは、瑣末のことにすぎなくなっていた」（『評伝北一輝』三巻、九〇頁）。

袁世凱とは言うまでもなく、清朝側の軍事的、政治的実権を掌握する最重要人物であり、こうした人物を大総統に推戴しようとする動きが革命派の内部に現れ始めたというのは一見すると分かりにくいが、革命派の実体や支持基盤を考えるとそうではない。もともと、四国借款に反対し、中国の植民地化に反対しようとして始まったこの民族主義の運動には、黎元洪のような元清朝の軍人やその他の高級官吏が多数加わっていたのである。だから、その最大の実力者である袁世凱が、共和制に賛成するならば（場合によれば、立憲君主制もあり得た）、大総統に迎えようとする動きが出だしたのも理由のないことではない。

十二月一日になされた袁世凱の清国総理大臣としての施政方針演説は、「君主の権力を制限する立憲君主制の完全実施をうたい、責任内閣制のもとでの『強力な政府』の建設をよびかけ、その挙国一致の体制によって外国からの干渉を防ぐ、という理想を国民に伝達していた」（同、九一頁）のであり、袁世凱の側も共和派との妥協工作に力を入れ、「立憲君主制か、共和制か」というところまできていたのである。

さらに重要なのは、こうした袁世凱の後ろには英国が存在しているということが誰の目にも明らかだったことである。中国にさまざまな利権を持つイギリスは中国が内戦に突入することを極力避けようとし、そのためには袁世凱を盛り立てるためのさまざまな工作も行っていたのである。

こうした背景で、妥協推進派は、大元帥の上に大総統を置くべく、各省代表者会議で臨時大総統選挙の提議をするまでに至ったが、宋の動議提出によってかろうじてこの提議を食い止めることができるというありさまだった。北はこの大元帥の上に大総統を置くという動きに関して、大元帥という名称を宋教仁に提案したのは自分であるとして（日本では大元帥は天皇を意味し最高機関であるが、中国ではそうではないことを知らなかったとして）、責任を感じている。だが、これは、一つのエピソードに過ぎず、ことは、こうした名称の問題よりも、黎大元帥‐黄副元帥という人事が不評（黎は投将、黄は敗将）だった上に、松本健一が言うように袁世凱の工作が功を奏していたと見るべきだろう。宋教仁から見れば、大元帥問題で妥協したが、それでは収まらず、次なる妥協を強いられるという革命の更なる後退局面を迎えてしまったということになる。

こうした情勢の中で、孫文が上海に帰国したのである。北は皮肉交じりにこの孫文の帰還について次のように記している。

「光の尾を引きて欧州の天に懸りし彼は兎に角英雄の如く上海の埠頭に立てり。彼の刎頚の友池亭吉君が語る如く広東の同志等が彼の行を憂へて長江に入らば旧同志に殺さるべしと諫止したるや否やは保せず。又池君滔天君等が各々其の団集を代表して彼を香港に迎へたるを見て、ワシントンよりも更に善良なる彼は日本人によりて保護さるべしとの他力本願的米国宗に安堵したるや否やは亦詮議するの要なし」(五四頁)。

もちろん、孫文嫌いの北の発言を文字通りに受け取ることはできないが、当時の情勢は、革命の中心部である南京、および長江流域は宋教仁派の拠点であり、そこに孫文が行けば「殺される」かもしれないというほどのものだった。孫文到着の知らせを聞いて、南京を掌握していた宋教仁が「余は兵力を有す。孫輩の足一歩此の城門に入るを許さず」と北に言っていることがこのことを裏書している。しかしながら、他方では、右の一文にあるように、孫文は「光の尾を引きて欧州の天に懸」かる英雄、つまり、欧米では中国革命の英雄と見なされていた存在でもあったのだ。ここで登場するのが日本の大陸浪人団である。彼らの果たした役割は、孫文が日本を含めた国際的には大英雄だということを中国人に強調することだったようである。

「(孫文は) 本国同志の決意より以前に、先づ日本浪人団数十百名の脚下に礼拝合掌する者を得たり。池君は……

所謂振中義会を宰して彼の傍に侍従長の如く立てり。宮崎君は遊侠子数十百人の頭領として彼と黄興との間に昔年の連合策を計り……。渡来せる浪人団と投機的商賈の熱狂的声援に感激を極めたる革党諸氏は日本の後援已に孫君に存すとせば益々此の英雄を擁立せざるべからずと速断したり。革命の渦中は一切の事理性の判断を許さず。革命の群衆心理は日比谷原頭に見る以上のものにして、経世家も学者も解し得べきものに非ず只精神病医のみ其の心理状態を診断し得べし」(五五頁)。

宮崎滔天や池亨吉はもとよりのこと、「数十百」の浪人たちが、その総帥ともいうべき頭山満や国会議員である犬養毅らに率いられて上海で孫文を出迎えている。こうした大陸浪人たちが、孫文人気を生み出すことに一役買ったわけだが、なぜ、そうした役割を彼らが果たせたのだろうか。その頃の革命派と日本政府および列強との関係を内田良平宛の北の電文から見てみよう。

「(辛亥革命に対する) 同情の声は日本一国に限らず各国競ひて挙ぐる所、ドイツ本国の輿論と雖も然り、唯同情を事実に現はして、援助即ち軍人と武器の供給を敢えてしたる日本は外交の勝利者なりき」(『内田良平関係文書』一巻、二〇二頁)。

つまり、武昌蜂起が起こるや列国は革命派に同情し、イギリスなども電信施設を使用させるなどしたのだが、日本の場合、現地の将校が革命軍の戦術指導を行ったり、武器供給のための努力をしたりと、もっとも革命派に具体的に役立っていた。また、日本政府も革命派に好意的に動いていたのである(日本はいち早く南京政府を交渉団体として承認している)。これが北の言う列国に対する日本の優位、「日本の外交的勝利」を生み出したのであるが、これを中国人の側から見ると、今後も日本が積極的に動いてくれれば、その他の列強も革命派に好意的に動いてくれるに違いないと期待を抱かせることとなったのである。

その日本人たちが孫文の帰還に最大の敬意を払って迎えたのだ。しかも、孫文は英米仏などのヨーロッパでも著名だという。鬼に金棒ということであろうか、孫文はたちまち革命の指導者として中国人たちの間でクローズアップされた。つまり、こうした存在である孫文ならば、イギリスが支持を与えているという袁世凱を凌駕できるかもしれないという「期待と幻想」が革命派内部に生じたのである。

こうした熱狂と興奮を前にして、北もまた孫文を大総統にしようとする動きには逆らえなくなり、最後までそれに抵抗していた宋教仁の説得に回ったし、また、フランスから帰国していた、かつての孫文批判の急先鋒、張継すらも孫文と宋教仁の間に立ってその仲介に力を注いだのである。袁世凱か孫文かという選択を周囲から突きつけられて、ついに、宋教仁も妥協し、南京臨時政府の大総統に孫文が就任することを賛成するに至った。

第二節　袁世凱による統一と日英同盟

すでに見てきたところであるが、南京の孫文大総統は、奇妙なバランスの上に乗っかっていた。中国のナショナリズム運動は、中国内部の階級的布置状況から言えば、純粋なナショナリズム運動（留学生、一般農民）と旧代官階級の一部（清朝に反乱した各省の幹部たち）の混合物であり、また、こうした勢力と日本の後援という「期待と幻想」に支えられて成立したのが孫文政権であった。これに対する袁世凱の勢力は、旧代官階級の利害を代表するとともに、中国にさまざまな利権を有するイギリスの支援を受けていた。だから袁もその利害に規定されて、南北の軍事的対決は望まなかった。

したがって、問題は、中国全土の統一を成し遂げ、ヘゲモニーを確立するのは南北いずれの勢力かということにあったわけだ。こうした状況の中で、日本は、袁世凱とイギリスの帝国主義的、植民地主義的同盟に対して反対し、中国の真の自立を助けるために、革命派への援助を継続するべきであると北が力説したのは当然のことである。内田良平宛の電文がこのことを如実に示している。一九一二年二月三日の「革命党の幹部がこぞって日本政府ならびに日本国民に感謝している」という趣旨の電文につづく六日のものである。

「余は短刀直入日本本国民を同情と日本政府の援助とを全支那に普く知らしむるの外、一の道だもなきことを断言す、日本は革命の援助を誓言する特権、特に日本一国に派遣せらるる全権代表(註)を受くるの特権に顧みて、各国共同一致と言ふの常套語を以てすべからず、支那の革命は日本の対支那政策の革命なり、各国を無視して日本のみに全権代表を派する冒険に対して、日本の朝野また等しく冒険を辞せざるべきを信ず」（前掲書、二〇二頁）。

（註）孫文政権は成立後、他の列強を無視して日本を特別扱いし、日本のみに全権大使を派遣することを決定している。その全権大使に宋教仁が任命された。

ところが、こうした北の期待は空しかった。北の目から見るとこの頃を境として日本政府の方針は大きく転換してしまう。日本政府は日英同盟ならびに日露協約にしたがい、彼が警戒していた「各国共同一致」の「常套」的路線を選び、英国とともに袁世凱による南北統一の動きに加担する。また、宋教仁の訪日も中国の国内事情で実現できなかったのである。

「ああ、諸公。袁世凱の英国に於けるや彼が朝鮮公使として日清戦争を挑発せる三十年前よりの後援者に非ざるなきか。英国の認めて以て己の勢力範囲となす長江の各省に日本人と日本の資本とが侵入することを制禦すべく保守的勢力を維持せんとするはジョンブルの智慮に非ざるなきか。永年の官場に習熟せる袁は突発せる革命に対しては一小策だに無かりしと雖も、英国を動かせば日本の自ら追随し来るを知悉せり」（八四頁）。「日本浪人団の声援を以て日本政府の同情なりと期待したる革命党は此の政府と国民と相扞格残害せる外交的乱調により て将に無援孤立せる叛徒の団集たらんとしたり。日本人の空虚なる同情は如何に鯨波の如く起るとも、日本政府が英国の印度巡査たらんとせし此の一事は革命の進行を中途に挫折せしめし最後有力なる圧迫なりき」（八六頁）。

大局的に見ればここで北が述べていることは、事態の本質を衝いている。孫文が南京臨時政府大総統を辞任し、袁世凱との南北統一のために北京に政権を譲り渡すことになったのは、日英同盟という基本的流れが導いたものであると言える。だが、しかし、日本の動向が英国追従に回ったということだけが袁世凱政権を成立させるための必要十分条件だったかといえば、必ずしもそうではない。それを最終的に決定づけたのは、以下に述べるような南北中国における日本独自の植民地主義であった。そこで、まずは、南方での動きを見てみよう。漢冶萍問題である。

漢冶萍とは中国湖北の炭鉱ならびに製鉄所が存在する地域であり、後の二十一カ条の要求においても日本が獲得することを欲した地域である。この地域に日本は辛亥革命後、直ちに目をつけた。三井財閥は孫文大総統にこの鉱山に対する権利と引き換えに借款を与えるという提案をし、孫文がそれに応じようとした事件が発生したのである。中国の「純粋」ナショナリストたちが怒ったのは言うまでもない。そもそも革命の発端は四国借款と引き換えに鉄道を担保として差し出すということへの反対であったのだから、漢冶萍を日本に引き渡すということはその革命を裏切ることになる。

武昌を代表する三名は参議院を辞任し、また、章太炎も浙蘇の二大勢力を抱え込み政党を組織し反孫文の旗印を掲げるなどなど、各省が中央に反旗を翻して南京政府は瓦解の危機に立たされた。こうした分裂の危機に直面して宋教仁は事態の沈静化に努めようとしたがどうすることもできず、ついに政権は袁世凱に渡ることになった。この間の事情を『支那革命外史』の叙述に従い詳細に見ることにしよう。

北はこの事件の原因として、孫文が中国のナショナリズム運動を真に理解していなかったという点をまず挙げ、更に、この事件が南京政府そのものの解体に至らざるを得なかった理由としてアメリカ型の大統領制を直輸入しようとしていたという問題を取り上げている。

「外国に生れて国家的執着心を有せず且つ現下の革命運動に局外者なること等しく外国人の如き孫君は該借款を以て目的の為めの手段と考へたるべし。而も是れ目的の為めの手段に非ずして臨時政府の政費に過ぎざる一手段の為めに革命勃発の大目的とせるところを蹂躙する者に非ずや。粤川鉄道借款に反対して四川より起れる革命は、南京に拠れる革命党の首領が漢冶萍借款を企つるを寛恕する能はず」（六六頁）。

ここでは、あたかも、孫文が外国生まれであるかのように記している。こう記すことによって孫文は中国の独立を守るための民族運動、愛国運動とは切り離れたところから降り下った大総統であり、その運動の本質を理解していないことを強調したいのである。言うまでもなく、孫文と三井の間を仲介したのは、頭山満や犬養毅らを先頭とする日本の大陸浪人たちの誰かであろうが、この大陸浪人団が孫文を大総統に押し上げ、そしてここではその足を引っぱったわけである。この事件は、客観的に言えば、大陸浪人たちによる辛亥革命支援は日本資本の中国進出を手助けするものだったと言えるかもしれない。だが、さすがに北はそこまでは言わない。頭山や犬養らの日本浪人団が「私心なき義侠心」により中国革命を援助したということは認めつつ、日本資本がそれに「毒汁」を注ごうとしたと述べるにとどまっている。だが、この「毒汁」により、孫文の人気は一気に下落するとともに、排日の気風も強まり、それが一五年戦争にいたるまで続くことになる。

「彼等（革命派の愛国者たち）は日本浪人団の倫理的共鳴と本能的喝采を過信して、これ先進の愛国者が後進の憂国的奮闘を援助するものなりとして感謝したり。彼等は彼等の偶像（孫文のこと）と日本とが内外相応じて国家売買を計ること、盛宣懐と四国（英米露仏の鉄道借款）とが為せる如くなるべしとは期待せざりき。彼等は革命の始めに於て四国に向けたる鋒先を今日本に転ぜざるを得ざる恐怖に戦慄すると共に、彼等の奉戴せる偶像を仰ぎ視て実に売国奴の相貌を持てることに驚愕したり。浪人団が大資本家の侵略と国権の拡張とを混同する盲目の如く、彼等は三井の利欲と頭山犬養氏等の声援とを判別する冷静を有せざりき」（六六頁）。

ところで、次の問題は、この事件によって、大統領の顔が「売国奴」の相貌を持って国民に現れたとしても、通常のブルジョア国家の場合には政府の辞任で収まり、南京に存在する国家そのものの解体には至らずにすむはずであるが、そうはならず、南京政権、国家の崩壊に直結してしまったことである。その原因を北は、孫文がアメリカ憲法を模範としつつ南京政府を組織化したという点に求めている。すなわち、アメリカ型の大統領制とは各州の独立化を前提に、中央政治は大統領が全責任を持つという体制であるため、地方が独立化を表明すれば、たちまち国家そのものが分解の危機にさらされるということ、また、責任内閣制ではないため、中央政府の失政は直ちに大統領の責任問題になり、形成途上にある国家においては、その統一の中心を失う惧れがあるというのである。(註)

（註）如何なる政治組織を作るかという問題は、孫文が大総統に選出されると同時に問題となった点であり、宋教仁はフランス型の中央集権と責任内閣制を主張したが、正式には決定を見ないで、暫定的に孫文の主張に基づきアメリカ型を採用していたのである。われわれはここで孫文の米国型大総統制に対して、宋教仁ならびに北が対置したフランス型大総統制と東洋的民主制に関する議論に立ち入るべきであろうが、それは後の課題として、ここでは暫時、南京政府崩壊の政治過程を追ってみることにしよう。

「実に法制院総裁（宋教仁）の憲法草案が提議さるるまで暫行せられたる孫君の各省聯邦的空夢は茲に遺憾なく害悪を暴露し、各省を統一せんとする中央政府が却て一省の一吹によりて顚倒すべき脆弱を示したることを見よ」（六七頁）。

「米国的大総統政治は大総統が責任を負ふものなるを以て、斯く議会と輿論に弾劾さるるに当りては大総統其者の引責辞職に至るべく、即ち国柱の交迭を見ざるべからず。平時ならば或は以て忍ぶべし。漸く覚醒せる各省の心的共通を統一せんとして求めたる心的中心を、今の南北対立の際に突として交迭し得べくんば始めより孫君を上海の埠頭より逐ふに如かざるに非ずや」（六八頁）。

法制院総裁であった宋教仁は、漢冶萍問題が起こるや、大総統を名誉職にした責任内閣制をとることによって、この危機を乗り切るよう孫文に提案したが受け入れられず、その結果、国家は解体し、南北講和による北京政権を受け入れざるを得なかったというのが、この過程に対する北の総括である。これは、この後の中国の軍閥跋扈時代の到来を考えれば、正論であったであろう。というのは、この時点において中央集権的な国家が南京で成立していれば、歴史は別な道を歩んだことも考えられなくはないと思えるからである。

以上のような南方における事情で、南京政権が崩壊してしまったのであるが、これだけでは、北京の袁世凱政権が誕生するための十分な理由とはならない。北は、北京政府が生まれたのは、民族的、国家的統一が中心的課題であった中国において、南京がその中心にならないならば、北京を中心にせざるを得ないのは歴史的必然であったとするが、ここで面白いのは、中国を統一したのは袁世凱ではなく、「北京」という土地だったと主張している点である。

「革命起りたるが故に木偶と雖も首長としたるなり。統一の必要ありしが故に投降せる俗吏と雖も之を中心としたるなり。即ち孫君が革命を起したるに非ざる如く袁世凱は南北を統一したるものにあらず。換言すれば第一革命の統一者は人に非ずして『北京』なりき」(一〇〇頁)。

ここで、北京が統一したと述べることの真意を二重、三重の意味で理解する必要がある。一つは言うまでもなく、歴史的な運動はその運動が物象化した統合者を生み出さざるを得ないという歴史認識であり、もう一つはその統合者が北京という土地であったということである。なぜ、その北京という土地が南北統一の中心的位置に立つことになったのかといえば、もちろん、その土地が中国史において持つ意味を除外しては考えられないが、それと同時に、その当時、首都が北京でなければならない差し迫ったもう一つの理由もあったのである。それが、日本の中国北方での動きである。

「北京が首府たるべく決せられしは袁の推挙せられざりし以前の輿論なりき。ああ北京。彼等が涙を呑みて敵将の占拠する北京に走らざるを得ざるに至らしめし所以の者は抑々誰の責ぞ。日本なり。亜細亜の自覚史に東天の曙光たるべき天啓的使命を忘れて英国の走狗たりしのみならず、更に露西亜の従卒たらんとしたる日本なり」(一〇一頁)。

日本は、一方で、日英同盟を遵守することによって袁世凱政権を支持し、他方では、孫文に対して漢冶萍を要求することによって、中国民族主義の反感と警戒を呼び起こしたことについてはすでに触れてきたが、日本が行った反南京政権的な行為はこれのみではなかった。日露協約を結んだ日本は中国を北方からも脅かしたのである。

一九一二年二月一九日に宋教仁が内田良平宛に送った電報には、「余は……此際速に貴国政府の責任者より満州独立の宣言が決して貴国の好む所に非る事を、弊国の輿論に普及するが如き方法を以て言明せられんことを希望す……」（『内田良平関係文書』一巻、二〇四頁）という抗議が鮮明に表現されている。北方における日本の動きがいかなる警戒を中国に引き起こしたかを推察することができよう。この動きはそのまま満州独立には至らなかったが、北方における日本のさまざまな動きが、北京へ政権が移った重要なモーメントになったと北は強調している。

孫文が大総統に就任してから、わずか二カ月の後に、否、北が日本の好意的援助を期待すると内田良平に送電した二〇日足らずのうちに完全に日本の対中国政策は逆転してしまったのである。この逆転は、逆転ではなく、はじめの革命援助も、当初から計画されていた日本帝国主義による中国侵略の一つの手段に過ぎなかったと評価することも可能ではあるが、北をはじめとする「純粋に」中国革命の支援に海を渡った極少数の大陸浪人たちにとってはそうではない。そのことを最も痛切に感じたのは北であった。彼と他の多くの革命支援を称する大陸浪人たちとの思想的な分裂はここに起因する。

だが、われわれは、その分裂がどのような対立であったかを見る前に、先ず北が中国北部で起こっていた事態をどう捉えていたかを明らかにする必要がある。

「日本が露西亜より其れ（南満州）を奪ひし時に緊張したる国家的正義は南満州に占拠すると共に崩然として跡なく、支那を露西亜の侵略より防護せんが為めの占有にあらずして全く北満州に拠れる其れと相携へて支那を脅かさんとする南満州に一変したり。日露戦争中の南満州占有は支那保全主義の為めの城壁としてなりき。日露協約に至りての同一なる其れは露西亜の分割政策に協力し助成する所の前営となれり」（二〇二―三頁）。

「日露戦争と日露協約と、是を支那の側に立ちて看るに殆んど天使変じて悪魔となれるものの如し。ああ諸公。排満革命の声に応じて各省独立あり。各省独立の名に陰れて蒙古独立あり。蒙古独立の背後に露西亜あり。(註)而して日露協約あり。是れ英人の奇貨措くべしとする所にして、日露相結んで支那を瓜分せんの恐怖は彼等の煽揚と相待ちて北京の守護に挙国一致せざるを得ざらしめたり」（二〇三―四頁）。

（註）「外蒙古」がロシアの影響下で中国から独立を遂げたのが、武昌蜂起直後の一九一一年一一月であり、そしてまた、それに連動するかのように日本も「内蒙古」を狙い、その独立を密かに画策していた。この点については後述する。

日露戦争は中国の独立を守るための正義の戦争であったとする日本のかつての主張の根拠は、いまや、跡形もなく消えうせ、残ったのは満州をロシアとともに占拠しようとする帝国主義の意思のみであると北はいう。だが、多くの大陸浪人たちは、この「逆転」を「逆転」として捉えることがなかった。もちろん、北の場合も、この「逆転」を日本帝国主義の必然的発展としてではなく、単に日本の外交政策の「転換」あるいは「日本人の堕落」としてのみ捉えていることは問題ではある。しかしながら、他の大陸浪人たちが、後に見るように、このことに無自覚であることに比べれば、その正しさは明らかだろう。かつて、孫文を支持するか否かで、彼は宮崎滔天らの大陸浪人たちと分裂したが、この時点では、それまで北を財政的にも支援し続けてきた内田良平とも別の道を進むこととなっていく。

ここで大陸浪人たちの動きを簡単に紹介しておこう。一言で大陸浪人といっても、さまざまな思想が混在しているが、頭山、犬養を先頭とする南方に来ていたグループのほかに、「満蒙問題」に携わったグループがいるので、その動きを「黒龍会」の『東亜先覚志士記伝』（葛生能久著）から見てみることとする。

辛亥革命が起こった当時、日本の大陸浪人ならびに政府当局者の間には、革命派に同情を寄せるものと清朝擁護派（中国における共和制は日本の天皇制維持のためにならない）の二派が存在したが、革命同情派にも二派があった。すなわち、純粋に革命を支持し、日本と中国の「共栄を期せん」とする一派と日本の国益との関係で支持しようという一派であった。この分類から言えば、おそらく、終始、孫文を支持し続けた宮崎滔天や中国の独立を守ろうとした北一輝は、純粋な同情派に属するといえるだろう。日本の国益との関係で支持しようとしたグループには北方の大陸浪人では川島浪速らのグループや軍部などの帝国主義主流が存在した。これらのグループは辛亥革命を期に「満蒙問題を解決して東洋平和の基礎」を確立しようとしていたという。

陸軍内部には、南方の革命派も北方の袁世凱も同時に支援し、中国の分裂を策し、その間に「満蒙」における支配権を確定しようとする見解も存在していたが、それと近いところに川島浪速の「蒙古独立案」も存在していた。すなわち、川島の見解によれば、「中国人は個人主義が強く、国家的団結を形成することができない民族」であり、早晩、西欧列強によって分割される宿命にあるから、そのような状態に陥る以前に日本は「満蒙」に確固たる勢力を築くべきであり、また、もし中国がその統一に成功したとしても、そうなればまた、日本と中国の間で「満蒙」をめぐる紛争が起こってくるから、それ以前に支配権を確立しておかねばならないというものであった（『東亜先覚志士記伝』中巻、三三〇頁以下参照）。川島は、こうした見解を北京駐在の日本軍部に語り、その承諾を得て、「蒙古」王族の一人である喀喇沁王と以下のような一〇カ条の密約を交わしている。これは、清朝崩壊が決定的となった直後のことである。

「一、内蒙を聯合して一つの強固なる団体と為し、一は蒙古が利益を自衛し、一は大清皇位の存立を援護するを目的とす。……六、喀喇沁王は川島を以て総顧問と為し、文武一切の事宜に参劃商量せしむ。……九、内蒙古団体と日本帝国とは須らく特別良好の友誼を保持し、以て大局を維持し、並に務めて日本人実業上の計劃を護り、以て両利を期すべし。十、内蒙古団体が露国に対する外交事件は、宜しく務めて日本政府と秘密に商り、処置すべし。……」（同、三三七－八頁）。

さらに、川島はこの計画の一環として清朝の粛親王を北京から脱出させ、日本軍の保護下に置かせている。また、中国兵の妨害にあって失敗に終わったとはいえ、「蒙古独立」のための武器弾薬一個旅団分を軍部から出させ、その根拠地に輸送しようと試みてもいる。

さて、以上見たような日本のさまざまな干渉によって、南京政府は崩壊し、北京へと政権を譲り渡さざるを得なくなっていたのであるが、南方の革命支援に来ていた頭山、犬養を先頭とする日本浪人団はどのようにこうした事態に対応したのだろうか。彼らは、北方で起こっている事態を知ってか知らずか、ただいたずらに、南北妥協反対を唱え続けていた。それのみではない。南北講和に応じようとしている中国側を「だらしない、なぜ、北方と断固として戦わないのだ」と罵りさえしていたのである。

「斯る日本外交の道義的堕落が其の信頼主事する同盟国（英露をさす）の術中に陥りて、終に袁中心の南北講和を来せし所以の実相を理解せよ。ああ他を指笑する背後に已を指笑する指の動くを見ず。咄、坤円球上愚人島あり。名けて日本と云ふ。……頭山犬養氏等に代表せられたる数十百の日本浪人等は敢然として大丈夫の如く本国の堕弱不義なる対支外交策に抗争してこれを改めしめんと試むる者なく、只一に袁を垢罵し孫黄譲るべからずとなして、其行はれざるや終に嘲笑漫罵を革党に加へ憤々として帰国せり。支那は顰蹙し欧人に抱腹して哄笑せり。ああ列強環視の前に恥を晒して帰れる愚人島興行団（頭山、犬養一行のこと）の怨言憤言を聞きて愚人島の朝野は益々其伝襲的対支軽侮観を深くせり」（一〇四頁）。

まさか、この大陸浪人たちの南北妥協反対の大合唱が中国の南北対立を煽り、日本の中国侵略を有利ならしめようとする意図から出たものと断定することはできないが（もちろん、前述の陸軍の一部や川島浪速の路線の如きものが彼らの一部にも存在したかもしれないが）、こうした対袁強硬路線は日本への警戒心を抱き始めた中国の革命派には、到底、受け入れられるはずもなかった。また、そのことを理解しない対袁世凱強硬派の大陸浪人たちは、中国人への差別と侮蔑の意識を強めたのだ。この革命派に対する「嘲笑漫罵」の内実は、先にあげた川島浪速の「中国人は個人主義的で、国家形成のために団結する能力がない」とする中国観と同一のものであり、当時の大陸浪人たちが共有するものだった。そして、これが日本を盟主とする大アジア主義なるものの深部に横たわっていたのである。

だから、日本の「堕弱不義」に目をつぶるばかりか、それを中国人への「侮辱」へと転化させてしまっているこの構造に対して、この地球上に「愚人島あり。名けて日本と云ふ」と書かざるを得なかったのだ。これが北一輝と大陸浪人たちの決定的な思想的分岐となる。したがって、私は、北一輝をこうした大陸浪人たちとひと括りにして、アジア主義者などと呼ぶことには、全く、反対である。北は中国ナショナリストであり、かつ、日本ナショナリストであったかもしれないが、アジア主義者、大陸浪人ではなかった。

この中国人蔑視と日本帝国主義の対中国路線との関連については次章で詳細に論ずることにして、ここでは、当時、南北妥協反対派の大陸浪人たちが、中国の革命党にどう扱われていたかを『東亜先覚志士記伝』から見ることによって、この章の終わりとしよう。

袁世凱との妥協はすべきでないことを説こうとして黎元洪を訪れた同仁会の日本人に対して、黎の幕僚は「支那の内政に日本人の干渉は大いに困る」と語り、黎その人も「日本人が支那の革命に同情し、革命を援助する為め大に努力して呉れたのは感謝するが、革命という火事が済んでも勝手に座敷に上り込んで来たり、矢鱈に庭の中を歩き廻つて庭石などを動かして居るのには閉口する」と言って苦笑したという（中巻、四七五頁）。また、日本浪人団の団長格であり、孫文を支え続けてきた頭山や犬養らには、孫文からも南北交渉の経過さえ満足には伝えられず、彼らは完全な蚊帳の外におかれてしまった。また、彼らが南北妥協を憤りつつ、帰国する際には、孫文を大総統としたときとは打って変わり、見送りの人もまばらで、寂しくぽつねんと甲板に立ち大陸を眺めていたと伝えている（中巻、四七四－八頁）。この時点においては、革命党から大陸浪人たちは見捨てられてしまったのだ。彼らが復活してくるのは、宋教仁暗殺以後の第二革命のときである。

第三章　宋教仁の暗殺と孫文批判

第一節　孫文共犯説とその政治関係

前章で見てきたように、中国に対する日本の南北からの介入の結果、南京臨時政府は崩壊し、袁世凱の「北京」政権が誕生するに至った。その後の、袁世凱政権の内部での中国同盟会系と袁とのさまざまな対立の叙述は歴史書に譲ることとして、ここでは宋教仁の暗殺と五国借款問題および第二革命についてみることにしたい。

北の親友であり、中国革命の中心人物であった宋教仁が上海において凶弾に倒れたのは一九一三年（民国二年）三月二〇日のことであり、その二日後に彼は息を引き取っている。この宋の暗殺によって、北の中国革命に関与する重大な手がかりは失われてしまった。そればかりではない。辛亥革命の中核が失われたという意味で、この事件はエポックメーキングな出来事であり、清朝打倒の民族的国民革命の時代が終わり、反帝反植民地革命（抗日戦争）の時代へと突入していく転機でもあった。したがって、この事件を北がどう受け止めたかを明らかにすることは、事件以後の彼の思想と行動を明らかにする上でも欠かせない。

そこで、私が問題としたいのは、北が宋教仁暗殺の共犯者として孫文の名を上げていることである。これに対して殆どの人々はこれを「妄想」として卻けていることは周知のことであるし、私としてもこの通説に対して異を唱えるつもりはない。だが、ここで試みてみようと思うのは、それが「妄想」に過ぎないとしても、何故に、北がそうした見解を抱くことになったのかを北のテクストの中から取り出してみることにある。そうすることによって、北の思想的位置が鮮明になると考えるからである。

まず、そのためには、宋教仁が暗殺される以前の中国の政局を一瞥しておくことが必要となるので、そこから始めよう。

宋教仁は南北統一が実現されると、北京に赴き、議会政治と責任内閣制を実現するために、唐紹儀内閣の農林総長として入閣したが、同内閣が臨時大総統の袁世凱と対立し辞職するや、彼も閣僚を辞任し、中国同盟会の政党への改組に全力を注いだ。正式大総統と憲法制定を行う予定であった第一回議会に焦点をあわせたのだ。宋は彼の持論であるフランス型大総統制と責任内閣制の実現を図り、自らがその責任内閣制を率いようとしていた。そのために、当時、乱立していた多数の政党を再編し、形式的には孫文を理事長とし、実質的には自らを理事長代理とする国民党を結成した。（註）

（註）国民党成立大会の直前、孫文は宋教仁に手紙を送って、「弟《わたくし》、刻《ただいま》、政治を舍《す》てて、専心、志を鉄路の建築に致し、十年のうちに二十万里の（路）線を築き、五大部（中国全土）の間に縦横ならしめんと欲す」（堀川哲男『孫文』、一六五頁）と述べており、孫文は政治活動から身を引こうとしていた。なお、この鉄道建設云々の話は民国元年（一九一二年）九月十五日の袁世凱、孫文、黄興の三者会談に於いて出た話で、袁世凱は孫文には鉄道建設（全国鉄路督辦に任命）を、黄興には鉱山を任せると提案した（風間阜『近世中華民国史』、三九頁）。これを黄興は断り、孫文は受け入れ、「政治のことは袁君に一切任せる。余は即ち鉄道を司り、今まで道路も何も無い所に縦横に鉄道を敷設し、遠からずして支那を世界第一の富強国にして見せる」と語ったということである（吉野作造『支那革命小史』、一一五－六頁）。

この宋教仁を中心とする国民党によって、中華民国第一回の総選挙が闘われたのであるが、結果は国民党の大勝利に終わった。

	衆議院	参議院	合計
国民党（宋教仁）	二六九	一二三	三九二
共和党（黎元洪）	一二〇	五五	一七五
統一党（章炳麟）	一八	六	二四
民主党	一六	八	二四
跨党者	一四七	三八	一八五
不明	二六	四四	七〇
合計	五九六	二七四	八七〇

括弧内を除いて表は『支那共和史』（平川清風、二一三頁）による。なお跨党者とは二重党籍の者を指す。

全国遊説中だった宋教仁は、大勝利を収め、いざ国会に望もうと上海に立ち寄り、北京へと出発しようとしたときに上海駅頭の銃声とともに倒されてしまったのである。見送りに来ていた于右任に抱きかかえられた宋教仁を北は次のように描写している。

「彼は瀧の如く滴たる血潮を抑へて于右任君の首を抱き遺言して曰く。南北統一は余の素志なり。諸友必ず小故を以て相争ひ国家を誤ること勿れと」（二三九頁）。

さて、問題はこの暗殺の黒幕が誰であったかということであるが、通説は袁世凱であったということになっている。その根拠は犯行直後に逮捕された應桂馨（直接の下手人は武士英＝本名は呉福銘）と袁世凱の下で内閣を率いていた超秉鈞の秘書長である洪述祖の間の往復電報その他の証拠が應の所から発見されたからである。この應なる人物は阿片窟の経営者でもあったが、上海の陳其美のもとで情報科長をつとめたこともあり、その彼と洪述祖の間では「事情あり速かに実行せよ」「匪魁已に滅せり、我軍一人の死傷なし」といった電文の往復が犯行の事前、事後に行われていたという（『支那共和史』、二一七頁）。こうした事実から犯行は袁世凱の使嗾と断定されたのだが、北はこれに対して異議を唱えている。

「遮莫、第二革命の因を為せる故宋教仁の横死は誠に悼むべく憤るべきものなりき。——ああ天人倶に許さざるの此大悪業よ。亡霊の浮ぶべからざる怨として遺友三年胸奥に包みたる此大秘密よ。袁は主犯に非ず一個の従犯なり。暗殺計画の首謀者は彼と共に轡を列べて革命に従ひし陳其美にして、更に一人の従犯は驚く勿れ世人の最も敬すべしとせる○○○なるぞ。——ああ人、権勢に眩する時、万悪為さざるなき一に茲に至るか」（なお、○○○は孫逸仙を指すとされている通説に従う。一三八頁）。

右の引用にあるように、北は主犯が陳其美であり、従犯が袁世凱と孫文であるとして、その捜査に乗り出そうとするのであるが、その捜査は日本領事館の中国退去処分という干渉によって打ち切らざるを得なくなり、帰国することになる（この退去処分は領事館が日本浪人団の手による北暗殺計画を察知して出されたものだとされている）。事実上、宋教仁の死とこの退去処分によって彼の中国における華々しい政治的活動は終止符を打つことになるが、ここで検討しておきたいのは、北が如何なる根拠、あるいは、推測に基づき陳其美主犯、袁、孫従犯説を唱えているのかということである。

陳其美主犯については、先に見た通り、應桂馨が陳其美の下で情報科長であったことから主張されていると考えれば頷けないこともないし、袁世凱が従犯であるというのも然りではあるが、孫文が従犯であるという推理はどこから出てきたのだろうか。松本健一は、「北一輝の『支那革命外史』は陳－孫文説をとるが、これは孫文が『南北統一』に批判的で、いわば革命家・宋教仁の功績を外国帰りの理想家・孫文がかすめとった、という視点から導き出された評価である。きわめて興味ぶかい視点であるが、歴史的に袁世凱主犯説は動かないようにおもわれる」（『評伝北一輝』三巻、一五八頁）と記し、さらには、北の主張には、北が見たという「亡霊」のほかは彼の勝手な推理以外に根拠がないと断じ、「シナ革命とはすべからく宋教仁との美しい憶い出でなければならなかった」（同、一六五頁）からこうした記述が行われたと言う。

北一輝の心理という観点から見るとこうした松本健一の主張はもっともだが、北の政治思想を捉えようとするわれわれにとってはこれでは十分とはいえない。というのは、まず、松本健一の「孫文が南北統一に批判的であった」という説は、袁世凱と孫文が決定的に分裂し、両者の闘争が行われた第二革命以降（宋教仁暗殺が契機となった）の事実から逆に組み立てられている歴史観であり、私は、こうした方法を採ろうとは思わない。私がこれから試みようとする方法は、たとえそれが事実でなく、単なる、偏見に基づくものであったとしても、歴史の当事主体としての北一輝には、あるいは、より正確には北のテクストには、この事件がどのような相貌を帯びたものとして捉えられているのかを解明することにある。何故こうした方法を取るのかといえば、そうした「偏見」なり「妄想」の中にしか北の思想は現れては来ないと言えるからである。

先を急ごう。それでは、なぜ、北は孫文を共犯者の一人としてあげたのだろうか。それを理解する第一の鍵は次の一文に、つまり、宋教仁が国会で指名されるべき大総統として黎元洪を考えていたということにある。

「彼（宋教仁）は南孫を推さず、北袁を考へずして第三者——最も愚呆脆弱なる黎元洪を黙想しつつありき。黎は孫袁等の仮大総統たりし間副大総統たりし者、二人の争闘を鎮撫するに憲法上の当然的順位者を以てし、実権を革党に把握して危険なる過渡期の渦流を棹さんとしたり。北袁南孫が斯る故宋を倒すべき立場に於て握る所ありしは後に至て歴々挙証さるべき所」（一三九頁）。

北が「後において歴々挙証さるべき」としていることを私が挙証できるとは思っていないが、総選挙の後に、宋教仁が大総統に黎元洪を推そうとしていたということが事実であるすれば（おそらく事実だろう）見逃せない。というのは、先にあげた選挙の結果を見れば明らかなように、国民党と黎元洪率いる共和党を合わせれば、大総統選出や憲法制定の際の絶対多数を確保できるからであり、そうなれば、孫文も袁世凱も大総統争いの蚊帳の外に出る外なくなるからである。

また、それとともに忘れてはならないのは、議会主義が徹底していない当時の中国にあって、議会以上に重要なのは軍事力である。この点においても、黎ならば、袁世凱に匹敵するとは言えないにせよ、国民党が持つ軍事力とあわせれば十分に対抗可能だということがいえる。事実、黎は議会においては国民党に次ぐ勢力を持っていたと同時に、辛亥革命の発祥地でもあり南北中国の軍事的政治的要地である武昌を掌握していた。

武昌が如何に重要な地点であったかを平川清風の記述から引用しておこう。

「由来支那の統一には北方よりするも、はた南方よりするも、南北の天王山たる武漢の地を領有することが絶対的に必須な条件であつて、此事は過去の歴史に於ても、民国の歴史に於いても屡々繰返された要求である。其重要の土地に黎が蟠居して居たことは国民党にとつてはもとより、袁にとつても不気味千万であつたに相違ない」(『支那共和史』、二〇〇頁)。

だから、もし、宋教仁－黎元洪の同盟が成立すれば、これが袁世凱にとって大打撃となることは当然であるし、孫文にとっても好ましい事態とは言いがたいこととなる。そうした推測に立てば、宋教仁の暗殺の共犯者として孫文と袁世凱を名指すのは、当事主体の立場から見れば、あながち荒唐無稽なことと言えないであろう。

第二節　借款問題と宋教仁の暗殺事件

このことを中華民国の建設路線上の財政問題との関連で更に掘り下げて考えてみよう。袁世凱はイギリスを先頭とする外国借款を当てにして国内建設を進めようとしていた。そしてまた、孫文もかつて三井と借款契約を結ぼうとしたように、こうした袁世凱の外債依存の開発路線そのものには反対ではなかったのである。その一端は先の註であげた袁世凱、孫文、黄興の三者会談において、孫文が、（当然、外債に依存するしかない）鉄道建設を引き受けていたという事実が示している。

そこで問題となるのが、袁世凱政権発足と同時にスタートしていた米英独仏の四国に日、ロ両国を加えた六国借款問題である。この六国借款団は一九一二年（民国元年）五月一五日にロンドンで会議をもったが、日露両国は南北満州における既得権を主張し、これに英米独仏の利害が対立してまとまらず、会議は延期され、漸く一応の妥協が成立したのは同年六月二〇日であった。この借款はそうした帝国主義の利害が錯綜したものであると同時に、中国に対する借款の条件としては、担保として塩税収益が要求され、さらに、その用途の監督をも六国が行うという植民地主義をむき出しにしたものであった。したがって、ナショナリストの宋教仁を中心とした中国同盟会系やその他から猛烈な反対運動が起こったのは当然であるが、孫文がこの運動を指導した形跡は残ってはいないようである。したがって、北が以下のように書き、譚人鳳が次のように語ったというのも理由のないことではない。

（註）袁世凱は、反対運動を危惧してその調印を正式国会開会まで引き伸ばしていた。これが、宋教仁が暗殺される時点の状況だった。

「其の当時[註1]嘗て一言の反対だにせざりし孫逸仙が第二革命に臨んで怯懦なる犬の如き五国ボイコット[註2]なんどの

吠声を挙げしことあり」（一九四頁）。

（註1）宋教仁が暗殺される以前のこと。

（註2）六国借款のこと。当初は六国であったが、アメリカがこの借款団から脱退して五国となった。その経緯については、後に記す。

「譚人鳳嘗て不肖に語りて曰く。袁孫の徒国を洋夷に競売す。鄙人無きの後中国或は亡びん。而も是れ尚可。洋夷数十百億の資を投じて中国民を富強ならしむれば是れ中国を独立せしむる者。一挙団匪を起して彼等を追はんこと必せり。彼等は鉄道と鉱山を荷ひて逃走する能はずと」（一九七頁）。

ちなみに、後に見ることになるが、譚人鳳は、黄興、宋教仁らとともに外債による財政問題の解決および開発に反対であり、それに代わって、旧官僚層の財産没収といった強硬手段を含めての、自力更生を主張していた。つまり、孫文が六国借款に賛成だったと言い切るのは酷ではあるが、公平に言って、自力更生派とは違ったものであり、自力更生か否かという基準から見た場合、孫文は袁世凱と同列に並ぶものとして映じていたとしても不思議ではない。こうした点から見れば北が孫文を袁世凱とともに宋暗殺の共犯者とみなすのは、一応の合理性は備えているのである。

だからといって、事実問題として、私は袁世凱と孫文が二人共謀して宋教仁の暗殺を企てたというつもりはないが、これで、北がこの二人を同一視せざるを得なかった背景ぐらいは明らかにできたと考えている。もちろん、同じ外国資本依存型とは言っても、この両者の背景に相違は存在する。袁世凱が英国べったりだったのに対して、孫の場合は日本だったが、それも日本政府との直接的な結合ではなく、大陸浪人たちを媒介としてのものであった（この点に関しては後に触れる）。

その孫文が、宋教仁暗殺後、なにゆえ、袁世凱政権打倒、五国借款反対を標榜する第二革命の先頭に立つことになるのかが次の問題となるが、北の説明を見てみよう。

「天下騒然。――悪逆此に至つては亦何をか言はん。……悲しめる黄は唯進退に迷ひ、怒れる譚は武力解決の外なしとしたり。而して正反対の結果を見たる彼等兇徒は、北（袁世凱のこと）の従犯を倒すべしとして、他の大なる従犯と共に挙兵を叫び以て天下の耳目を欺きたり。北の従犯は主謀者と他の従犯との背信に怒りて寧ろ其等を発きて自ら潔くせんが為めに意外なる強硬に変じたり」（二三九頁）。

つまり、主犯である陳其美は国民党内部の宋教仁の力が大きくなることを危惧してその暗殺をしたのであるが、その結果、袁世凱が犯人だとし、袁を倒せとする「北伐」の世論が大きくなった。そこで、当初のプラン（多分、陳が宋教仁に取って代わること）だけを維持することが困難になり、もう一人の従犯（孫文）を誘い、袁世凱だけに責任をなすりつけ、北伐の軍を起こしたのだというのである。この説明にはいささか無理があることを私も認めはするが、北の目には、孫文が「五国借款」支持の側に立っていたと映じていたとすれば、これもまた、それなりの一貫性を持っているともいえる。

ここまで北と孫文の辛亥革命に対する理論的、思想的相違に目を向けつつ、中国同盟会の内部分裂問題から武昌蜂起、そして南京政府成立と崩壊、南北和解、宋教仁の暗殺問題について記してきた。北は、宋教仁の暗殺の従犯が孫文であるとこだわり、真相を突き止めようとしたため、日本領事館より三年間の中国退去処分にされ、帰国を余儀なくされている。

「亡霊一夜まざまざと枕頭に起ちし翌る日、不肖は秘密の所在を発見したり。義を見て為ざるは勇なし。朝露五十年何の惜む所ぞ。不肖は秘密の蓋に手を掛けたり。ああ神か魔か我が手将に其れを開かんとして忽ち打ち払はれたり。――――三年の退去命令」（一三九‐四〇頁）。

（註）北はこの退去命令に従わず、中国に居残ることも可能であった。譚人鳳は北に対して自己の勢力圏で匿うことを提案し、北君一人を捕まえるために日本軍は攻めてこないし、十分に守れるからといって中国残留を勧めたそうである。だが、なぜか、北は帰国した。そのため、その後の第二革命には直接には関係してはいないが、第二革命に敗北して日本に亡命した張群などの若き革命家の面倒を見ている。北が再び中国に渡るのは退去命令の期限が切れた一九一六年の六月になってからである。

ここで「孫文従犯説」と少し離れて考えてみたいのは、大きくは、日本と中国革命（中国ナショナリズム）の関係である。北は、すでに見たように、「実在の人格である」中国が自己を取り戻す近代革命を考え、中国社会の自立的発展を目標とする宋教仁や譚人鳳とともに動いてきた。ところが、この自力更生路線は、ことごとく、孫文の外国依存路線とぶつかることになったのである。そして、前節で見たように、この衝突の背後で動いていたものが、頭山満が率いる黒龍会系の大陸浪人団であったことは、明白であろう。北は、黒龍会系を通じ孫文の中国同盟会に入会したが、今や、批判者となった。日本および日本人そのもののアジア‐中国観の批判者としての立場を明確化していったのである。

そのことを示す重要な問題の一つとして挙げねばならないのは、アメリカが六国借款から脱退したことに対する北の評価である。すでに述べたところであるが、六国借款は塩税収入を担保とした上で、その借入金の使途を六国側が管理するというものであった。しかし、これに対してアメリカのウィルソンは、この六カ国借款団の条件は「東洋の老大国の経済的又は政治的状態に強制的干渉の不幸」を与えるものであり、アメリカはそうした行為に加担できないとして借款団に加わることを拒否したのである。北はこれに対して、これこそが日本の取るべき道であったとする。

「日本が仮令支那の危機は日本の危機なりとの覚醒に達せずとも、其の対支軽侮観の驕慢に盲せざりしならば、財政監督は支那共和国の主権を損傷すと言へる米政府の脱退宣言は是を己れに対する反省の警告として拝謝すべし。英米孰れか能く支那の保全に忠実なるやは一目瞭然たり」（一一一頁）。

キーワードは「対支軽侮観」である。ウィルソンの宣言を読むことによって反省せねばならない、なぜ日本は率先してこのような宣言を発することができなかったのか。その対支軽侮観があるからこそ、日本はアメリカのように中国の自立を守る側に立てなかったのではないかというわけである。

しかも、こうした「対支軽侮観」を抱いていたものは、政府当局や軍部、大陸浪人たちのみではない。日本全体がそうした堕落した思想を抱いているのではないかという方向に北の思想は深まっていったようである（その延長線上に『改造法案』が出てくるのである）。事実、たとえば、当時、最も先進的な大正デモクラシーの代表的知識人、吉野作造の『日支交渉論』においてさえ、中国問題に関しては次のような発言がみられるのである。

「（日本の）根本の政策は支那の保全を図り、支那の健全なる自主独立の発達を援くるにあるのだけれども、尚他の一方に於ては、各国の競争に促されて勢力範囲拡張の競争の仲間に這入るといふ実際上の必要が吾々に迫つて居るといふことも認めねばならぬ」「日本が独り指を咬へて傍観して居る事の出来ないのは当然である」(同書、二四七頁)。

つまり、中国革命の支援はするが、他方では、日本はその国益を守るために列強と協調するというわけだ。彼はこの二つの矛盾することを平然となんでもないことのように語っている。もし、北ならば、これに対して、「なぜ、中国革命を支援することに日本は専心し、そのことを軸に列強との関係を考えないのか」と問うだろうが、それに対する吉野の答えは、「中国人は短期間で明治維新をやり遂げた日本人とは異なり、その能力がないため中国の近代化には時間がかかる。だからそのときまでは、中国を支援しつつ、列強と協調し国益をまもるのだ」というものになるだろう。

吉野は、北の『支那革命外史』を絶賛してはいるが、実は、北とは真っ向から対立している。北は、中国に対する好意的中立を守りつつ、列強を日本が牽制すれば、民族精神の高揚に燃える中国人は建国と近代化に成功すると主張するのに対して、吉野は中国人にその力量がないから日本が支援してその力量をつけさせねばならないが、それまでは日本は列強と同一歩調を取れと言うのである。当時の日本の中国革命支持を標榜する最も民主主義的な部分の見解でさえこのようなものだったのである。

おそらく、こうした見解が、先に紹介した川島浪速や日本政府、さらには南方の孫文を支持した頭山や犬養などに共通し、日本人一般に共通するものであったのではなかろうか。(極端な見方をすれば、この「対支軽侮観」に基づいて、南方の孫文を扇動し南北の争いを引き起こせば、中国を分割できるという思惑が、日本帝国主義の全体の計画ではなかったかと考えさせられる)。

ここで、われわれが注意しなければならないのは、吉野や川島ら大陸浪人たちを含めたこのような「対支軽侮観」

がどこから生まれたかということである。それは、私には、彼らすべてが西洋近代を基準としているということに帰着するように思える。吉野や大陸浪人たちの主張の底部には、近代ヨーロッパを基準として考える歴史観が厳として存在していて、その基準の上で、日本人は近代に到達できたが、中国人にはできないという日本人の「驕慢」な自己満足的優越感と「対支軽侮観」が生み出されてきていると思えるのだ。

（註）中国人には国家を形成する意欲と気概がないということの「対支軽侮観」は、南北講和の際には袁世凱打倒論として大陸浪人団の間で、また、宋教仁暗殺後の第二革命（一九一三年五－六月頃）においても唱えられたが、これに対して北は中国に気概がないというのは全くの誹謗で、実は、中国人たちは日本をはじめとする列強の圧力を身に染みて感じているからだと主張している。

「四国の財政的侵入軍が迫りし第一革命当時に於て、支那は仏蘭西に学びて侵入者を扞禦すると共にルヰを刎ねし如く大清皇帝を駆逐したり。これ支那の興国的気魄が東洋に武力を用ゆる能はざる四国聯合を眼中に置かざりしを以てなりき。然るに日露の参加せる五国借款……第二革命の時に及んで、支那は仏蘭西の如く発狂せず切歯忍辱以て革命の再来を待てり。これ支那の興国的聡明が日本の武力に抗することの不可能にして不利なるを知れるを以てなりき」（一三三頁）。

「ああ諸公。十数年前一括外人を掃蕩せんとして『団匪乱』を捲起したる四億万民の大衆が深刻に国家的覚醒を来せる今日、かの仏人の発狂（フランス革命のような暴力革命のこと）を日本及び他の四国に加ふる精気なしとは何を以て断ずるか。支那が亡国たるべき痴呆症の外なきものならば始めより団匪乱なし」（同）。

ところが、すでに、第一部で見てきたように、北の歴史観は進化論を普遍主義的に解釈したものであるため、どの民族も、その形態は歴史的地理的事情によって異なるが、同じような発展過程を辿るというものであった。どの民族も、その当初から「実在の人格である国家」として生み出されたのであるという前提から彼は出発している。そして、その国家が多数あるいは一人の君主に支配される時代は経過はするが、その「実在の人格である国家」が再び回復するものとして歴史を捉えている。こうした歴史の捉え方からすれば、基準としてのヨーロッパは存在しない。ヨーロッパ近代はそれぞれの国家ないしは民族の刺激になりえても、模範ではない。なぜならば、「実在の人格である国家」はそれぞれの民族に内包されているものだからである。

それ故、近代国家形成の能力がヨーロッパ人や日本人にあって中国人にはないなどとは北の場合には考えられないのである。したがって、「対支軽侮観」といったものは殆ど存在しない。そして、更に言えば、宋教仁暗殺の共犯者として、孫文の名を挙げるようになる北の心理の底には、こうしたヨーロッパ中心主義的な歴史観へのいらだちも含まれているように私には感じられるのだ。孫文を支持する日本人たちは、一方では黒竜会系のアジア主義者であり、他方では、吉野のような近代主義者であることを考えれば、従犯者「孫文」という執念の底にあるものは、こうした歴史観の下に存在する日本そのものであったのではなかろうか。

次章ではこの問題を受けつつ、中国の歴史的発展とその革命を北がどのように見ていたのかを記すことにしよう。

第四章　東洋的共和制と辛亥革命

中国辛亥革命の具体的展開に対する北の見解については、先に明らかにしておいたが、ここでは、いかなる理論的展望に基づいて彼の辛亥革命へのコミットメントがなされていたのかということを検証してみたいと考えている。いわば、北の中国革命論を鮮明にすることが本稿の課題であるが、そこで、問題としなければならない諸点を、列挙すれば、一、近代以前の中国社会に対する捉え方　二、中国革命の打倒対象としての代官・地主階級　三、革命後の権力形態としての東洋的共和制　四、外国の干渉勢力との戦いと二つの革命コース、ということになるであろう。

私は、この順に叙述を推し進めようと考えているが、右に挙げた第四点目は、北が、中国革命から日本改造へとその矛先を変えざるを得なくなった問題をはらんでおり、『国家改造法案』を扱った第五部への序曲的な位置を占めていることをあらかじめ断っておきたい。

第一節　代官制度と中国型封建社会

近代以前の中国社会といえば、専制君主の支配下にある停滞的な社会であるとヨーロッパ諸国および日本からはみなされてきた。いわゆる、アジア的生産様式に関する議論も大筋から言えばこの脈絡に属することは言うまでもない。マルクスが『経済学批判』の序言において、近代のブルジョア的生産様式に至るまでの生産様式をアジア的、古代的、封建的、近代ブルジョア的と大別しているのは周知のことであり、この議論とマックス・ウェーバーの『プロテスタンティズムの倫理と資本主義の精神』の議論を下敷きにして生み出されたのが大塚久雄の『共同体の基礎理論』であることもまた良く知られていることである。

もっとも、マルクスの場合、このアジア的生産様式に関する議論は、ヨーロッパ近代社会の内部に残存する原始的共産制の研究とも重ねあわされており、一概にオリエンタリズムと切って捨てるわけにはいかないが、マックス・ウェーバーなどはプロテスタンティズムの禁欲的精神を欠くアジアにおいては資本主義が生み出されることは不可能であり、そこから資本主義のようなものが生み出されたとしても、それは「賤民資本主義（註）」にしか過ぎないと言っている。

（註）「ここに、ウェーバーのいわゆる『賤民資本主義』（Paria-Kapitalismus）が発生する。……営利行為が倫理的自覚にまでたかめられないところに、資本主義精神の発生する余地はない」（島恭彦『東洋社会と西欧思想』、一四七－八頁）。

こうした議論の背景に存在するのは、アジア社会は旧い生産段階に属する遅れた社会であり、先進国であるヨーロッパの力を借りなければ、文明化も近代化も行うことができないというアジア蔑視である。こうした状況の下にあって、唯一、近代化を達成した日本は、自己が近代化しえた根拠を示す必要に迫られており、また、そのことは同時に、他のアジア諸国を差別することでもあったのだ。これが、明治以降、現代に至るまでの日本の思想状況の根底にある流れだと見てよいだろう。

こうした時代状況を念頭に置きつつ、北の中国社会認識を提示することが本節の課題であるが、まずは、一般にアジア的生産様式と呼ばれているような専制君主によって統治されていた、停滞的な社会ないしは共同体の構成をきわめてラフな形であれ確認することから始めて北一輝の中国社会像を明らかにしよう。

原始社会から存在したもろもろの村落共同体が、その共同体を維持したまま上部にそれらの共同体を支配する共同体を戴くようになったというのが大まかなアジア的生産様式の基本的シェーマである。この上部の共同体、国家は、各村落共同体から貢租を受け取り、水利、灌漑などの村落共同体の共通の利害を代表し、それを処理するものだとされる。だが、こうした構造にあるため、各村落共同体は上部に対して相対的な独立を維持しており、その内部における分業は発展せず、土地は共同体所有のままであり、広い意味での自給自足の経済が維持されると考えられていた。こうした構造が成立するのはインド、中国、エジプトなどの大河が存在する地域であるところからウイットホーゲルなどは、治水灌漑が大きな意味を持つと力説している。つまり、下部の共同体の貢租によって、上部の共同体は大きな治水、灌漑事業を担当していたとするわけだ。

もちろん、こうした議論が日本でも紹介され、一般化され始めたのは後年に属することであるから、そのことを北は知る由もないが、中国社会において巨大な中央集権的王権が成立した根拠について彼が述べているのを見れば、ウイットホーゲルなどの議論との類縁性に注目しないわけにはいかなくなる。

「支那が日仏の如く其の中世史に於て封建君主の独立的統治を見ざりし所以の者、一に山岳湖沼の天然的区画なき地理に原因するを察せよ。然らば黄河と揚子江の大平野を眺めたる旅行者は、何が故にナイル河を渉りて埃及の中央集権なるべきを看破せし奈翁の如くならざるや」（一六七頁）。

北のこの一文においては、大河の治水ということよりも、大平野の存在ということのみが強調されてはいるが、その大平野を統治しようとすれば、治水が重要な意味を持つことは言うまでもない。したがって、大筋においては、地理的要因を強調するアジア的生産様式論者と非常に近いところにあると言えそうである。ところが、それにもかかわらず、北は中国が停滞的な社会であったということは認めてはいない。

「同一なる時代的要求は同一なる時代的制度を生む。仏蘭西の貴族日本の諸侯と支那の官僚とを対比せば外見甚だ異なるが如く然りと雖も、其の制令する地域の人民に対する権能に於ては生殺与奪の絶対的自由を有し、軍事財政司法一切の専権を行使すること全く中世的統治者なり」(一二二頁)。

北の社会進化論に基づく「実在の人格である国家」の君主または貴族による所有とそれからの回復という人類史の把握をここでわれわれは想起すべきであろう。歴史の進化とともに、原始共同体－古代奴隷制－土地を媒介とする封建制－人民の政治的自覚による近代国家の成立と社会は進化するというのが北の社会進化論であるが、中国においてもこの進化がとげられ、中国は封建制に達していたというのである。中国は、停滞的な専制国家であるという前提から出発し、近代革命は中国人の自力では不可能だとする議論に対して、一方では中国社会における巨大な王権成立の必然性を認めはするが、他方では、中国の歴史的発展を認め、中国的な封建制を説こうとするのが北の姿勢である。

「支那に於ては、最高の主権者の権力強大なりしが為めに、官僚は人民に対して中世的統治者なるに係らず皇帝に対しては単純なる代官なりき。即ち支那は地理的区画なきが為めに封建的統治を必要とせる中世期に於て早く已に強大なる君権の確立せるあり。為めに必要に応ずべく封建的統治者を君権の代官として分遣したる者なりき」(同)。

「実に支那は歴史の紙面に於ては古代已に封建政治を廃したりと雖も、封建的統治の必要は中世的制度の最悪なる『代官政治』に変形して以て清末に及べる者なりとす」(一二二－三頁)。

ここで言う古代の「封建政治」とは殷周時代の「封建制」を指しているが、それが「封建制」と呼びうるものであるか否かは別として、北が漢から清に至る中国の政治経済体制を「代官政治」という形をとった封建的統治と捉えていることは明らかであろう。つまり地理的事情によって君権が強大化したが、それと同時に歴史の進化によって封建制が必要とされ、「代官政治」が生まれたというわけだ。ちなみに、この歴史の進化を『国体論』においては「同化と分化」として捉えている。つまり、他共同体の征服による「同化」が、拡大された社会内部における「分化」を呼び起こし、その分化が「個人」を生み出すと言う。この北の議論に従うならば、封建制とはその歴史の進化の一過程であり、それは、近代へと必然的に至るものということになる（本書第一部参照）。

しかしながら、中国の場合は、征服による外面的な同化（大帝国）は早くから成立していたが、内的な（諸村落共同体）同化‐分化は緩やかにしか進展せず、したがって、また、諸個人の自立化（分化）の進展も同様であった。それゆえ、王朝の腐敗によって、農民一揆的な要素を帯びた王朝打倒の国民運動も数多く起こったが、それらは近代革命に至ることがなく、いずれも、新たな王朝の成立を以って終息を遂げたというのが中国史に対する把握である。

「代朝革命して新なる主権者が全支那の領主として立てる当初に於ては、封建的統治の為に分遣せらるる代官等は君主の聡明威力に対する義務の恐怖あるが故に、其統治する封建的区画内の人民に対して誅求暴逆を加ふる能はず。……皇威漸く弛み君主の暗愚なる者相継ぐに至るや、則ち義務を負はざる代官等の生殺与奪を恣にせし『実質上の封建政治』を以て一貫したりと考へざることを得ず。代朝革命とは君主政治が代官政治に堕落すると共に新なる君主政治を再建せんとする国民的運動なり」（一二三頁）。

つまり、中国社会の基礎構造は封建制なのであるが、その封建制は王朝から派遣された代官階級を実質上の領主とする封建制なのであり、村落共同体はそうした代官によって実質的には私有されていたのだと主張するわけである。

第二節　科挙制度と代官階級

それでは、中国における近代革命がヨーロッパはおろか、日本よりも遅れた理由をどう見ているのであろうか。北は中国の代官的中世史と日本の封建制度を比較して、日本が武士制度であったのに対して中国は文士制度であったことを指摘することから始める。

「同一なる中世史にして支那の代官的中世史と日本の封建的中世史との相違は、日本の武士制度なりしに反して彼は文士制度の邪路を踏みしことの一に存す」（一六〇頁）。

さらに、この文士制度と武士制度の根本的な相違はイデオロギー的内容の相違ではなく、武断的か否かという問題であるという。中国においては、「治国平天下の論策を職業となし、行政能力なき者が官を売買する」ようにさえなったが、これは、実力、つまり、武力によって問題に立ち向かう精神を失ってしまったためであり、これに対して、日本では、理屈ではなく、武力によって問題を解決しようとした精神が存在していたため維新と近代化に成功したというのである。この武断的精神の強調は、北の持つ軍国主義的、ファシズム的側面をある意味では表現していると読み取る者もいるだろうが、私は、革命における武力的独裁の必要性を訴えていると読むことができると考えている。

たしかに、北は、「慈悲と折伏の妙法蓮華経八巻は明治大皇帝の手に守持せられ、武断政策と軍国主義の心的傾向は自由民の全部に善及し日露大戦となれり」（一六一頁）と述べ、明治天皇への個人崇拝や軍国主義への傾倒、そしてまた日蓮宗への熱狂的、神秘主義的な信仰を謳いあげている。だが、他方ではこの武断的か否かという判断が、中国を支配し続けてきた科挙制度および儒教への攻撃の中から、つまり、中国革命の中から北の内部で生まれてきた議論であると考えるとき、私は、それが、革命性を帯びてくるのを認めないわけにはいかなくなるからだ。

科挙制度および儒教への攻撃は、二つの方向において一般化されていく。一つは儒教による統治が生んだ「空虚なる言論」尊重の風潮に対する批判であり、一つは制度としての科挙が地主、代官階級と結びついていたという中国封建制への批判である。その当否は別として北は孫文の大総統就任でさえ、この「空虚なる言論」支配の一例としてあげている。

「空虚なる言論を崇敬する文弱なる心的傾向なくんば、誤謬の知識を伝ふるに過ぎざる英語の達人を大総統に迎ふるの理あらんや。参議院議員の多くは血を浴びて来れるものに非ずして文名を估りて建国の功を窃まんとせるものなり。……支那は此の心的革命に於て仏蘭西と等しき恐るべき断崖に立つ。……孔教と共和政の絶対的不両立は明に革命支那に仏蘭西革命を要む」（一六一―二頁）。

つまり、中国においては、文士制度が永続化していたため、インテリ崇拝の傾向が続き、革命的な方策を実行不可能にしているというわけであるが、そうした風土を作り上げたのは、制度としての科挙である。だから、批判が科挙にも向かうことはいうまでもない。

中国の歴代のいずれの王朝においても、官僚や代官は科挙制度を通して供給されてきたことは、周知の事実だが、高級官吏になるためには、郷試（郷試に受かれば、挙人とよばれ地方の代官になれると同時に科挙への受験資格が得られた）に受かり、更に科挙（科挙の合格者は進士、その首席は状元と呼ばれ、状元は宰相クラスになれた）を突破しなければならなかった。つまり、儒教の教養が不可欠であったわけである。

ここで重要なのは、そうした教養を身につけるためには、相応の資産家でなければならなかったという点である。知は階級と結びついているものなのだ。そして、また、逆に、「三年官吏を勤めれば三代食える」といわれたように、代官や官僚になれば十分に私財を蓄積することができたのである。代官や官僚はこうして再生産されてきた。この代官たちは任地に留まる間は封建領主の如く振る舞い、官を離れたとしても、地主になり得たのである。これが、農村における階級分解を促進してきたのである。

こうした代官階級の横暴は中国歴代の王朝が腐敗すればするほど激しくなり、ついには農民階級の不満を代表する勢力によって、その王朝が打倒される。それは代朝革命と呼ばれる王朝の交代に至るのだが、その革命によって中国社会の基本構造が変わったかというとそうではない。というのは、どの王朝も「代官」や官僚を必要とし、再び儒教と科挙制度によって供給され続けたからである。中国社会の「停滞性」はこうした「科挙制度」によって維持されてきたというのが北の「代朝革命」論である。

したがって、中国革命の究極的な課題は代官階級を一掃し、土地を小農民に分配するという土地革命であるというのが将来的な見通しになってくる。辛亥革命はその第一段階である科挙制度を廃止し、参議院や大総統を選挙で選出したが、新しく選出された議員や大総統はいずれも代官－地主階級のインテリたちであり、これらを打倒しなければ、歴史は前には進まないということになる。北のいう武断政治とは、儒教による地主支配に対する、革命的独裁を意味することは明白だろう。

「武断政策を取りて中世的代官を一掃し各省の乱離を統一せざるべからず。是れ流血を戒めたる孔教に反す。……国家の統一と国民の自由の為に将に屠殺さるべき中世的代官等は実に孔孟の文士教を信仰する文士制度の遺類なり」(一六三頁)。

文士制度から武士制度に改めよという北の主張は、イデオロギー革命であると同時にその物質的基礎である地主制度への批判として打ち出された「文化革命」の主張であったのだ。

第三節　収奪者からの収奪と農民暴動

こうした中国革命の道程の中で満州出身の清朝皇帝を退位させた辛亥革命を北はどのように位置づけ、そしてまた、袁世凱の登場をどう受け止めていたのだろうか。

「排満革命は爆発の宣言を異人種の支配を排除することに求めたるものに過ぎず。革命本来の要求は此の中世的代官政治に対する打破なり。……『十月十日』の民主的革命に到達したる所以の者、亦実に此国家と国民とを経済的物件として取扱へる中世的代官政治の根本的一掃を要するが為なりとす。……而し袁や実に代官階級の代表者。岑然り、段然り……今の各省都督各州縉紳悉く然り」(一一四－五頁)。

革命の本来の目的は、「国家と国民とを経済的物件として取り扱へる中世的代官政治」の根本的一掃であると、ここでは述べられているが、これは言うまでもなく、北の近代革命の理論からすれば、「物格」である人間が「人格」を取り戻すことであり、それは同時に「実在の人格である国家」をその本来の姿へと立ち戻らせることである。そのためには、政治的経済的には旧代官階級、地主階級の代表者を打倒せねばならず、それと同時にこれらの階級を支援する外国の干渉勢力と戦わねばならない。外国勢力との戦いは、後に論ずることとし、まずは、中国の近代化をめぐる「自力更生派」と「外国依存派」の対立問題に目を向けつつ、代官政治の一掃が「自力更生派」によってどのように展望されていたかを見ることにしよう。

すでに、見てきたように、北の目から見ると、孫文も袁世凱もその基本路線は外国依存型（袁世凱の場合は、明確に「買弁型」）の開発路線であったが、それに対して、宋教仁、譚人鳳、黄興らは「自力更生型」の路線であった。彼らは外国からの借款によってではなく、国内から、近代化に必要とする財源を調達しようとしたのである。そのために提起したのが、「収奪者からの収奪」に行き着かざるをえない革命路線であった。

事実、黄興などは「国民捐《エン》」（国民からの国家再建に向けた義捐金を募る）運動を実際に組織し、財源を国民（代官階級や地主）に求めようとしたし、また、譚人鳳は「代官政治を転覆したる国民的革命は数百年間蓄積せる代官階級の盗財を国家に回収すべきものなりとす」と語っていた。自力更生派は国家再建の財源を代官・地主階級からの収奪に求めようとしていたのである。

ここで看過されてならないのはこの当時においてさえ、こうした指導部の呼びかけに応えられるような意識構造を農民たちが有していたことである。それは、黄興が組織した「国民捐」運動が代官や地主たちから金品を強奪する貧農の運動としてアナーキーな様相を呈しつつ拡大したことに現れている。事実、これを呼びかけた黄興でさえ、その無軌道な発展を懸念し、中止せざるを得なくなるのであるが、これに対して北は、次のような論評を加えている。

「国民捐の徴集者が黄君の意思に反して掠奪的行動に出でしことは、不肖を以て見れば却て支那民族の統治的能力を立証する者なり。……掠奪とは組織的に徴集せざる租税にして、租税とは掠奪の法律化せるもののみ。……革命とは旧法律の全部に対する否認なり。然らば何が故に独り其一部に過ぎざる財産権を法律的形式を経ずして犯す能はずといふか。……是れは将に新権力を得て興国的に統治せんとする新精神の湧出なり」（二一八－九頁）。

農村における「国民捐」運動は単なる募金運動ではなく、貧農による地主階級の私有財産掠奪運動へと発展していく勢いを見せていたことが読み取れる。では、なぜ、この運動を黄興が中止してしまったかということに詳しく触れるのは後にして、私は、ここで、これより十年ほど時代は後のことになるが、毛沢東が「湖南農民運動の視察報告」の中でリアルに描いている農民闘争の進展を参考のために引用しておこう。

「土豪劣紳に罰金や寄付金をわりあて、駕籠をたたきこわす。……大ぜいのものがおしかけ、豚をころし、穀物を出させる……ときには、土豪劣紳をつかまえてきて、高い帽子をかぶせてひきまわしたり、『劣紳め！　今日こそ思いしったか！』といって、したいほうだいのことをし、すべてがさかさまになっている」（『毛沢東選集』一巻、三四－五頁）。

毛沢東はこのように、農民たちの闘争を描写した後で、これが行き過ぎだとする秩序派の批判に対して、革命とは「上品で」「つつましく譲り合うようなものではない」「革命は暴動であり、一つの階級が他の階級をうちたおす猛烈な行動である」と反批判を浴びせかけている。おそらく、「国民捐」運動の時点でも、「湖南省農民運動」の時点と同質で過激な運動が展開されていたのであろうし、それに対して毛沢東と北は同様な反応を示していた。

それでは、なぜ、黄興の提起によって引き起こされた農民暴動が後の中国共産党指導下のそれのように貫徹されずに終わってしまったのかということである。これに関して、北は、「黄君が主張を放抛したるは恐らく組織的捐金、即ち革党の権力を握りたる後に法律的に掠奪せんと欲したるが為にして、驕慢者の指笑する如き薄志弱行なるに非ず」（二一九―二二〇頁）とこの一件を記している。つまり、黄興は「収奪者からの収奪」路線を放棄したわけではなく、権力を掌握した後に、上からの運動として組織しようとしたためであるというのである。しかしながら、もちろん、北が、上からの運動にこだわったのではなく、これは黄興をかばっての発言とみるべきだろう。

「四億万民が各自権利の主体にして君主と其の代官とのために存する物格にあらずとの覚醒は、実に中世的君主政治を排除して近代的共和政治を樹立し得べき根基にあらずして何ぞ。各人悉く権利主体たる覚醒は切取強盗の中世的権利思想に対抗して、労力の果実に対する所有権の神聖を主張せしむ。此の所有権の近代思想は貴族と諸侯とが刀槍によりて設定せし土地領有権を否認して仏蘭西革命となり維新革命となれり」（一四九頁）。

すでに、『国体論』を考察した際に見ておいた点ではあるが、北にとって歴史はブルジョア革命によって二分されるのであり、近代革命以前においては、人間や国家は「人格」ではなく、君主や領主に所有される「物格」であった。それゆえ、この物格であった人間ならびに国家が人格となることが、歴史上、最大の革命であり、これに比べれば、社会主義革命は、こうして人格になった国家および人間が必然的に選ぶ道であり、議会制民主主義において達成可能なこととされている。

こうした北の歴史観を踏まえて、中国革命を考えるとき、農民の解放が経済的にも思想的にも第一義的なものとされる事情は了解可能となるであろう。だが、それは言うまでもなく、次の社会主義革命とは異なり、議会によっては可能とはならない。なぜならば、物格であった農民が領主を打倒し主体へと転化することであるのだから、社会革命であり、そこには流血をともなう革命的独裁の時期がなければならないわけである。

「勇敢なる掠奪、大胆なる徴発、一歩の仮借なき没収、斯くの如くにして一切の政治的腐敗財政的紊乱を発酵する罪悪の巣窟は転覆せられ、茲に始めて新政治組織新財政制度を建設すべき基礎を得べし。……強固なる大建築は完全にコンクリートされたる基礎を前提とす」（一二五頁）。

中国社会の基礎をコンクリートで固めようというわけであるが、このコンクリート化とは、土地を分有する自作農の創出、つまり農地改革なのであり、近代的人格の創出である。それまで、奴隷の意識しか持ち得なかった農民を主体として変革しなければならないのだから、この社会のコンクリート化には革命的な独裁がどうしても必要なのだと北は熱弁を振っている。また、近代革命において流血が最大化するか、最小化するかは外国からの干渉如何によって決まるとして、中国革命において外国の干渉を免れた明治維新のような最小化のコースを期待することになるのである。しかし、この点に関しては日本の動きとも連動することなので第五部との関連でも考えていくことにして、革命後の権力形態をどのようなものとして展望しているかを次に見ることにしよう。

第四節　クリルタイと「終身大総統」

北は革命派の権力掌握後の権力形態を、天皇制が存在しない中国においては、モンゴルのクリルタイ制度に擬しつつ、「剣を横へて神前の集まれる数百の諸汗が大総統を選出して是を大汗となす」ものと述べている。この北のイメージに従えば、中国全土において、地主・代官階級を打倒した領袖たちが一堂に会し、そこで、大総統が選ばれるのだから、この大総統選出形態は「闘うものの団結」ということになる。このクリルタイ、つまり「闘うものの団結」を「上院」と呼び、一般投票による議会と対比して次のようにいう。

「今次の革命によりて立つべき大総統と上院とは大汗と諸汗との蒙古共和国に範を求むべし。断じて投票万能のドグマに立脚する非科学的非実行的なる白人共和政の輸入に禍さるる勿かれ」(一五九頁)。

こうした発言だけを見ると、この時期の北一輝は『国体論』の議会制民主主義的主張をかなぐり捨てて、「ファシスト」としての本領を発揮し始めたなどと言われるかもしれないが、そうではないことは、「真に国民の自由意志を代表する『下院』は、下院を組織すべき国民を隠蔽せる今の中世的階級を一掃屠殺したる後にならざるべからず(註)」(同)としていることから窺い知ることができよう。それまでは革命的独裁をクリルタイ方式によって行おうというわけだ。

(註) 北は明治維新における国会開催以前の天皇独裁に関して次のように述べている点も記憶されて置くべきだろう。「一人専制の君主政亦必ずしも自由主義と両立せざる者にあらず。若し明治大皇帝の専制的施設を許さずして、幕府の倒るると共に全国に議員を選集せしめしとせよ。支那仏蘭西と同一なりし奴隷民は代表者を送るべき覚醒なきが故に、武士階級の中世的意志を表白する機関たりしことは明白なり。彼等は自由政治の名によりて版籍掠奪に反対すべし。国民の権利に藉口して食禄没収に反対すべし。帯刀の自由を主張して国民皆兵の民主的建国に反対すべし」(一五五頁)。

私はこのクリルタイ方式を「闘うものの団結」という言葉で、言い換えておいたが、それは、六八－九年の全共闘方式の学生運動を連想させるものだったからである。当時、全共闘系の学生たちは、共産党系の学生たちの全員加盟制のポツダム自治会の決議を振りかざしたバリケード解除の要求に対して、「闘うものの団結」という言葉で対決した。投票による革命でも、また党の指導による革命でもなく、クリルタイ方式の革命を考えていた北一輝の革命方式とは全共闘方式に近いものであったのかもしれない。

ところで、このクリルタイによる大総統制度とアメリカ型の一般選挙に基づく大統領制度とはこの他に、もう一つ二つ看過できない相違点が存在する。それは、アメリカの大統領が四年ごとの選挙によって選ばれるのに対して、北の言う大総統は「終身」大統領であるという点であり、また、この大総統下に、議会に責任をもつ内閣が組織されるという点である。これを北は東洋的共和制と称している。

「支那の共和政が其の大総統を白人の如き選挙運動と議員の投票に求めずして天命と民意の上に立たしむることは、不肖是れを彼と区別せんが為めに『東洋的共和政』と名けざるを得ず。『東洋的君主政』は二千五百年の信仰を統一して国民の自由を擁護扶植せし明治大皇帝あり。『東洋的共和政』とは神前に戈を列ねて集まれる諸汗より選挙されし窩濶壹汗が明白に終身大総統たりし如く、天の命を享けし元首に統治せらるる共和政体なりとす。……実に成吉思汗と云ひ、窩濶壹汗と云ひ、忽必烈汗と云ひ、君位を世襲継承せし君主に非ずして『クリルタイ』と名くる大会議によりて選挙されしシーザーなり」（一五八頁）。

こうした政治機構の見取り図は明らかに明治維新によって生み出された日本の政治体制の手直しだといってよいが、この体制を米国の大統領制と比較し、その利点を次のように言っているのを見れば、そこには、明治期以降の政府による野党への弾圧の歴史を思い起こしつつ、綴られていることも垣間見えてくる。

「(米国の)大統領が親ら責任を負ひて反対党の監督の下に政治を為すは反対の自由監督の自由を尊重する国民精神の自由あるが故なり。自由の覚醒せざる、又は覚醒せんとして尚ほ専制の歴史的堕力に捉はるる国に於ては、決して米国の如き制度に拠りて自由を擁護し得べきものにあらず。則ち米国の如き両党対立政治が斯る国に採用さるる場合は、反対の自由、監督の自由、批評攻撃の自由、交迭して自ら代はるべき自由、則ち反対党の存立し得べき凡ての自由を蹂躙せずんば止まざる一政党の専制政治となりて、在野党は『叛徒』を意味すべし」(七頁)。

(註)ちなみに、このような大統領制が可能であった理由として、アメリカは中世的ヨーロッパを放棄した近代的個人の国であり、そこには、旧体制に対する革命の必要がなかったからだと言う。「米国は中世的掠奪者を本国に放棄したる近代的人類の集合にして、集合其自身が共和政治なりき。……彼等は生れながらにして自由政治の基礎なる中産社会なりしなり」(一五〇頁)。

ところがいまだ、国民の大多数が封建制度の惰性にとらわれている国において、選挙による大統領制を実施することは、権力党が反対党を弾圧し、かえって、国民の自由を奪うことになるというのである。真に自由である国家を形成するためには、どうしても、革命の理念を体現した存在を国家元首(北が明治天皇にその役割を期待していたことについてはすでに述べた)に据えねばならないというわけである。いわば、その大統領に、政争の圏外に立ち、政党をコントロールする国民的統一の象徴的な役割が期待されていたわけである。

ここまで書いてきたとき、私は、素人の考えではあるが、北の言う「東洋的共和制」と現在の中国における共産党の指導による「党独裁国家」との類縁性を考えてしまった。この「終身大総統」（一時は毛沢東がそれであったとも言えよう）に代わるものとして、「党」が存在しているのではないかということである。もし、中国において、唯一の「党」の権威が存在しなければ、諸党乱立から政権党による反対党への弾圧が激化し、内戦に至るという事態も考えられないことではなかった。言うならば、北のいう「終身大総統」や中国共産党の「党」は近代国家の統一とそこへの帰属、つまり、ひとびとの「領土化」をもたらすもっとも根底的な装置であるということになるであろう。この装置こそが北のいう「国体」と言われるものなのであり、その国体の中にさまざまな政体――個々の政策論争が繰り広げられる場――が存在するのである。

更に、付け加えれば、新国家の機軸に「党」を据えるのか、それとも「終身大総統」を据えるのかという相違は、中国革命が誰によってどのような組織過程をへて達成されるのかという問題と切り離すことができない。北の場合、そのモデルが日本の明治維新ないしはフランス革命であったという事情を反映して、「闘うものの団結」という形、つまり、セクト的団結ではなく、ノンセクト的な、近代市民主義的な様相が強いが、それに対して現実の中国革命の場合、コミンテルン的な党による指導が前面に押し出されている。この相違は、毛沢東と北の時代的な相違でもあり、なおかつ、中国革命が日本という凶暴な干渉勢力に対して戦わざるを得なかったことにより生み出されたものであるためと私は考えている。

毛沢東の場合は、その実体はともかくプロレタリアートの指導の下での農民の決起というマルクス主義の図式が維持されていたが、北の場合は、中国の工業化が進んでいないこともあり、また、彼が中国革命のモデルとして日本の明治維新ないしはフランス革命を考えていたため、プロレタリアートは問題とされていない。日本の明治維新が下級武士階級によって導かれ、フランスがダントン、ロベスピエールらの都市インテリゲンチャーの指導によって達成されたという前例を踏まえ、中国の場合も進歩的インテリゲンチャーたち（重要なのは日本への留学生たち）だということになる。図式化していえばこうしたインテリたちの指導による農民たちの反地主、反代官闘争が革命の主要な環として位置づけられていた。

そこで、問題としなければならないのは外国勢力の干渉である。北の説くところによれば、外国勢力の干渉がなければ、近代革命は、日本の明治維新のように、比較的流血が少なくてすむが、それが強力であれば、内戦に至らざるを得ない。

「仏蘭西革命と雖も列強の共同干渉及び分割同盟あらざりしならば、断じて驚くべき恐怖時代なしと。……寺院の土地没収は僧侶の国外に亡命して愁訴する運動を待たず、四隣の政教一致的教会をして地獄の反逆を見る如く一斉に其の鐘を鳴らさしめたり。……亜で亡命貴族が分割同盟軍の陣頭に立ち、皇帝其人が内応者の元凶なるを発見したる時、仏蘭西は終に内外に対して狂乱せざるを得ざりしのみ」（一三一－二頁）。

「若し幕府の小栗一派が努力せし仏国後援運動が効を奏し、又仏蘭西の国情が変化せず而して侵入軍に対して徳川氏が内応者たりしとせよ。日本亦将軍をギロチンに引て発狂したるべきは論なし」（一三二頁）。

フランス革命型のコースが広範に大衆を巻き込んだ革命コースであり、維新型のコースは革命勢力と旧勢力の権力交代が比較的平和裏に進み、社会革命は権力掌握後に上からの革命として行われることになるわけであるが、北や黄興などの中国革命の主流が展望していたのは後者であった。故に黄興は、先に見たように、「国民捐」運動を中止したのであろう。そして、言うまでもなく、革命の進行を阻もうとした主要な勢力は、袁世凱や段、岑らの軍閥－旧代官・地主階級であり、また、第一次大戦までの時期において、これらの勢力と結託していた主要な外国干渉勢力はイギリスとロシアと日本であった。

それでは、孫文に対する北の位置づけはどうなのか。彼に対する北の批判はすでに見たところであるので、繰り返しは避けるが、大まかに言えば、外国依存型の経済開発路線を考える限りでは、反動勢力と一致するが、旧代官・地主階級には属さない。こうした孫文とは一線を画しつつ、農民を基盤とした革命を推し進めようというのが革命派の主流の考えであり、それだからこそ、革命派と北は外国の干渉に強い警戒心(註)を抱いていた。

（註）日本の近代化が明治維新によって比較的スムーズに進行したのは、当時の帝国主義間の対立もさることながら、列強のアジア侵略が清国の民衆を含めたさまざまな抵抗運動によって妨げられていたためである。こうした認識も北には存在したように見受けられる。

こうした観点でみたとき、第一次大戦は旧代官・地主階級打倒の絶好の機会であった。というのは、イギリスとロシアがヨーロッパ戦線にその軍事力を釘付けにされ、残る大国は日本のみという状態になったからである。それ故、北は次のように書いている。

「問題は今後の支那が日本の如く革命後の建設を健確なる順路によりて成し遂ぐるか、又仏蘭西の如く国家の発狂に至るかの二途なり。而して諸公。此問題の答案者は支那に非ずして日本なり。……列強が干渉し侵略せざるならば日本の如く、然らずんば或は仏蘭西の如しとして其革命を進めざるを得ず」（一三三頁）。

この問題に対して日本がどのような回答を中国に対して送ったかは歴史の示すところである。その第一弾が大隈内閣による袁世凱政府に突きつけた二十一カ条の要求であり、第二弾が袁世凱没後の段祺瑞らに与えられた西原借款であるが、この二つが後の中国侵略戦争への道の端緒ともなったのである。そこで、北が二十一カ条の要求に対してどのような反応を示したかを、大まかにみることにしよう。

そもそも、日本が英国、ロシアと結んで対独戦争へ参加することに北は反対であり、大戦を機会に、日本および中国は同盟して、南方から英国の勢力を追い出し、北方からはロシアを駆逐すべきだという意見であった。この発想は、何とかして、中国ナショナリズムと日本のナショナリズムの矛盾を避けようというところから生まれたものだといえよう。それ故、北は、日本の進むべき道として南満州から北満州、そしてシベリアへの進出を主張したのである。

北に言わせれば、日本の満州進出は、中国の北部国境を保全し、なおかつ、日本の脅威を取り除くものであり、日中共通の利害に基づくものだとされている。もちろん、この路線は、われわれから見れば、客観的には日本帝国主義の対外膨張政策の一翼を担うものであることは否定しがたいが、北個人の主観としてはそうではない。これはあくまでも、中国の「保全」と近代革命を援助するためであるから、その矛先は中国の内部ではなく、外部に向けられるべきものだと主張する。ここに日本軍部ならびに帝国主義主流との大きな相違が存在する。

ところが、現実には、日本は英露側に立って対独戦争に踏み切り、山東半島を攻略し、そのドイツ権益を中国に認めさせるとともに、南満州の領有、さらには、漢冶萍（中国中部）の鉄や炭田を完全に手中に収めようとして、二十一カ条の要求を袁世凱政権に突きつけたのである。こうした動きに対して、当時、中国を追われ帰国していた北が反対したのは言うまでもない。彼は、来日した譚人鳳と大隈重信とを会見させ、日本の対中国政策を改めさせようとするが不調に終わり、譚は、後の日中戦争の行末を暗示する次のような名言を北に残して帰国せざるを得なかった。

「足下速に是れを大隈総理に伝へしめよ。我が国人日本の野心を恐れて常に回天の大業を中挫す。今日亦然らんとす。鄙人将に帰へりて国民に告ぐべし。日本強兵ありと雖も我が国の海岸線を封鎖し得るに過ぎず。鄙人一息すれば中国一日亡びず。此翁兵を引きて内地に退守進出すること数年、日本先づ財政破産を以て亡ぶべし。日本何の恐るる所ぞ」（一三四頁）。

次に、われわれは、北を絶望の底に追いやった西原借款ならびに五・四運動を見ておかねばならない。中国の排日運動が燎原の火の如く広がったのは一九一九（大正八年）年の五・四運動であるが、この運動の真っ只中で、再び中国にいた北は日本への帰国を決意したのである。この五・四運動は、その遠因を二十一カ条の要求に求められるが、北にとってのショックはそのことよりも直接の引き金となった西原借款問題であった。この西原借款は日本が袁世凱没後の軍閥実力者である段祺瑞らに借款を提供し、これを傀儡化して、第一次大戦に中国を参加させようと図ったものであった。したがってこうした動きに対して、第一次大戦への参戦拒否を旗印とした譚人鳳、章太炎らのグループは真っ向から対立したのである。だが、西原借款によって武器弾薬を日本から供給された段祺瑞らの辺防軍に革命派の軍隊は打ち破られ敗北を喫したが、その運動は衰えることなく続けられた。その後、革命勢力は段祺瑞派の内部分裂（馮国璋派の台頭）に乗じて、段祺瑞を追い落とし、五・四運動へと発展していった。

「革命的勢力は終に馮段の間隙に乗じて其の勢力を二分し、馮系と合従連衡して段を北京から退けた。日本に国を売る者であるとして彼が落されたならば、国を買つた日本を侵略者となし、漸く死を免かれたる戦場からの喚声を挙げて日本の万悪を数ふる時、尋常一様なる排日運動に終らざるは言ふまでもない」（『日本改造法案大綱』第三版、二巻、三五七－八頁）。

北は五・四運動を右のように評価し、『改造法案』の執筆時の状況を、養子として預かった譚人鳳の孫（後に北大輝と命名、大輝の母は産褥熱で倒れ、父は革命の中で銃殺されている）について触れつつ次のように語っている。

「自分は閑かなる書斎の代りに、この全世界から起り全支那に渦巻く排日運動の閧の声の中に身を縛られて居た。一冊の参考書を許されざる代りに、――御前の主張に依りて戈を執り御前の本国に依りて殺されたるものの瞑せざるを見よとして、――参戦軍に銃殺されたる同志の忘片見を与へられた。付紐の付いた日本の単衣を着て、小さい下駄をはいて父よ、父よと慕ひ抱かれる。而も涙の眼を転ずれば、ヴエランダの下は見渡す限り此の児の同胞が故国日本を怒り憎みて叫び狂ふ群集の大怒涛である。地上に生を享けたるものの多く会せざる矛盾、大矛盾ではないか。泣いて悲しみが和らぎ怒りて当るところあらば地獄ではない」（同、三五八－九頁）。

考えてみれば、北が身を置かざるを得なくなったこの大矛盾とは、中国ナショナリズムと日本帝国主義の矛盾であり、したがって、日本のナショナリストであると同時に中国ナショナリストである北一輝が其の身に背負わざるを得ない矛盾だとも言える。北はこの二つのナショナリズムの関係が、理想的な、近代的、市民的人格相互の関係として展開されることを期待していたが、帝国主義的な世界情勢の中にあっては、ことはそう単純には進まない。こうした中で、北はこの大矛盾を突き破る最重要課題として日本革命に立ち向かわざるを得なくなっていくのである。

第五部　『改造法案』と過渡期の国家

〈内政〉　国家改造の目的と明治の理念

はじめに

北一輝の思想を論じるにあたって、いろいろな人が問題とするのが『改造法案』と二・二六事件である。社会ファシストであるとか、農本ファシストであるとかといったさまざまな規定が与えられるのは、ほとんど、これらの印象からであると言って良いだろう。しかしながら、思想史的に『国体論及び純正社会主義』と『支那革命外史』を問題としてきた私は、『改造法案』(註)は、それとの関係で問題としなければならないと考えている。

（註）この著書は、大正八年八月に上海で脱稿されたものであり、当初は『国家改造案原理大綱』という書名であったが、大正一二年に改造社から出版されるに当り、書名を『日本改造法案大綱』と改められている。本書では、『改造法案』と略記するが、引用にあたっては、『国家改造案原理大綱』のものを原則として用いる。

その際、難しいのは、まず、中国の辛亥革命に参加した北の立場から『改造法案』が書かれているということを読み込むことである。われわれには、日本の外から、特にアジアの国々から日本を眺めるという習慣がとぼしい上に、『改造法案』の大部分が日本国内のことを問題としているので、どうしても国内にいる人間が書いたものだと知らず知らずの内に考えてしまう。日本国内の農村の疲弊や労働者の困窮などの延長線上に位置づけてしまいがちだ。

ところが、何回か読み返すうちに、そうでないことに気づかされた。あまりにも、国内の問題についての叙述に現実性が乏しいのはなぜだろうかと考えざるを得なかったからだ。たとえば、二・二六事件に際して青年将校たちが語っていた「娘を売らざるを得ないような」農村の貧窮、さらには、権藤成卿や橘孝三郎たちが問題とした農村自治から社稷の復活への動き、激化しつつあった労働争議などの諸問題が、直接、触れられていないとしても、行間に、にじみ出ていてもよさそうなものである。だが、それが感じられない。

それに対して、『法案』の末尾（巻八）に記された中国をめぐる日本の外交政策にはリアリティが感じられる。この部分には、イギリスと日本との海上決戦や中国軍・日本軍のソヴィエトロシア領への進軍など、とんでもない構想も語られているが、その核に存在する中国の姿が、『外史』を考えつつ読むと、仄見えてくる。そのことに気づいたとき、この『改造法案』は、日本内部から国家の改造を発想したものではなく、中国から、日本を見たものだと了解できた。東アジアが激動していた時代の一環として『改造法案』（註）が生み出されたということだ。

（註）『改造法案』は、巻一から巻八までに分かれている。その内、巻六までの国内問題と巻七の朝鮮問題は完成していたが、外政問題を扱った巻八は、大川周明が北を訪問した直後、急拠、仕上げられた。そのため、大川との討論の影響をも受け、なおかつ、未完成状態に近いメモ的なものである。しかし、『支那革命外史』が、出版されており、それでもって、補足部分は十分おぎなえると北は考えていたように思われる。

だが、そのことを説明するのは、なかなか難しい。たとえば、戦前における中国と日本との関係にしても、私たちは、往々にして、日本を主体としてものを考え、日本帝国主義の中国侵略の歴史として考える。これが悪いというわけではないのはもちろんのことだが、中国の辛亥革命の進行にとって、日本は如何なる役割を果たすべきだったかといった視点は、なかなか、持ちにくい。

その上、『改造法案』の読解をする際に、至るところでつきまとうのは、『国体論及び純正社会主義』の影である。この影をいちいち引っ張り出さなくては、正当に、北の思想を評価することはできない。しかも、『法案』はあくまでも『法案』として書かれており、ごく短い註が付されているだけで、それぞれの条項が論理的に展開されているわけではないから、その条項の語句の意味や思想を『国体論』の中に求める作業を強いられることになる。したがって、中国の視点で見たものであることを念頭に置きつつ、北の若き時代の著作を参照し、読まなければならない。

私のこうした『改造法案』読解の手がかりになったのは、大正一五年に北が『改造法案』に記した「第三回の公刊頒布に際して告ぐ」(以下「告ぐ」と略記する)である。ここには、五・四運動をはじめとする反日運動の波の中で『改造法案』を執筆せざるを得なくなった事情が記されている。この一文の持つ意味については、北の帰国後の政治活動とも関わるので、第六部に詳しく述べることにして、ここでは大正八年に書かれた『改造法案』の緒言を引用しておこう。

「今や大日本帝国は内憂外患並び到らんとする有史未曾有の国難に臨めり。国民の大多数は生活の不安に襲はれて一に欧州諸国破壊の跡を学ばんとし、政権軍権財権を私せる者は只龍袖に陰れて惶々其不義を維持せんとす。而して外英米独露悉く信を傷けさるものなく、日露戦争を以て漸く保全を与へたる隣邦支那すら酬ゆるに却て排侮を以てす。……日本国民は須らく国家存立の大義と国民平等の人権とに深甚なる理解を把握し、内外思想の清濁を判別採捨するに一点の過誤なかるべし」(二巻、二一九頁、本部では、以下二巻に関しては頁数のみ記す)。

当時、日本は、欧米諸国からも、また、日露戦争によってその「独立を守ろうとした」中国にさえも蔑視されていたが、その責任は、天皇の周りに群がっている政権、軍権、財権を私利私欲のために利用した者たちにあり、これらの者を打倒し、「国家存立の大義」と「国民平等の人権」の思想を把握して、国家を立て直さねばならないというわけである。もっとも、「内憂外患」という言葉を用いて、国民生活の不安についても、一応は、触れられてはいるが、どちらかというと、その力点は「外憂」に置かれていることを読み取ることができよう。その中で、北にもっとも深刻な影響を与えたのが、中国における排日運動であった。

「自分は閑かなる書斎の代りに、この全世界から起り全支那に渦巻く排日運動の閧の声の中に身を縛られて居た」（「告ぐ」、三五八頁）と、執筆時の状況を、回想しているが、この排日運動への反省として『改造法案』が書かれたのだ。また、『法案』そのものにおいても、「米支両国の排日に省悟一番して日露戦争の天道宣布に帰るとき、日本は排日の実に天寵限りなきを見るべし」（巻八、二七六頁）と述べて、日露戦争以降の対中政策をはじめとする外交政策の誤りを反省し、日露戦争当時の姿を取り戻すべきだと言っている。

北にとって、日露戦争当時の日本は東洋における革命の星だった。その精神によって中国を覚醒し、辛亥革命を鼓舞するものだったのだ。

「実に、革命の支那は其の覚醒に於て恰も日本の其れに国学の復興ありしが如く、固より其れ自身の国粋文学に依る東洋精神の復活に在り。而も其の復活を促進し鞭撻し東洋魂の溌剌たる光輝を示しつつ鼓舞したる者は日本及び日本の思想なりとす。強露を破つて旭日沖天の勢ある日本を仰望したる彼らは……奴隷時代の仏蘭西人が大憲章の自由を有する対岸の英国を眺る如くなりき」（『外史』、一五頁）。

『国体論及び純正社会主義』において、明治維新を「実在の人格である国家」の法律上の回復として位置づけ、明治国家は法律的にはすでに社会主義であると捉えたことは、すでに述べた。北はこの自己の理論にしたがい、中国における「実在の人格である国家」の復権を鼓舞、援助するために海を渡ったのである。いわば、彼自身が革命の輸出だった。

ところが、辛亥革命以降、日本は中国革命を援助するどころか、日英同盟、日露協約と帝国主義列強と共同歩調をとり革命の発展を阻んだ。さらに、第一次大戦を契機として、対華二十一カ条の要求（大正四年）、軍閥（段祺瑞、馮国璋）を買収するための西原借款（大正六年）、山東半島植民地化の決定（パリ講和会議、大正八年）などと、列強との共同歩調さえはみ出し、最も凶悪な侵略者となってしまっていた。だが、中国の革命勢力は、進撃を続け、日本が買収した段祺瑞を打倒し、反日の五・四運動へと踏み出して行った。

「日本に国を売る者であるとして彼（段祺瑞）が落されたならば、国を買つた日本を侵略者となし、漸く死を免かれたる戦場からの喚声を挙げて日本の万悪を数ふる時、尋常一様なる排日運動に終らざるは言ふまでもない」（「告ぐ」、三五七－八頁）。

こうした中で、北が、考えたのは、もう一度、明治へ、日露戦争当時の「旭日沖天」の日本へと戻すことだ。しかし、ただ、明治へと帰すだけではだめなのだ。明治体制の中に含まれていた反動的要素の一掃がともなわない限り、日本は同じ道を歩いてしまう。そのためには、どうしても、現実の「明治」ではなく、『国体論及び純正社会主義』の中において彼が理念化した明治の在り方を現実化することが必要となる。これが、日本に帰り、自分が革命に当たろうとした北の内面であり、『改造法案』の目標だった。

つまり、「実在の人格である国家」を復活させることである。そのためには、明治国家のように、その法理的規定が不十分であってはならない。そうした視点から、まず、問題となるのが、天皇の法的規定（天皇機関説）の明確化であり、普通選挙権の確立など国民の政治的な国政への参加（民主主義）である。これが、『改造法案』における政治制度の革命とも呼んで差支えない側面を構成する。

だが、その政治制度の革命によってのみでは、すでに、大資本や大地主が大きな権力を有し、政党を左右している中にあって、「実在の人格である国家」は揺るぎないものにはならない。かつての明治国家の理念が踏みにじられたように、帝国主義的なものへと変身してしまうかもしれない。そこで、大資本の資本制限や大地主の土地所有の制限が問題となってくる。これが『改造法案』に含まれる社会改革的な側面である。

このように、全てが、「実在の人格である国家」の事実上の確立へと向けられるわけであるが、ここで、想い起して欲しいのは、第一部で詳説した北の革命概念である。北にとって社会革命とは、土地の武力による占有が打破され、「実在の人格である国家」が確立されたか否かということにのみ置かれており、その後の革命、つまり、社会主義をもたらす「革命」は、社会革命の問題としては考えられてはいないということだ。それ故、私は、「実在の人格である国家」の法律的明確化を扱う諸問題を政治的革命として記述し、それを円滑に進めるための事実上の改革を革命ではなく、社会改革として取り扱うことにした。

これが、本部第一章、二章で扱われている内容である内政改革の問題である。その上に立って第三章、四章においては、その対外政策を問題とすることにした。したがって、『改造法案』は、日本の中国をめぐる外交政策に絶望した北が、その日本の政策を正すために書いたものであるから、内政の改革は外政を前提とし、逆に、来るべき外政の問題は内政の改革を前提しているということである。

こうした前置きをした上で、政治制度の革命の問題に入ろう。中心になるのは天皇制の問題である。

第一章　政治革命としてのクーデター

第一節　天皇機関説とその徹底化

普通、綱領（マニフェスト）というものは、現に政権を握っている権力の分析を行い、それの打倒を掲げるとともに、その後の党の政策を示すものであるが、北の『改造法案』ではいきなり、「革命」政権による国家改造計画が記されている。その意味で現代の各党の「マニフェスト」と類似した外観を呈しているが、これを理解するためには、まず、北にとって打倒すべき権力とは何だったのか考える必要がある。「事実上の国家」を、その国家の理念（「法理学上の国家」）とは全く別の方向に、引きずっていった張本人こそ打倒すべき権力だからである。

戦前の日本共産党は、打倒すべき国家権力を、天皇を中心とする「地主－貴族」と独占資本家のブロックによる権力であると定義し、革命の目的をその権力の打倒に置いていたことは良く知られている。北も、また、これと同様に、地主と独占資本家のブロックとしての天皇制権力を打倒の対象とし、政治的民主主義の徹底化を目指したのである。つまり、天皇機関説を更に明確化し、独占資本家や地主たちの国家を民主主義的な勢力が主体となるものへと改造することにあった。しかしながら、彼の「国家改造」論は、明治国家を破壊しそれとは別な民主国家を創り出すものではなく、明治国家の理念を継承しつつ「事実上の国家」を改革することであった。

まずは、天皇に対する北の立場である。もちろん、天皇を現人神として神格化する天皇主義者たちの議論と異なるのは言うまでもないが、『改造法案』の政治改革を扱っている巻一「国民の天皇」から具体的に検討してみよう。はじめに置かれているのが、戒厳令である。

「憲法停止――天皇は全日本国民と共に国家改造の根基を定めんが為めに天皇大権の発動によりて三年間憲法を停止し両院を解散し全国に戒厳令を布く」（二二一頁）。

この文言は実に不思議である。というのは、この一文の主語がはっきりしないからだ。確かに、形式的には、天皇が両院を解散するのだし、戒厳令を布告することになっているが、天皇が本当の主語であるならば、「朕は、戒厳令を布く」とならなければならないはずである。だから、まず、これが誰によって書かれたものであるか、この一文の現実の主語は何かを理解することが必要となる。実際に書いたのは国民の一人である北であることは間違いないし、また、この文の現実の主語はクーデターを行うものたちということになる。もし、そうだとすると、この文は、「天皇をして戒厳令を布かしむ」でなければおかしい。

だが、そう書いたとすると、クーデターの時点およびそれ以後の実際の権力主体は、天皇ではなく、クーデターを行った「国民の団集」だということになってしまう。「国民の団集」は天皇に命令できる、天皇の上位者ということになる。だが、それは次の一文と矛盾をきたすことになるだろう。

「天皇の原義――天皇は国民の総代表たり、国家の根柱たるの原理主義を明かにす。此の理義を明かにせんか為に神武国祖の創業明治大帝の革命に則りて宮中の一新を図り、現時の枢密院顧問官其他の官吏を罷免し、以て天皇を補佐し得へき器を広く天下に求む」（二二二頁）。

天皇が国民総代表であり、国家の根柱であるならば、それに命令を下す存在とは何なのか、クーデターを行う主体やこの文の起草者は、天皇以上の存在でなければならない。こうした矛盾をどう読み解くべきなのだろうか。(註)

(註) 明治憲法に於いても、「天皇は神聖にして侵すべからず」「天皇は陸海軍を統帥す」など天皇を主語とした条文は数多く存在するが、明治憲法は欽定憲法であるから、「朕……臣民に対し此不磨の大典を宣布す」という勅語が付けられている。これによって真の主語が明らかであるが、『改造法案』はそれとは違う。

少し、神秘主義的に考えれば、天皇が現人神であるならば、天皇に命ずる主体は天皇より上位者である神そのものを想定しなければならないこととなってくる。その上位者が、北をしてこの一文を書かせていると理解し、「神である私は、天皇をして戒厳令を布かしむ」と解すれば矛盾なく読めることになるが、天皇を現人神とは考えない北一輝の解釈に、こうした神を持ち込むわけにはいかない。

ここで、われわれは、『純正社会主義』における、「実在の人格である国家」へと戻らなければならない。神の代わりにこの「実在の人格である国家」を、つまり、「明治維新で生まれた国家」の「理念」を置いてみればよい。『改造法案』を北に書かせているのは、「明治国家の理念」、いや、北がそうであると信じている明治国家の理念なのだ。この明治国家の理念が主語であるから、次のようなクーデターを正当化する文章もまた成立する。

「日本の改造に於ては必ず国民の団集と元首との合体による権力発動たらさるへからす」(二二一-二頁)。

明治国家の理念は天皇のみならず、国民の団集にもこのように命令しているわけである。天皇と国民(北は国民の団集のことを社会意思の顕現と言い換えているので、ここでは国民として記した）の双方に命令を下すことによって、日本の政体が「平等の多数者と一人の特権者」によって組織されていることを明らかにしているのだ。これは、天皇機関説そのものである。

しかしながら、先に引用した天皇の規定に関して問題がないわけではない。「神武国祖の創業」なるものが、「明治大帝の革命」と並んで示されている点だ。『国体論及び純正社会主義』（以下、『国体論』とのみ略記する）は、「吾人は文字無き一千年間の原始的生活時代は政治史より除外すべきを主張するものなり」と述べて、記紀以前の神話の世界を歴史とは見なさないと宣言している。この指摘をみれば「神武国祖」は、『国体論』と矛盾することとなろう。だが、面白いことに、北は、これに対する註を直ちに付して、『国体論』で述べていた「日本の国体の三段階の進化」を持ち出している。

「日本の国体は三段の進化をなせるを以て天皇の意義又三段の進化をなせり。第一期は藤原氏より平氏の過渡期に至る専制君主国時代なり。……第二期は源氏より徳川氏に至るまでの貴族国時代なり。……天皇は第一期の意義に代ふるに……羅馬法王として国民的信仰の伝統的中心としての意義を以てしたり。第三期は……維新革命に始れる民主国時代なり。此時よりの天皇は純然たる政治的中心の意義を有し、此国民運動の指揮者たりし以来現代民主国の総代表として国家を代表する者なり」（二二二 - 三頁）。

この註を読めば、「神武」なるものは中空に浮かび上がって、日本の歴史上に於いて居場所がない。さらに、もう一箇所、この正体不明の「国祖」が出てくる箇所があるのでそれも引用しておこう。宮中の改革を訴えたところである。

「現時の宮中は中世的弊習を復活したる上に欧州の皇室に残存せる別個の其れ等を加へて実に国祖建国の精神たる平等の国民の上の総司令者を遠ざけること甚し。明治大帝の革命は此の精神を再現して近代化せる者」（二三三頁）。

神武天皇が、「平等の国民の上の総司令者」であったなどという歴史上の証拠などないことは、「日本の国体の三段階の進化」によって明白であるが、それでは、この正体不明の「神武」なる人物を、北はその国家論の中でどのように位置づけようとしているか。このことは、『改造法案』の中で言及されてはいないので、推論によらざるを得ないが、それが「神武」という諡を与えられることになる実在の人物であったか否かは別として、なんらかの人物が存在したと考えることが、北の国家論からすれば推定できる。

というのは、共和平等の原始時代に政治的権力者はいなかったが、膨張した村落の維持と他村落、他部族との抗争のために指導者が必要となり、その指導者が「実在の人格である国家」の所有者に転化したと北の国家論は言っているからである（本書、第一部参照）。この国家論に立脚すれば、神武なる存在は、当初は、「平等の国民の上の総司令者」であったが、その「総司令者」が、瞬く間に、人民もしくは「実在の人格である国家」の所有者に転換するわけである。すなわち、それ以後、「実在の人格である国家」の君主による所有化が始まることになるのだが、その所有化がはじまる時点を捉えて言っているのであろうということになる。そのように解釈すれば、一応は、神武と明治天皇が並列して登場する先の一文も理解可能となる。（註）

（註）こうした「理解」にかなり無理があることは言うまでもない。しかしながら、この無理は北そのものも自覚していた無理であろう。そもそも、北は記紀の世界は歴史とみなさないとしていたのだから、神武を持ち出すこと自体が、自らの歴史観を否定することになってしまうからだ。

客観的にみれば、万世一系論への北の妥協ということになる。

われわれは、『改造法案』におけるクーデターと天皇の関係および神武国祖の問題をとりあげて、『改造法案』と『国体論』の関係を見てきたわけであるが、その中で、結論できることは、明治憲法の中に読み込んだ、「明治国家の理念」に基づいて、北は天皇の位置を定めようとしているということだ。

このことは、次の、天皇家の財産問題の処理ならびに天皇の国家公務員化によってさらに明確となる。

「皇室財産の国家下付——天皇は親ら範を示して皇室所有の土地山林株券等を国家に下付す。皇室費を年額三千万円とし国庫より支出せしむ。但時勢の必要に応じ議会の協賛を経て増額することを得」（二二六頁）。

（なお、この条項には、皇室財産は徳川氏より継承したものであり、中世的財政の制度の産物であるから、天皇の原義とは矛盾するという註が付されている）。

天皇が、国家における「特権ある一人」であり、国家に属する一つの国家機関であるならば、天皇の公務員化が図られるのは当然だとするのがこの規定である。戦前の天皇は徳川家の土地その他を受け継ぎ、日本における最大の地主となっていたが、『改造法案』は、このように天皇家の所有する土地や株券を国家が没収し（もっとも、「没収」とは言わずに、天皇が自発的に国家に「下付」するとあるが）、その見返りとして国家から年額三千万の給付を受けると明記されている。

もちろん、この年額三〇〇〇万という数字は巨額である。当時の国家予算の総額が一〇億円前後であり、その内、皇室予算として計上されていた額が、従来、四五〇万円であったことから考えると、皇室費は六倍以上に跳ね上がる勘定になる。だが、ここで重要なのはその額ではない。天皇が明確に国家より俸給をもらう国家機関（公務員）として規定されていることだ。

以上、『改造法案』の天皇の規定を見てきたが、先の「緒言」の言葉を用いれば、この規定が、重臣、貴族、財閥が隠れる「龍袖」の浄化を図るための根本であることは言うまでもない。しかし、天皇そのものをクーデターによって国家の機関である「民主主義の首領（国民の天皇）」（第三部参照）になし得たとしても、旧来の支配体制が温存されていたのでは、天皇制権力そのものは打倒できない。次に、問題となるのは、天皇の藩屛である枢密院、貴族院（華族制度）などの重臣たちである。

「華族制廃止――華族制を廃止し天皇と国民とを阻隔し来れる藩屛を撤去して明治維新の精神を明にす。貴族院を廃止して審議院を置き衆議院の決議を審議せしむ」（二二四頁）。

それでは天皇の顧問団である枢密院はどうだろうか。

「枢密顧問官其他の官吏を罷免し、以て天皇を補佐し得へき器を広く天下に求む。……顧問院議員は天皇に任命せられ其人員を五十名とす。顧問院議員は内閣会議の決議及び議会の不信任決議に対して天皇に辞表を奉呈すべし」（二二二頁）。

ここでは、明治維新が処分しようとした「中世的領土」の所有者たちを伊藤博文が、華族として温存したことが述べられ、それはフランスよりも遅れた国々の制度を直訳、輸入した結果であるという註がつけられている。さらに、貴族院に代えて、各種の勲功者の互選からなる審議院を設けて法案を審議させる（この審議院は衆議院に対して年一回の拒否権をもつ）、天皇の顧問団である旧来の枢密院は解散させられ、その人材は天下に広く求めるなど、体制の民主的改革が謳われている。

ところで、こうした改革を天皇の側から見たらどうであろう。重臣、貴族たちは天皇との結びつきを絶たれ、それらの守護神であった天皇は、財産を没収され、その顧問団を奪われ、藩屛組織を解体され、丸裸にさせられるわけである。こうした体制を天皇は「はい、そうですか」と、受けいれるわけがないことは自明である。だが北の明治憲法体制の「理念」にとっては、天皇は民主主義の指導者だから天皇であり得るのだという論理が貫かれていることになる。

第二節　クーデターと近代国家

ここで、ちょっと、わき道に逸れるが、北が採用している「クーデター」という革命のための手段に触れておこう。この改造法案は公然とクーデターを標榜しているのが大きな特徴をなしているが、そのクーデターはどのように位置づけられているのか。多くの北の研究家は、若いころの北は社会民主主義者であり、議会を通しての社会主義を考えていたのに、『改造法案』では転向してしまったという。その証拠の一つにクーデターが挙げられる。はたしてそうなのか。

『改造法案』はクーデターという手段を用いることについて二つの註を付している。

「クーデターを保守専制の為めの権力濫用と速断する者は歴史を無視する者なり。奈翁が保守的分子と妥協せざ

り し純革命的時代に於てしたるクーデターは議会と新聞の大多数が王朝政治を復活せんとする分子に満ちたるを以て革命遂行の唯一道程として行ひたる者。又現時露国革命に於てレニンが機関銃を向けて妨害的勢力の充満する議会を解散したる事例に見るもクーデターを保守的権力者の所為と考ふるは甚たしき俗見なり」(二二一頁)。「クーデターは国家権力則ち社会意志の直接的発動と見るへし。其進歩的なる者に就きて見るも国民の団集其者に現はるることあり。奈翁レニンの如き政権者によりて現はるることあり。日本の改造に於ては必ず国民の団集と元首との合体による権力発動たらさるへからす」(二二一―二二頁)。

この二つのクーデターのコメントを読むに当たっては、『国体論及び純正社会主義』における「実在の人格である国家」を想起することが必要となる。繰り返すが、他の諸国の近代革命がそうであったように、近代革命とは、君主の所有物であった潜在的な「国家という実在の人格」が自己を取り戻す革命である。したがって、近代革命は権力問題であり、暴力を伴わざるを得ない社会的革命となった。そのため、その革命はさまざまな紆余曲折を繰り返すことになる。その社会そのものの革命の中にクーデターという政治革命も位置を与えられるというわけだ。

したがって、ここでいうクーデターは、明治維新によって始められた「民主革命」という社会革命の継続の中で行われる「政治革命」ということになる。それだからこそ、北は、「クーデターを保守専制の為めの権力濫用と速断する者は歴史を無視する者なり」と述べ、さらに、「其進歩的なる者に就きて見るも国民の団集其者に現はるることあり」として、自ら行おうとするクーデターをナポレオン、レーニンを引き合いに出して正当化するのである。

ここで注意しなければならないのはレーニンである。われわれはロシア革命を社会主義革命だと考えてしまうが、北にあっては、後に述べるように、ロシア革命も近代革命と位置づけられている。だから、彼のこうしたクーデター論から北が社会主義革命をクーデターで行おうとしたなどと考えてはならない。あくまでも、明治維新でその端緒が開かれた民主主義的な社会革命の継続であるクーデターなのであり、その中心に「天皇機関説」の貫徹が据えられているのである。

だが、どうして、「民主主義革命」が成し遂げられて後に、クーデターによる補足的政治革命が必要になるのだろうか、議会による革命ではなぜ駄目なのか。レーニンの場合も、ナポレオンの場合も、革命の進行にもかかわらず、反動的勢力の息の根は完全には止められず、その勢力は議会の中にも、軍事勢力の中にもはびこっており、それを一掃する必要があったということなのだろう。北は、これと同じことが、日本でも起きていると考えていたようだ。

中国で日本の帝国主義的な対中政策を、身をもって実感した北は、天皇、重臣、貴族、財閥、軍閥の複合体こそが、日本の民主主義革命ならびに中国革命の進展に立ちはだかる反動勢力であり、これの打倒を目指したのだ。だが、その打倒のための闘争が、なぜ、クーデターによらなければならないと考えたのだろうか。別な道はなかったのか。

普通選挙権の獲得から、衆議院における多数派の形成、議員内閣制の確立といった正統なデモクラシーの道、つまり、議会主義的な方法があったであろうか。坂野潤治は『国体論及び純正社会主義』における普選論を取り上げ、「一九一四年に吉野（作造）が提唱した普通選挙論は、その二六年前の一八八八年に中江兆民が『国会論』の中で明確に主張し、八年前の一九〇六年に北一輝が『国体論及び純正社会主義』の中で、中核的な議論にしたものである」（『明治デモクラシー』、二一三頁）と述べている。したがって吉野らの民本主義に北も合流する思想的な可能性がなかったわけではない。

しかし、中国革命の進展を妨げるものとしての日本帝国主義の存在を取り除き、それを中国の革命勢力との積極的な協調関係に切り替える為には議会主義では無理だと北は考えていたようだ。そう考えたのにはいくつかの理由が存在する。

まず、時間の問題だ。たしかに、日露戦争から『改造法案』執筆に至る、明治末期から大正に至るまでの日本は、「憲政擁護運動」から「大正デモクラシー運動」へと進む大衆運動が普通選挙制の実施を射程に入れて、それなりに盛り上がった時期であった。だが、その運動は山縣有朋系の陸軍閥－官僚閥や、元老たちや貴族院の前で挫折や妥協を余儀なくされ続けていた。だから、そうした運動が維新の理想を実現できるとしても、かなりの時間を要すると北の目には映っていたことは間違いない。また、たとえ、普選が実施されたとしても、その普選の結果が、貴族院をはじめとし、軍閥、財閥、官僚閥や地主たちの手によって捻じ曲げられ、従来の外交、国内政策が続けられるとも考えたのであろう。

さらにもう一つ決定的な理由がある。北の中国路線が、日本発のさまざまな人々の中国政策とは根本的なところで、大きく相違していたということである。民政党や吉野作造などの大正デモクラシー的な平和と民主主義路線は、日本が欧米列強と同一歩調をとることを望むものであったから、(註)欧米との平和的協調は達成できるかもしれないが、列強の大陸分割路線からは離れることができない（そうかといって、アジア主義者のような日本単独の武力侵略路線にも、もちろん、彼は、与することができない）。

（註）吉野は「支那は絶へず進歩して居るけれども、其進歩の速度たるや緩漫である」と述べ、「して見ると最も直接重大の関係を有する我が日本としては、已むを得ず列国と同様に、支那に於て専属的排他的の勢力範囲を得ることに努力せねばならぬ」と言っている（『日支交渉論』、二二七頁、二四一頁）。

北の考えるところは、英露を中心とする植民地化－分割政策から、中国を守り、独立を目指す革命勢力を援助することにある。そのためには、イギリス・ロシアとの軍事的対決も辞さない日本を作ることであり、これが、明治日本の理念なのだ。つまり、一言で言えば、国民の意志に基づいた革命戦争をはじめることなのだ。これは、議会主義的なデモクラシー運動によっては達成できない。

それでは、クーデター（政治革命）ではなく、社会革命はどうだろうか。北はブルジョア革命としての民主主義革命は、基本的には明治維新において達成されたと見ている。だから、それを完成させるために大衆運動が暴動化し、内戦状態に陥るようなことは必要ないと考えていたし、また、そのような事態になれば東アジアにおける日本のプレゼンスは減少し、中国革命に対する支援どころではなくなる。さらに、社会主義は民主主義の徹底化の後に投票によって行われると考えていたのだから、社会革命は課題とはなり得ない。クーデター以外の方法が見当らなかったのである。

だからこそ、普選論の先駆の一人であり、民主主義者であったはずの北が、弁解するかのようにクーデターには進歩的なものがあると述べて、クーデターを合理化しているのだ。

ところで、こうしたクーデターによって、天皇の地位の明確な機関化、貴族、重臣の排除に成功したとしても、次なる課題、すなわち、二五歳以上の男子による普通選挙制度によって、本当の意味での「純化した」明治国家、すなわち、侵略と経済的掠奪を行わないばかりか、他国の革命運動を支援できる民主国家が生み出されるのかということが問題となる。イギリス、アメリカやフランスのような、金権によって支配された帝国主義国家では意味がない。金権によって支配された、ブルジョアジーと地主との国家であれば、独占資本と大地主の連合が政党を支配し、官僚を傘下に収め、軍部を動かし、帝国主義的な侵略を始めるに違いない。だから、財閥ならびに大地主の持っている権力を制限することが重要になってくる。

したがって、「実在の人格である国家」は法理学的意味での社会主義ばかりではなく、実質的な意味での、社会主義的な「方策」も課題とせざるをえなくなってくる。こうして、次に述べるような、地主、資本の制限政策が浮かび上がることになるのだが、その本質は、基本的には政治改革の、つまり、明治維新の理念の復活の延長にあると考えるべきだろう。

第二章　合理化せられたる社会主義

第一節　社会改革としての『改造法案』

私が『改造法案』を上海発の日本改造計画と名づけるのは、前章で記したような事情からである。まとめて言えば、中国革命に対する日本の反動的対応↓明治の理念の復活↓大資本、大土地所有の制限↓社会改革という回路で北の思考は回転していたということだ。

『改造法案』には、私有財産（個人資産）は三〇〇万円、土地私有は時価三万円、私人生産業の限度は資本金一〇〇〇万円までというそれぞれの所有の限度が設けられている。だが、これを社会主義の萌芽と見るわけにはいかない。なぜなら、一方で、「人の経済的活動の動機の一が私欲にあり」「国民自由の人権は生産的活動の自由に於て表はれたる者につきて特に保護助長すへき者なり」（二三七頁）とも述べているからだ。

ここで、戦後の『改造法案』批判の急先鋒である田中惣五郎の一文を見てみよう。田中は、資本一千万を超える企業を国有化するという点を捉えて次のように言う。

「一千万円以上の資本をゆるさぬとしたら、大部分の資本は国家にぞくし、従って大部分の労働者も国家にぞくするであろう。それはあたかもファシズム戦争下に実現した労働者のそれのごとく、組合は解散され、生活はきりつめられ、しかも過重労働がつみかさねられて行くであろう」(『北一輝』、二六一頁、傍点筆者)。

つまり、田中の見解は、『改造法案』が目指す世界とは一種の国家資本主義体制であり、ファシズムであるということとなる。

一方、滝村隆一も、田中と同じく、北の設けた「制限」一〇〇〇万を問題にしている。北一輝の時代の一〇〇〇万は、一九七三年時点での一〇〇億円(今日では五〇〇億円ぐらいか)に相当すると推定し、そうした推定の上で、一〇〇〇万円未満の資本でも、到底、「小資本」などと呼べない大資本であるから、国有化ははほんの一部にすぎないという(『北一輝』、一〇〇頁参照)。

「大部分の資本が国家にぞくする」という田中と「国有化はほんの一部に過ぎない」とする滝村と見解はこのように分かれるわけだが、両者とも『改造法案』は、「国家資本」の創出と残余の「大資本」の保護を狙った「国家統制」であるという点では一致する。北はファシストであるという前提から無理に導かれた結論であろう。

重要なのは、両者とも『改造法案』の目的がなんであるかを全く考えていないことである。もし、これが中国革命のために書かれたものだと少しでも了解していたならば、こうした見当はずれの批判はしなかった筈である。私有財産の制限にせよ、大資本の制限にせよ、それぞれ、三〇〇万、一〇〇〇万という限度を、北は設けてはいるが、これらの数字の根拠は何も明かされていない。あくまでも恣意的な数字にすぎないのだ。

重要なのは、そこに政治制度の改革を目的とすれば、資本や財産の制限もしなければならないが、他方では、そうした社会改革と個人的自由とを両立させたいという北の思想の表現が含まれているということである。

したがって、われわれは、こうした二つの視点から、『改造法案』における私有財産、資本の制限、そして大土地所有の制限を問題とすることにしよう。まずは、個人財産の制限と大資本の制限である。

「限度を設けて三百万円以下の私有財産を認むるは一切の其れを許さざらんことを終局の目的とする諸種の社会革命説と社会及人性の理解を根本より異にするを以てなり。個人の自由なる活動又は享楽は之れを其私有財産に求めさるへからす。貧富を無視したる画一的平等を考ふることは誠に社会万能説に出発するもの……。人は物質的享楽又は物資的活動其者に就きて画一的なる能はされはなり」（二二八頁）。

「限度を設けて私人生産業を認むる所以は……①人の経済的活動の動機の一が私欲にあり……。②新たなる試が……個人の創造的活動に依る……。③如何に発達するも公共的生産が国民生活の全部を覆ふ能はずして現実的将来は依然として小資本による私人経済が大部分を占むる……。④国民自由の人権は生産的活動の自由に於て表はれ……保護助長すへき者……。数ふるに尽きざる是等の理由は社会主義が其の建設的理論に於て未だ全く世の首肯を得さる欠陥を示す者なり」（二三七頁、引用文中の①、②等は筆者による）。

これが、『改造法案』における私有財産と資本の制限を記した箇所であるが、注目しなければならないのは、社会主義思想と根拠を異にするとされ、「個人の自由なる活動又は享楽は之れを其私有財産に求めさるへからす」「人の経済活動の動機の一が私欲にあり」「個人の創造的活動に依る」と堂々と資本主義経済を公認していることにある。したがって、ここで、われわれが、はっきりと確認して置かねばならないのは、北が『改造法案』で目指している社会とは社会主義社会ではなく、私有財産制に基づく自由主義的な経済制度が基本だということである。このことを見誤って、北が、「社会主義的」な制度を作ろうとしていると考えると田中や滝村のような過ちを犯すことになる。

だが、北が、社会主義ではなく、資本主義、自由主義を積極的に公認しているのだとすると、一見、社会主義と見まがうばかりの、資本や個人財産や後に見るような土地所有制限は一体何のためにあるのだろうか、という疑問が生まれる。

私は、この『改造法案』が、国内の諸矛盾を解決すべく起草されたものではなく、上海発の日本改造計画であることを指摘しておいた。その目的は、緊急な課題となっている中国革命に対して、その反革命に手を貸さないのはもちろん、中国の独立と近代化を援助できる国家に日本を改造することであったことを強調してきた。そのために、北は、ブルジョア的「政治革命」の手段の一つであるクーデターを選んだのである。そうであるならば、『改造法案』に記されているさまざまな制限の本質も、そのことと密接な繋がりを持つものとして、考察されなければならない。

言うまでもなく、こうした視点に立つならば、日露戦争以降の日本の中国政策は、第四部で明らかにしたように、主として、当初はイギリス帝国主義に追随した中国分割政策であったということができる。ところが、それが第一次大戦前後から変化し始めていた。重化学工業化しつつあった日本の独占企業の圧力もあって、他の列強を無視した日本独自の侵略政策へと転換し始めたのである。二十一カ条の対華要求が典型で、それを担ったのは、大資本、政党、軍部といった天皇制権力であったことは言うまでもない。

それ故、天皇のあり方（天皇機関説）や政治制度（普通選挙）だけを民主化できたとしても、独占企業の増大する要求を統制しなければ、財閥が政党を買収し、さらには官僚、軍部と結託して、侵略政策を行うことは阻止できない。だから、北にとっての問題は、それらの資本の力を、列強との協調的な中国分割政策の方向にも、また、日本独自の中国侵略－植民地政策でもなく、中国の革命勢力を援助する方向に向けることが緊要であったのだ。

私企業を資本金一〇〇〇万円以下に制限し、それ以上の大企業を国営化するという計画はこうした意図から出てきた。大資本を完全に国家資本に切り替えることによって、中国をはじめとするアジア諸国の独立を援助する資本へとその資本力を転化させようというわけである。

このことは、その国営化された事業の経営を旧来の経営者に任せるという原則の中から窺える。つまり、旧来の経営者を国家公務員化して統制しようとするのだ。大資本家の個人資産制限超過分は国家に没収されてしまい、その企業は国有化されてしまうわけであるから、大資本家たちは利潤追求を目的とはできなくなり、国家のために、国家の方針によって動くようになると考えたのだ。このように旧資本家たちを改造できると考えた理由として、北は「人は利己心と共に公共心を持つ」ということを挙げている。こうした哲学を根拠に、人間の利己心の中には名誉心などが含まれているのだから、「其の人に経営せしむる手腕発揮の自己満足」によって、ことはスムーズに進むと記している。

すなわち、大企業の経営者たちを国家に飲みこむことによって、大企業が政党や軍閥と結合して侵略政策を進めることを阻めるばかりか、その経営者が、「明治の理念」にしたがい、中国をはじめとするアジアの民族独立闘争の支援部隊へと転化することが可能になると考えたのだ（もちろん、このことは別な見方からすれば、後進帝国主義国日本の国家主義的な戦争体制であると言えるだろう）。

われわれは、以上において、個人財産の制限と大資本の国家経営化の意味を見てきたが、それは、明治国家の理念を復活し、新たな対外政策の展開への準備の一環であると結論できる。それでは、次に、土地の所有制限を見てみよう。

「時価三万円として小地主と小作人との存立を認むる点は一切の地主を廃止せんと主張する社会主義思想と根拠を異にす。……凡てに平等ならさる個々人は其経済的能力享楽及経済的運命に於ても画一ならさるか故に小地主と小作人の存在することは神意ともいふへく、且社会の存立及発達の為めに必然的に経由しつつある過程なり」（二三二頁）。

土地問題においても、『改造法案』の改革は、右に見るように、資本の制限と同様に不徹底であるばかりか、社会主義的なものとは言えない。戦後の農地改革が、不在地主と小作制度の廃絶へ向かったことを知っているわれわれから見ると、これで改革と言えるのかと疑わざるを得ないがことはそれのみに止まらない。土地の地主への集中を「神意」とさえしているのだ。スミスのいう「神の見えざる手」を「神意」という言葉に言い換え、自由主義の容認を公然と宣言している。

そこで問題となるのは、なぜ、一方において小作人の存在を「神意」として認めつつも、その所有の上限を時価三万円として制限するのかという点に絞られてくる。

「日本現時の大地主は其経済的諸侯たる形に於て中世貴族の土地を所有せるに似たるも所有権に於て全く近代的の者なり。中世の所有権思想は其所有が奪取なると否とを問はず強者の権利の上に立てる者なりき。維新革命は所有権の思想が強力による占有に非すして労働に基く所有に一変する……者。此の私有地限度超過を徴収することは近代的所有権思想の変更に非ず。単に国家の統一と国民大多数の自由の為に少数者の所有権を制限する者に過きず」（二三三頁）。

『改造法案』は、先に引用したように、封建社会と近代社会の土地所有の差を、暴力による所有と労働による所有の差として見ている。その上で、明治以降の大地主の存在を、個人的労働による「私的利害」追求の結果だとして大土地所有を容認している。だが、なぜ、時価三万円以上なのかという根拠も全く説明されていない。持ち出してくるのは「国家の統一と国民大多数の自由の為」という漠然とした理由だけである。

北がその制限の理由に漠然としたものしか提示できなかったのは、繰り返すが、『改造法案』はあくまでも上海発なのであって、権藤成卿や橘孝三郎、さらには二・二六事件の青年将校たちのような日本の農村の現状から出発したものではないからである。彼らの場合ならば、農村の窮状や社稷の崩壊をどう救済するかという問題から出発するのだから、北より明確な農村改革のプランがあった。ところが、すでに指摘したように、北にとっては、問題は中国なのである。そのための政治改革の一環として、この土地所有制限も打ち出されていると考えねばならない。

つまり、普通選挙が実施されたとしても、農村から出てくる議員たちが、政友会や民政党のような思想の持ち主では困る。そのためには、農村に影響力を持つ地主層の勢力を押さえなければならないのだ。

ちなみに、当時の制限選挙の下では、一九一九年の選挙法の改正によって、選挙権が直接国税一〇円以上の納入者から、三円以上へと広げられたとはいえ、大多数の議員の選挙基盤は農村の地主たちであった（有権者三〇〇万人）。これが、普選になれば、有権者が一〇〇〇万を超えることになるが、地方の大地主たちの影響力が残る限り、政党の革命的な変化は望めない（事実、一九二八年の第一回総選挙、一九三〇年の第二回総選挙では、無産政党の支持率は全体の二パーセント前後に止まり、政友会、民政党の二大政党が圧倒的であった）。したがって、『改造法案』に要求されているのは、自由主義の原則は変化させず、なおかつ、既成政党の基盤である農村をどう変えていくかにあったと考えられるだろう。

このことは、こうした大土地の制限に加え、先の私有財産や大資本の制限を実際に行う機関、すなわち、この制限限度超過者の調査、摘発、徴収を行う機関を、官僚ではなく、在郷軍人団に任せようとしている構想のなかにも窺うことができる。

「在郷軍人団は在郷軍人の平等普通の互選による在郷軍人会議を開きて此の調査徴収に当る常設機関となす」「在郷軍人は嘗て兵役に服したる点に於て……国民の完全なる中堅たり得べし。且其大多数は農民と労働者なるが故に同時に国家の健全なる労働階級なり。而して……改造の断行に於て露独に見る如き騒乱なく真に日本のみ専らにすへき天佑なり」（二三〇頁）。

このように『改造法案』では、在郷軍人団を大資本家ならびに大地主に対する財産没収のためのソヴィエトやレーテに匹敵する機関として位置づけている。だが、実際に、北の頭の中にあったのは、それらのロシアやドイツの組織のことではなく、辛亥革命の後の国民捐《えん》運動であったと推定するほうが正鵠を射ているような気がする。というのは、この国民捐運動とは、辛亥革命後の新国家建設のために、農民を動かして、その資金を大地主や代官階級から徴収しようとしたもので、その方法が、『改造法案』における在郷軍人団の用い方と酷似しているからである。

黄興らが試みたこの国民捐運動は、貧農によって担われ、代官や地主からの金品の徴収は過激化し、強奪するなどのアナーキーな様相を呈したため、黄興はあわてて中止せざるを得なかった。この時は、北は「革命とはそういうものだ」と言って、これを中止した黄興を批判している。だが、中国の国民捐運動は、暴力的に遂行されるべき近代的社会革命の一環であるからその推進を唱えたのであるが、『改造法案』では、在郷軍人団という秩序ある組織であることを誇り、「露独に見られる騒乱なき」と言い、それを「日本の天佑」とまで賛美している。

このことは、すでに、日本では明治維新において近代革命は終了しているからという理由で、クーデターに始まる叛乱が、次々と社会的叛乱を呼び起こしアナーキーな様相を呈することを望んではいなかったことを示していよう。彼が望んでいたのは、維新によって呼び起こされた「明治の理念」が、農民を始めとする労働者や市民に浸透することであったのだから、それ以上の混乱は日本の国力の低下につながるとして避けたかったのだ。

（註）第一部第三章において詳論したが、北は日露戦争を戦った兵士たちが、社会主義を実現するための国内における法律戦争の主役となることを期待していたことと、この在郷軍人団の活用とは関連させて考えるべきだろう。

それはそれとして、この大土地所有制限によって、国家が買収した土地は小作農に年賦で払い下げられ、自作農の創設に向かうことが定められているが、どれほどの自作農が生まれるかは不明だ。ただ、いえることは、戦後の農地改革と比べれば、圧倒的に少ないものであることは言うまでもない。

しかしながら、政治的に見ると、大地主の土地所有制限、小作への払い下げ、さらには、それを実施する機関としての在郷軍人団の活躍によって、既成政党の力が抑えられることにはなろう。「資本の制限」によって財閥からの援助が減少し、その選挙基盤がこのような「大地主の制限」によって変質すれば、既成政党が残存したとしても、その内実も変化せざるを得なくなるはずである。このように見ていくと、『改造法案』の経済的改革の動機も、政治改革のためのものであったと結論することができる。

それでは、次に労働者についてはどうなるのであろうか。まず、うたわれるのは「自由契約」の原則であるが、その原則に対して、以下のような、ある意味では、意味不明としか言いようのない註が付されている。

「現今に於ては資本制度の圧迫の下に労働者は自由契約の名の下に全然自由を拘束せられたる賃銀契約をなしつゝあるも改造後の労働者は真個其の自由を保持して些〻の損傷となかるべきは論なし」（二四五頁）。

これでは、当時の日本資本主義においては、労働契約が自由になされず、暴力的、強制的に行われたと言いたいのか、それとも、労働力の売買という資本主義的契約は「真個」の労働契約ではなく、それとは異なる契約がありえると言っているのか、意味不明としか言いようがない。しかしながら、労働時間については「労働時間は一律に八時間制とし日曜祭日を休業して賃銀を支払ふべし」と規定し、さらに、労働者は企業の「純益の二分の一を配当せらるべし」「労働者は其の代表を選びて事業の経営計画及び収支決算に干与す」（二四五頁）という規定を行っている点を見ると、残業による搾取の廃絶や経営参加、さらには純益の労働者への配分を認めようとしているのだから、この点において従来の労働契約とは異なると言っているようだ。労働力が商品であることには変わりがないが、多少とも、経営参加によって意志を有することができるようになると言いたいのだろう。

だが、経営に参画できるのは民間の企業の場合であるが、国営企業の場合、経営参加は認められず、「衆議院を通して国民として国家の全生産に発言すべし」（二四六頁）とされる。また、労働時間は民間企業に準じ、利益の配当は半期ごとに行われると規定されている。

このように、労働者の要求を、一定程度、受け入れる姿勢が示されていることは確かであるが、それは、北みずからが認めているように、真の意味での社会主義ではない。言うならば、民主主義の産業部門におけるある程度の普及というべきであり、資本主義的制約の中で明治憲法の理念をいささかでも前進させようとした改良的試みでしかないというべきだろう。

北は、以上のような天皇の地位の国家機関化、貴族制度の廃止、大企業の国有化、私有財産の制限、大土地所有の制限、そして労働者階級の地位の向上という諸点にわたる改革を総称して「合理化せられたる社会主義」（二七三頁）と呼ぶわけであるが、そこに一貫して流れているのは、「明治憲法」の理念の復活なのだ。

第二節　永続化される過渡期の国家

ここで、私が明らかにしたいのは、北が「合理化せられたる社会主義」と呼ぶ『改造法案』の社会主義は、『純正社会主義』の社会主義といかなる関連があるのかということである。つまり、前期と後期の北との間にはいかなる「断絶」が存在するのかということを社会主義論に即して課題としてみようということだ。従来の一般的な見方によれば、前期の北は社会民主主義者であったが、『改造法案』を契機としてファシストないしは国家社会主義者に「転向」したと言われている。そこで、私は、前期と後期を対照させつつ、前期の視点の延長として後期を位置づけてみようと思う。

まずは、北が社会主義の必然性を主張する論理の骨格であるが、その論理そのものは「合理化せられたる社会主義」も『純正社会主義』も大きく変わってはいない。ともに、機械の発明以降においては、「個人的労働によりて個人の所有権が神聖なる時代は歴史に葬られたり。社会的労働の今日、社会のみの所有権が神聖なり」（一巻、二五頁）という思想に基づいているからである。『改造法案』はこのことを再確認している。

「大資本が社会的生産の蓄積なりと云ふことは社会主義の原理にして明白なること説明を要せず」（二三八頁）「機械其者は人類の知識を結晶したる祖先の遺産たり」（二四六頁）。

こうした議論を根拠にして、『改造法案』の「合理化せられたる社会主義」も大資本の国有化を主張するのだから、この原理に関する限りでは、『純正社会主義』をそのまま継承していることになる。だが、そこから導かれていたかつての「一律平等の社会主義」については、「合理化せられたる社会主義」では大きな修正と否定の言辞がならべられている。

「貧富を無視したる画一的平等を考ふることは誠に社会万能説に出発するものにして、或者は此非難に対抗せんか為に個人の名誉的不平等を認むる制度を以てせんと云ふもこは価値なき別問題なり」(二二八頁)。

「自由を忘れて只絶対的平等に立脚したる時代の社会主義的理想家は国民に徴兵制の如く労働強制を課せんと考へしことあり。人生は労働のみによりて生くる者に非ず。……社会主義の原理が実行時代に入れる今日となりては其の空想的糟粕は一切棄却すべし」(二四五頁)。

これらの「貧富を無視して画一的平等」を図るとは、全ての人々の所得を同一にしようとする考え方に基づくものであった。そうすれば、当然、怠けるものや、小時間しか働かないものが出てくるのは予期されるが、その結果、労働を奨励、強制する手段が必要となる。「個人の名誉的不平等を認むる制度」や「国民に徴兵制の如く労働強制を課せん」とするのは、そうした手段であるが、北自身の『純正社会主義』も、また、こうした考え方を根本に置いていた。たとえば、『純正社会主義』において、次のように、語っていたことを想起したい。

「社会主義の徴兵的労働組織は大に公共心の強盛なる活動を待期すると共に、社会の或る進化に達するまでは名誉と地位に対する利己心の競争によりて生産的活動の刺激さるべき奨励的設備を要すと信ずる者なり」(一巻、四六頁)。

つまり、ここで、空想的なつまらないもの、「空想的糟粕」として、批判されているのは『純正社会主義』の北だったということになる。このように、前期と後期は「社会主義の原理」においては変わらないのであるが、建設されるべき社会像において大きな変貌を遂げていることは確認できる。

ところで、変化したのはこの点のみではない。『純正社会主義』は「個人と社会とは同じき者」との視点から、つまり、全ての人間には「利己心」とともに「公共心」が存在するという前提から出発し、啓蒙による社会主義的意識の注入をもって社会主義の建設に向かおうとしていた。ところが、この点においても修正が試みられている。諸個人は利己心とともに公共心を持つという視点こそ変わりはないものの、啓蒙（＝外部注入）という方法は影を薄め、それに代わって、それぞれの個人の自覚化の期待へと重点が移行している。

たとえば、一千万以上の資本金を有する私的企業の国有化に関してである。この『法案』が施行されれば、経営規模がそれに達しそうな経営者は、「いずれ国有化されてしまうのだから」と考えて、経営努力をしなくなるのではないかという疑問を自ら発し、それに対して次のように二つの答えを出していることに窺うことができる。

「国営たるへき為に起る疑惑は事業家の奮闘心を挫折せしむべしと云ふことなり。是に対して人類は公共的動物なりと云ふ共産主義者の人生観が半面より最も有力に説明し尽したるは人の知る如し」（二三九頁）。

「凡てを事業家の公共的動機に求めずとも其利己的欲望中に含有さるる斯る幾多の動機は……争ひて私人生産業限度を超越せんとする奮闘心を刺激し鞭撻すへし」（同）。

前者の回答は、本来、人間は社会的動物であるのだから、社会主義者がことさらに「啓蒙」しなくても、公共性を発揮してくれるはずであるというものであり、後者の発言も、最終的には前者に帰着するが、人間の利己心の中にさえ公共心が存在することを主張するものである。つまり、それぞれの人間の利己心には、自己満足や他者から認められることに対する功名心も含まれているわけだから、こうした利己心の中に含まれているさまざまな動機によって、経営者が企業努力をしなくなることはあり得ないというのだ。

以上みたように、「社会主義」建設の方法に関していえば、「合理化せられたる社会主義」は「啓蒙」という外部注入路線から、内発的に社会主義へと人々の意識が発展することに期待が置かれているということになる。したがって、この側面から考察する限り、前期に比べて後期がファシズム的になったとか、「国家資本主義的」になったとかとは言えず、むしろ、より、社会民主主義的になったとさえ言える。前期の北は、「個人と社会は同じき者」という原則を社会主義者の原則として立てて、それを他者へ強制（啓蒙と称するが）しようとしていたが、後期にあっては、諸個人の自発性に期待する立場に少しながら移行しつつあったとも言える。（これは中国革命への参加という実践を行ったためなのかもしれない）。

しかしながら、こうした自発性の尊重は、資本主義的生産が個人主義を絶えず生み出している以上、その個人に依拠するということによって、一方では、真の意味での社会主義を遥か彼方に押しやり、北を改良主義の方向へと向かわせるものであったことも確かだ。

ここで、私は、前節でも述べたことであるが、「一律平等」の分配という路線を修正ないしは否定してしまった後期の北、「合理化せられたる社会主義」における労使の問題に目を転じよう。

「企業家は企業的能力を提供し労働者は知能的力役的能力を提供す。労働者の月給又は日給は企業家の年俸と等しく作業中の生活費のみ。一方の提供者には生活費のみを与へて其の提供のために生れたる利益を与へす他方の提供者のみ生活費の外に凡ての利益を占有すべしとは其の不合理にして無知なること殆と下等動物の社会組織と云ふの外なし。労働者が経営計画に参与するの権は此の一方の提供者としてなり」（二四六頁）。

このように、「合理化せられたる社会主義」は、労働者の経営参画権を認めると同時に、利益の二分の一を配分することを定めているのだから、たしかに、労働者階級の地位は、資本主義社会のそれよりも向上はしている。しかしながら、労働者階級はこの「社会主義」においては、未だに、賃労働者であることに変わりはない。資本家階級とは別な階級としてとどまっている。前期の北は、『純正社会主義』において階級の根絶、掃討を口にしていた。再度、その箇所を引用しよう。

「社会主義は階級の掃蕩を計る、資本家階級と労働者階級とを対立せしめて其の上に資本労働の調和と云ふが如き補綴を以てせんとする者とは論拠其者よりして異なることを知らざるべからず」（一巻、三七頁）。

このように述べて、資本と労働の調和を図るという国家社会主義に対して、階級の絶滅（階級の廃絶）を口にしていた。したがって、こうした『純正社会主義』から見れば、「合理化せられたる社会主義」は、階級が「殲滅」されずに残存し、国家が資本と労働の関係を調停しようというものであるから、「国家社会主義」と呼ばれるものに属することとなる。

前期から後期に至るにつれて、北が「転向」したとすれば、以下の点に集約されることになるだろう。列挙してみよう。一、社会主義の原理は維持されているものの、国有化は大資本のみに限られ、一律平等の社会主義のイメージが放棄されたこと　二、「社会と個人が同じき者」という大前提は維持されてはいるものの、個人の自発性に力点が少しながら移行したこと　三、階級の殲滅論が放棄されて——最終的な人類の到達点としてのそれも放棄されてしまったか否かは、当面、カッコに入れて——、とりあえずは、労働者階級と資本家階級の対立を国家が調停するという「国家社会主義」路線を方針として掲げたこと。

ここで、われわれは、前期から後期に至るこの北の転換を、戦術的なものか否かを吟味する段階に入ったようである。戦術的というのは、一律平等なり、階級の殲滅なりといった最終的目標が戦略として堅持され、それに至る過程として「国家社会主義」が掲げられることになったかどうかということである。

そこで、まず、見ておかなければならないのは、一律平等を主張した前期の北も、それに到達する段階として、資本と労働の調停を国家が図るという国家社会主義ないしは「微温的」社会主義の段階があり得るということを示唆していたということである。つまり、そこでは国家社会主義は戦術的、過渡的なものとして位置づけられている。

「而しながら社会主義の理想郷に到達するまで資本家階級に対する階級闘争の一挙にして勝を制する能はざるが為めに、社会進化の跡が国家社会主義の途を経由するの形を現すや否やは自ら別問題なり」(同、六七頁)。

また、全世界の社会主義化、世界革命が不可能である場合についてのことだが、その場合においても、ある一国のみでの「微温的」な社会主義の維持は不可能ではないとも論じている。

「其の微温的なるにせよ一国内に於ける社会主義の或る程度までの実現が必ずしも不能にあらず、……何となれば小資本の分立競争よりも大資本の合同的活動が遥かに有力にして……」(同、五五頁)。

このように「国家社会主義」ないしは「微温的」な社会主義が、国内的な階級闘争ならびに国際的な諸関係の中で捉えられ、「社会主義が一挙に勝を制する」ことができない場合のこととして想定されていた。つまり、前期の北から、後期の北を位置づけるとすると、このように戦術的な段階として『改造法案』の「合理化せられたる社会主義」を考えることができるのだが、困ったことに、前期の北にとっては戦略的目標であるはずの「一律平等」の社会主義は、すでにみたように、「合理化せられたる社会主義」においては、「空想的糟粕」として斥けられてしまっている。

だが、それだからと言って、『純正社会主義』段階の「北の夢」が完全に斥けられたわけではない。大資本の国有化の原理を「社会主義の原理」に求めていることについては先に触れたとおりである。さらに、『改造法案』においては、「数ふるに尽きざる是等の理由は社会主義が其の建設的理論に於て未だ全く世の首肯を得ざる欠陥を示す者なり」（二三七頁、傍点筆者）と述べて否定的に語っているが、いずれの日にか「社会主義の建設的議論」が起きてくると考えているようにも読めなくはない。

つまり、以上のことをまとめて言えば、この「合理化せられたる社会主義」は、その目標としての社会主義のイメージがはっきりしないまま記された戦術的な綱領なのだとしか言いようのないことになる。言い換えれば、とりあえず、「国家社会主義」を実践して、その過程で、社会主義を探し求めようとするものであると考えることができよう。

そのように考えた私は、ひょっとして、『改造法案』の中に、新たなる北の社会主義像とそれに至る道が示唆されていないかと思いつつその痕跡を求めてみた。まず、私が吟味したのは、労働者階級の運動に対する『改造法案』の立場である。

「同盟罷工は工場閉鎖と共に此の立法に至るへき過程の階級闘争時代の現象なり。永久的に認めらるへき労働者の特権に非ると共に一躍此改造組織を確定したる国家に取りては断然禁止すべき者なり。但し此改造を行はすして而も徒に同盟罷工を禁圧せんとするは大多数国民の自衛権を蹂躙する重大なる暴虐なり」（二四四頁）。

このように、労働者のストライキは禁止されてしまっている。それでは、小作農をはじめとする農民運動についてはどうか。すでに述べたように、一定程度の大地主から土地は取り上げられ配分されるが、それ以下の地主とともに貧しい小作人たちの存在も「神意」として放置される。もちろん、それ故、小作人、貧農の運動については触れられてはいない。

これでは、『改造法案』は下からの運動をすべて禁じてしまっていることとなる。第二次大戦下の軍部と同じであり、社会主義を見出す可能性がないばかりか、単なる「ファシズム」ではないのか。どこにも、この国家社会主義ないしは「微温的」社会主義から自発性を重んじた真の社会主義に至る道は示されていないからである。

だが、考えて見れば、北の社会主義革命は、近代国家がそれとして確立された後に、理性によって、「投票という弾丸」によって行われるのであるからこのことは驚くべきことではないかもしれない。一切が投票へと、つまり、議会へと集約されていくのだ。(註)

（註）このことに気づいたとき、私は『改造法案』の理念が明治憲法の理念の徹底化にあったということを確信できることとなった。明治維新により日本国家は法理学的には「実在の人格」となったが、政治上、事実上は、貴族、財閥、軍閥に政権を握られ、この実在の人格は危機に瀕していた。日本の中国政策の中で北は身につまされてそのことを知らされた。ここから『改造法案』への北のストーリーができあがったわけである。

だからこそ、国家に雇用された労働者の賃金問題の調停も、また民間労働者のそれも、すべてが議会を通じて選出された労働省の仲裁によって決定されることとなる。

「労働争議は別に法律の定むる所によりて労働省之を裁決す。此裁決は生産的各省私人生産者及ひ労働者の一律に服従すべき者なり」（二四四頁）。

もちろん、すべてが投票で選ばれた議会における討論という理性の働きによって達成されるとすれば、その前提となるのは、教育と自由なる言論活動であることは自明である。

「国民自由の恢復——従来国民の自由を拘束して憲法の精神を毀損せる諸法律を廃止す。文官任用令。治安警察法。新聞紙条例。出版法等」（二二五頁）。

こうした言論の自由の規定は、近代以降の革命においては、ごく当たり前のことに属するためか、あるいは、『改造法案』を単なるファシズム的なクーデターとして扱ってしまうためなのか、従来の北一輝論ないしは二・二六事件論においてはあまり触れられてこなかった。だが、北の国家論‐社会主義論をその本質において考えるならば、このことは大きな意味を有する。同化と分化論に基づき近代革命を重視する北が、こうした理性ないしは投票に未来を託すということは不思議ではない。

「合理化せられたる社会主義」国家とは、社会主義という目標を試行錯誤のなかで探りつつ、自らを投票によって改良しつつ進むしかない過程的な国家ということになる。ところで、社会主義の原理が主張されてはいるものの、そのイメージさえ定かではない「過程的」な国家を、何故クーデターによって急いで作り上げようとしたのかといえば、再三繰り返してきたところだが、その答えは対外問題しか考えられない。

つまり、列強が中国をめぐって対立を深めつつある中にあって、中国を保全し、英露（ただし、北はアメリカとの戦争には反対している）を根底的に打倒するためには、自らが維新の原理に立脚する必要があるというわけだ。おそらく、北の脳裏には、プロシア、オーストリアを打倒し、結果として自由主義の理念をヨーロッパに広めることとなったナポレオンのイメージが存在していたものと思われる。

それでは、北のこうした論理からすれば、戦争は避けられないものだったのか。各国が独立し、世界聯邦を組織し、理性に基づいて討論し、決定を下していくというあのイメージはどうなってしまったのだろうか。

「国境を撤去したる世界の平和を考ふる各種の主義は其の理想の設定に於て是れを可能ならしむる幾多の根本的条件則ち人類が更に重大なる科学的発明と神性的躍進とを得たる後なるべきことを無視したる者」(二八〇頁)。

ここで挙げられている「重大なる科学的発明」と人類の「神性的躍進」という二条件は、国際間の平和だけではなく、最終的な北の社会主義のイメージを考えるうえで重大である。

つまり、人類の「神性的躍進」とは、自我が他者の自由を拘束するという自我の自然発生性から脱却し、自己と同等なものとして他者の自由を尊重する段階に入ることを意味するし、その条件として「重大なる科学的発明」に基づく生産力の拡大が掲げられていると解することができるからである。

しかしながら、これを、われわれの立場から見れば、他者の自我を踏みにじるような自我そのものが商品経済、資本制経済の中で生まれてきたものであり、そうした自我を生み出し続ける資本主義的搾取の延長によって「科学的発明」の更なる進化も生み出されるものなのだ。したがって、どこまで行ってもこの資本主義的体制のもとでは、「人類の神性的躍進」には至りえない。個人の発達と機械文明の発達を切り離して問題にすることではなく、資本主義的生産メカニズムの打倒のために闘う労働者階級の中からこの「人類の神性的躍進」が生まれてくるということを北は理解しなければならなかったといえるだろう。

近代革命に関しては、人民の中から、泥土のなかから自由と独立のために戦う英雄的将軍や兵士たちが出てくることを北は強調しているにもかかわらず、社会主義に向けての階級闘争の中でも、人間が躍進していくということを考えることができなかった。これは、北が、近代を理念化し、美化してきたことと関係があることは言うまでもない。

〈外政〉　対露・対英戦争と中国革命

はじめに

われわれがこれから問題としようとするのは、『改造法案』に描かれた対外政策の問題であるが、ここで記されている対外政策は、国内改造を行った後の軍事＝外交政策であるということを、念頭に置くことが求められる。このことを改めて強調するのは戦争を起こす主体が変わればその戦争の性格が、別なものとして評価されることになるからだ。

たとえば、対外戦争をイギリスなりロシアなりに対して起こす場合でも――もちろん、戦争の悲惨さは変わらないし、それを避けることが最善であることは言うまでもないが――その当事国が封建的体制や帝国主義的体制下にあるのと、社会主義革命が達成された後の場合とでは、その戦争の持つ歴史的意味は異なって評価される。ある時は帝国主義的植民地獲得戦争、ある時は植民地争奪戦争、また、ある時は独立戦争、ある時は自由と民主主義のための解放戦争、ある時は世界革命戦争などと位置づけられることとなるが、いずれも戦争を引き起こした、もしくは、受けて立つことになった当事国がどういう体制にあり、何を目的としたものであったかが論じられることになる。

こうした論じ方が今もって正しいか否かは、それ自体大きな問題であるが、そのことをここで論ずるのは差し控えて、まずは、今までの戦争に対する常識的な見方(註)にしたがって、『改造法案』の対外問題、具体的には、イギリスならびにロシア（この時にはすでにソヴィエトロシアであったが、そのことについては後に詳論する）に対する北の戦争政策を考えてみるというのがこれからの課題である。

（註）日本国憲法第九条の戦争放棄条項は第二次大戦の悲惨な結果に対する反省から生まれた最も進歩した条項だと考える。したがって、この条項を基に日本の外交政策を組み立てるべきだと私は考えている。

北は「国家の権利」（『改造法案』、巻八）において、次のような二つの命題を提起している。

①「開戦の積極的権利――国家は自己防衛の外に不義の強力に抑圧さるる他の国家又は民族の為めに戦争を開始するの権利を有す。（即ち当面の現実問題として印度の独立及び支那の保全の為めに開戦するは国家の権利なり）」（二七二頁）。

②「国家は又国家自身の発達の結果他に不法の大領土を独占して人類共存の天道を無視する者に対して戦争を開始するの権利を有す。（則ち当面の現実問題として豪州又は極東西比利亜《シベリア》を取得せんがために其の領有者に向て開戦するは国家の権利なり）」（同）。

表面的にこの二つを繋げて一読すれば、第二次大戦の大東亜共栄圏建設という旗印よりも、もっとすさまじい侵略主義的な宣言と映るだろう。なにしろ、中国、インドの独立を援助すると称して、ロシアにはシベリアの、イギリスにはオーストラリアの割譲をせまるという内容なのだから。しかしながら、第一の命題は、民族解放闘争（実質的には中国革命）への支援にかかわり、第二の命題は日本の対外膨張問題であるとともに独立国家相互の関係を問題とするものであることを考えねばならない。しかも、それが、『改造法案』によって改造された「合理化せられたる社会主義」を前提にして提起されているのだから、それなりの注意を払って読むことが必要になってくる。

だが、この『改造法案』による国内改造は行われなかった点を考えれば、結果的には、アジア諸民族の解放という見せかけの大義名分のもとに日本帝国主義は帝国主義的侵略を行い、大戦争を引き起こしたのだから、北を日本ファシズムの源流として批判することも可能であろう。しかしながら、私の目的とすることは、そうした批判を行うことではなく、北自身の論理の発展として、日本帝国主義の論理と似たような結果が生まれてきた、その論理を、まずは、明らかにすることである。

国家を「実在の人格」として把握する北は、日本そのものを近代的な人格として確立する必要があった。中世的な残滓を残している国家であれば、他の「実在の人格である国家」の独立を支援する大義名分が立たないし、他の実在の人格である国家に要求を突きつけることはできないと考えていたからである。このことは、ドイツの中世的なカイザーがイギリスに植民地の分割を要求して、敗北したという第一次大戦の事実を例に、北が述べていることに現れている。つまり、当時のドイツは中世的な国家であり、近代国家の理念の現実化である「合理化せられたる社会主義」に至っていなかったからこの戦争は不義だったとするのである。

以上のような視点から、ロシア、イギリス問題を扱った改造法案の軍事・外政問題(巻八)の内容に入りたいと思うが、私はまず、『支那革命外史』における第一次大戦への日本の参戦問題から始めたい。というのは、そこにこそ、北の中国、アジア問題への基本構図を読み取れるからだ。『改造法案』とは、この参戦問題という外交問題から端を発し、「日本の腐敗」を明確に自覚した結果生み出されてきたものであるから、『法案』の対外路線が、再び、外交問題に帰ってくるという円環構造をなすことになる。「日本の腐敗」とは、明治の理念からの逸脱であり、それを正すことが改造法案であったことを前提とすれば、この円環構造もまた当然といえよう。

第三章　アジア政策の基本構想とイギリス

第一節　第一次大戦と日中米

中国革命の進展という見地から、北は、第一次大戦において、日本が連合国側に立って参戦するのではなく、ドイツ側に立って参戦すべきだと『外史』では主張していた。中国の「保全」を目標とするならば、日本は、国家統一を成そうとする革命派を援助するために、その領土の六、七割を勢力圏に収め、中国を分割、統治しようとしているイギリス、ロシアを主要な敵とすべきであるというのがその論拠である。

「不肖は確信す。支那は対露一戦を以て山積せる革命的諸案を一挙に解決し得べし。代官階級の一掃も。財政革命も。軍政改革も。郡県的統一も。尚武的軍国的精神の樹立も。而して日支同盟による両国共通の大々的兵器製造所も。全欧州の資本が横溢せる米国の投資に依る五十萬哩鉄道急設の有機的近代国家の実現も」(『外史』、一八七－八頁)。

右の引用文では、中国の対英戦争については触れられていないが、対露戦争が行われれば、ロシアの同盟国である対英戦争に発展するのは自明であり、また、対露戦争が植民地化反対闘争である以上、その運動がロシア財産の没収からイギリスの資産や権益の没収へと発展することは眼に見えている。こうした事態を現出させよと北は言うわけであるが、そのための前提は日本が対露対英戦争に踏み切ることであるとしている。逆に、イギリス、ロシアとともに、中国の植民地化の方向に加担すれば、革命派の動きは、事前に押さえ込まれてしまうからだ。

中国問題は、インドなどの植民地独立闘争に比べれば極めて複雑である。インドのようにイギリス一国の支配ではなく、日本の他に英露仏独にベルギーなどの列強が分割闘争を繰り広げていたからであり、その上、中国内部には旧来の封建勢力である代官階級が外国勢力と結んで乱立していた。したがって、解放を目指す運動は、さまざまな帝国主義諸国や諸軍閥との闘いを伴わなければならないし、その過程の中で中国統一という課題を達せなければならない(主要な植民地主義勢力はイギリスとロシア、それに山東半島に依拠したドイツ、満鉄を占拠した日本)。したがって、中国の革命勢力からみれば、第一に打倒しなければならないのは、イギリスとロシアであった。

そうした情勢の中で、第一次大戦がヨーロッパで勃発した。だから、この大戦を革命のためにどう利用するのかが重要課題となる。北が説くのは、すでに述べたように、中国と日本がドイツ側に立って対露戦争、対英戦争を遂行するという選択であった。ヨーロッパに陸軍を集結せざるを得ないロシアに対しては、中国陸軍が中央アジア戦線を、日本はシベリア戦線を分担して戦い、英国に対しては、日本海軍がイギリスの拠点である香港を押え、中国は英国資本の没収を行うというのが、北の描いた第一次大戦だったのである。

ここで、われわれは、中国がロシアと開戦し、日本が英露と戦った場合、一、中国革命は進展し、中国人の意識が、急速に、大ロシア帝国と戦えるほどに成長変化していくのか　二、その発展した革命的意識を支える武器その他はどうなるのか　三、こうした動きに対して、アメリカはどう動くのだろうか　四、日本そのものが対英露戦争に踏み切れるのかの四点に関して『外史』がどう答えているかを見ることにしよう。

まず、第一点であるが、『外史』が持ち出すのはフランス革命の先例である。フランスはオーストリア、プロシアをはじめとする外国からの干渉軍に対する戦争の過程で、国内の封建勢力を一掃するとともに国民の意識革命をもたらし、近代的軍隊を作り上げることができた。それと同じことが中国においても起こり得ると『外史』は力説する。

「墺普の侵入なくんば中世的貴族政を覆没する能はざりしは察すべきなり。彼等はチュレリー宮殿が万悪の源泉なることを知る。而も皇帝を売国奴としたる分割同盟軍を見るに至らざれば斧鉞を加ふる能はざりしなり。……而も同盟軍の侵入に抗戦すべき軍費の必要は断々として没収政策を行はしめたり」（一八八頁）。

北が、期待していたのは、中国の革命派が、強国であるイギリス、ロシアに挑戦することによって、フランス革命時の人民の如く団結して戦うことであった。そのためには日本が英露と戦うことが必要だ。帝国主義列強に包囲されている中国人民をその一角を崩すことで援護できるからだ。

フランス革命の際には、ドイツ、オーストリア軍が反革命軍としてフランスに侵入してきたが、それに対する戦いとして革命は進展し、皇帝を処刑し、その軍費を貴族僧侶からの財産没収によって賄ったではないか。そして、その過程で国民は自由に覚醒し、「実在の人格である国家」の回復に努めたというわけである。これと同じようなことが中国でも対露戦争によって生み出される。そして、こうした闘いの中で、真の意味での国民軍を組織することが可能となり、その軍隊は数百万を数えるものへと成長して中国は一大陸軍国になっていくという。

こうした北の革命的ともいえる見解に対して、当時の大陸浪人をはじめとする日本の中国通のほとんどは、中国人には国家を形成する能力がないという侮蔑の念と、だから、日本が保護してやらなければならないという尊大な意識を抱いていた。このことについては、第四部でも触れたが、そうした見解に対して、北は真っ向から反論する。革命が人間を変えるのだという。

「諸公。革命とは数百年の自己を放棄せんとする努力なり」（一六九頁）。「凡ての鍵は国民の心的傾向なり。亡国階級に率ゐられたる当時の仏蘭西軍隊と革命政府の下に集まれる無訓練烏合の国民兵との差等を一顧せよ」（一七〇頁）。「袁治下の支那は……代官政治の精神によりて今の軍隊は最も廉価なる悪種の浮浪漢を購買して組織せる者なり」（一七一－二頁）。「一大陸軍国たる支那の将軍は革命的青年と四億万民の泥土中より出づべし。自由的覚醒による国家的信念は近代国家の凡てを作りたるもの……。真理は独り支那に不公平なるべからず」（一七二頁）。

北のこうした思想は、第一次大戦中には実現されなかったが、第二次大戦中における中国革命の構図にピッタリと重なってくる。毛沢東の率いる紅軍は、先に引用した「革命政府の下に集まれる無訓練烏合の国民兵」であり、朱徳などの紅軍の将軍たちは、まさしく、「泥土中」より出てきた革命的青年たちである。皮肉にも、この中国革命論はロシアに対してではなく、日本を標的にして、後年、実践されることになる。だが、当時、北はこの構図を日本ではなく、英露を標的として実現できると考えていたのだ。

第二次大戦時における中国革命は、軍事的援助、つまり武器、弾薬を、ソヴィエトならびにアメリカから得ていたことは知られているが、それでは対露戦争－中国革命コースにおける武器、弾薬はどこから得られるとしていたのだろうか。武器なき軍隊では役に立たない。そこで、登場して来るのが日本およびアメリカである。武器の製造には鉄が必要となる。産業を振興させなければ近代軍隊は成り立たないし、輸送のためのインフラの建設がなければ機能

一九一一年	一〇・一〇	武昌蜂起　辛亥革命始まる
	一二・一	外モンゴル独立宣言（ロシアの影響力強まる）
一九一二年	一・一	孫文臨時大総統
	三・二	山座円次郎北京に赴任
	三・一〇	袁世凱北京で臨時大総統（南北統一）
一九一三年	二・二	中華民国第一回総選挙　宗教仁の国民党圧勝
	三・二〇	宗教仁暗殺（二日後に死亡）
	七・一二	第二革命、敗北
	一一・二	山座の頭山満宛書簡
一九一四年	一・一〇	袁世凱国会停止・解散
	五・二三	駐中水野参事官、五・二八日、山座駐中全権公使死亡
	七・二八	第一次大戦勃発
	八・六	中国、局外中立宣言
	八・二三	日本、独に宣戦布告　九・二日、日本軍山東半島に侵入
一九一五年	一・一八	大隈内閣　対華二一カ条要求
	一二・一二	袁世凱帝位就任を表明　反袁世凱の第三革命起こる
一九一六年	三・二二	袁世凱帝政を取り消す
	六・六	袁世凱死去　第三革命目標を失う
一九一七年	一・二〇	西原借款始まる
	三・一二	ロシア二月革命
	四・六	アメリカ対独宣戦布告

（参考　年表）

	八・一四	中国政府、対独墺宣戦布告
		参戦反対闘争、西原借款による兵器で圧殺される
	一一・七	ロシア一〇月革命
一九一八年	一一・九	ドイツ皇帝退位
	一一・一一	休戦協定
一九一九年	三・一	朝鮮で三・一運動始まる
	五・四	中国で五・四運動始まる
		この頃、北一輝『改造法案』を執筆

しない。

武器工場として、北が注目していたのは、湖北省、江西省にまたがる漢冶萍の良質な鉄、石炭である。ここは辛亥革命後には革命派が掌中に収めていた。その漢冶萍に日本資本も進出して、事実上、すでに日本と中国の協力によって運営されていたのである。この事実上の協力関係を更に強化し、日中両国の共同経営としたうえで、両国が生産量の三分の一ずつを武器の製造に用い、残りは民間に払い下げるということを提唱している。

「漢冶萍其他の鉄炭を基礎とせる大々的クルップ会社を組織し、三分して其一を支那政府に、他の一を日本政府に、余の一を日支両国民の民有とせば両国軍事同盟の礎石茲に於て動かず。——故山座公使は此点に就きて具体的成案を有したりき」(一九一頁、山座公使については後述)。

産業上の他の重要問題は中国全土に渉る鉄道網の建設である。辛亥革命（一九一一年）から第一次大戦（一九一四年）当時は、イギリス、フランス、ベルギー、ドイツ、日本、ロシアなど列強の鉄道網が割拠し、それぞれの植民地的支配の根幹をなすとともに、それが軍閥と結びつき軍閥割拠の物質的な根拠となっていた。したがって、これを統一化することなしには中国の国家的統一も近代化も不可能であった。北は、アメリカ資本の導入による鉄道全国網の建設によってこれを果たそうと考えていた。

「孫君の所謂二十五万哩の鉄道敷設が同盟国日本の保証の下に米国の資本を奔流の如く導くことによりて急設せらるる如き最も大なる後援の一なり。諸公。米国の資本を支那に導くべしとの提唱に驚く勿れ。由来米国と日本とは何の宿怨あり、何の利害衝突ありて今日の如く相警むるや。彼れに排日熱あるは恰かも支那に『敢て物言はずして怒る』ところの排日熱あるが如く、日本の支那に対する転倒的誤策より生ぜし反響に過ぎざるにあらずや」（一九二頁）。

孫文が辛亥革命の後、袁世凱とともに、五国借款によって資金を調達し鉄道建設に当たろうとしたことについては、すでに触れておいたが、このプランをアメリカ資本の導入によって行おうと提案している。

だが、イギリス、ロシアの連合国に対して開戦しようとする中国や日本のために、アメリカ資本は動くのだろうか。先の引用で、北も認めているように、第一次大戦以前においてもアメリカには「排日」運動が存在していたのである。それを逆転させ、アメリカの資本を中国に導入させることが可能だろうか。ましてや、中国と日本はイギリス・ロシアの連合国側に対して宣戦しようとしているのである。

当時から英米の仲は一体であるというのが常識とされていたが、北に言わせれば、それは「逆だ」ということになる。アメリカの反日は日本の「転倒的誤策」のせいであり、すなわち、日本が日英同盟、日露協約を結んで中国分割路線を進んでいるからだという。中国に足場を持たないアメリカとしては、中国が分割されることには反対で、保全したいのが本音なのだから、日本がイギリス・ロシアに対して開戦を宣すれば、アメリカと日本の経済同盟が出来上がると説いている。(註)

(註) ちなみに、日米経済同盟論は終始一貫した北の持論であり、二・二六事件直前に書かれた建白書においても、『外史』と同じ趣旨のことが記されている。

「彼（アメリカ）の対支政策が列強の分割によりて支那の閉鎖さるることを恐れて完き意義の領土保全主義——開放されたる市場としての支那を主張しつつあることは彼として是以外の途なきを以てなり。是れ彼れが露西亜の併呑策に対して保全主義を提げて起てる十年前の日本に強大の後援を吝まざりし所以」（一九三頁）。

イギリスとアメリカは「同文同種」であるから、両者は恒常的な同盟関係にあるのではないかという意見に対しては、国際間の同盟関係とは、その国家の存立必要上によって決まることであり民族的な問題とか、言語的問題によって決定されるものではないと反論する。

「同文なるが故に親善なるべくんば英米の間は日支の文脈語義相通ぜざるの比にあらず。而も独立戦争あり亜で英米戦争あり……。同種なるが故に同盟し得べくんば、波蘭人は露独に別れて戦はず、伊太利は仏蘭西に抗する三国同盟に加入せざりし……。支那が同文同種の誼に背きて排日を叫んで止まざる所以は、民族的性格にあらず。国家の存立上日英同盟の日本を排し日露協約の日本を排するもの」（一七九頁）。

また、日米が協力可能である例として、大戦開始後において、日露戦争当時からの日米会長だったドイツ系アメリカ人シーフが、ドイツが領有する山東半島を日本が攻撃したことに憤り、その会長職を辞任した件を持ち出す。つまり、第一次大戦前においても、アメリカは、必ずしも、日本が連合国側につくことを望んではいなかったというのである。

「米国に帰化せる独逸人シーフは日露戦争の時……専ら日本の外債を担任し自ら日米会長たりし程の親日主義者なりき。而も日本の青島攻撃と同時に一切を辞して最も熾烈なる排日論者となりし一例に鑑みよ。俗見の多くは今の米国を以て英人の分家なるかの如き了解の上に外交の論議を苟くもす。是れ日英同盟すれば米国従て同情するかの如き幻想を生ずる所以なり」（一九二頁）。

こうした発言を見ていると、北はアジア主義者ではなく、極めて現実的な近代主義者であることが見えてくる。『外史』以降、一貫して、反英反露の「親米」主義者であり、中国問題に関しては日支米の提携論者であった。日本が連合国側に立てば、ドイツは孤立し、英露の中国支配は揺るがなくなるわけで、対露、対英戦争から中国革命というコースは画餅に帰すことになる。その結果、日本は、袁世凱や段祺瑞などの軍閥と結んで中国分割路線を取ることになり、当然中国内の革命派の決起ならびにその勝利は覚束ないこととなる。もちろん、アメリカとの経済的同盟も成立しないというのが北の言い分であった。

そこで、どうしても必要となるのが、日本外交路線の転換である。北は『外史』のこの段階では日本の外交官である山座円次郎と水野幸吉に期待をかけていた。山座は、小村寿太郎の下で日英同盟の締結のために働いた外交官であるが、一九一三年には駐中特命全権公使として北京に駐在していた。また、その参事官が水野である。しかしこの両者ともに日本の対独開戦の直前に死亡している。『外史』はその山座公使について次のように記している。

「今の国際政局に於て孤立を許さざる事情は支那をして英露を牽制するに独逸と結び日本を制扼するに米国と握手せしめたり。聡明なる以夷制夷策よ。是れ山座公使の進退を賭して本国に訴へんとせし一大外交政策に非ずや」(一八一頁)。

「ああ山座公使。公が生前独逸と結んで英国の亜細亜経略を覆へさんとせし大策は、朝野の無知無恥の為に英の傭兵に甘んじて却て日独戦争となりて現はれたり。彼等は日本の対英露策に取りて独逸が支那保全主義の為に唯一同盟国たるべきことを思考だもせず」(一七五頁)。

『外史』に記されたことを読む限り、中国革命を中心として構想された北一輝の対外政策と山座の方針とはほぼ一致しているように見える。第一次大戦への日本の参戦問題が浮上する前のものであるが、山座の頭山満宛の書簡をここで引用しておこう。

「支那は財政上より日一日と分産即ち分割之悲境に沈落しつつ有之　此際李牛之争は徒に亡国の運命を早やめ候　而止に付袁も孫黄其他も此の大本を心得候事支那保全之為第一要義に有之候　次に南満東蒙割取之如き我方一部之大愚論は素より御話に相成不申候……夫れより気に懸り候は、支那本部のことに有之　是れは一日も早く各方面に我利益を扶植し以て財政上よりも分割之端を防ぎ支那全土を我勢力の下に保全し東亜之大局を維持致度考居候……孫黄其他南方首領連に此上暴動せば亡国之重責彼等に帰すべき事丈は伝被下候様願候」（長谷川峻『山座円次郎』、一二三－四頁）。

つまり、日本は中国分割政策を転換して、中国全体を保全し、その全体を日本の影響下に入れなければならないというのが趣旨である。だが、その当時の軍部ならびに右翼は、中国を南北に分割しようとして動いていた。詳しくは、第四部に書いたが、この私信は、そうした動きに対しての真っ向からの挑戦と受け取るべきだろう。第一次大戦への日本の対応そのものについては、これよりも以後のことなので、ここでは触れられてはいないが、山座が中国全体の保全を政策の中軸に据えていることは間違いない。それ故、北の言うように第一次大戦の前夜においては、対独戦争ではなく、対英対露戦争という建策を行っていたというのは事実であろう。

だが、山座は、日本の第一次大戦参戦、即ち、対独戦争（一九一四年八月二三日）開始三カ月前の同年五月二八日に北京で死亡してしまった。この山座の死にはイギリスの後援を受けていた袁世凱に暗殺されたのではないかという疑いも懸けられていた。というのは、山座死亡の五日前の二三日、水野参事官も、突然、病死していたからである。

この両者の死亡について、北は「大秘密の死に蔽はれたる公及水野参事官の綿々たる恨みは高祖高宗の知るあり」と記している。二人の死は彼にとっても大きな痛手であったことは間違いない（私が所蔵している『支那革命外史』（大正一一年発行）は、昭和一三年の増補版ではあるが、その口絵写真には両者の写真が掲載されている）。彼らが生存していたならば、日本が逆の立場で、つまり、反英露の立場で、第一次大戦に参戦することも考えられたのかもしれない。北の努力は無に帰し、中国が、西原借款もあって、対独宣戦布告に踏み切ったのは一九一七年のことであるが、この参戦に対して異論を唱えたのは言うまでもない。北の言うことを聞いてみよう。

「実に六年（一九一七年）二月十一日、神武建国の其日に於て、不肖北一輝なればこそ断乎として支那の対独断交に参加すべき理由なきを彼等に指示し、故譚人鳳（一九二〇年、病死）、章太炎の獅子吼一声を鳴鏑として殆ど米国と当時の聯合国の所為を打破するに垂んとしたのである。――北一輝が悪いか日本帝国が悪いかは高祖高宗の前に出て裁いて貰はうではないか――」（「告ぐ」、三五七頁）。

つまり、中国人同志たちの前で参戦反対論をアジッたのであり、その結果もあって、譚人鳳、章太炎たちの手による参戦反対の革命戦争がはじまったと言っているのだ。しかしながら、この内戦は革命派の敗北に終わり、このころ譚人鳳の息子（脱獄をはかり銃殺される）の遺児を北が引き取ったことは良く知られている。

話は、いささか本題から脱線してしまったが、私がここで言いたいのは、『改造法案』がこうした文脈で書かれているということである。中国の革命派を支援し、その近代化をアメリカとともに図ろうというのが北の路線であったということだ。そのために、「腐っている」日本を立て直そうとしたのがこの『法案』であった。したがって、そこにおける外交・軍事政策もこれを基本として考えなければならないことになる。

第二節　『改造法案』における反英闘争とその論理

このように、第一次大戦において、日本に問われていたのは、北の言に従えば中国の革命派とともに対英対露の中国解放戦争を戦うか、それとも、英露とともに反革命の側に廻り、中国分割の一翼を担うかのいずれかであった。しかし、歴史の示すように日本は反革命の側に立ち、山東半島領有の主張となり、大陸分割路線を歩んでしまった。

このことを、北は「省悟一番」せよというのである。この大戦の結果、日本が得たものと言えば、山東半島とそれの返還要求にともなう中国ならびにアメリカの排日運動であった。

「排日の声が支那と米国とに一斉に挙れる所以は日露戦争によりて保全されたる支那と日露戦争を有力に後援して日本に支那を保全せしめたる米国とが天に代りて当年の保全者に脚下の陥穽を警告する者なり。驕児カイセルは世界的排斥に反省せずして陥穽に墜落したり。米支両国の排日に省悟一番して日露戦争の天道宣布に帰るとき、日本は排日の実に天寵限りなきを見るべし」（二七六頁）。

さらに、日本帝国主義に対する批判は続く。

「日本は独乙の青島を領有して支那に還付せざらんことを企つると共に独乙の投資権を継承し更に北支那に投資的侵略を学ひたること悉く独乙の跡を追ふ者ならざるはなし。天道は甲国の罪悪を罰して乙国の同一なる其れを助くる者に非らず」（同右）。

第一次大戦後、日本は青島をはじめとするドイツの中国における諸権益を継承し、そこを起点として北中国に進出しようと画策する。南中国はイギリスの支配に委ね、北中国から満州・蒙古までも勢力圏に収め、シベリアから南下するロシア勢力とも対決－妥協するという中国分割の道への第一歩を歩みだした。

北に言わせれば、こうした道は、ドイツ帝国主義の後を追い、中国の帝国主義的な分割に加わる道である。日露戦争は中国保全のため、つまり、その分割を阻止することを目的とした戦争であったはずではないか、これが明治以来の日本の国策であったはずだった。ここに、北は「明治の理念」の完全な腐敗と崩壊を見たのだ。だから、青島ならびにドイツの諸権益をわがものにしようとする日本への非難の声が中国とアメリカで強く湧き上がっているのは当然で、日本はこうした声に耳を傾け、中国保全政策に立ち戻らなければならないという。

これが、北をして『改造法案』の執筆に向けさせた動機であることは繰り返し述べたことであるが、その政策と思想は、『法案』の国内改造の部分が書きあがるにしたがって、ますます明確になるとともに、その頭の中で描かれた世界戦略の規模は膨れ上がっていこうとしていた。ちょうどその時、上海に居た北を訪れたのが大川周明であった。その大川と二昼夜の討論をへて書き上げられたのが、『改造法案』（巻八）「国家の権利」である。その『改造法案』の外政の内容をみることにしよう。対英問題である。

もちろん、すべてが大川の影響だったとまでは言うことはできないが、中国の保全を中心として問題を立てていた『改造法案』の視野が、この巻八においては急速に全アジアへと拡大していったのは確かである。その一つがインド問題への言及である。

「印度独立問題は来るべき第二次世界大戦のサラェウオなりと覚悟すべし。而して日本の世界的天職は当然に実力援助となりて現るべし……大戦中に於ける印度独立運動の失敗は凡て日本が日英同盟の忠僕たりしが為にして従て英国が一時的全勝将軍たるが為に瞬時雌伏するに過ぎず。而て日本の実力援助につきて大方針とすべきは海上に於てのみ彼の独立を援護することなり」（二七四頁）。

日英同盟によって抑圧されていたのは、中国のみではなく、インドも同様であった。もちろん、このことは北も大川と会う以前から知っていたには相違ない。しかし、それは、中国問題に没頭していた北にとっては緊要な問題とは言えなかった。だが、大川は第一次大戦が勃発したころに、インドの独立運動の革命家へーランバ・ラール・グプタやラーシュ・ビハーリ・ボース[註]らと緊密に接触し、インドの状況を熟知していた。その大川から、インド人の独立運動家たちの日本での逃亡生活やインドの運動の状況が語られるとき、北もまたインド解放闘争に興味を抱くこととなったようである。

（註）大川は、一九一五年（大正四年）にグプタと知り合い、ビハーリ・ボースと知り合うが、日英同盟の強化にともない、この二人は退去命令を受けた。当初この二人は、新宿の中村屋に匿われ、後に大川が引き取った。その後、日英関係が一時悪化したため、インド人革命家への日本政府の態度も軟化し退去命令は取り消された。一九二七年になって中村屋が喫茶店を開くというので、ボースが本格的なインドカリーを同店に伝えたことは良く知られている（大塚健洋著『大川周明』参照）。

「印度独立の能否を決定する者は一に只英国海軍を撃破し得べき日本及び日本と同盟すべき国家の海軍力如何に在り。日本の陸軍援助は多く有用ならず。却て戦後に於ける利権設定等の禍因を播き……天道宣布の本義に汚点を印し易きは予め深く戒むべし。レニン政府の尚存続して陸上よりの援助を仮想すとも決定的成否は已に海軍力を喪失せる露国に非ず」（二七四頁、傍点筆者）。

ここで注意したいのは次の三点である。第一点は「陸軍の援助」を禁じていることである。「実在の人格である国家」論に立つ北の立場から言えば、それぞれの国家はそれぞれの国民の手によって建設されるべきであり、日本ができるのは駐留している植民地軍の糧道を断つことのみだということだ。

第二点は、ソヴィエトロシアに対する微妙な評価である。レーニンの政府が味方に立つことが想定されているが、この点に関しては、大川と北との微妙な問題も介在しており、それは次章および最終部で再論することになる。

第三点は「英国海軍を撃破し得べき日本及び日本と同盟すべき国家の海軍力」と記している点である。第一次大戦後において、英国海軍を撃破できる海軍国といえば――大戦によって壊滅してしまった露独の海軍力はあてにならないし、もともと、微弱であったフランスも同様である――アメリカ以外には考えられない。つまり、北が考えていたのは、前節で述べた日米同盟論に帰着することになる。

「日本は米独其の他を糾合して世界大戦の真個決論を英国に対して求むべしと云ふこと是なり。講和会議は印度洋の波濤をテーブルとすべし」(二七八頁)。

これは、アメリカを味方につけた上で、第一次世界大戦では果せなかった対英戦争というプランを、「合理化せられたる社会主義」である日本が主導で行おうとするものであり、したがって、中国の近代化プランも『外史』のそれを引き継いでいることとなる。とはいえ、アメリカをこの構想にのせることが可能であると、北は考えていたのだろうかという問題は残るが、少なくとも、彼の頭の中では可能なこととされていたようだ。

「米国の恐怖たる日本移民。日本の脅威たる比利賓の米領。対支投資に於ける日米の紛争。一見両立すべからさるかの如き此等が其実如何に日米両国を同盟的提携に導くべき天の計らひなるかの如き妙諦は今の大臣連れや政党領袖輩の関知し得べき限りに非らず」(二七八頁)。

『改造法案』のアジア戦略は、しかし、これのみでは止まっていない。ここで述べられている限りでの対英戦争論は、未だ、日本が「国家改造」を行っていない段階においても実現可能として提起したものの再現ではあるが、その「合理化せられたる社会主義」が現実化された後においては、これを超えた対英要求が加えられることとなる。オーストラリア大陸の日本への割譲という領土要求である。以下に見るように、この要求はソヴィエトロシアへのシベリア割譲要求とともに記されている。

「国内の無産階級が組織結合をなして力の解決を準備し……不正義なる現状を打破することが彼等に是認せらるるならば国際的無産者たる日本が……戦争開始に訴て国際的画定線の不正義を匡すこと亦無条件に是認せらるべし……合理化せられたる社会主義の名に於ても日本は豪州と極東西比利亜とを要求す。……国内の分配よりも国際間の分配を決せされば日本の社会問題は永久に解決されさるなり。只独乙の社会主義に此の国際的理解なく且つ中世組織のカイザル政府に支配せられたるが為に英領分配の合理的要求が中世的組織の破滅に殉じて不義の名を頒ちたることを注意すべし。従て今の軍閥と財閥の日本が此の要求を掲ぐるならば独乙の轍を踏むべく改造せられたる合理的国家が国際的正義を叫ぶとき之れに対抗し得べき一学説なし」（二七三－四頁）。

ドイツが第一次大戦において敗北したのは、そのイギリス領植民地の分割という要求が間違っていたからではなく、それを要求する主体が軍閥や財閥が支配する中世的組織だったからであるとしている点に注目しよう。それ故、『改造法案』は天皇制権力という中世的政治組織を解体－改造し、それと同時に、資本制限、資産制限、土地所有制限を行う社会的改革によって軍閥・財閥の解体を図ったのだ。

そうした国内改造を行った「合理化せられたる社会主義」ならば、国内における分配の平等が、ある程度、達成されているのだから、国家間における分配の平等を掲げて戦う権利があるというわけだ。こうして、北は、帝国主義的な領土要求を合理化するのである。

「英国は全世界に跨る大富豪にして露国は地球北半の大地主なり。散粟の島嶼を画定線として国際間に於ける無産者の地位にある日本は正義の名に於て彼等の独占より奪取する開戦の権利なきか」(二七三頁)。

「合理化せられたる社会主義」とは既にみたように、「万人一律」という目標こそカッコに入れられてしまったが、より純化された民主主義国家であり、社会主義という目標に近づいた国家である。だから、その国家が他の国家に対して、諸国家の平等を訴え、領土の割譲を要求する権利を持つというのが、北の領土割譲論の根拠なのである。だが、言うまでもなく、すべての国家が「合理化せられたる社会主義」であるわけではなく、他の「実在の人格である国家」はブルジョアジーが支配する国家、もしくは、中世的な貴族が支配する国家である。そうだとすると、それぞれの国家という人格の正義の内容が異なる場合には、力による解決しか残されないということになる。一国内の諸個人の利害が国家によって規制されているようには、国家相互間においてはそれぞれの利害を調整するべき機関は存在しないからだ。

それ故に、国家間においては、国家契約説を北が嫌い抜いたにもかかわらず、ホッブス的な「万国の万国に対する闘い」が現出することになってしまう。そうした中へ、北は「理性」や「正義」を持ち出して、戦争に乗り出そうというわけである。

もう少し、北のいうことを聞いてみよう。それでは、この「万国の万国に対する戦い」はいつ終焉を迎えるのであろうか。

「現時までの国際的戦国時代に亜いて来るへき可能なる世界の平和は必す世界の大小国家の上に君臨する最強なる国家の出現によりて維持さるる封建的平和ならさるべからず。国境を撤去したる世界の平和を考ふる各種の主義は其の理想の設定に於て是れを可能ならしむる幾多の根本的条件則ち人類が更に重大なる科学的発明と神性的躍進とを得たる後なるべきことを無視したる者」（『法案』結言、二八〇頁）。

以上に見るように、ホッブス的世界は、最強なる国家の出現により、当面は、「封建的平和」によって終焉することになるが、理性に基づく世界聯邦の誕生は、人類の科学的発展と人類の神性的躍進の後に先送りされている。この神性的躍進の基礎になるのは、「他の正当なる利己を侵害して己を利せんとするに至りて正義を逸す」（二七三頁）という近代的理性にあることは言うまでもないし、人類の更なる科学的発展とは人間の欲する物資が即座に手に入るほど科学文明が発達する状態を指しているのだろう。

明治の子であった北が西洋の機械文明を目の当たりにして驚いたことは想像できよう。この機械文明が更に発展し続ければ、人類は想像もできない豊かさを手に入れ、やがては神の領域に達することができるだろうと夢見た気持ちは理解できなくもない。それ故、若き北一輝は、その機械が一部の資本家の手に握られているから、労働者は貧しいのだ、だから、それを社会の手に移しさえすれば、社会全体は豊かになるはずだとしてかつて次のように記した。

「社会主義は貧少なる分配を平等にすべきことを主張せずして寧ろ富有なる公共財産に対して個性の相異に応ずる共産的使用によりて満足を得べきことを理想とする者なり、上層階級を下層に引き下ぐる者にあらずして下層階級が上層に進化する者なり」（一巻、六二頁）。

しかしながら、機械の発達は進みこそすれ、日本のみか先進諸国においても事態は、北の思い描くようには進まず、人間は利己心を更にたくましくし、国家もまたそれと同様である。だが、こうした事態に直面しても、彼は、機械の発達による世界平和と社会主義の夢を捨てはしなかった。こうした決定的な点において、北は抜きがたい、近代主義的なスターリン以上の「唯物論者」であったのだ。

北のこうした図式から、決定的に、抜け落ちているのは、社会主義へ向けてのプロレタリアをはじめとする大衆の成長という観点である。そうした観点が抜け落ちているのは、労働者や農民の「利己心」を「公共心」の押し付けによって社会主義的人間に仕立て上げようとした『純正社会主義』、それを空想的として斥けはしたが、全てを「議会へ」、つまり、市民へと導こうとした『改造法案』。近代的思想の絶対化である。つまり、近代的個人主義を批判しつつも、それに依拠していた北の問題点が鮮明に浮かび上がってくる。農民や労働者は自己の要求を貫徹しようとして団結を生み出す。その団結の中に個人主義的、近代的人間像を克服する鍵が存在するのであり、その波は、中国や朝鮮半島におけるブルジョア革命の波を受けてさらに強まるはずである。

こうした波を、北は、国家と民主主義という枠内に収めようとしたために、個人主義思想に根差した「合理化せられたる社会主義」国家の対外要求として領土の割譲を要求することになってしまったのだ。その結果、世界的戦国時代の克服を、人類の神性的躍進と更なる文明の発展に求めざるを得なかったと言えよう。私は、北の「帝国主義」的発想を支えていたのは、近代的個人主義であったと考えている。

第四章　ロシア問題と極東の体制

第一節　北進論とロシア革命の評価

前章でみたように、中国の独立、保全を図るというのが、北の大陸政策の基本であるが、それは、また、日本の防衛を図るという日露戦争以来の伝統的政策の延長でもあった。それ故、われわれの『改造法案』の対外政策に関する叙述は、単に対英問題ばかりではなく、それよりも北にとって重要であると言えるロシアに対する問題にも言及することにしよう。

対ロシア問題と比べれば、イギリスに対する日本の態度は海軍力による香港やインドからの駆逐ということに限られ、それぞれの国家の解放や建設は、それぞれの地域の「実在の人格である国家」の手に委ねられるという立場を堅持しているが、対ロシア問題は、満州問題、朝鮮半島問題がからみ複雑である。

まず、明らかにしなければならないのは、「明治の理念」を重視する北にとって、ロシアへの警戒感は、ソヴィエトロシアの誕生によっても、基本的には、変わっていないということである。

「日本及ひ支那の必要を主張してレニン其人に向て極東西比利亜の割譲を要求すべし」（二七七頁）。

「支那を併呑し朝鮮を領有せんとしたるツアールの利己が当時の状態に於て不義なりし如く、広漠不毛の西比利亜を独占して他の利己を無視せんとするならばレニン政府現在の状態亦正義に非ず」（二七三頁、傍点筆者）。

シベリアが「広漠不毛」であるという、右の認識によるならば、当時としては、そこへ殖民を行う経済的理由はほとんど無いと言ってよいことになる。だから、こうした認識が真実だとすればの話だが、この要求は経済的な領土拡張要求というよりも、主として、政治、軍事的なものであろう。「支那を併呑し朝鮮を領有せんとしたるツアール」の再来再現、つまり、いつ日露戦争当時のように南下してくるかもしれないロシアを危惧してのものだということになる。『改造法案』はイギリスとロシアへの要求を領土分割要求という理由で同列に並べてはいるが、ことの性質上、シベリア問題は中国保全、日本の安全の確保ということが主眼とされているとみることができる。

しかしながら、ここで問題が発生する。この『改造法案』執筆の時点では、すでに、ロシアはツアールのロシアではなく、革命後のソヴィエトロシアである。そのソヴィエトロシアに対してもツアールと同様な警戒心をなぜ抱いていたのだろうか。レーニンのロシアが、帝国主義的な南下政策を続けると北は考えていたのだろうか。

日本のマルクス主義者たちは言うまでもなく、北の「同志」となる大川周明や満川亀太郎ら、すなわち、後に「右翼」と呼ばれることになる人々もこの時点では、ロシア革命に好意的であり共鳴さえしていた。たとえば、満川は、「私はレーニンが革命の舞台に立つたときから、彼こそロシアを救ふ人物であるといふ気がしてならなかつた」（『三国干渉以後』、一五七頁）と述べ、日本のシベリア出兵に反対する檄文を友人たちに送付している。

「労農ロシアを正視せよ。ロシアに革命が起つたことは当然である。……シベリア出兵は国を誤るものである。日本はむしろレーニン政府を承認して、温かき手をさしのべよとの大声を発することは、多分に赤化運動者の一員と見られる恐れがあつた。だが、私の良心はこの踏躇逡巡を一蹴してくれた。……私は財布の底をはたいて刷り上がつた百部ばかりの檄文を郵送に付した。……先ず第一に大川周明君が熱心な賛意を表して呉れた……」（同書、一八八－九頁）。

もちろん、北もロシア革命に賛同する一人であった。否、彼ら以上にロシア革命とレーニンを評価していたのかもしれない。『改造法案』執筆後の大正一〇年に付された『支那革命外史』の序文には次のように記されている。

「露西亜の大地震裂に際して地湧の菩薩等は不動尊の剣を揮ひ不動尊の火を放つた。露西亜と同じき中世的制度と中世的堕落を持てる支那は、露西亜の救はれつつある途を踏むことに依りてのみ救はるる」（八頁）。

「レーニン君の現はれざる以前、奈翁皇帝と明治大帝とに学ぶべしとて示して置いた支那の大統一は、支那の何処より湧出する菩薩摩訶薩によりて為さるるであらうか。……仏蘭西革命に恥ぢ、維新革命に恥ぢ、而して後れたる露西亜革命に恥ぢよ」（同）。

右に出てくる「地湧の菩薩」とは、日蓮宗に帰依して以降の北の発言に良く出てくる菩薩である。釈迦の前世における弟子たちであり、古い無名の菩薩たちのことだ。こうした無名の菩薩が地から湧き出で革命を行うという教えが仏教にはあるようだ。「草莽の革命家」である。北は、レーニンを「地湧の菩薩」として、つまり、革命家として最大に評価していた。さらに、そうした菩薩が中国になぜ現れないのか、中国人はロシアに恥じろとまで言っている。

だが、一方、北は、ロシア革命を社会主義革命だとしているわけではない。このことは、彼の社会主義論を考える意味でも、また、ソヴィエトロシアに対する外交政策を吟味する際にも、さらには第三インターを評価する上でも重要な意味を持ってくる。

『外史』は、一九一一年の辛亥革命の際に、代官階級から土地の没収を行うべきだったと提起していたのだから、ソヴィエトロシアの地主からの土地没収を高く評価するのは当然だ。だが、そうした政策をはじめとする革命ロシアの諸政策は、近代革命と位置づけられている。すなわち、「大西郷のしたことはレニン君の為す所であり、大奈翁の行つたところは明治大皇帝の踏める道である」（五頁）と述べる。つまり、レーニンが行った地主などからの財産没収は日本が五〇年前の明治維新で行ったことであり、それはフランスが一〇〇年前に行ったことでもあるというわけだ。こうした北の主張の背景には、ロシア革命とは「実在の人格である国家」がツァールの専制的支配を打ち破った近代革命の継続でしかないという認識があることを忘れてはならない。

このようにロシア革命を近代革命の継続だと言い切ってしまえば、ソヴィエトロシアは、帝国主義国家に転化する危険を十分に孕んだ国家だということになり、革命ロシアだとして安心できる存在ではない。いつツアールよりも凶暴な帝国主義に変貌しないとも限らないというわけだ。

「特に露西亜の脅威は過渡時代のレニンに非ずしてレニン無き後真に再建せらるべき十年後の将来に存す。漸く中世史の革命を学びつつある未開後進なる彼に対するには現代的再建を想像するよりも、反動の襲来によりてピーター大帝の再現をも打算外に置く能はず」（二六二頁）。

レーニンのロシアの内実は、古いイデオロギーも含めた中世以前的な未開であると言えるから、そこに、真の意味での近代的個人が形成されているとは言いがたい。レーニンの生存中は良いとしても、その亡き後にはピーター大帝のような反動的な指導者が出てくる可能性は十分にあり得る。だから、日本はそれに備えておかなければならないというのが、北のソヴィエトロシア警戒－敵視論であった。

しかしながら、レーニンその人に対しては、領土問題においてもかすかではあるが期待していた面もあるように読めなくもない。「レニン其人に向て極東西比利亜の割譲を要求」「他の利己を無視せんとするならばレニン政府現在の状態亦正義に非ず」と、わざわざ、「レニンその人」と言っている上に、彼が正義を知っているなら、こちらの危惧も了解しろ、と言っているようにも聞こえる。また、すでにみたように、インド解放に対する戦いを扱った部分においても、レーニンが日本と共同でイギリスのインド支配に対して戦いを挑む事態をも「レニン政府尚存続して陸上よりの援助を仮想すとも」と述べている。

このように、レーニンのロシア政府に対しては、期待も読み取れるが、主要な論調は、「ロマノフの露西亜がレニンの露西亜に代われるとも日本の大亜細亜政策に一分の退転はない筈だ」という警戒論である。（北が、このようにロシア警戒論に立っているのに対して、先に挙げた満川や大川は、どちらかというと、ロシア革命評価からソヴィエトとの和解論に立つもので、この点をめぐるニュアンスの相違が後の分裂につながっていく）。

北のこのようなロシア革命観は、その後のスターリンの登場を知っているわれわれから見れば、ある意味では、的を射ていたものと評価できるが、それはそれとして、ここで見ておかねばならないのは、この議論の根底に存在する「実在の人格である国家」論の「唯物論的」な性格である。ある一つの有機体が以前とは別なイデオロギーによって変革されたとしても、その国家は古い社会の残滓を引きずっているという視点である。

ロシアの場合、中世以前的なミール共同体とギリシャ正教的な伝統を引きずっており、そこから反動が生まれてくる可能性が十二分に考えられる。日本の場合、この『改造法案』による「国内の政治改革」も天皇神格化論を中心とする「反動」との、客観的には、闘いであったわけだ。ロシアにおける「反動」を予測していたからこそ、ロシアを警戒していたのだといえるが、こうした視点は、当時の日本には左右を問わずほとんど皆無であった。後の話になるが、ヨッフェ来日問題を契機とする北と大川・亀川の分裂問題の底にも、更に言えば、日本の北進論と南進論との対立の底にもこの問題が横たわっていたと言えよう。

第二節　満州問題と中国保全

「日露戦争の勝利と、日露戦争に打勝つた日本の思想とに啓蒙されて起きたものが十年前の清末革命である」と『支那革命外史』の序文に記されているが、ここにさまざまな意味での北の原点が存在する。「日本の思想」とは「国家が実在の人格である」とする国家論であり、それは日本においては「天皇機関説」を軸とする思想となり、その思想に啓蒙されて、アジアの各民族がそれぞれの国体に目覚め、たとえば、中国では「東洋的共和制」となって現れるという主張である。

それだから、日本そのものがその思想を明確化しなければならないし、対外的にもその思想を外れることは許されない。つまり、中国の保全を目標とした日露戦争の継続が肝要となるというのが満州問題に対する基本路線である。一言で言えば、明治人としての思想であろう。

「支那保全主義の徹底より見る時日本の極東西比利亜領有は日本の積極的権利たると同時に支那を北方より脅威せる露西亜の伝統的国是を打破する者。日本が東清鉄道を取得して、領有せる極東西比利亜とを結合する時内外蒙古は支那自身の力を以て露国の侵略を防御するを得べし。斯くして日本は北に大なる半円を畫きて支那を保全し支那亦日本の前営たるべし」（二七七頁）。

日露戦争は中国保全の戦争であると同時に日本列島の安全を確保する戦争として位置づけられ、南満州に駐留する関東軍はロシアの南下政策に対する歯止めだとされる。しかも、この南満州は、中国保全、日本防衛のために、日本が血を流してロシアより奪い取ったものであるから、これを放棄することなど論外であり、日露戦争の意義を考えれば、日本は北満からウラジオストックに至る黒竜江沿海の地を占拠しなければならないと激越な口調で東清鉄道取得から東シベリアへの進撃論が展開される。

ここで、この『改造法案』執筆時点における東清鉄道をめぐる状況を見ておこう。この鉄道は、大まかに言って、ロシアの南下政策の柱であり、モスクワからウラジオストックに至るシベリア鉄道の支線として建設されたものであるが、ロシア領チタから分かれて中国領に入り、ハルピン、長春をへて旅順に至る。日露戦争は、この鉄道をめぐり戦われたという側面を持っており、日本はこの戦争の結果、旅順から長春までの南満州鉄道をロシアから獲得していたが、長春以北はロシアの管轄にあった。したがって、軍事的に見るならば、ロシアの南下はいつでも可能だったし、日露戦争当時よりもシベリア鉄道が全通していたため容易であったともいえる。（日露戦争当時、シベリア鉄道は一部未完成であった。バイカル湖は船で渡らねばならず、軍需品の輸送はままならなかった）。また、満州には張作霖の軍閥政権が成立していたが、政治的、軍事的に安定したものではなかった。

こうした情勢の中で、「日本は北に大なる半円を書きて支那を保全し支那亦日本の前営たるべし」という構想が立てられたわけで、北にとっては、対ソ警戒論ないしは東シベリア侵攻論は明治国家の政策の徹底化だったのだ。それでは、満州そのものの領有権はどうなるのか。ここで、われわれは、再び、『改造法案』を離れて『外史』に戻らねばならない。

「南満州は日本の血を以て露西亜より得たる所。未解決のままに二個の主権を存立せしむることは断じて両国親善の所以に非ず。北満に至つては英の妨ぐるなくんば日露戦争の当時已に獲得すべかりし者。大戦の意義に照して終に露西亜より奪はずんば止まず。――是れ支那の為めに絶対的保全の城郭を築くものに非ずや。南北満州と黒龍沿海の諸州と浦塩斯徳と。斯くの如くにして朝鮮と日本海とは始めて泰山の安きを得べし」（『外史』、一八四頁）。

この『外史』の北の議論を素直に読んでみれば、二つの観点が混在しているのに気づくはずである。一つは先に述べた中国の保全からくる「城郭論」（半円を描くという構想）であり、一つは、「南満州は日本の血を以て露西亜より得たる所」という論理である。そして、この両者を合理化する論理として、「未解決のままに二個の主権を存立せしむることは断じて両国親善の所以に非ず」という論理が立てられている。

だが、当然のことながら、こうした北の満州「城郭」論はともかくとして、満州領有論が中国人たちに素直に受け入れられるわけはない。そもそも、満州は中国の一部だということについては、北は誰よりもよく知り尽くしていた。すでに見たところだが、満州の一地方である間島の所属問題が清朝と朝鮮との間で問題となった時、北の盟友である宋教仁は、間島が歴史的に中国に属していたことを示す資料を発見し、打倒の対象であった清朝に提供することまでして満州の一部を守ろうとした。その宋教仁の愛国心に北は感激さえしていたのだが、それにもかかわらず、北は次のように述べて満州に固執するのだ。

「不肖は彼の孫黄（孫文・黄興）の周囲に集まれる或種の学者及び日本浪人等が彼等の国家的自尊心を迎へんとして、日支の親善は満州に於ける日本の蟠踞を撤回することにありと言ふが如きを聞睹して、其の国家的無理解と巾幗的行動とを唾棄したるものなり。張継君を始め隣邦の諸友凡ては不肖を以て侵略主義者に駆使せらるるかの如き流言を信じて交情疎隔したり」（同、一〇二頁）。

ちなみに、張継とは中国同盟会に参加して以来の友人であり、北が兄事していた幸徳秋水に紹介し、その研究会にも参加させたことがある人物である。その彼にまで「侵略主義者」として批判されたのである。こうした旧友たちの批判を浴びてまで満州の領有化に固執する理由はなんだったのか。その理由を北の論理に沿って探せば、「実在の人格である国家」日本の対ソ防衛と中国保全という明治国家の理念の貫徹ということに帰着する。

「旅順の山に遼陽の野に迷ふ十万の霊は、日本の保全主義を徹底せしむべく更に北満州を奪ひて支那の北境に万里延々の長城を築き、好機一閃黒龍沿海の一帯を掩有して彼が東進の根拠を覆へし、以て朝鮮と日本海とに一敵なからしめんことを祈りつつあらずや」（同、一〇三頁）。

『改造法案』における日本国家の内部改造が、明治日本の国家の理念の貫徹として行われたように、日本の対外政策もその理念に基づいて行われなければならない。これが北の論理だが、日本という「実在の人格である国家」の方はそれで良いだろうが、満州という大領土を奪われることになる、もう一つの人格である国家、中国はどうなるのか。これに対する北の答えは、「南満州は露西亜から奪ひたるものにして已に清国の領有にあらざりしなり」（同、一〇二頁）という。つまり、清国の後継者である中華民国には継承権がないというわけだ。この論理では、日本帝国主義の領土拡張論と受け止められるのも当然である。

だが、われわれとしては、もう少し、原理的に、この問題を考えてみることとしよう。北の「実在の人格である国家」論は、同化と分化論に基づくものであった。近代以前においては、同化作用によって、それぞれの小国家が他国を侵略、併合することによって大国家に成長していく。それ故、戦争も併合も避けられないものとされていた。だが、近代に入るとそうした武力による同化作用は終焉し、理性により処理されるものとされる。この「実在の人格である国家」論から見ると、満州問題はどうなるのであろうか。

このように問題を立てるならば、帝国主義列強の対立の時代というのは、未だ、近代以前的な同化作用による他国家の吸収、合併が行われている時代であると同時に、一方では、近代的理性をともなった「実在の人格である国家」が生み出されてくる過渡期ということになるのだろう。この時代に於いて、中国という「実在の人格」、近代国家を生み出すためには、その一部である満洲を日本が同化していくことは、東アジアの近代化のためには止むを得ないということになる。こうして、北の論理は、帝国主義の論理へと近づいていく。

このように見るならば、「実在の人格である国家」論の内部には帝国主義的論理そのものも内包していたということにもなるだろうが、この二つの論理のせめぎ合いは、次節で扱う朝鮮独立問題を見るとより明確なものとなってくる。そのせめぎあいの中で、苦闘する北を見てみよう。

第三節　朝鮮の反日蜂起と日韓併合

「吾人は日本国の貴族的蛮風の自由が更に進化して文明の民主的自由となりて支那朝鮮の自由を蹂躙しつつあるを断々として止めしめざるべからず」（一巻、四三五頁、傍点筆者）。

これは、『純正社会主義』の末尾にすえられた宣言である。北の行動のすべてはこの言葉によって語られていると言えるほど重大な意味を持つ言葉である。

すでに述べたところだが、日清戦争を日本の防衛のための戦争であり、なおかつ、朝鮮独立のための戦争であると信じた内村鑑三は、日露戦争においては戦争反対の立場にまわった。日清戦争後の日本の「帝国主義的」あり方に憤慨したからである。これに対して北は、日露戦争は日本防衛と朝鮮、中国の保全独立のための戦争であるという立場から肯定し、問題はその後の日本の対外政策のあり方にあるとした。それだからこそ、彼は、日本の社会主義者以上に、中国や朝鮮を「文明の民主的自由となりて」、つまり、日本が帝国主義となって支配することに反対するという立場を貫き通そうとしたのである。これが中国同盟会に参加し、中国革命支援に積極化していった思想的動機である。

こうした北の思想的原点から見たとき、『改造法案』における朝鮮問題はどうなっているのだろうか。朝鮮半島において三・一万歳独立運動が起きたのは、中国の五・四運動と同じ一九一九年のことであった。したがって、当然、『改造法案』では、中国保全とともに朝鮮独立問題に対する対応も重要な意味を持っているはずである。

三・一独立運動の宣言文は「われわれはここにわが朝鮮国が独立国であること、および朝鮮人が自由民であることを宣言する」という一文で始まり、次のような言葉が見える。

「二千万含憤蓄怨の民を威力を以て拘束するは啻に東洋永遠の平和を保障する所以たらざるのみならず、此に因つて東洋安危の主軸たる四億万支那人の日本に対する危惧と猜疑とを益々濃厚ならしめ、其の結果として東洋全局の共倒同亡の悲運を招致すべきは明なり。今日吾人の朝鮮独立は朝鮮人をして正当なる正策を遂けしむると同時に日本をして邪路より出でて東洋の支持者たる重責を全ふせしめんとし、支那をして夢寝にも免れ能はざる不安恐怖より脱出せしめんと……するものなり」（『現代史資料』二五巻、二八二頁、傍点筆者）。

「東洋安危の主軸たる四億万支那人の日本に対する危惧と猜疑」「日本をして邪路より出でて東洋の支持者たる重責を全ふせしめん」などの論理は、北の『改造法案』執筆の動機と驚くほど密接な関係にあると言える。否、これこそが、北を日本改造へと向かわせたものだと言ってもかまわないだろう。では、北も『改造法案』において朝鮮の独立を支持したのだろうか。

ここでは、北の立場を明らかにする前に、中国・朝鮮における近代革命の前に立たされた日本の状況を、まず考えてみることにしたい。大きく分ければ次の二つのコースが考えられたであろう。一つは日本が帝国主義としてこれらに対処する道であるが、これも二つに分かれる。一つは英米追随の中国分割路線であり、他の一つは日本帝国主義が単独で中国・極東を支配する路線である。前者は幣原喜重郎などの重臣を中心とする欧米派と呼ばれる「平和主義的」路線であり、後者が軍部・右翼が中心となった帝国主義的拡大路線であることは言うまでもない。これに対して、もう一つ考えられる路線は、中国・朝鮮の革命の波を受け継ぎ、それを日本の社会主義革命へと発展させようとするコースである。すなわち、「ロシア革命の勝利をドイツ革命へ」というトロツキーやドイツの革命家が追求した永続革命の道である。

しかし、北が選んだのは、これらのいずれでもなかった。もちろん、中国革命支持の立場に立つ北にとって分割路線や中国全土を支配しようという道は論外であったが、満州の領有を主張しているように、中国や朝鮮半島で巻き起こった革命の波とともに日本において大衆的な革命闘争を組織するという道を選んだわけでもなかった。そこで、北が選んだコースがクーデターである。これならば、日本の内部の混乱や流血が避けられ、軍事力も以前よりは増強される。

北に好意的に考えれば、中国における革命はロシア革命とは違い、列強の包囲網の中での革命であり、その包囲網を突き崩すには日本の軍隊が必要であると考えていたからだと推測することはできる。もし、日本が中国や朝鮮半島に続いて社会革命の過程に入れば、国内の流血や混乱は避けられず、列強によって中国革命も日本革命も押しつぶされる可能性が高いと判断したのではないかということだ。また、すでに見たように日本における社会主義革命を労働者や貧農による階級としての立ち上がりの中で達成されていくものとは捉えず、「更に重大なる科学的発明」と「人類の神性的躍進」によってもたらされるものと捉えていたことも挙げられる。

それでは、こうした路線から見たとき朝鮮の独立運動はどのように位置づけられることになるのか。まずは三・一独立闘争の原因をどうみていたかである。

「過般朝鮮の内乱は憲兵政治が一因ならずとは云はず。而も根本原因は日本資産家の侵略が官憲と相結ひて彼らの土地を奪ひ財産を掠めて不安を生活に加へ怨恨を糊口の資に結びたることに存するを知らざるべからず」（二六五頁）。

「東洋拓殖会社の横暴は実に当年の東印度会社に学ばんとする一大罪悪なり。日本の亜細亜に与へられたる使命は英人の罪悪を再びするを許さず」（二六四頁）。

このように北は朝鮮半島の独立闘争が日本帝国主義に向けられたものであることを、正しく指摘している。北の理論に従うならば、こうした暴虐が起きるのは、根本的には朝鮮という有機的社会、つまり潜在的に存在する「実在の人格である国家」朝鮮が日本に支配されているためなのだから、当然、その闘争の矛先は日本帝国主義に向けられ、その行き着く先は朝鮮半島の独立、近代革命であるはずだ。

しかしながら、「日本存立の国防上より朝鮮は永久に独立を考ふべき者に非ず（註）」（二六二頁）という軍事的観点から、その独立への道は閉ざしてしまうのだが、その運動だけは、つまり三・一運動そのものは「愛国的暴動」として評価している。

(註)北は、朝鮮半島が自立できなかった理由を次のように述べている。「要するに凡ての原因は朝鮮が日本支那露西亜の三大国に介在して自立する能はざりし地理的約束と、其の道義的廃頽より一切の政治産業学術思想の腐敗萎微を来して内外相応して亡びたるものなり」(二六一頁)。

しかしながら、「腐敗萎微」という表現を用いていることに表現されているように、日清戦争時における東学党の戦いやその後の義兵の抵抗戦争を忘却している。こうした戦いこそ、北が、好んで援用するフランス革命の構図——オーストリア・プロシャの侵略軍に対する戦いから国民軍と国家を形成した——そのものではなかったのか。そうしたことを考えれば、朝鮮を滅ぼしたのは、圧倒的軍事力を持つ日本であったことはあまりにも明白だ。だが、そのことへの反省は棚上げして論ずる北は、日本帝国主義によって形成されてしまった既成事実を追認し、その中で「革命構想」を立てていると批判されても仕方がないであろう。

「教育とは必ずしもサーベル教師に非ず。愛国的暴動の如き之を覚醒して顧るとき貴重なる教育の一つなり」(二六四頁)。

これは、朝鮮の人民にも日本人一般と同様な国政参加権(普通選挙権)を与えるためには「教育」が必要だとする主張の中で言われていることだが、その教育として、「暴動」が挙げられていることは注目されるべきだろう。この「愛国的暴動」とは、まさか、「朝鮮の独立を諦め、日本の国民と同等な権利をもつ日本人となりたい」という「暴動」を意味するとは考えられないから、文脈からして、これが三・一運動を指していることは明確だ。ところが、これも「覚醒して顧るとき」つまり、長い目で見れば政治的教育の一つなのだという。日本に反対する「暴動」が、日本への愛国心を生み出すというのだ。

つまり、近代的ナショナリズムと深く結びついている近代革命を、その自国へのナショナリズムから切り離し、日本への愛に切り替えようというわけである。こんな離れ業は、北の理論から見ても可能となるようなことではない。すでに繰り返し述べてきたように、北にとって近代革命とは、他者の所有物であった潜在的国家が、諸個人の自覚化を媒介にして自己を取り戻すものなのであるからだ。

なるほど、北にしたがえば、国家が形成されていくのは、他の部族なり共同体の吸収合併による同化であるとされてはいる。だが、こうした同化作用は近代以前において長時間かけて行われたことなのだ。そうしたことを考慮せず、日本が朝鮮民族を同化しようということなどは、現実的にも、理論的にも不可能と言わざるを得ない。だが、北はこうした「離れ業」をやろうとしていたのだ。対露戦争のためであることは明らかだ。

「日本が国防上朝鮮に拠りて戦ふことは国家の国際的権利なり。特に露西亜の脅威は過渡時代のレニンに非ずしてレニン無き後真に再建せらるべき十年後の将来に存す」（二六二頁）。

つまり、北は「国家改造」の後の日本ならば、「合理化せられたる社会主義」ならば、朝鮮半島の反日独立闘争をもその内部に取り込むことが出来るのではないかと望みをかけていた。「合理化せられたる社会主義」は、朝鮮半島においても日本と同様な「国家改造」を実行すること、すなわち、「私有財産限度、私有地限度、私人生産業限度」を実施し、拓殖会社所有の土地も人民に解放し、また、普通選挙権を二〇年後から認めるとうたっている。

しかしながら、こうした「開明的」な方策によって朝鮮民族を日本の内部に組み込もうとする試みは、当時の日本人のありようや朝鮮民族の自尊心の問題から言っても、不可能なことは明らかである。北の世界革命論はそれぞれの「実在の人格である国家」が、投票による社会主義革命を行い、それらが集まって世界聯邦とその議会を形成するというものであった。社会主義革命後もそれぞれの地域は国家として残存するわけである。だが、朝鮮半島に関してはそれぞれの民族国家を重視するという姿勢が、『改造法案』から消失してしまっている。

少なくとも、北の論理からは、日朝同盟とか、中国の近代革命の勝利の後における朝鮮の独立ということが出てきてもおかしくはないと思われるが、そうした展望についてさえも全く語られてはいない。おそらく、これは、『改造法案』において、社会主義革命が「永遠の未来」へと引き伸ばされ、国家社会主義が永続的な体制とされたことと関連するのだろう。

こうして、内外にわたる、どこにも出口のない「閉鎖的」な体制が「合理化せられたる体制」として生みだされてしまうわけである。したがって、もし、北が、社会主義を「永遠の未来」へと引き伸ばさず、その前提を「新しい機械の発明」（生産力の更なる発展）に求めず、その目標を「投票による万人一律」の社会の建設というような、市民的な国家を理想化せず、現実に存在する貨幣を媒介とする生産関係を人と人との関係へと置き換えようとすることを目標として考えていたならば、この国家社会主義の体制の内部においても、その出口を設定することは可能であっただろう。

私が、語っているのは、労働者のスト権を認めることや在郷軍人団の活動の中で芽生えてくるに違いない自治的な意識の発展のことであり、独立を目指す朝鮮人民と日本人民との対話のことである。こうした日本の階級闘争が朝鮮人民の独立闘争と結びつき、それがさらに五・四運動の力と結びつくならば、ロシアの南下政策を阻止する力となり、イギリスの植民地主義を打倒する闘争へと国境を越えて発展させていくことも単なる夢には終わらない可能性は存在したのではあるまいか。

当時の状況も知らず、こうした議論を展開することが、ほとんど、意味を持たないだろうということは分かってはいるが、先の朝鮮独立宣言文がいう「日本をして邪路より出でて東洋の支持者たる重責を全ふせしめん」という一文と北が抱いていた使命感には近さをも感ずるのだが、その手段として軍隊という物質力に象徴されるものを北は最重視してしまったのだ。そして、この物質力が損なわれることを恐れて、『改造法案』は、クーデター後には、農民の闘争も労働者のストライキも認めないということを言いだしてしまった。そしてまた、その延長上に、三・一運動を評価しつつも、朝鮮の独立は認めないという奇妙な方針も出現することになる。

余談となるが、反日テロリスト朴烈との、北の予期せざる接触について触れておこう。関東大地震後のことである。自警団に追われた朴は北のところに逃げこみ助けを請うという事件があった。北はこのとき、「ここも監視されていて危ないから」と言って、当時の金で二〇円を渡し、朴を逃がしたそうである。この事件から窺われるのは、北が朝鮮の独立闘争に同情していたということ、また、それを朴烈らが知っていたことであろう。このことは、朝鮮の独立、愛国運動を支持する一方、それを「合理化せられたる社会主義」日本に吸収しようとする北の論理の矛盾を物語るものと言えよう。(註)

(註) この朴烈と北の間には次のような後日談もある。朴は、この直後、警察に捕まり、当時、摂政であった皇太子暗殺計画を自白させられ、愛人の金子文子もまた拘留されて、二人は大逆罪で死刑を宣告された。だが、この事件の裁判中にもう一つの事件が起きたのである。「朴烈、文子怪写真」事件というのがそれで、拘置所内で、朴が文子を後ろから抱きかかえているような写真が撮られ、北の手によって公表された。北はこの写真をもって政友会を使い、当時の若槻内閣を追及させている。第六部、第一章、北の「政治的暴露戦術」参照。

本題に戻ろう。たしかに、一方では、帝国主義の対峙する中での物質力としての国家や軍隊の存在は、北が考えていたように、物理力として無視できるものではないだろうが、それが、どのようなイデオロギーによって、どのように組織されたものであるかも重要であるはずだ。そのことを、北も知っていたことは、中国の革命軍について「泥土の中から」出てくる将軍たち云々と述べていることからも窺える。そうであるならば、日本においても朝鮮半島においても、「歪められた」明治国家体制に反逆する階級闘争の中から、そうした将軍や兵卒が生み出されることを期待しなかったのであろうか。

言葉を換えて言うなら、明治国家理念の再建ではなくして、明治国家と「実在の人格としての国家」日本を、東アジアにおける階級闘争という視点から、位置づけなおすことが必要だったのではないかということだ。北が『改造法案』で行った作業は、確かに東アジアにおける階級闘争の地平に立ってはいたが、それは、明治国家の理念による日本の再建に止まったのである。そのことの矛盾が、満州問題、朝鮮問題に表現されているように思える。

おわりに

私は、『改造法案』が、五・四運動や三・一運動といった反日闘争の只中で、その中心である中国革命に対して日本が支援するためには、どのような国家改造が必要であるかという観点から書かれたものであることを強調してきた。その結果、明らかになったのは、北の「国家改造」の中には、内政問題、外政問題の両面にわたって、理想化された明治国家が横たわっているという事実であり、理論的には、初期の「実在の人格である国家」が、その内外の問題に対する捉え方の矛盾にも関わらず、貫き通されているということである。

だが、後に説くことになるが、北は『改造法案』によって自ら日本の改造を企てることは二・二六事件以前において、ほぼ断念している。正確に言えば、それは、大川たちとの猶存社を解体した時期であり、西田税に『法案』の出版権を譲った時期である。

だが、一方では、さまざまな政治工作を行っていたことは知られているが、それらの工作の基本路線は、日中および日米中の関係を緊密にすることにあったことは疑いない。それ故、満州国を成立させた日本が、徐々に、その矛先を中国本部に向け始めると黙っていることができず、日本と中国の和解に自ら乗り出そうと試みている。二・二六事件の直前に、中国に渡り、張群を通して蒋介石政権と会談を持とうとしたこともその一つである。しかしながら、このことは実現できず、北は獄中の人となった。

すでに死刑を宣告されていた北が、面会に行った奥さんに、「たとえ、三か月でも良いから、ここを出してくれたら、中国に渡り、蒋介石政権と日本の間の話をつけて来られるのだが。その後で、私は戻ってきて死刑になるよ。それができないのが心残りである」と話していたという。これは、北一輝の夫人である鈴子さんが父に話したものだが、たまたま父の傍らにいた私が、直接、聞いたものである。

第六部　北一輝とは何だったのか

第一章　二・二六事件とたった二人の党

はじめに

この書のはしがきにおいて触れてきたように、北一輝の思想を、とりあえず、二・二六事件の北一輝というイメージから切り離して論じてきたが、まだ、果たされていないのは、これまでの私の北一輝観と二・二六事件の関係を明かにすることである。

しかしながら、そのことを全面的に叙述することになると、二・二六に至るまでの十月事件、血盟団事件、五・一五事件、神兵隊事件、士官学校事件、相沢事件などなどの事件やその本質を明かにし、それらと北－西田税(註)とのかかわり、さらには、北が裏で糸を引いていたと言われる政友会、民政党の交代劇などを含めた昭和初年代の政治史にも触れなければならなくなる。もちろん、それはそれで論じなければならない課題であることは、承知しているが、ここでは、『改造法案』の思想と現実の二・二六事件を起こした青年将校たちとの思想的相違点の幾つかを指摘してこの問題に換えることにしたい。

（註）なお、北が西田税と一体ともいうべき間柄となるのは、大川周明・満川亀太郎らと決別して以降のことであるが、それに関しては次章第五節を参照されたい。

とはいえ、このことも、実は、思ったより簡単ではない。周知のように、現実の二・二六事件の主役であった青年将校たちは、綱領的な文書を残していないのみか、それに至るべきクーデターの組織方法や決行すべき客観的諸情勢、つまり、戦略戦術についても全体としては一言も語っていないからである。

したがって、これから私が行おうという作業は、公開されている青年将校たちの手記などと北‐西田の文書と実際の行動を対比させつつ、それを探るということになってくる。その際、私は　一、天皇機関説をめぐる問題　二、社会主義をめぐる問題　三、国家改造への戦術戦略に関する問題　四、蹶起に対する北‐西田の対応という四点に絞って問題にしたいと考える。

第一節　青年将校たちの「国体論」

まずは、天皇問題をめぐる北一輝の青年将校たちへの影響をそれへの反撥を含めて考えてみよう。

大岸頼好という大尉がいた。彼は「国家改造運動」の中心人物の一人であり、北‐西田とは距離をおいていたが、このグループの兄貴分的な存在だった。ここで事件に関連した将校たちの士官学校の卒業年次を挙げておけば、相沢三郎中佐二二期、西田税三四期（任官後、結核を患い退官）、大岸頼好大尉三五期、野中四郎大尉三六期、大蔵栄一大尉三七期、村中孝次大尉三七期、磯部浅一一等主計三八期、安藤輝三大尉三八期、末松太平大尉三九期、栗原安秀中尉四一期、中橋基明中尉四一期、……安田優少尉四六期らである。これを見て分かるように、相沢中佐と西田税を除けば、彼らの中にあっては大岸が先輩的な立場であり、その影響は無視できないものだった。

大岸は「皇政維新法案大綱」というものを執筆しているが、これは、おそらく、北の「天皇機関説」に基づく『法案』を読んで、天皇の扱いに関して違和感を抱いたために執筆したものであったと思われる。この文書は、現在では消失してしまったため手に入らないので、彼がほとんど一人で執筆していたと言われる雑誌『皇魂』から天皇問題に関するその思想の概略を見ることにしよう。そこには、「『天子は文武の大権を掌握するの義』――天皇御親裁の十全を仰ぐ、現存覇道的制度機構の御改革に翼賛し奉る」（『現代史資料』五巻、九〇六頁）とあり、天皇の親政を実現するために、維新を行って現存の「国家の枢機に在るの人物を断乎徹底的に刷新する」ことがまず行わなければならないと述べられている。

つまり、大岸の「維新論」は、一言で言えば、「覇道的制度機構」の下に発生した奸臣を排除し、文武の大権を「現人神」である天皇の下に帰属させることを明確にし、天皇親政を実現することにあった。言うまでもなく、こうした天皇神格化主義は、「右翼運動」総体を覆うイデオロギーであり、北グループの青年将校たちの全部がそうした思想の影響圏内で育ってきた。だから大岸的な主張は彼らにも受け入れられやすかったと言える。

それに対して、北の天皇機関説から生み出された天皇論は異質のものであった。そのため、北‐西田は、青年将校たちに『改造法案』の思想を浸透させるために苦労に苦労を重ねている。その一つの現われとして、昭和二年に西田が執筆した「天剣党規約」の次のような文書を挙げることが出来る。

「天子皇室より国家改革の錦旗節刀を賜ふと考ふるか如きは妄想なり。要は我党革命精神を以て国民を誘導指揮して、実に超法律的運動を以て国家と国民とを彼等より解放し――彼等が私用妄使する憲法を停止せしめ、議会を解散せしめ、吾党化したる軍隊を以て全国を戒厳し……正義専制の下に新国家を建設するにあり……」（『現代史資料』四巻、三七‐八頁）。

（註）長崎浩『超国家主義の政治倫理』一三〇頁以下参照。但し、軍隊の「吾党化」の問題においては、いささか筆者とは見解を異にする。

この文章は、正面切って、北の国体論を展開しているわけではないが、注目すべきなのは、「憲法を停止させ、議会を解散させ、戒厳令を布く」という行為の主体を、「吾党化したる軍隊」だと言い切っている点である。『改造法案』では、いちいち、「天皇は憲法を停止……天皇は議会を解散し……」とこれらの行為の主体が天皇であるかのように記述されているが、その真の主体はすでに見たように実は、「明治の理念」であったわけだ。ここではそれが、露骨に「吾党化した軍隊」に置き換えられている。つまり、この文書を厳密に読めば天皇は、実質的には、「吾党化した軍隊」に従うべき、ある意味では二次的存在になっている。

このように西田は天皇神格化論が支配する青年将校たちの間に、巧みに、『改造法案』の天皇論を浸透させようとしたのであるが、こうした西田（北も）と大岸の仲が上手く行くわけがない。大岸は公然と西田批判を行い、西田はまた、神経過敏と言われても仕方のないような対応をする。

個人的にも大岸とも親しかったと思われる末松太平の『私の昭和史』には、大岸の「維新法案」を手に入れた西田の反応が次のように記されている。

　その書を手に入れた西田は、たまたま彼のところへ来ていた渋川善助[註1]にそれを突きつけ、「これは一体誰が印刷したんだといって、えらい剣幕でつめ寄った」という。この西田の反応は、天皇神格化の思想によって、自分の陣営をかき乱されたくないということの表れだったであろう。このように、当時、右翼陣営の内部では北の天皇論及び『改造法案』に対する風当たりは、相当に強かったようである。遠藤友四郎[註2]は『日本改造法案大綱』を「赤化大憲章」だと攻撃したそうである。そうした流れの急先鋒の大岸は、『改造法案』には「骨が粉になっても妥協できない三点がある」と執拗に非難していたのである（同書、一一〇－一一頁参照）。

（註1）渋川は陸士三九期であるが卒業はしていない。二・二六事件には民間人として参加。死刑に処されている。
（註2）遠藤は明治一四年生まれで、売文社に参加。その後、高畠素之らとともに国家社会主義に転向。この当時は天皇中心主義の理論家として知られ、昭和二年には錦旗会を結成している。

それでは、こうした天皇機関説に基づく天皇論に対して、北の周辺の青年将校たちはどのような反応を示していたのか。大蔵栄一の『二・二六事件への挽歌』にこんな場面がある。大蔵が北の天皇機関説を知ろうと、北宅や西田宅で、その頃どこを探しても見当たらない幻の本であった『国体論及び純正社会主義』を密かに探し、西田による筆写を見つけて読む。大蔵は「天皇に対する不敬」の言語が多いと感じ、北に詰め寄るのだが、北は「あのころは若くて、すべてがけんか腰だったからなァー」と軽くいなしている。

北－西田にしてみれば、天皇神格化論が圧倒的優勢をしめるイデオロギー的情勢の中では、その天皇論はゆっくりと時間をかけて浸透させていくべき問題であったし、青年将校の方も北の議論は天皇機関説であることをうすうす感づいていたようだが、それをめぐって北－西田系といわれる集団が大きく揺れたという形跡は見られない。もちろん、こうした星雲状況の中にあって、北の立場をはっきりと理解していた青年将校もいた。磯部浅一である。彼は青年将校たちの間で自他ともに認める『改造法案』支持派であった。

「余の所信とは、日本改造方《ママ》案大綱を一点一角も修正する事なく完全に之を実現することだ、方案は絶対の真理だ、余は何人と雖も之を評し、之を毀却することを許さぬ」（河野司編『二・二六事件、獄中手記・遺書』、二八一頁）。

磯部が、二・二六事件の敗北後の獄中において、また次のように述べていることは重要な意味を持っている。『改造法案』の思想、つまり北－西田の思想と右翼一般の美濃部天皇機関説排撃運動とを混同し、北－西田の立場をそうした右翼運動の延長とみなしてしまうような議論に対して明確な回答を示しているからである。また、それは、同時に、二・二六事件という「奇妙なクーデター」を浮き彫りにさせてもいる。

「陛下　日本は天皇の独裁国であつてはなりません、重臣元老、貴族の独裁国であるも断じて許せません、明治以後の日本は、天皇を政治的中心とした一君と万民との一体的立憲国であります、もつとワカリ易く申上げると、天皇を政治的中心とせる近代的民主国であります、左様であらねばならない国体でありますから、何人の独裁をも許しません、然るに……天皇を政治的中心とせる元老、重臣、貴族、軍閥、政党、財閥の独裁国ではありませぬか、いやいや、よくよく観察すると、この特権階級の独裁政治は、天皇をさへないがしろにしているのでありますぞ……ロボットにし奉つて彼等が自恣専断を思ふままに続けておりますぞ　……陛下　なぜもつと民を御らんになりませんか、日本国民の九割は貧苦にしなびて、おこる元気もないのでありますぞ」（前掲書、二八八－九頁、傍点筆者）。

このように、磯部は国家の最高機関は「平等の多数者と一人の特権者」によって組織されるとする北の天皇機関説（国家論）を「天皇を政治的中心とする近代的民主国家」と解釈し賛同している。また一方では当時の政治体制を貴族、軍閥らの独裁政治が天皇をロボット化し機関としてあやつっていると批判している。ここには、明らかに、二つのレベルの天皇機関説が交差している。

ここではこの二つの天皇機関説を区別しておくことが重要である。この区別をしておかないと、政府の統帥権干犯を批判し、ある程度「国体明徴化」運動にも付き合ってはいるが、あくまでも天皇機関説を維持していた北の立場や磯部らの立場が理解できないこととなる。天皇をロボット化して、重臣や軍部が日本の政治を引き回すことには反対する、しかし、天皇は独裁者ではない。政治はあくまでも国民と国民の代表である天皇との合意によって決められるべきだとするのが北－西田および磯部の立場なのである。

つまり、一つは、当時の現実政治のレベルにおける天皇機関化批判であり、他の一つは国家論レベルにおける天皇機関説である。だから、「天皇をロボット化している」という天皇機関説批判を単純に国家論（国体論）レベルにまで横滑りさせ、発展させ、そこから、天皇親政論を導き出せば大岸のような議論になる。しかし北－西田、磯部はそうではない。主眼は天皇をロボット化する状況そのものを改革し、真の近代国家を建設することにある。

もちろん、このような北や磯部の論理が、どの程度、事件以前において、磯部自身においても、また、青年将校たちの間においても明確化されていたかは不明だが、青年将校たちの間にも、漠然とではあれ、こうした考えが存在していたことは確かであろう。そういうものの存在を前提しないと、国体明徴化運動や天皇機関説排撃運動に（それほど積極的ではなかったが）同調しつつも、他方では北一輝を尊敬していた青年将校たちの思想と行動が見えて来ないからである。こうした天皇機関説に対する両義的了解は、後に述べるようなクーデターとはとても呼べないような二・二六事件の性格に大きな影響を与えることになる。

だが、そのことについて議論するためには、青年将校たちの最終目的とは何だったのかを明らかにしつつ、それに至る過程としての二・二六の蹶起の位置を、すなわち、青年将校たちの戦略と戦術を明らかにしなければならない。

第二節　青年将校の立脚点と「ファシズム」運動

私は前節において、天皇機関説に関して北を取り巻く青年将校の内部に二つの傾向が存在することを見てきたが、この「天皇を政治的中心とする民主国家」派が行おうとした改革とは一体何であり、それは他の「ファシズム的」な運動と如何なる違いがあるかということを、ここでは二・二六事件直前に行われたインタヴュー「青年将校運動とは何か」（雑誌『日本評論』三月号、『現代史資料』五巻、七七四頁）を中心に分析してみることにする。

昭和初年代の「ファシズム運動」と呼ばれるものを大別すると、内憂外患という言葉がいみじくも語っているように、「内憂」派と「外患」派に分類することが出来る。もちろん、内憂派といえども日本内部の国家改造だけを問題とするものではなく、また、外患派といえども国家改造方針を持っていたことは言うまでもないが、その発想の起点を問題とするとき、こうした分類の仕方が、一応、可能になると考える。

たとえば、二・二六事件の青年将校たちが否定の対象とした「統制派」と呼ばれる幕僚たちであるが、この集団は第一次世界大戦によってもたらされた戦争のあり方の変化に日本および軍がどう対応するかということをその発想の根底に持っていた。その典型がバーデンバーデンの密盟で有名な永田鉄山、岡村寧次、小畑敏四郎（ただし、彼の場合は満州問題で東条と対立し皇道派に分類されている）、東条英機らであろう。彼らは、いずれも、ヨーロッパに派遣された上級将校たちで、第一次大戦で戦争の勝敗を決めたのは一つや二つの会戦ではなく、戦争は長期、持久戦にならざるを得ないから国家そのものの生産力が決定的だということを知った。そこから、国家総力戦という問題を提起し、国家改造を考えていた。この流れから出てくるプランは、当初の三月事件や十月事件のころはクーデター後の首相の人選が中心であったが、次第に具体的な政策の提示へと発展してくるようになる。

こうしたものの結実として、「陸軍パンフレット」（『国防の本義と其強化の提唱』）が挙げられる。これは、永田鉄山が軍務局長時代の昭和九年一〇月に陸軍省新聞班が作成、配布したもので、有名な「たたかひは創造の父、文化の母である」に始まる文書である。だが、言うまでもなく、これは、ただ戦争を美化したものではない。第一次大戦以降の戦争そのものの変化に対応して「従来の武力戦争本位の観念から脱却」することを訴え、そこから、経済、生活、思想全般にわたる日本改造を主張したものであった。

「現機構は……自由競争激化の結果、排他的思想を醸成し、階級対立観念を醸成する虞がある。……富の偏在を来し、国民大衆の貧困、失業、中小産業者農民等の凋落等を来し、国民生活の安定を庶機し得ない憾がある。……現機構は、国家的統制力小なる為め、資源開発、産業振興、貿易促進等に全能力を動員して、一元的運用を為すに便ならず……」（前掲書、二八〇－一頁）。

「統制派」は、国防国家建設という観点から国内改革を主張したのだが、こうした上級将校たちと異なる発想を持つのが、血盟団事件、五・一五事件や二・二六事件の民間人や青年将校たちであった。彼らの問題意識は、第一次大戦以降の戦後恐慌、二九年恐慌といった恐慌と不況が続く中で、飢餓に苦しむ農民や労働者たちをどうにかしなければならないという危機意識から生まれたものであった。そのことは、二・二六事件の直前に行われた「青年将校運動とは何か」というインタヴューの中でも、また、大蔵栄一や末松太平らの前掲書のなかでも鮮明に描かれている。再三再四、彼らが強調しているのは隊付将校として「兵と共に野営し、泥にまみれて苦労を共にする」立場であった。

「はっきり云ふと、今日の資本主義経済機構は明瞭に否定する。今日迄の所謂資本主義経済組織、明治維新の時に取り入れられた富国強兵の資本主義といふものは……今やその役目を果し段々破綻して、何等かの新しき形式に移りつつある……。だが、今日の資本主義の組織権力といふものを根柢としてゐる、統制経済主義には明瞭に反対だ。我々は今日の資本主義組織といふものを打破する為には、少く共、……大資本と私有財産と土地と此の三つの……大なる因子で……この因子に根本的修正を与へなければならぬ、先づ大資本を国家の統一に帰する、私有財産を制限をする、土地の所有の制限をする。この三つである」（前掲書「インタヴュー」、七七九頁、傍点筆者）。

この国家改造論は、北の『改造法案』――それは既に述べたように上海発のものではあったが――からの引用であることは明確である。こうした考えが二・二六の青年将校たちの統一見解であったとは、必ずしも言えないが、大多数の青年将校が具体的な国内体制の改造に関してこうした問題意識を持っていたことは確かであろう。ここで、重要なのは、「資本主義の組織権力といふものを根柢としてゐる統制経済」に内憂派の青年将校たちが反対しているとである。というのは、統制派の幕僚たちは、資本主義経済を前提とした国家総動員体制を推し進めようとしていたからで、それでは農民や労働者の生活は改善されない。したがって、それは、青年将校たちの目にはファシズムへの道と見えたのである。

「大川周明或はこれに従つたものの思想は、ファッショ的思想濃厚であると思はれるし、われわれの反対するところだ」「幕僚ファッショなるもの」は、「日本本来の国体観を持つことが出来ず、外国への留学等に於て、ナチス、ファッショなどの政治形態への共鳴から、日本にもこれを移植しやうとする浅薄な思想をもつてゐるものもあり……」（同、七七六－七頁）。

ここで青年将校の運動と幕僚将校の運動の差について高橋正衛が述べていることを参考にして考えてみよう。高橋は統帥権の持つ制度的要請と主体的要請の二面性を指摘し、その上で、戦闘集団としての軍隊のシンボルとして天皇を位置づける。この論理に従えば、戦闘集団の隊付将校たちは農民の窮状を憂えるが故に、天皇絶対化へ繋がっていくし、逆に、上級将校たちは、列強との対立葛藤の現実の中で、戦争戦略としての「官僚的」－「制度的」要請、つまり、国家総力戦体制の確立（ソヴィエトの五カ年計画やヒトラー的体制）へと向かっていくというのである。

「軍隊は兵制・軍備を整え、権限・序列・俸給の格差で上級者が下級者を統率していくという官僚的要請だけでは存立することができず、敵と戦う戦闘集団としての要請、みんなが命令と団結を中心にして生死をともにしなければやっていけないという要請が、その活動の根本にひそんでいる……」（高橋正衛『二・二六事件』、一三九頁）。

確かに、高橋の指摘するように、内憂派と外憂派の対立が軍部内の対立としては、こうした在り方をしていたと言えるだろう。だが、この論理だけでは、五・一五に蹶起した青年将校や血盟団事件に携わった者たちの論理と二・二六事件で蹶起した者たちの論理とを完全には区別することができない。つまり、この高橋の論理だけでいけば、二・二六事件は大岸頼好の論理、すなわち、君側の奸を討ち、天皇の親政を待つというだけのことになってしまうからである。

二・二六事件のもつ特殊性は、こうした内憂派と共通する要素を抱えつつも、それを超える側面をも保持していたのであり、それが、「奇妙なクーデター」としてのこの事件の特質を形成していたところにある。

ここで、私は、その蹶起趣意書の分析からはじめて、なぜ、首都中心部の占拠がなされたのか、その占拠によって何を青年将校たちは獲得しようとしていたのかを明らかにすることでその特殊性を捉えることにする。

青年将校たちの「蹶起趣意書」から見ることにしよう。野中四郎大尉と村中孝次大尉の合作によるこの文書は、「私心我欲」を恣にして、民衆を苦しめているものが、元老、重臣、軍閥、官僚、政党であることを訴え、これらが日本の国体の破壊者であることを糾弾することから始まり、次のように続けている。

「今にして国体破壊の不義不臣を誅戮して、稜威を遮り御維新を阻止し来れる奸賊を芟除するに非ずんば皇謨を一空せん。恰も第一師団……将に万里征途に上らんとして而も顧みて内の世状に憂心転々禁ずる能はず。君側の奸臣軍賊を斬除して、彼の中枢を粉砕するは我等の任として能く為すべし」（河野司編『二・二六事件』、四四三頁）。

つまり、君側の奸臣の中枢を破壊することが、この蹶起の目的であると謳われる。だが、この蹶起がいかにして民衆を救い、国体なるものを守るために「維新」を進展させていくかについては触れられていない。若し、中枢の破壊だけが問題であるのならば、後は天皇に任せれば良いのだから、血盟団事件や五・一五事件のようにテロリズムだけで十分であり、軍隊で首都中枢を占拠し続けなくとも良いことになる。

それでは、何を目的に占拠を続けたのかというと、「これから維新をやる」という天皇の詔勅と陸軍大臣に対する要望事項の実現のためであったのだ。したがって、この蹶起はクーデターを行って革命委員会を組織するといった通常のクーデターとも三月事件や十月事件のようなものとも本質的に異なる。

ちなみに、この「要望事項」には、「事態を維新廻転の方向」に導くこと、「天聴に達せしむる」ことなどと共に、「兵馬の大権を干犯したる宇垣朝鮮総督、小磯中将、建川中将の即時逮捕。軍権を私したる中心人物、根本博大佐、武藤章中佐、片倉衷少佐の即時罷免」などが謳われていることが特徴的である。つまり、具体的には、軍部内部の統制派的人材の一掃（ただし、殺害するのではなく、「軍部」に要求するのだ）によってその改革を図るとともに、天皇には維新への号令を発してもらうことによって国民意識の改革に着手しようとするわけである。村中孝次は後に獄中において次のように二・二六事件を位置づけている。

「吾人は維新の前衛戦を戦ひしなり、独断前衛戦を敢行せるものなり、若し本隊たる陸軍当局が此独断行動を是認するか、若しくは此戦闘に加入するかにより、陸軍は明らかに維新に入る。これに従つて国民がこれに賛同せば、これ国民自身の維新なり、而して至尊大御心の御発動ありて維新を宣せらるとき、日本国家は始めて維新の緒に就きしものなり」（前掲書「続丹心録」、一九四頁）。

以上の発言につづけて、村中は、岡田首相、高橋蔵相、鈴木貫太郎侍従長らへの襲撃が前衛戦であり、それには成功したが、次の陸軍全体の維新や国民自身の維新につなげなかったと二・二六事件を総括している。だが、政府首脳部や重臣の殺害といった体制そのものの否定を片方で行っているにもかかわらず、他方では「陸軍大臣要望書」という形で陸軍内部の平和的な構造改革を行おうとしているわけで、これには敗北したというのだ。これをクーデターと考えるならば、実に「奇妙なクーデター」だと言わなければならない。

ここで、第一節で述べた磯部の天皇の「ロボット化反対」といったレベルでの天皇機関化否定論と「天皇を中心とする民主国家建設」という意味での天皇機関説肯定論を、先に引用した村中の「前衛戦」とそれに続く「本戦」という議論とを重ね合わせて考えてみよう。

そうすると、村中の言う「前衛戦」はロボット化粉砕というレベルの闘いであり、「本戦」とは「天皇を中心とする民主国家建設」という『改造法案』の現実化をめぐる闘いという構図になる。と、すると、首相官邸の占拠戦は、陸軍全体を維新に突入させるために圧力をかける闘争ということになり、「本戦」、つまり国家改造のための闘いはその後のこととなる。そうしたことを自覚していたのだろうか、磯部は次のように書いている。

「この次に来る敵は今の同志の中にいるぞ、油断スるな、似て非なる革命同志によつて真人物がたほされるぞ革命家を量る尺度は日本改造方案だ、方案を不可なりとする輩に対しては断じて油断するな、たとひ協同戦線をなすともたへず警戒せよ」（前掲書「獄中日記」、二八五頁）。

たしかに、ここで、磯部が言うように、二・二六事件そのものが天皇のロボット化粉砕＝君側の奸を斬るという考え方と、さらに、突き進んで「国家改造」（天皇機関説の徹底化）を行うという路線の「協同戦線」でしかなかったのである。その内部には、「自分がやるだけの事をやって、陛下の前にひれふすと言う態度でなければならないと思ふ」といった天皇神格化論者を数多く抱えており、とても北－西田ラインで固められているとは言えなかった。天皇機関説論の貫徹のためには、第二、第三の革命を続行しなければならなかった。

まとめていえば、二・二六事件とは二段階ないしは三段階にわたる革命の前衛戦だったのである。第一段階－奸賊の排除、第二段階－維新への号令、第三段階－『改造法案』を基にした維新の実質化ということである。

第三節　時期尚早論の意味するもの

前節において、われわれは、二・二六事件を内憂派による「奇妙なクーデター」として位置づけておいたが、そうしたものにこの事件がなっていた原因として、北－西田の思想的影響を考慮しないわけにはいかない。彼らの介入がなかったならば、世に流布しているような純粋な青年将校による「現人神」の出現を願う単なるテロに終わっただろう。

『改造法案』は、その執筆が上海でなされたことに示されているように、中国革命に対して日本が対処すべき道として書かれたものであった。北が望んだことは、中国における日本の英露に対する存在感を減ずることなく、日本の外交政策を中国革命支持に転換させることであった。したがって、そうした視点から選ばれた国内改革の手段が、革命ではなく、クーデターであったことが、まず第一に了解されるべきだろう。しかも、いかなるクーデターであれ、日本が内戦状態に陥ることは極力避けたかった。そのことは、先に引用した西田の天剣党規約の次の言葉がそれを示している。

「軍隊は国家権力の実体なり、故に一面之を論すれは国家を分裂せしめんと欲せは軍隊を分裂せしむへく国家を奪はんと欲せは軍隊を奪ふへき理、軍隊の革命か国家其の者の革命なりとか此の謂なり。……吾党同志は其の軍隊に在ると否とを問はす軍隊の吾党化に死力を竭くすへく又同時に軍隊外に於ける十全の努力を以て国民の吾党化を期すへし。是の如くにして天剣党は一般国民及軍隊の吾党化協同団結を以て日本国の更正飛躍を指揮し全国に号令せむことを期す」（『現代史資料』四巻、三七頁、傍点筆者）。

注意したいのは、この一文の趣旨は、「国家を分裂せしめんと欲すれば軍隊を分裂せしむ」ということを狙ったのではなく、「国家を奪わんと欲せば軍隊を奪うへき」だということに、すなわち、軍隊をまるごと「吾党化」しようとするものであったことである。そして、そのためには、軍隊もまた社会と隔離されて存在するものでない以上、当然、国民の吾党化も課題となる。もちろん、国民も軍隊も完全に「吾党化」することなど不可能なことであるから、ある程度、宣伝扇動が浸透した時点でクーデターを敢行するという方針だったのだろう。

　その宣伝・扇動のために、北が主として行ったのは、支配階級の腐敗の暴露であり、政党、官僚、軍閥、財界の癒着による政治経済支配の実態を暴きだすことだった。北の政治的暴露戦術に関して、矢次一夫は「北の政界工作の基本は、『資本と封建』に『くさび打ち込み作戦』で、両虎を分断しあいたたかわせる戦略だ」（『昭和動乱私史』）と言っている。また、このことを捉えて、渡辺京二は『北一輝』において、当時、矢次の所属していた国策研究会ではこれが常識だったらしいが、北を「ファシズムの手先」だとする見解よりも説得力があると評している。

矢次の言うように資本家階級と封建的な地主階級にくさびを打ち込む作戦であったか否かは別として、国会議員に北が情報を流し、それを政治的暴露戦術として用いようとしたことは間違いないところだろう。それらがそれぞれ如何なる意図から出たものであるかについての詳細はここでは触れないが、中野正剛を使って「満州某重大事件」（張作霖爆殺事件）を国会で暴露させることによって、田中義一内閣の打倒に北が動いていたのは確かである。また、ロンドン条約問題では艦隊派を支援し（統帥権干犯という用語は北の発案だとされている）、条約派（ブルジョア、重臣の主流）を追い詰めている。

こうした北ならではの政界工作（政治的暴露）と呼応して、主として西田の分担であった軍隊工作と国民運動の組織化も進展していた。西田の軍隊工作は、先に挙げた昭和二年の「天剣党」規約から本格化し、『改造法案』を武器としつつ、三月事件（首班に宇垣一成陸相を押そうとしたものであったが空中分解している）、十月事件、血盟団－五・一五事件などのさまざまなクーデター騒ぎやテロリズムへの介入の中で行われていた。

この介入の基本的性格は、それらの動きに身を投ずることにより、血気盛んな青年将校たちを展望のないクーデター計画の犠牲にさせないことであったと言えそうである。十月事件の場合、計画そのものが当局の察知するところになり、闇へと消えたが、この事件の準備過程で、幕僚将校と青年将校たちとの対立が明らかになった。この対立の本質は先に述べたように「外患派」対「内憂派」の対立であり、幕僚将校たちの中心には橋本欣五郎や大川周明が立っており、青年将校たちの側には西田と井上日召らの血盟団－五・一五グループがいた。

末松太平の『私の昭和史』の中には、十月事件に関して、「このクーデターが成功したら二階級昇進させると参謀本部の人たちがいっています」と後輩の後藤少尉が末松に告げる場面が出てくる。これに対して末松は、「君側の奸臣とはいえ、陛下の重臣を斃した以上は、お許しのないかぎり自決を覚悟していなければならない。……生きて二階級昇進などして功臣となろうとはおもっていない。連夜紅燈の下、女を侍らして杯を傾けて語る革新と、兵隊と一緒に、汗と埃にまみれて考える革新とのちがいだよ」（同書、四四頁）と答える場面がある。国家の戦略と自己の栄達を願う幕僚派と「汗や埃にまみれる」下からの運動の中に天皇崇拝を宿す青年将校たちの相違が出ていて興味深い（前節の高橋正衛参照）。

この事件の場合、西田は幕僚将校と青年将校たちとの間のこうした対立もあって、比較的容易にクーデターに向かおうとする青年将校たちを抑え、『改造法案』と「天剣党規約」の思想を、一定程度、浸透させることに成功した。だが、他方ではこの事件計画を当局に漏らしたのは西田であるという嫌疑が大川や橋本中佐から懸けられ、政治ブローカーだという噂も流され痛手を負っている。

西田が受けた痛手はそのことに止まらない。次の難問がこの事件後に待ち受けていた。血盟団‐五・一五グループからの西田グループへの共同蹶起の呼びかけである。この二つのグループは「内憂派」であり、共闘を断るのは困難だったが、北‐西田から考えれば、蹶起を行うのには時期尚早である。「軍隊の吾党化」は、まだまだ先の話だし、周囲の青年将校たちにさえ『改造法案』は十分に浸透したとはとても言えない。その上、井上日召らのグループの蹶起の内容はどうかと言えば、発電所襲撃、都心部の混乱化などの計画を抱いてはいたが、「内憂派」の急進部分に過ぎないと北‐西田には映じたようである。事実、「一人一殺」（血盟団）という言葉に表されているように、「奸臣の排除」「耳目衝動」路線からいくばくも出るものではなかった。(註)

（註）しかしながら、このグループは、農民運動も率先して行っていて（橘孝三郎）、北の『改造法案』よりは遥かに、当時の農民、労働者の貧窮

から生み出されてきたものだと評価でき、日本の現実に根差したものだったと言える（この点については、松沢哲成『橘孝三郎』参照）。

こうした事情から、西田は蹶起に反対せざるを得なかった。青年将校たちを抑える立場にまわったのである。このために、五・一五グループからは裏切り者として、狙撃され、瀕死の重傷を負うことになる。その後もさまざまなクーデター計画や要人の襲撃計画は、西田の知るところとなるが、彼は、その都度、反対し続けている。その中で、興味深いのは、栗原中尉が企てた「救国埼玉青年挺身隊事件」（昭和八年）である。というのは、栗原の説得に当たって、西田は「天剣党規約」を持ち出して思いとどまらせているからである（『現代史資料』四巻、一四〇頁参照）。このようにして西田は、終始、「軍隊の吾党化」路線を突き進んでいたのである（それと同時に「国民の吾党化」に向けて政党を結成したり、労働運動に手を出したり、機関誌紙『核心』『大眼目』を発行したりしている）。

要するに、北－西田の「二人だけの党」はクーデターに向けての「軍隊と国民の吾党化」への啓蒙と宣伝扇動に全力を挙げていたわけで、それの進展したときに、つまり、内戦の危険性が少なくなった段階で（『改造法案』で挙げているナポレオンやレーニンのクーデター、つまり、内戦化していないクーデターだということに注意して欲しい）本格的なクーデターを行おうとしていたのだ。

こうした観点から考えるとき、「奇妙なクーデター」の意味が明らかになってくる。二・二六事件の指導的役割を担った将校たちも、西田－北に影響されて、一方では「軍隊の吾党化」「国民の吾党化」を念頭に置きつつ、他方では「奸臣の除去」を行おうとしたということになる。別な言葉で言えば、こうした発想が四日間に及ぶ首相官邸およびその周辺の占拠による陸軍大臣への「要望」の中に秘められていたわけだ。これが二・二六が中途半端と評されても止むを得ない「奇妙なクーデター」となった思想的背景なのだ。

次に、われわれは、北－西田の長期路線にも拘わらず、この奇妙なクーデターがなぜ起こってしまったかということを、もう少し具体的に見ることにしよう。

第四節　早すぎた蜂起と北－西田

私は大学二年のとき、二・二六事件当時父と行動をともにしていた叔父に、事件の発端を聞いたことがある。「のぼる、よく覚えておけ、二・二六事件は相沢中佐の永田鉄山少将の斬殺にはじまるのだ。これが、五・一五事件などとは違うところなのだ」とさも重大事を打ち明けるように言われたことが記憶に残っている。この話を聞いたとき、二・二六事件とは、クーデターによって政権を倒し、革命を行うためのものだと考えていた私は強い違和感を覚えた。永田鉄山をいきなり軍務局長室で切り殺し、そのまま、平然と、赴任先に赴こうとしたという相沢中佐の行為と組織的であるべきクーデターが結びつかなかったからである。

しかしながら、今では、この行為が事件の発端であったということは、あの事件の特徴を物語っているのではないかと思える。松沢哲成も『二・二六事件秘録（二）』の解説において、「そもそも磯部浅一や栗原安秀などが、真に蹶起を決意する機縁となったのは、一〇年七、八月の真崎甚三郎教育総監罷免、相沢事件であった」（「青年将校運動の概要」、一〇〇頁）と書いている。

相沢が永田軍務局長を斬殺したのには、もちろん理由があった。その一つは、昭和九年一一月の通称「士官学校事件」と呼ばれる村中孝次大尉、磯部浅一一等主計、片岡太郎大尉に対する停職処分であり、他の一つは真崎甚三郎教育総監の更迭問題である。

士官学校事件とは辻政信大尉が士官候補生を村中や磯部の近辺にスパイとして送り込んだことから始まる。

辻はスパイからの報告をもとに、叛乱計画が現実化されているように見せ掛け、彼ら三人を軍法会議にかけたのである。村中、磯部が、事実無根を主張したのは当然のことで、逆に誣告罪で辻らを告訴した（昭和一〇年四月）。そして、更に、「粛軍に関する意見書」を昭和一〇年七月に軍法会議に提出し、過去の三月事件、十月事件といった幕僚たちによるクーデター計画を暴露し反撃に転じた。つまり、軍の統帥権を乱用しているのは、自分たちではなく、自分たちの処分を行おうとする幕僚たちであると、村中、磯部は主張した。

この十一月士官学校事件の裁判が続く中で、同年七月一六日の真崎教育総監の罷免という事件が起きた。教育総監というのは、参謀総長、陸軍大臣とならび三長官と称される要職であり、この三長官の合議によって陸軍の人事が決定されるという仕組みであった。ところが、過去においてその前例がないにもかかわらず、その長官の一人が二対一で罷免されたのである。真崎長官および青年将校たちはこの事件を永田軍務局長が政財界や重臣たちと組んで行った幕僚たちによる陰謀と受け止めた。青年将校たちから見ると、本来、天皇に直属であるべき自立した「統帥権」が、政治の介入によって犯されたということになる。そこで相沢中佐の事件が起った。

北－西田の「二人だけの党」の相沢事件に対する対応を一言で言えば公判闘争である。裁判を大衆的な宣伝扇動の場として位置づけ、なぜ相沢が永田軍務局長を斬殺するに至ったのかという動機に世論の目を向けさせようとした。政界、財界、官僚、重臣と幕僚将校たちとの癒着をはじめとする支配階級の腐敗を暴露することに主眼をおいたわけだ。彼らは、美濃部の天皇機関説排撃運動から国体明徴運動(註)という大きな波を、「国家改造」を直接に課題とする自分達の運動への転換の好機として相沢事件を捉えたのである。

（註）北－西田派のこの問題に対する対応は、天皇機関説（天皇ロボット化）反対論の火付け役が「復古主義的」天皇主義者である蓑田胸喜（原理日本社）であったためか、それほど積極的ではなかった。北は「困ったことだと、頭を抱えた」とさえ言われている。それ故、この運動が次第に高まり、無視できなくなるまでは、介入してはいなかった。だが、介入を開始した後には、岡田内閣打倒や重臣ブロックの糾弾などといった天皇機関説（天皇ロボット化）反対の世論を背景に、それを支配階級そのものへの攻撃へと向けさせようと動いている。（「所謂『天皇機関説』を契機とする国体明徴運動」『現代史資料』四巻、四一八頁参照）

こうした方針の下に、北－西田は永田少将と政財界、重臣、官僚との結合関係を明かにすると同時に、金融独占資本が如何に大衆を苦しめているのかを明かにしようと試み、公判の特別弁護人を、満井佐吉中佐、鵜沢聡明（明大総長・貴族院議員）に依頼した。鵜沢はこの公判の弁護人を引き受けるに当って政友会を脱会し、以下のような声明を発表し、世論を喚起する役割を担った。

「本事件を単なる殺人暴行事件といふ角度から見るのは皮相の誹りを免れません。日本国民の使命に忠実に、殊に軍隊教育を受けたものの茲に到達した事件であります……従つて統帥権の本義を始めとして、政治、経済、民族の発展に関する根本問題にも触れるものがありまして……裁判史上空前の重大事件と申すべきであります。……裁判の進行と共に各方面の関係を明確にするために……如何なる顕官重臣と雖も証人たらざるを得ない場合があるかと思はれます。……私としては斯かる場合に一党一派に籍を置き多少なりとも党派的好尚に影響されてはならぬと痛感し政友会入党三十年の微力を致した過去を一擲し茲に政友会を離脱することに相成つた次第であります」（『東京朝日新聞』、昭和一一年二月八日夕刊）。

政友会に所属する貴族院議員であり、明大総長であり、さらに数々の贈収賄事件に弁護士として携わった経歴の持ち主である鵜沢が、政友会を脱会してまでこの弁護に当るということは大きなセンセーションを巻き起こすのに十分であった。さらに、この弁護人たちは、真崎甚三郎や橋本虎之助前陸軍次官、林前陸軍大臣をはじめ斉藤実前首相、木戸幸一、三井財閥の池田成彬、牧野伸顕秘書の下園佐吉など重要人物をこの裁判の証人として喚問することを求めたのである。また、二・二六事件前日の二五日の公判での証人申請理由の説明において、満井は、日本の四大財閥の総資本額が日本の企業の総資本額の六割以上に達し、三井だけでも全体の二割五分にも当たるという事実を挙げ、三井と永田軍務局長の関係を問題にしている。

北‐西田は、この裁判を政治問題化することによって、大衆的な国民運動を盛り上げる方向を考えていた。このために北海道、京都、青森など全国各地の右翼団体と連絡をとったりもしている。相沢裁判がこのような方向に前進すれば、国体明徴運動の矛先を、単なる天皇のロボット化反対（天皇機関説反対）といった天皇神格化主義の運動から、財閥、政党、軍閥、官僚、重臣たちの打倒運動へと変質、発展させる契機になると北‐西田の「党」は考えていた。

しかしながら、こうした方向への運動の進展に青年将校たちは期待することが出来なかった。というのは、村中や磯部は、士官学校事件の裁判で、辻少佐を誣告罪で訴えたが当局によってうやむやにされており、その上、「今度の相沢さんの事だって青年将校がやるべきです。それなのになんですか、青年将校は」という栗原の発言からもわかるように「相沢中佐に続け」という戦闘的意識が濃厚だったからだ。しかも、こうした意識は、相沢事件の起こった翌々月、昭和一一年の春には彼ら青年将校たちの主力である第一師団が満州に派遣されるという情報が伝わったため、それは抑えられない勢いに達しつつあった。満州に第一師団が行ってしまったら、奸臣や逆賊どもが再び何をたくらむか知れたものではない。相沢さんの蹶起も無駄になってしまう。こうした意識で青年将校たちが、個々に決意を固めて行ったことは彼らの獄中手記などから知ることができる。

この時点において、北グループの内部に二つの党派が存在していたことになる。一つは蹶起に踏み切った青年将校たちであり、他の一つは北－西田の「たった二人の党」の路線である。しかしながら、この二つの間では、時期尚早か否かをめぐって、個人間の会話が交わされたのみであり、それぞれが自己の見解を述べあう討論は全く行われていない。

北－西田の路線から見ると、青年将校たちの間に、いまだ、この二人のイデオロギーが浸透したとは言えなかったし、社会全体にわたって革命的な雰囲気が醸成されたわけでもなかった。その上、第二次大戦の危機を避けるために、当時、北は中国への渡航を第一義と考えていた。そもそも、『改造法案』のクーデターは軍隊を二分して内戦を行うことを予想していなかったのだ。その結果、事件はクーデターでも、暗殺事件でもなく、明確な位置づけを与えることができないようなものになってしまった。強いて言えば、本格的な『改造法案』の現実化へ向けたクーデターの前段階、すなわち、軍隊と国民の「吾党化」に向けた突破口と位置づけられる性質のものとなっていたのだ。

それでは、北と西田は、なぜ、二・二六の蹶起に賛成したのだろうか。いや、この言い方は正確ではない。北や西田が事を起こしたのでないという見解は現代における論者たちの主流であり、この二人が首謀者として死刑に処されたのは軍部の陰謀とされている。しかしながら、二・二六事件の一〇数日前にこの二人が蹶起に対するゴーサインを出していることも、また、事実である。最早、青年将校の逸る気持ちを抑えることが出来なくなっていたのだ。

ここでは、その経緯を西田の憲兵調書を中心に見ることにするが、もとより、尋問調書であるので必ずしも真実が語られているとは言えないが、それを補う意味で、磯部の「行動記」や北の調書を参照しつつ考えてみることにする。

磯部の「行動記」によると、彼がなんらかの要人襲撃計画を立て始めたのは事件前年の一一月末、田中勝中尉、河野寿大尉の三人の会合の席であったという。しかし、これとは別に最も急進的といわれた栗原中尉もその決意を固めていた。これらが合流し、さらに中橋基明中尉、安藤輝三大尉が加わり、Ａグループという決行の中核部隊が形成されたのが、二月一一日のことであった。

　こうした動きに西田がうすうす感づいたのは二月に入ってからで、栗原に西田宅に来てくれるよう連絡を頼んだ。二月一七、八日の頃のことである。ところが、栗原からは「貴様の処へは行かぬ」という意味の電話があったので、西田は「はつと思ひまして、君の為にならぬ様な事は言はぬから是非来て呉れ」と言った。その後、栗原に会えはしたが、「貴方から意見を聞かうとは思はぬ」と頑な態度は崩さず、それでも、説得を試みた西田に「聞いて置きませう」という答えだけで帰ってしまった。このように西田は安藤や村中、磯部らに対しても蹶起を思いとどまるよう説得を試みているが、いずれも、徒労に終わり、ついに、「彼等が直接行動する場合に、私は外部にあって出来るだけ彼等の行動を援助し、内外相呼応し共同行為をすることを決心した」（『二・二六事件秘録㈠』、三四五－五二頁参照）という。

　こうした西田の動きは、彼がほぼ毎日のように、北を訪れていることから察しても、逐一、北に報告されていただろう。西田は北に対して、青年将校が急に蹶起するのは、第一師団がいよいよ満州に派遣されることになったからだ。そうなると重臣ブロックその他が勢いを盛り返してくる。それを防ぐため、青年将校たちは一命を投げ打ち昭和維新の捨石になりたいと言っていると告げ、「是はもう大勢である。今迄の様に吾々の一人二人の力で押へることも何うする事も出来るものではない」（三巻、警視庁聴取、四五二頁、傍点筆者）と二月二〇日頃に語ったという。

　西田が、「今迄の様に吾々の一人二人の力で押へる」と言っているが、これは北の他の証言とも一致する。北は、「五・一五事件以前から其以後何回となく勃発し様とするやうな場合の時常に私が中止勧告をして来たのに拘らず、今回に至つて人力致し方なしとして承認を与へました」と語っている（同、四七一頁）。つまり、この「二人の党」は、逸る青年将校を最早抑えることが出来ないと悟ったのである。

殊に、それまで、押さえる役割を果たし続けて来たのが西田であり、その西田は五・一五の際には蹶起に反対したため、事件派に命を狙われ瀕死の重傷を負っている。その西田が「五・一五事件の時の様に貴方（北）に止められ、再び裏切り者」と言われたくないと言ったとさえ北の聴取書には記されている。もちろん、この北の発言は、西田をかばってのものであろうと思われるが、これ以上西田に汚れ役を演じさせたくないという気持ちもにじみ出ている。

いずれにせよ、この二人の党にとって二・二六の蹶起はあって欲しくない蹶起だったのであり、それによって「維新」が一気に進むなどとは思っていなかったことだけは確かである。青年将校たちの被害をなるたけ少なくして事を収束させたいというのが本音であったろう。そのことは次のような西田の発言からも窺える。「此度の事件は、軍人以外の民間のものは一切参加させない」（『秘録㈠』、三五八頁）「若し事件が起れば私も引摺られるだろうと云ふような話をしました処、北も仕方がないと云うような返事をいたしました」（同、三五三頁）とある。こうした会話からは、「ヤッタ」というような勇ましい思いは浮かびあがってこない。二人の沈痛な思いやその表情が想像されるのみである。

二月二四日の『霊告日記』には、「大内山（皇居のこと）光射す　暗雲無し」とあるが、これは、おそらく、本庄侍従武官長の婿である山口一太郎大尉を通して　同長官へ事件後の収拾策の一つとして手を打ったということであろう（本庄は辛亥革命の際には上海に駐在していて、北とは協力した仲でもあった）。二七日には、有名な次のような一文が見える。

「二月二六日、夜半一時半、寝室に入り眠らんとする前に、革命軍正義軍の文字並ひ現はれ、革命軍の上に二本棒を引き消し　~~革命軍~~　正義軍と示さる。人無し勇将真崎在り　国家正義軍の為め号令し　正義軍速に一任せよ」(『霊告日記』、三一五頁)。

霊告の現われとしてこの日記は記されてはいるが、それらは霊告などではなく、北が考えた蹶起軍への援助ないしは救済策－事態収拾策を示すものであろう。青年将校たちに率いられた軍隊は革命軍、つまり「吾党化」した維新軍ではないのだ、それは正義のために立ち上がった軍隊であるとその性格を述べ、撤収方策を真崎大将へ一任せよということなのである。

北－西田の路線から見れば、「天子皇室より国家改革の錦旗節刀を賜ふと考ふるか如きは妄想なり」であり、また、完全に「吾党化」していない陸軍首脳部(たとえば、真崎甚三郎)に一任するなどは、大きな後退路線を意味することは言うまでもない。だが、未成熟だった青年将校たちが現実には動いてしまったのである。この蜂起は革命を目指す蜂起とはいえないが、正義を目指す蜂起であるから、事態をなるべく青年将校たちに有利に収束しなければならないというのが、二・二六蹶起以降の「後方部隊」であるこの二人の事件への対応だった。

余談になるが、それまでは柳川兵助台湾総督を事態収拾のための内閣として、青年将校たちは考えていたようだが、北は首相官邸を占拠していた栗原を電話で呼び出し、真崎に一任するよう指示している。台湾にいる柳川を呼ぶには相当な日数がかかるというのがその理由であるが、如何に、北が事態の収拾に焦っていたかをこの件が示している。さらに、この電話に対する栗原の「皆と相談して直ちに其様に致します」という返事は、蹶起そのものの無計画性、自然発生性を如実に示している。すでに触れたように、蹶起趣意書と要望書は、その後の長期戦を予定するものであったとは言えるが、そうした第二段階へどうやって導くのかという戦略はこの部隊は持っていなかった。首相官邸で車座になって、次期首班を誰にするか討論する青年将校たちを思い浮かべると、おかしさと言っては失礼だが、叛乱の自然発生性を痛感せざるを得ない。

北－西田の「二人の党」は、さまざまな手段を尽くして、事態を少しでも青年将校たちにとって有利な解決に努めようとしたわけだが、結果は、周知のように、「朕が最も信頼せる老臣を悉く倒すは、真綿にて、朕が首を締むるに等しき行為なり……朕自ら近衛師団を率ひ、此が鎮定に当らん」（『本庄日記』、二七五－六頁）という天皇の一言で決まってしまった。

この天皇の言葉を獄中で聞いたのだろうか、北一輝は「若殿に　兜とられて　負け戦」と一句を記している。明治人である北一輝の「わからずや」な若殿への蔑視の視線も感じられる。

だが、いずれにせよ、北が不本意ながら加わらざるを得なかったこの負け戦によって、天皇機関説に基づく明治体制が終焉を迎えたのは歴史的事実である。世の人々には美濃部天皇機関説が葬り去られたことで、明治日本の終焉を云々する人もいるが、私は、北の死をもって、もう一つの機関説の終焉と考えている。

ここで、西田の辞世の歌も、最後に引用しておこう。「君と吾と身は二つなりしかれども　魂は一つの　ものにぞありけり」。あまり上手い歌とは思えないが、二人の関係を率直に表現しているもののように私は理解している。「たった二人の党」の終焉である。

付記

本文中で、私の父に関して何回か触れることになってしまったが、ここで、彼と二・二六事件とがどういう関係があったかということを簡単に記して置きたい。私が聞いた話では、杉田省吾を通して西田税と知り合い、民間側の一員としてこのグループに参加したようである。だが、西田が蹶起には民間側は巻き込まないという方針であったため、事件を知ったのは二月二十六日の早朝のことであった。

「玄関の鍵のかかったガラス戸をぶちこわすようにガンガン叩く者がある。寒さにふるえながら玄関の戸をあければ、杉田省吾がころげるようにしてはいってきた。いつもユッタリとしていた彼が、オーバーの雪を払おうともせず、帽子もとらず、『とうとうやったよ。すぐ一緒にきてくれ』」

これは、父の手記からの抜粋であるが、彼はこうして西田税と会い、蹶起した部隊の糧食を確保することに奔走することとなった。このことは、子供のころから聞かされていた話だが、今、考えて見ると、二・二六事件の自然発生性が浮かび上がってくるような気がする。言うまでもなく、一四〇〇に及ぶ部隊の出動を行うのに補給を当日の早朝になるまで考えていなかったなどということは信じられない。（たまに、テレビなどでの二・二六事件秘話なる番組では北の声が報道される。叛乱将校たちに対して「マルがあるか、マルは」という盗聴電話が紹介されるが、これも部隊の糧食を心配してのものだったのだろう）。

父が直ちに連絡をとったのは、宇野信次郎という日本労働組合総聯合の中心幹部であり、アナ系労働組合の指導者であった。宇野は各組合の幹部たちを緊急招集し、物資支援の件を協議したが、警視庁からの妨害もあって話はまとまらず、自分の組合（「日本労技会」）だけでも支援を行うと決意したという。この宇野の強気な発言の背後には、彼が指導した数々の労働争議の経験や自分の率いる労働組合の動員力、更には失業した組合員の仕事を確保するために興した土建業「魁組」（この組で日本車両東京工場の埼玉県移転をすべて請け負う）の力量が存在していたからだと思われる。由井格は宇野信次郎に関して次のように書いている。

「山谷の日染争議では、争議団の兵站部での支援に大きな力を発揮した。白井新平著『日本をシンカンさせた日染煙突争議』によると、宇野信次郎率いる労技会は、白米三石六斗を争議団に届けている。……日染争議に米三石六斗を運び込むような財力、巨大な工場をまるごと移転させる動員力に古賀は目につけていたのだ」（由井格「二・二六事件で動いた異色の組合運動家」（『トスキナア』第六号）

しかしながら、この兵站の役割は、蹶起期間中の四日間、それぞれの部隊の原隊から補給が行われていたため、実際には無用に終わった。とはいえ、このエピソードは、蹶起が非計画的であったことを語っているとともに、労働者階級との結合の問題も北と西田は考えていたことがわかる。ちなみに、宇野の自伝『八〇年の人生』においては、西田－宇野間においても書簡の往復がなされていたことも記されている。

第二章　北一輝の思想とその時代

はじめに

私の北一輝論もそろそろ終わりに近づいてきた。ほぼ、十年間、北さんと付き合ってきたのだが、別れを告げるのは惜しいような気がする。そんな気持ちからだろう、未練がましいが、なお、二つのことを語って置かなければならないと考えている。

二つとも、友人から言われたことだが、一つは、お前にとって北を問題とする必然性がどこにあったのかということであり、一つは、北とは何だったのかということである。そんなことを言われても答えようがないというのが、正直のところ私の気持ちである。なぜなら、この二つの問いは「お前は誰で、何なのか」という問いを孕んでおり、それが分らないからこそ北を読み、考えていたとしか答えられないからである。

この二つの問題のうち、比較的簡単そうに見えるのは、第一の問いだろうが、それに答えるのも実はなかなか難しい。お前は誰か、などという問いに答えられるのは類まれなる文学者か哲学者だろう。私に出来るわけがない。そこで、ただ私がなぜ北一輝を問題にしたのかから筆を起こしつつ、北とは何だったのかということを、まとめを兼ねて書いてみることにする。

すでに、何度か触れたことだが、私の幼少年時代は二・二六事件の関係者たちに取り囲まれていた。名前を挙げよう。『私の昭和史』を書いた末松太平さん、『二・二六事件への挽歌』の大蔵栄一さん、西田税夫人、民間側で父の同志であった水戸の杉田省吾夫人、アナ系労働組合の指導者であった宇野信次郎さん、二・二六事件当時学生であった中橋照夫さんなどが訪問客のメンバーであり、当時われわれが住んでいた元中華民国青年団の寄宿舎では、北一輝夫人も「同居人」であった。

当時、私は小学生で話の内容はよく理解できなかったが、父の傍らに座って彼らの話を聞くのが好きであった。父は心臓病で、一年に二、三回は発作を起こし、その後十日間ぐらいは病床に臥していたものだが、戦後も自己の思想に忠実であろうとした。二・二六残党を励まし励まされ続けてかろうじて生きていたとも言える。だが、そんな中でも北一輝の『国体論』を再版し、北の思想を残そうともしていた。(註) 私は、病床にあの白いカバーの本が積み上げられている光景を覚えている。我が家の生活は極貧であったが、父は「妻は病床に臥し、子は飢えに泣き」と梅田雲浜の漢詩を私に教え、「志」の大切さを説いていたことも記憶にある。

(註) この国体論の再版が新憲法の制定以前なのか以後なのか定かではないが、「われわれは天皇を神格化してはいなかった」ということを示したかったのであろう。なお、戦後すぐから、父は天皇は退位して、神官になるなり、出家しろと言っていた。天皇制に対しても、醒めていたのは確かである。

私は大学二年の安保闘争のころから全学連の運動に興味を覚え、共産主義者同盟(ブント)のメンバーになっていたが、その運動の目指すことと父たちの運動が本質的に違うものだとは思えなかった。当時、父は「山王台上一痕月、千古光芒照大忠」で終わる絶句を書いた。二・二六事件の時の心境を謳ったものだが、父の言う忠義とは君に尽くすことではなく、「君」と意見が合わなければ、自己の信念を貫き通せということだと教わった。自分の信念にしたがって新左翼運動に邁進することと父の信念とは矛盾しなかったのである。

ただ、私がひたすら考えていたことは、父たちのような敗北を俺は繰り返さないぞ、武器を取っての叛乱を起こすときには、必ず勝利するという陣形が整ってからでなければならない。それまでは、どんなに苦しくとも梅田雲浜で行かなければならないと思い続けてきた。

そんな風に考えていた私には、心の片隅に、北一輝および二・二六事件への想いが住み込んでいたのは当然と言えば当然のことであろう。問題意識は、丸山真男の『現代政治の思想と行動』を読んだときから始まっていた。丸山の言うように二・二六事件はあの戦争を引き起こした日本ファシズム、日本の超国家主義の「走狗」だったのか。北一輝や青年将校たちは現人神の信奉者であったのか。北一輝は天皇機関説論者であったというが、それはあの叛乱とどういう関係があるのか。中国革命に加わった北、社会主義者であったという北がファシズム思想とどう結びつくのか。マルクスやレーニンを読む中でこうした問題はいつも私には潜在していた。吉本隆明や橋川文三、村上一郎、ジャンルは異なるが、私の「師」である廣松渉などもこうした視点で読んでいた気がする。

だから、こうした問題への解答を見出したいという気持ちは持ち続けていたことになるが、これを書くに至るまでには、かなり、長い歳月がかかったというわけだ。

私が本格的に北一輝に取り組み始めたのは、『情況』の編集を辞め、地方に引っ越した一〇年ほど前からである。その中で分かってきたのは、まず、北一輝という人は終始一貫して同じ思想の持ち主だったということだ。このことを、北は自ら『支那革命外史』の序文で「不惑一貫」として誇っている。ところが、これを読んだ当初、私は、不思議に思った。人は時とともに成長を遂げるものであり、不惑一貫であるということは、自分が描いた図式に生涯縛られ続けたということを意味するのではないかと考えたからである。

しかし、今は、それとは若干別な感想を抱いている。「三つ子の魂百までも」という諺があるが、魂なるものに刻み込まれたものの考え方や行動のパターンなどというものは、そうやすやすと変わるものではなく、生涯その人を拘束してしまうのではないかということである。

この魂というものと、理論や思想というものとは違う。理論や思想というものは、その魂が実感として受け入れられたものを物象化したものに過ぎず、その具体的内容は変化・成長するが、それを表現する原質のようなものは、変わらないものなのではないかということである。このように考えるようになったのは、自分のこれまでの生き方と対比しつつ、北を見るようになったからだと言えるのかもしれない。それはさておき、ここでは、北の原質というものが何であり、それが時代の流れの中で、どう保たれ続けたのかを見ることにしよう。「北とは何だったのか」への私の解答である。

第一節　孤立する若き社会主義者

では、その原質のようなものは何であり、北においてはいつ頃、どのようにして形成されたのであろうか。私は北の伝記作家ではないので、それに言及するのを抑制してきたが、彼の理論を追求する中で感ずるのは、彼の魂を形成してきたのは、明治憲法制定前後の日本と自由民権運動の余波ではないかと想像している。一言で言うならば、近代国家を形成した喜びと国民が自由に未来を創造できるという雰囲気が北の魂に感じられるのだ。別な言葉で言えば、憲法制定期の大量な近代思想の流入の中における日本の「構成的権力」(註)が脈打っている。

(註) 構成的権力とは、憲法その他の新たな法や秩序を創り出す根源的な力のこと。これに対して、「構成された権力」というのは、法や秩序によってもたらされた権力のこと (ネグリ『構成的権力』、ハンナ・アーレント『革命について』等参照)。

維新において解放された新たな空気の一つの例として、当時、流行していたという「チョボクレ」節の歌詞をここで記しておこう。

「国を富ます其の道は　隅から隅まで鉄道こしらへ　雑居を宥して外人引入れ　雑婚盛に商売繁昌　国会開いて政事を改め　人民自由で圧制撲滅　旧弊親爺が眠を覚して　狡猾野郎が税金もうける　損する得する勉強次第だ　兎角浮世は苦楽の世界だ　苦をすりゃ楽する働きゃ得する　やり様一つで岩をもとほす　何でもやつつけやらなきゃ分らぬ……」（色川大吉『明治精神史』上巻、一二二頁）。

自由の雰囲気は日本国内に充溢しており、そうした空気の政治的表現の一つとして、国会期成同盟から加波山事件に至る自由民権運動を捉えることが出来るだろうが、遠く離れた佐渡の島にも、自由民権の思想が届いていたようである。松本健一は、北の母方の縁者たちや、中学校教師たちの影響によって自由民権運動の高揚と挫折が、北の少年時代を形成したことを記しつつ、現実の拒絶、攻撃をしはじめた北の根底には、消すことのできない「自由民権の記憶と憧憬」がひそんでいると指摘している。

全くの同感である。だが、問題はその「記憶と憧憬」が北の場合一貫していたため、日本においては恒に孤立していたということである。時代の流れが激しく、流行に流されやすい日本にあっては、北は常に異質な存在であり、それ故に誤解され続ける存在であった。そのことは、彼の処女作である『国体論及び純正社会主義』の発表の時点から言えることだ。

彼の作品や行動を見てみると、大きく三期に分かれる。第一期は『国体論及び純正社会主義』の執筆期、第二期は『支那革命外史』の時代、第三期は『改造法案』から二・二六事件に至るまでの時期であるが、それぞれの時期において、「構成的権力」という魂が貫かれている。それ故、悲劇的なことに、この時期のいずれをとって見ても、北の思想は常に日本社会の中では孤立しているのである。「明治の精神」を貫き通そうとしたためだ。

佐渡の田舎にいた前時代の遺物とさえ言える「構成的権力」が、上京したとたんに触れたのが、国体をめぐる論争と社会主義をめぐる論争、さらには、日露戦争をめぐる論争であった。その中で、北は、自分の魂を抑圧しようというものに対して、論争を挑むこと、彼の言葉でいえば折伏的攻撃を試みることによって、自己の基礎的な立場を固めていった。

国体をめぐる論争において、北がなによりも重視したのは、日本を近代国家の一つとして把握するということであったが、それは次の二つの国家論と対決することによって明確化されていく。一つは諸個人を独立した存在と規定し、それらの契約として国家を捉える国家契約説であり、一つは日本は神の子孫である天皇が統治するという国家観である。だが、こうした国家観からは、維新という近代国家日本の誕生を現わす思想は浮かび上りようがないというのが北の出発点である。

こうした二つの潮流に対して、だから、北は激しい論難を加えることになるが、そこで依拠したのはスペンサーの社会有機体論と社会進化論、そして美濃部憲法学であった。

スペンサーは当時の革新的潮流に極めて強い影響を与えたが、他方では保守主義的な国家主義者たちの明治憲法制定に際しても、政府当局者に助言を与えている。清水幾太郎は、「私にとって、スペンサーは、社会学史上の一人物に過ぎないけれども、明治のインテリにとって、スペンサーほどポピュラーな人物はいなかった」と言い、明治一〇年から二九年に至るまでのスペンサーの翻訳書を三〇冊ほど挙げて見せ、さらに、自分が知らないものもあるかも知れないと述べている。板垣退助はスペンサーの『社会平権論』を「民権の教科書」と呼び、加波山事件に加わった者はこれに刺激され、決意したという。

このように自由民権派に対するスペンサーの影響は強大であったが、スペンサー自身は、諸個人の自覚が未成熟な日本のような後進国で民権を急激に拡大させることの危険性を危惧し、足しげく彼の下を訪れた日本の政府当局者に対しては、国権論的な助言を与えたとも言われている。

私がスペンサーの「同化－分化」という概念に注目し、これを北を読解する一つの鍵と考えたのは、そこに自由民権の流れを見出したからである。それとともに北の国家論を考える際に無視できないのが、美濃部憲法学である。上杉憲法学に対立する美濃部憲法学の民主的側面である。とりわけ、重要であったのは、美濃部が独立した諸個人を前提にした契約説のように国家を擬制的法人格として捉えるのではなく、一つの実在としての「綜合人」（家永三郎）として捉える立場であったことだ。

スペンサーの有機体論及び進化論と美濃部憲法学を結合させることによって、北の国家論の背骨をなす「実在の人格である国家」が生み出されることになる。このことによって、一方では、契約論的な国家形成論を拒み、他方では、古典的有機体論に根ざす君主主権論（日本的王権神授説）にも反対する国家論を構築することが可能になった。このようなものとして、北の『国体論』とその天皇機関説を捉えれば、自由民権派の流れを基にしつつ明治の言論界の中で、なにを彼が吸収しようとしたかが諒解できよう。北は独創的な思想家であるとも言われるが、何もないところからその『独創』が生まれたのではない。明治の自由民権運動によって育まれた魂が、その魂に適合する明治の言論の中から国家理論を形成していったのである。

その国家理論の内実については、すでに、再三再四述べてきたが、ごく簡略に触れておけば、近代以前においては、その社会のすべて（潜在的に存在する実在の人格である国家）は君主の支配に属していたが、同化と分化とによる社会進化によって、つまり個人主義思想の成熟によって、国家（社会）が国家（社会）そのものの手に属することになったのが近代革命であり、近代国家の成立だということである。

「実在の人格である国家」が顕在化したものとして、近代国家を位置づけるのであれば、北が近代国家日本を「法律的な意味での社会主義」と規定するのは、社会が主権を取り戻したのだから、当然の論理的帰結であろう。だが、一方で明治国家の内実は、資本主義が支配する階級国家でしかなかった。自由民権運動の末裔である北がこの事実を容認できるわけがない。そこで登場するのが実質的な四民平等を目指す社会主義思想である。

「実在の人格である国家」が主権を取り戻したのならば、そこには不平等は存在しないはずであり、それぞれが自己の労働に応じてその成果をとればよいわけであるが、現実の維新以後の社会は資本家や地主が支配する国家になってしまった。

マルクスの労働価値説はその根拠を資本家による労働者の搾取に求めるが、北は機械という社会的生産物の資本家による「掠奪」に求めた。資本主義が生産に用いる機械という生産手段は、そもそも、人類の、歴史的な知的営為の蓄積の結果生まれたものであり、それの成果を資本家が独占していると主張したのである。

つまり、この二つの論拠、一、労働の成果はその個人の所有に帰すべきであるという個人主義が近代国家をもたらしたことを評価しつつも、二、他方では機械という社会的生産手段の国有化（社会化）を柱とするために、労働に応じた分配ではなく、所得の完全平等が社会主義の目標として設定される。そうなると、当然、怠ける者も存在するわけで労働の強制という問題が発生せざるを得ないが、それは第一の問題である諸個人の自由という問題と矛盾する。

北が、終生、悩んだのは、個人の自由と社会主義（国家）、言い換えれば、個と全体との関係の問題である。これを何とか解決する道はないのか。そこで持ち出されてくるのが、ヘッケルのアメーバが実体であるか個々の細胞が実体であるか、つまり、個が全体に先行するのか、それとも全体が個に先行するのかという哲学的な問題であった。北が出した結論は、諸個人は、「一個体であると共に、社会という一大個体の分子」であるということであった。こうした観点から、北は歴史を振り返る。

近代以前の社会においては、社会を実体とする「偏局的社会主義」が支配し、近代においては「偏局的個人主義」が支配したが、社会主義社会においてはこの両者が統一され、個人の目的は社会の目的に合致する。それが社会の進化であるという社会進化史観である。この限りでは、「一人は万人のために万人は一人のために」という標語をかかげる共産主義の理想と矛盾するものではない。

だが、そうした社会をどうやって実現するか。労働価値説を否定してしまった北には、労働者をはじめとする国民への社会主義の理想の啓蒙と、より一層の機械の発達ということより他に方策がないのである。マルクスの場合、労働に応じた分配という社会関係の中で、徐々に、個々人が全体の一部でありつつ個々人であるという関係が作り出せるということを、「自由人の結合」として定式化しているのだが、北にはそれが欠けていた。

だが、ここまでならば、北の思想は当時の左翼に対して違和感を与えることはなかっただろうし、また彼も違和感を覚えることがなかったであろう。問題は日露戦争の評価であった。フランス革命がそうであったように近代革命にはナショナリズムがともなう。文明開化は朝鮮や中国の近代化を要求し、イデオロギー的にも、商品輸出という点でも旧来の中国を中心とする冊封体制と衝突することになる。文明開化を謳歌する当時の知識人や大衆とともに日清戦争を支持したことはその是非は問わないとして、止むを得なかったとも言えるだろう。ところが、日露戦争になるといささか事情は変化する。

第二インターの影響を受けつつ、平民社を中心とする左翼が反戦の旗印を明確にし、内村鑑三のような啓蒙的知識人も日露開戦に強く反対しだしたからである。ところが、自由民権の末裔である北は日清戦争当時の論理を修正することなく日露戦争を支持した。このことによって、北と日本の左翼との分岐が決定的となった。日露戦争賛成論を展開しつつ社会主義を説く北の理論が左翼には受け入れられようがなかったのである。

それでは、当時の権力者や右翼・アジア主義者との関係はどうであったか。政府当局者が皇国史観を激烈に批判する『国体論及び純正社会主義』を発禁にしたことから明らかなように、彼らにも受け入れられる筈もなく、また、天皇機関説を根本に据えている国家理論が、日本中心のアジア解放論やアジアの西洋に対する優越性を主張するアジア主義者に歓迎されるとも考えられない。

時代は変わってしまっていたのだ。国体について自由な論議が曲がりなりにも赦されていた日本は過去のものとなり、別な日本になっていた。その変化は明治憲法が発布された翌年の教育勅語制定によって、すでに始まっており、内村鑑三が奉読の際に最敬礼を行わなかったことが不敬に当るとして騒がれた世相の中にも現れている。北はこの内村の行動を思想の自由を守った人として支持し感激している一方、その内村が日清戦争を熱烈に支持しつつ日露戦争では反対の立場に立ったことにショックを感じている。明らかに自由民権運動の延長上の魂を保持しつづけていた北は、この処女作公表の時点ですでに日本の「流行」から取り残されてしまっていた。

北を「土着の思想家」などと評する一連の人々が存在することは知っているが、北の土着性とは神武に遡ったり、農村の共同体に根ざしたものではない。明治維新によって形成された近代国家日本は、日本という歴史性を土台として形成されてきたということなのだ。しかも、こうした思想は日本のみではなく、他の近代革命に向かおうとする諸国家にも適用される。だから、さまざまな近代国家の特殊性を捉えるものともなり得る。なぜならば、それぞれの近代国家は、その地域における歴史的な社会（潜在的な実在の人格である国家）の顕在化として位置づけられることになるからだ。北の中国革命への参与はこうした思想によってなされた。

平民社にせよ、革命評論社（宮崎滔天）にせよ、幸徳秋水にせよ、北は交友を結んだり客分になったりはしたが、政治結社の正式の会員、同人になることは拒んできた。だが、一つだけ例外がある。それは中国同盟会への加入である。この事実は、北の思想を考える意味でも重要である。日本には生死を共にする集団がなかったからであろう。そこで、北には生涯の友と呼べるような、すなわち、北と同じような「構成的権力」と言ってもよいような「原質」を保持している中国人、宋教仁と譚人鳳に出会うのである。北の目には彼らが維新の志士たちと映じたのだ。

第二節　『外史』と諫諍的文体の持つ意味

北の文章を読みつつ、私が感じた第一のことは、奔放自在に走る他者批判と悪口雑言のすさまじさである。これは「法案」として書かれた『改造法案』では、さすがに、少なくはなっているが、その註においてはところどころ散見できる。だから、この悪口雑言－批判が一貫した北メロディーであるといえるのだが、これは何を意味しているのだろうか。『支那革命外史』を例にとろう。

前節で述べたように、辛亥革命の時代は、北にとっては幸せな時代であったと言える。なぜなら、北が憧れていたような維新をもたらした原質に出会えたからだ。思想的にも、実践的にも中国の革命家たちによって支持され、彼の説が諒解されていたとも考えられるからである。とはいえ、それは、ますます激しくなる論争と政治闘争の中でのことである。闘いの中でしか自己を保つことができなかったとさえ言えるだろう。

北にとっての論敵、政敵は大別すると二つであった。一つは孫文に象徴される中国の欧化主義的潮流であり、一つはそれと交じり合いつつ存在する日本（帝国主義的潮流、アジア主義的潮流、近代市民主義的潮流）とイギリスであった。

孫文批判については、すでに述べてきたところなので、その論点を箇条書きにして列挙してみよう。

一、日本の明治維新はアジアにおける自力による近代革命であり、その成果は日露戦争の勝利によってアジア諸国の革命を覚醒させた。その結果、巻き起こった中国の革命運動は、近代日本の精神によって励まされた革命である。だから、明治維新と同様に中国革命も自力によってなされるべきだ。
二、それゆえ、革命の主体は清国軍内部の叛乱に求めるべきであるが、孫文等のさまざまな武装蜂起は外国からの援助や武器供与を当てにし、そのために敗北した。
三、日本の維新は、下層武士階級を中心としていたため「武断的」であった。文治主義の中国では、貧農その他を基盤とした国民兵を育て武断主義を育てなければならない。儒教で大衆を教育する代官階級は打倒の対象である。
四、維新の成功は、ヨーロッパにおける列強の対立・抗争の隙をついて行われたものであり、諸外国の対立は革命にとって利用すべき対象である。
五、また、革命後の政体も、外国から直輸入した大統領制民主主義ではなく、中国の事情に適合した東洋的共和制でなければならない。
中国革命は思想的にも実践的にも「自力更生」でなければならず、そのあり方については、日本との比較において問題が提出されている点が注目されて然るべきだろう。すなわち、それぞれの国には、それぞれの革命やそれぞれの近代国家があるという「実在の人格である国家」論が、孫文批判の底流に流れていたのである。

もう一つの批判の対象は、言うまでもなく、日本の対中政策批判である。直接の革命支援までは行えないとしても、革命を激励し、諸外国の反革命勢力の干渉から防衛すべきなのが日本であり、それを実行したのが日露戦争であった。この立場から日英同盟と日露協約は、いわば、中国分割のための反革命同盟だとされ、それの延長にある六カ国借款問題への日本の参与などが厳しく非難されている。

その上、こうした日本の外交政策への批判は、単に、権力者に対する批判にのみ止まるものではなく、頭山満や犬養毅などを含めた大陸浪人に対する批判や欧米追随主義的な天皇の重臣たち、さらには、日本の市民主義的な欧米崇拝論者にまでその矛先が及んでいる。『支那革命外史』を絶賛した民本主義で名高い吉野作造でさえ、中国人には国家形成の能力がないから日本は時間をかけて中国を独立国家として養成すべきであるが、それまでは列強と協調しつつ後れを取らないように中国への進出を図るべきだと主張している始末で、当時の日本の対中認識は、大陸浪人、政府、市民主義的知識人の間では一致していた。北が批判し、戦わなければいけなかったのはこうした日本であった。

周知のように、第一次大戦に至るまで、日本のインテリの思想的主流というべきものは、福沢諭吉の「脱亜入欧」というスローガンに象徴されているように、西欧近代が基準であった。しかしながら、それは一方、日本人は優秀であるが故に近代国家を形成することができたが（これが天皇主義と結びついていたことはいうまでもない）、他のアジア人たちは国家を形成する能力がない「砂の如き」人種であるというアジア蔑視につながっていた。彼等には近代国家を形成する能力がないから、日本が代わってそれを作ってやるという大陸浪人たちのアジア解放論が主流となった。

こうした日本に対して、客観的な立場から、それが、たとえ中国革命の立場からの批判だったとしても、批判を加えるだけならば、北の立場はあるいはもっと簡単であり、鮮明であったかもしれない。なぜならば、主客図式に基づいた通常の論文のように、対象である日本を客観的に述べた上で、自己の立場からの批判と改革の道を示せば良いからである。しかしながら、北もまた明治維新と日本の近代化に感激していた日本人の一人なのであるから、どうしても日本の動向に対する批判は、感情的で激しいものにならざるを得ない。『純正社会主義』論においても、こうした叙述が見られたが、『外史』ではその傾向がますます激しくなってくる。このことを意識したのであろうか、北は、『外史』の序文で次のように言う。

「本書を読まるる方は文調の旧式であり、態度の諫諍的であるのを怪しむであろう。不肖は六年後の今日之を校正しつつ、符節を会する如き古今の一致に眉を顰めた。日蓮と雖も元寇襲来を警告せる立正安国論は彼自身の文調でなく又時の権力者に対する諫諍的態度であつた」（二巻、序、三頁、傍点筆者）。

キーワードは諫諍的である。辛亥革命を描くことが日本の権力者を諫め争うことなのである。否、私から見れば、北がここで諫めようとしているのは、ひとり日本の権力者のみではなく、大陸浪人や軍人たちを含めた日本そのものであり、かつ、孫文をはじめとするアメリカ型の革命を中国に輸入しようとする者たちだった。

「北君の文章は同時に思惟であり、感興であり、また行動でもある。……その精神全体を渾一的に表現した文章である。……理性の対象として理解すべきものでなく、精神全体で感受又は観得せらるべきものである。……之を理性の俎上にのせ、論旨が矛盾しているの、論理上の飛躍があるの無いのと騒いで見たところで結局無用の閑葛藤である」（『大川周明全集』四巻、一二三八頁）。

これは、後に、北一輝と組んで「猶存社」を結成した大川周明が書いた北への追悼文の一部である。この文の後半は問題を孕むが、北の文章が思惟であり、感興であり、行動であり、精神全体の渾一的表現であるという点は賛成できる。アルチュセールが理論とは人を動かす手段なのではなく、「理論が闘う」のだと述べていたように記憶しているが、まさしく北の場合、理論が、というより、文章それ自体が闘っているのである。これが、北の文章が「人を酔わせる」正体なのだ。人がある空間に属していて、その空間そのものを批判し破壊しようとするならば、「精神全体の渾一体」であらざるを得ない。北の場合、その批判の中核にあるものは、維新と自由民権への憧れではあるが、それはそれとしては意識されていない。北の「諫諍」の中から、それを見つけ出してくるのはそれを受け止めるものの役割である。その点で大川は明らかに失敗している。「論理上の飛躍があるの無いのと騒いで見たところで無用の閑葛藤」と言うが、その論理上の飛躍を読み解かねばならないのだ。そこに北の原質が存在する。『外史』には宋教仁が暗殺された時、亡霊の力によって、袁世凱と孫文の共謀によるものと知らされたと述べているところがある。北が亡霊を見たか否か、あるいは、それがこの二人の共謀であるか否かという事実はどうでもよい。いや、それに惑わされてはならない。問題は、「亡霊」を持ち出してまで「諫諍」しなければならない対象はなにかということだ。袁世凱が暗殺を示唆したというならば、誰しも諒解でき、論理上の飛躍はないだろうが、亡霊という飛躍をしてまで共犯者として孫文を持ち出してきたのはなぜなのかということだ。北の潜在意識にあったのは、孫文という存在を介して見えてくる欧米依存型民主主義と日本のアジア主義者の構造的な同質性であるというのが私の答えである。

孫文は、日本では頭山満や犬養毅をはじめとする大陸浪人たちの支持を集める一方、洋化主義的インテリたちにも支持されている存在だった。北にとって孫文を批判することは、アジア蔑視のアジア主義者と洋化主義者（権力者とインテリ）の両者を叩くことでもあった。しかしながら、そのことが論理的に整理されていたわけではない。『外史』においては、日本人の中国人蔑視に対する批判、日本政府のイギリス追随策に対する批判、また、洋化主義的なインテリたちを「翻訳蚊士《ぶんし》」と批判はするが、そうした批判を行う視点が鮮明に表明されているわけではない。北一輝の心の中で渦巻いていたのは、明治維新から自由民権の時代の自由で愛国心に満ち、近代国家を作り上げた輝かしい日本であり、それが、「諫諍」の原点である。しかしながら、現実の日本は北の眼から見ても、変わってしまっていた。日露協商－日英同盟、さらにはアメリカでさえ反対し加入することを拒んだ六カ国借款団に積極的に加わり、革命を圧殺することはもとよりのこと、中国の主権の簒奪者の一員になってしまった。こうした現実に対して「諫諍」を試みるむなしさを最終的には悟らざるを得なかったのが『支那革命外史』である。北は中国革命の中においても、日本の主流からは孤立していたのである。

第三節　大川周明との出会いと訣別

北にとって真に同志と呼べるものは中国の宋教仁と譚人鳳のみと言えるかも知れない。この二人の同志も失ってしまった北が、未完の中国革命を完遂するためには、どうしても日本革命が必要であるとの結論に達し、『改造法案』の執筆を開始する。その頃、上海に訪ねてきたのが大川周明である。

この二人は上海の旅館で夜を徹して語り合い、次の日も場所を移して話し合ったという。大川はその模様を「北一輝君を憶ふ」（前掲書、二三〇頁）の中で、「二人は太陽館の三階の一室に床を並べて横になつて居た。猿又一つの北君が仰向に寝ながら話して居る内に、次第に興奮して身を起し、坐り直つて語り出す」と回顧しているが、この上海での二日間は北にとっても忘れがたいものであったことは変わりない。北は『外史』の「序」において「不肖は此書が極めて限られた範囲の配布なりしに係らず、これに依りて満川亀太郎君を得た。大川周明君を得た。……一面識だにない六尺豊かな大川君が、日本が革命になる、支那よりも日本が危いから帰国しろとワザワザ上海にまで迎へに来た大道念に刎頚の契りを結んだ」（二巻、四頁）と記している。失ってしまった中国の二人の同志に代わるべき存在として大川が写ったことであろう。その瞬間、はじめて、日本人の同志を持てたと感じたことだろうが、彼らの「刎頚の契り」は長くは続かなかった。満川亀太郎や大川の招きによって猶存社の同人とはなったが、その四年後には、彼らと訣別してしまう。

この訣別に関して大川は、「離別の根本原因は簡単明瞭である。それは当時の私が北君が体得してた宗教的境地に到達して居なかつたからである」（前掲書、二四〇頁）と、極めて、宗教に造詣が深い大川らしい総括をしているが、客観的に見れば、決してそのようなところに彼らの離別の真因があったわけではない。確かに、大川と接した頃から北は法華教の信仰を深めていたことは事実だが、北の政治思想をいたずらに信仰の問題と混同してはならない。大川と北の間には埋めることの出来ない溝がその出会いの当初から存在していたのである。

一言で言えば、先に述べた北の「論理的矛盾」なるものの根底に存在する原質を大川が見ぬけなかったことにあると言えるが、具体的には、その第一点は日本及び天皇制に対する立場の相違であり、第二点はアジアに対する認識の相違であり、第三点はソヴィエトロシアに対する見解の相違である。

宗教ならびに道徳を出発点とする大川は、その根源に、天を敬うこと、隣人を愛すること、自己の自然的欲望を抑えることの三点、すなわち、「敬天」「仁愛」「克己」を挙げ、人間の他の動物に対する優位性をこうした精神生活に求める。そして、その「敬天」の起源を、先祖を敬うことに求め、天皇を宗教的崇拝の対象とはするが、その他のあらゆる宗教もこの先祖崇拝から発生したものと捉えていることが他の天皇主義者と異なる特質である。つまり、この点においては、天皇信仰も他のキリスト教やイスラム教も何らの差は存在せず、共に「敬天」ということで通じ合うものとして把握される。だが、こうした考え方は、天皇を「民主々義の仮装」と考える北とは完全には重ならない。

また、忠孝を第一義として捉え、国家と個人の内面をつなげて考える大川の思考法は、教育勅語以後に広められた国学的思想を踏んでいることは明らかであるが、こうした発想は北からは出てこない。すでに見たように、北は明治以降の天皇とそれ以前の天皇を明確に区別し、明治天皇を民主主義の首領として政治的にのみ捉えている。この捉え方は自由民権運動の流れを汲む維新革命の生き残りの捉え方と評すべきだろう。

さらに、大川は西洋を物質生活を中心の文化として捉え、これに対してアジア文明をひとまとめにして精神生活中心の文明として捉える。その上で、アジア文明が西洋文明によって支配されるに至ったのは、自己の精神的進化のみを中心と考える「小乗的」思想であったからだとする。日本は、こうした西洋もアジアも含めてあらゆる思想の長所を、敬天の思想の基に吸収していく「大乗的」文化であると把握する。そこから、日本がアジアの指導者にならねばならない運命にあると主張する。

しかしながら、北はアジアを同質なものとしてまとめて捉えようとはしない。西洋とアジアを「物質文明」「精神文明」とも捉えない。日本の明治維新をアジアにおける近代革命の先駆として把握するが、それが可能となったことの要因を封建的支配体制の矛盾の中に生み出された自律的な各種の思想と外圧に求める。日本の明治維新の理想が他のアジア諸国の革命の魁であり、模範であることは強調するが、そのアジア諸国の革命はそれぞれの国家の内的発展と矛盾によるものであるとし、各国ごとの革命の特殊性とその自立性を強調する。

したがって、アジア解放の問題も大川のように日本が思想的、現実的な指導者になるのではなく、単なる模範、あるいは、外部からの援助者の位置に止まる（明治維新の際には列強の対立が維新には不可欠であったように、日本はアジア革命が有利に展開されるように配慮すればよく、直接の援助は有害だとさえいう）。

ソヴィエトロシアに対する認識について（この問題をめぐって北と大川・満川の分裂が決定的となったのである）大きく言えば大川らは親ソ的であり、北はソ連に警戒的ないしは反ソ的であった。こうした大川らの親ソ的傾向がロシア革命に刺激されたものであり、ロシアとは違う形で日本でもソヴィエトのような計画的経済を作り上げなければという発想にあったことは否定できない。そのことは、日本で建設されるべき体制についての、「ソヴィエート連邦の右、英独の左……。両者の中間たる統制経済の実施」という大川の発言に現れている（五・一五事件訊問調書）。

こうした発想は石原莞爾も含め、後に統制派と呼ばれる軍人たちの問題意識とも重なりあう。というのは彼らの間では、来るべき第二次大戦にどう備えるかが焦眉の課題となっており、総力戦体制および統制経済の確立が最優先の問題であったからだ。

こうしたロシア革命と資本主義の危機的様相という中での何らかの新しい日本の建設という問題意識は北の場合には希薄である。国家改造案原理大綱が大正八年に執筆されたということもあるが、その思考の枠組みとなるのは近代国家である。ロシア革命についても、近代を超えるものとしては位置づけられていないのみか、遅れた農村社会を抱えたロシアは前近代的なピュートル体制の再来となると予言し、危惧さえしている。後の話になるが「日米経済同盟」の提唱に関しても、それは近代国家を基準とした同盟（帝国主義的同盟であるが）であり、あくまでも近代国家間の問題として提起される。つまり、分析の枠組みとしては、せいぜいのところ第一次大戦のころの列強の対立の次元であり、それを超えた「近代の超克」や総力戦体制、ファシズム的統制経済、ブロック経済といった問題意識は希薄だった。

こうした相違を見ていくと、北の思想は中江兆民や幸徳秋水や板垣退助などの発想に連なる明治初期の自由民権思想に社会主義思想を接続したものであり、教育勅語によって教育を受けてきた世代の思想とは根本的に異なっていると言えそうである。たしかに、大川は北よりも三歳の年下に過ぎないが、この三歳の差というものには大きな差が存在したと考えざるを得ない。大川以降の世代においては鶴見俊輔が言うところの「顕教」が支配的であり、「密教」に立脚した北の天皇機関説に根源を発する国家論などは受け入れられるはずがなく、さらに、他の近代国家とならぶ一国家として日本を考える発想は、当時の右翼勢力から言わせれば論外の主張であった。

それでは、左翼勢力はどうであったか。すでに述べたように、天皇制打倒を掲げる日本共産党にとっては、北の議論は天皇制支持論者の発言でしかなく一顧だに値しないものであることはいうまでもないが、民主主義・自由主義派にとっては、美濃部の天皇機関説を政治経済体制の根本的変革によって確立しようとする北の『改造法案』の発想はあまりにも過激であった。既存の重臣や政党の政治を覆すものであり、しかも、中国分割路線を歩む列強からの離脱を意味するものであったからである。

客観的に見れば、大川と北との同盟関係は遅かれ早かれ破局、即ち、北の再度の孤立は明らかであったといえようが、それの直接的契機となったのは、ヨッフェの来日と日ソ国交回復問題であった。大正一二年にヨッフェは東京市長後藤新平の招待という形で来日し日ソ交渉に当っていたが、その交渉に大川や満川は好意的であったが、北は反対の立場をとり、「ヨッフェ君に訓ふる公開状」なるパンフレットを執筆し、ヨッフェならびに政府要人に配布した。

北の反対理由は、要約すれば次の二点に絞られる。第一点は、ソヴィエトロシアは旧ロシア帝国の後継者なのか否かということである。後継者であるならば、旧ロシア帝国の財およびその領土を引き継ぐことは正当であるが、その場合、フランスをはじめとする資本主義諸国からの膨大な財の返還を認めた上で、領土継承権を主張すべきである。だが、ソヴィエトロシアはその借財を認めず、領土継承権のみを要求している。したがって、日ソ国交の正常化は拒否すべきであるというものだった。第二点は、ソヴィエトロシアが、資本主義を否定する革命政権であるならば、社会主義の理想郷を建設しようとするのは自由であるが、その場合、ロシア帝国の後継者とは認めるわけにはいかないというものだった。

要するに、このパンフレットで突いたものは、理論的には一国社会主義の矛盾ということになるが、あくまでも、それは近代という基準に立ったものだったことが注目されてしかるべきだろう。北の近代主義、諸個人の自由と平等という概念は国際関係にまで敷衍され、諸国家の独立と平等へと連なっていた点は『改造法案』の外交問題を論ずるに際して触れておいた。

大川と北との年齢の差は三歳に過ぎないが、北が生まれた明治一六年頃を境として明治日本には大きな断層が走っていたことは前に述べた。年齢だけから見れば、北も大川と同じ世代に属するようには見えるが、佐渡という島で自由民権の運動を伝え聞きつつ育ち、なおかつ早熟であった北はすでに述べたように前世代に属するのである。日本が維新で解放され近代国家の一員に成ったという喜びを感じていた世代だったのだ。

これに対して、大川らの世代は帝国主義的列強の一員であるという自覚に基づいた世代であり、その地位をどう守り、発展させていくかということが主眼だった。日本の軍事的ファシズムの源流として良く持ち出されてくるのが、岡村寧次、小畑敏四郎、永田鉄山ら三人のドイツ、バーデンバーデン（一日後れで東条英機も加わっている）における盟約であるが、彼らすべてが陸士一六期生（ほぼ北と同じ明治一六年生まれ）であるが、思想的には前世代に属する北とは大きく異なる。

第一次大戦の戦塵が収まったばかりのドイツでなされたこの会合において、彼らは来るべき第二次大戦を見据え、それが総力戦になるものと予想し、そのためには軍が主役とならねばならぬこと、旧来の長州閥（山県有朋）に支配されていた軍の支配権を獲得しなければならないこと、そのことによって列強よりも強力な国家を形成することを考えた。こうした軍部ファシズムの主流を担って行くことになる勢力と、大川には共通するものが根底にあったといえるのだが、北の場合はそうした動きとは外見上は同じでもベクトルが異なっていた。たとえば、長州閥打倒にしても、そのために北も積極的に動いてはいるが、それは、あくまでも明治の近代国家の完成のためだったし、また、国家改造の必要を叫んではいるが、中国革命の進展にとって反革命にならないように日本を改造するためであった。それによって列強を支配しうる国家にしようという意識は彼らに比べれば希薄だった。

大川は、こうした軍部の幕僚級の佐官たちと同盟を組んでいくことになるが、後に北が接触することになる軍人は、主に、軍部の主流に対しては距離を置く青年将校たちであった。

このヨッフェ問題を契機として、大川・満川と訣別した北は政治的な孤立を余儀なくされ、彼が再び政治活動らしきものを開始するのは、大正一五年、大川・満川が組織していた「行地社」を脱退した西田税が北と共に活動を開始し始めた頃からである。

第四節　西田税と「告ぐ」による転換

西田は陸軍士官学校を卒業し、少尉に任官したが結核をわずらい軍務にはつけず、満川を通して大川周明を知り、傾倒していた。この来歴が示しているように、その出発点は「憂国の青年士官」だった。

「神聖なる血を以て此汚れたる国家を洗ひ而して其上に新に真日本を建設しなければならぬ、而して『天皇の民族である、国民の天皇である』この理想を実現しなければならぬ、……噫、大権――神聖なる現人神の享有し給ふ真理実現の本基たるべき――の発動による国家の改造、『クーデッタ』吾等はこれを断行しなければ無効だと信ずるのである、――爆弾である、剣である」(「無眼私論」、『現代史資料』、五巻、二九五頁)。

こうした天皇主義者であった西田が、大川との分裂の際に、どのような思想的経緯をへて北の側に立つことになったか詳らかに示してくれる史料は存在しない。しかし、かなり深く北との間で討論がなされたであろうことは想像できる。

というのは、北は『改造法案』の第三版からは版権を西田に譲っているからである。版権を譲るということは煩雑な出版に関する諸雑務を西田に委ねただけではなく、それ以上の意味を持っていた。すなわち、「国家改造」に関する実際の宰領を西田に委任し、自らはそれの背後に立ち対中工作や、政治家への工作を主任務にしようという思惑が存在していたと考えられるからだ。西田税を得ることによって、北の政治的活動は以前とは異なった様相を呈することになる。すなわち、大川、満川らとの同盟という連合党的な性格から、たった二人ではあるがより純化した「党的」性格を帯びるに至った。

『改造法案』の位置づけも少なからず変貌した。当初のごく少数に配られたガリ刷りの第一版や、第二版は、北の思想を理解させ普及させるというよりも、これに賛同するもの集まれという姿勢であった。第二版の際の「凡例」においてはそれが顕著である。「前世紀に続出したる旧き哲人等の誤謬多き革命理論を準縄として此の法案を批判する者を歓ぶ能はず。……第二十世紀の人類は聡明と情意を増進して、『然り然り』『否な否な』にて足る者ならざるべからず」（二巻、二八七－八頁）とあり、討論や説明を拒否する姿勢で貫かれていた。ところが、大川・満川との訣別以降の西田版では、「第三回の公刊領布に際して告ぐ」という一文を加え、なぜ、『改造法案』執筆にいたったのかという心情や個人史を書き記している。(註) さらに、『国体論及び純正社会主義』と『支那革命外史』の序文を収めて、その理由についても次のように言う。

（註）『改造法案』が、五・四運動の最中に、日本の対中政策の誤りに耐えきれず書かれたことがここで明確にされている。『改造法案』を上海発と私が考える所以であり、この時点で方針転換もなされたと考えている。第五部参照。

「而して此の二著の序文だけにても収録した理由は、理論として二十三歳の青年の主張論弁したことも、実行者として隣国に多少の足跡を印したことも、而して此の改造法案に表はれたことも、二十年間嘗て大本根柢の義に於て一点一画の訂正なしと云ふ根本事の諒解を欲するからである」（二巻、三六〇頁）。

私は「告ぐ」を執筆し西田税に版権を譲った時点で、北の『改造法案』の扱い方に大きな変化があったと考えている。大川や満川にそれを示した時点では、日本の「同志」たちには一定程度この法案を理解してもらえるだろうという楽観的な見通しも存在していたが、彼らとの訣別に及んで、日本人の思想の変化に気づかざるを得なかった。自分の思想は日本においては孤立している、それに基づいて「国家改造」を行おうとすれば、既成の人々(註)との共同によって行うことは不可能である、自らの思想の普及に努め、その力によってなさなければならない。時間がかかるかも知れないが、その道を進もう。北一輝はかなり自分よりも年少の西田税との出会いの中で、こうした方向へと転換したのである。元騎兵少尉の西田の若き情熱が、北と触れ合い、北の内部に潜んでいた彼自身の若き日々を思い起こさせていた。

（註）大川－満川は政治組織「猶存社」結成の以前に老壮会という討論組織を主催していた。その老壮会のメンバーを挙げておこう。大井憲太郎、堺利彦、下中弥三郎、権藤成卿、高畠素之、渥美勝、鹿子木員信、中野正剛、岩田富美夫らで、左右の社会運動家がほとんど名を連ねていたという。

「『国体論及び純正社会主義』は当時の印刷で一千頁ほどのものであり且つ二十年前の禁止本であるが故に、一読を希望することは誠に無理であるが、其機会を有せらるる諸子は『国体の解説』の部分だけの理解を願ひたい。右傾とか左傾とか相争ふことの多くは日本人自らが日本の国体を正当に理解して居らぬからであると思ふ。この著者はそれを閲読した故板垣老伯が著者の童顔を眺めて、御前の生れ方が遅かつた、この著述が二十年早かつたならば我が自由党の運動は別の方向を取つて居つたと遺憾がられたことがある」（同、三六一頁、傍点筆者）。

ここに記された、板垣退助との接触とその発言を、北の虚言、大言壮語に過ぎないと一笑に付すことは出来ない。北は、自分の出現が二十年遅かったことを自覚しているのである。過去もそしてまた現在も、それ故、孤立しなければならなかったのだが、それにもかかわらず、自分は二十年間はその根本において「一点一画の訂正なし」「不惑一貫」だと誇るのである。そして、この孤立を打ち破るべく記したのが、「告ぐ」であった。これは西田との出会いを抜きにしては考えられない。「告ぐ」を書かせたのは西田であろう。もちろん、これは私の推測に過ぎないが、編集者を長年やってきた私にはこうした著者と編集者の関係が分かるような気がする。

このようにして「たった一人の革命家」であった北一輝は、もうひとりの革命家を得ることができた。そして、この西田という組織者を通して軍内部の青年将校とのコンタクトが形成され、学生、労組、農民など一般社会への「足」も徐々にではあるが形成されていくことになる。いわば、北グループの登場であるが、厳密に言えば、その核である北‐西田も、四面楚歌のなかでの孤立した存在に過ぎなかった。二人だけの秘密組織とそれを取り巻く多種多様な分子というのがその実体に他ならない。

北は、自分の理論を他人に注入し、無理やりそれを他人に押し付けようとしなかったし、それが出来るような状況ではなかった。それをやろうとすれば、たちまちグループは解体し、その多くはファッショ的な幕僚や大川の思想に飲み込まれてしまっただろう。出来ることと言えば、せいぜい「告ぐ」にあるような暗示止まりである。「天皇主義者」が世を風靡している時局の中では、天皇機関説に基づく国家論が素直に理解されるはずもなかったから、徐々に浸透すればよいと考えていた。自分たちの思想は社会の進化を先取りしたものであるから、必ずその時期は来るのだ、本当に日本の改造を考える者たちや集団が出てくれば、自分たちの考えが受け入れられると信じていた。そのことは、二・二六事件後に行われた憲兵隊の取り調べの中で、『改造法案』について次のように述べていることからも窺える。

「老人頭の人を啓蒙することは困難でありましたので、是非次の時代の青年達を啓蒙しなければ、国家主義的革命を達成することは不可能であると云ふ事を考へましたので、次代青年の思想を啓蒙する為めの啓蒙的指導書として書いたのでありますが、実行論をかかげたのではありません」（三巻、四三四頁、以下三巻については頁数のみ記す）。

北は、ほとんど、自分の子供たちのような若い将校たちに、一人の翁として接していたようだ。北に『霊告日記』と題されている日記がある。北に告げられたという『霊告』が、つまり、北の妄想が綴られているものだが、私はこれを手がかりとして北の思想をとやかく言うつもりはない。また、それを素材にして一人の理論家に対して云々することは、失礼だと思っている。だが、その中に度々現れる「我は一人の翁なり」という言葉と「秘密、秘密」という自制の言葉は無視できない。翁とは心の中に秘密を潜めつつも、ただ、ニコニコと若者の話をきいていればよい。それぞれの若者はその中で成長していくのだ。

北のこのような青年将校たちへの浸透作戦がどのような効果をもたらし、それが二・二六事件とどのように関係することになるのかはすでに前章で明らかにしたことなので、ここでは、事件の直前に北が取り組もうとしていた問題について考えてみることにする。

第五節　沈む日本と日米経済同盟

二・二六事件後の憲兵隊調書および警視庁聴取書において、北は第二次世界大戦の勃発を予測しつつ、自己の活動について語っているので、その要点をまとめてみることからはじめよう。

①、当初、つまり、『改造法案』執筆時の大正八年頃には、第二次大戦が起こるものと信じて、ロシアやドイツのように内部崩壊しないように、国内の合理的改造を急務と考え『国家改造案原理大綱』を書いた。（四四九頁）

②、ところが、それをもって「老人頭の人を啓蒙することが困難で」あったので、次代の青年の思想を啓蒙する

為の啓蒙指導書として考えた。

③、近年に至ると、第二次大戦というのが現実のものになるように見えてきたので、昭和一〇年七月（二・二六事件の半年前）に「対支投資に於ける日米財団の提唱」という建白書を書いた。これは、「日米は絶対に戦ふべからず」という趣旨のもので、イギリスの日米離間策、中国の排日運動を収束させ、日米中の経済同盟を意図したものだ。（四五〇頁）

④、そのために、「自分としては昨秋（昭和一〇年）頃から」中国と連絡を取り、この三月に「私の盟友張群氏が外交部長の地位についているので支那に渡ろうと準備をしていた」（四七一頁）。

これが調書に見られる事件以前の北の活動の概要である。もちろん、調書である以上、これを全面的に信頼するわけにはいかないが、少なくとも、次の二点は確認できるのではないか。第一は、すでに述べたように、『改造法案』の位置づけが大川との訣別から西田税版の発行に至る時期に変化したということ。第二は、国内改造を長期的展望の下に考え、活動の重点を第二次大戦に巻き込まれることを回避するための外交問題へと移していたということである。

事実、昭和に入ると、北は「対外国策に関する建白書」（四〇九頁以下、昭和七年五月）「日米合同対支財団の提議」（昭和一〇年六月）という二つの建白書を政府当局に提出するとともにガリ版刷りにしてそれを要人たちに配布している。これらの建白書は、その建白書という性質からいっても「国家改造」を前提にした「革命的」な外交路線ではなく、当時の内閣によっても実行可能な方策として提言されている。したがって、その論調や内容も大正八年に書かれた『法案』のように、中国、インドの独立を支援し、シベリア、オーストラリアの獲得を展望するといった「革命日本」の膨張を志向するものではなく、如何にして、次の大戦から日本を守るかということに変わっている。たとえば、昭和七年の建白書は、日仏同盟を提案したものだが、その中には、次のような記述がある。

「不肖嘗て海軍の責任者に問ふ。対米七割の主張は良し。若し米国海軍に英国の海軍を加へ来る時、将軍等は能く帝国海軍を以て英米二国の其れを撃破し得るかと。答て曰く、不可能なり。一死以て君国に殉ぜんのみと。不肖歎じて独語すらく、君国は死を以て海軍に殉ずる能はざるを如何にせんと」（四〇九頁、傍点筆者）。

日本そのものは英米を相手にした場合、海軍は海の藻屑と消えることも可能だろうが、日本そのものは消えることができないのだと言う。けだし、「君国は死を以て海軍に殉ずる能はざるを如何にせん」は名言である。なにやら、この一文を読むと、私は当時はまだ幼少であったが、戦後の焼け跡の光景や傷病兵たちのアコーデオンの音や飢えた自分たちのことを思い出してしまう。海軍のみならず陸軍も滅び去ってしまったが、日本人は亡ぶことさえできず生き残ってしまった。北はこうした情景を見たくはなかったのであろう。

『国体論』においては、天皇主義者たちの闊歩する日本を「東洋の土人部落」「四千五百万同胞の土人等よ」と書き、『支那革命外史』では、頭山や犬養らの大陸浪人たちを生み出したこの国を、「この円球上に愚人島あり。名付けて日本という」と蔑んでいる北が、他方では自らを愛国主義、国家主義と称している。それでは、この「土人部落」や「愚人島」と彼の愛国心や国家主義とはどういう関係にあるのかと本書を書き始めたときに考えていたのだが、「不肖歎じて独語すらく、君国は死を以て海軍に殉ずる能はざるを如何にせんと」の一語によってその疑問が氷解したような気がした。

「民」としか呼びようのない人々の「生」を守ろうとしていたのであり、北のいう愛国主義、国家主義とは、この島を支配するイデオロギーに対する「民」としての批判なのであり、それはあの明治維新のもたらした解放感であり、自由民権運動の中に生き続けていたもの、翻っていえば、北が少年時代からあこがれ続けていたものを感じてしまうのだ。

それでは、北は、どうやってこの日本の「生」を守ろうとしたのであろうか。この昭和七年に書かれた第一の建白書では、英米のみならず中ソも敵に廻すことが必至であると記され、それを避けるためにはフランスと同盟を結びアメリカを牽制する必要が説かれている。また、昭和一〇年の第二の建白書では、国際情勢の変化や日本のおかれている事態の深刻さを受けて、極めて、露骨かつ率直に、アメリカとの経済同盟とそれを利用した中国との関係改善を訴える。

「日本の対外策が品行方正なりし時代は満州事変上海事変以前の御令嬢方を以て終りと致候。……元亀天正の国際渦中に突入したる今日、日米婚嫁修交して四海波静かなるや否やを疑ふは何ぞ」（「日米合同対支財団の提議」、四二三頁）。

極めて分りにくい皮肉と比喩的表現に満ちた一文ではあるが、そこに一切の情勢認識と方針が込められていると感ずる。日本は満州事変、上海事変によって、最早、引き返すことが出来ないルビコン川を渡ってしまい、世界的な戦国時代の真っ只中に突入してしまった、つまり、第二次世界大戦の前夜に立っているというのである。したがって、かつてのような「品行方正のご令嬢方」の対外政策、つまり列強追随型の「事なかれ主義」外交では暗礁にのりあげるだけだ、「元亀天正」の戦国時代のような果断なる外交が必要だという。その決断とは日米の経済同盟であり、そのためにはアメリカに娘を差し出すという大胆な婚姻政策に踏みきらねばならないと力説している。満州事変を起こしてしまった日本、それによって中国のみならず全世界を敵に廻してしまう危機に立つ日本は、嫁を迎えたリ、婿を迎えたりするのはやむを得ない。婚姻政策によって、対米戦争の危機を回避すべきだというのである。

これは満州事変、上海事変の延長上に、「神国日本」というイデオロギーのもとに更なる戦争へ突入することもいとわないという当時の右翼的勢力と真っ向から対決するものであるのは言うまでもない。また、そうした軍部を中心とする風潮は現実を離れた自己礼賛であり、「怖るべき国難」を招くものだと激しい非難を加えている。北はアメリカに迫られる前にアメリカの意を迎えようとする「婚姻政策」を取らねばならぬというのだ。

「支那は日本一国のみの力を以て保全し又は開発し得べき者に非ず日本の対支国是と一致したる強国との同盟的提携を欠くべからざる必要とす……日本の現在及び近き将来の実力を見るに、日本一国のみの資本を以て支那を開発する能はず、日本一国のみの武力を以て英米又は該二国以上の武力を撃破して支那を……保全する能はざるは明白なる現実に御座候。……今日に至りては必ず日米経済同盟の財資に依るの外なしと存候。……日米経済同盟は支那及び太平洋の平和を維持すべき日米の武力的提携たるべし」（四二一－二頁）。

しかしながら、当然、こうした日米提携路線は日米のみで決められることではない。当然、当事者である中国の諒解を必要とする。そのために、北は、日本政府に一方ではこのように働きかけつつ、中国の蔣介石をこの路線で口説くために、昭和一一年には中国に赴こうと決意していた。

「（蔣介石政府が）如何に日支提携に目覚めしとは申せ幾十年間に亘る日支紛争重畳し最近特に満州独立の事あり、日本一国との経済的提携の如きは（小規模の者は兎に角）彼等をして殆ど其の存立をも危ふからしむる恐れなしとせず候。……米国と合同し混和したる日米財団なる時は反政府的勢力排日勢力と雖も一切の疑惑猜疑なく一に只謳歌万歳を叫ぶのみと存候」（四二三頁、傍点筆者）。

この「混和したる日米財団」による中国の開発援助という路線は、単に、第二次大戦が迫り来る中での日本の孤立を避けるための方策のみではないことは、明白である。この提言には、中国への想いと日本への想いが込められ、さらには、当時のアメリカ民主主義に対する一定の評価も込められていると考えるべきだろう。

たしかに、北は孫文がアメリカ型民主主義を中国に導入しようとした時に激しく反対し、「東洋的共和制」を唱えた。しかし、それは、近代民主国家そのものを否定したのではなく、アメリカ型民主主義は、諸個人が独立した個人であることを前提としたアメリカにのみ可能な政体であり、近代国家とは、「実在の人格である国家」の復権である以上、中国には中国の東洋的共和制があるべきという主張に基づくものであった。

それぞれが近代国家である以上、近代社会の中で諸個人が他者の独立を認めるように、それぞれの政体は異なっても近代国家もまた他の国家の独立を認めねばならないというのが北の持論であった。こうした持論から見るとき、日露戦争において日本を支持し、中国の保全を応援したアメリカは、北から見れば「味方」と言えるような存在であり、また、ウィルソンの対中六カ国借款団からの脱退宣言に対して、「拝謝すべし。英米孰れか能く支那の保全に忠実なるやは一目瞭然なり」と述べ、日本はアメリカに恥じるべきだとまで言っている。その上、ヴェルサイユ条約での「民族自決」の原則やアメリカの自由貿易、門戸開放政策などにもある程度の共感を寄せている。こうした近代主義に基づく親米感情が日中米の共同という北の提案の背景にあったわけだが、それは第一次大戦における反連合国側への参戦論以来、北の現実的な外交路線の基礎を形成していたことも見逃すべきではない。

しかしながら、満州事変から二・二六事件に至る昭和六年から一〇年ごろにかけての日本においては、こうしたアメリカとの経済同盟路線は、日本の中国における権益を半ば放棄するものであり、アメリカへの全面的な屈服を意味するものと受け止められたであろう。北もそのことを十分意識していた。そのことは、「戦国乱世」の婚嫁修交路線という喩えからも感じられる。迫り来る第二次大戦の危機をどうやって避けるかということが、「日本改造」という長期プランよりも北にとって緊要な課題であったのだ。だが、ここでも北が現実の日本社会からは孤立していたことは言うまでもないことであろう。英米中を敵に廻しても神国日本は敗れるわけがないという「愚人島」の中で、醒めた目を持って日本の置かれた立場を認識していた一人の翁の姿を私は感じる。

こうした醒めた目がどこから生まれたか、今は明らかであろう。日本が列強の一つへと急成長していった中で自惚れ、「世界最終戦争」（石原莞爾）や、「日本によるアジア解放」を叫び、ロシア、ヒトラーの後を追い、「国家総動員による戦時体制」などを考えている世代とはその発想が根本的に異なるのである。こころみに、『改造法案』と軍部その他の手になる戦時体制樹立を目標としたさまざまな統制経済論を比べてみるがいい。後者に比べると、前者は大正八年に執筆されたこともあるが、労働者、農民、資本というような基本的階級を問題にした古典的分析にのっとったものであり、極めてアルトモーディッシュなのである。それは自由民権から明治社会主義へと至る時代に生まれた思想であったことを物語っているように思える。

おわりに

北一輝とは何だったのかということを明らかにするために、本章では、それまでの叙述とは異なった角度から捉えることとなった。すなわち、理論の分析というよりも、その理論が如何なる背景のなかで主張されていたのかを主眼に置いて来たわけである。北の理論と行動というものは、明治維新による日本の近代革命を受け継いだものであり、その精神を社会主義という未来に向けて接続しようと試みたものであると言えよう。

それ故、その社会主義論には近代の影が色濃くつきまとっている。自由と平等という近代の理念と社会主義という近代を超える理念を如何に接続させるかというテーマは解決には至らなかった。このテーマは、未だ実践的にも理念的にも解決されてはいないのだから、そのことで彼を批判し、非難するわけにはいかない。たとえば、『改造法案』を批判するに際して、北は「私有財産制度を認めている」と、公式的マルクス主義を支えとして批判する論者もいるが、私にはそうした批判は意味をなさないばかりか、北の原点も苦悩も全く理解していないもののように思える。

維新によって解放された民衆の自由の感覚を維持、発展させつつ、それをどう社会主義に結びつけるかという事で彼が悩んでいたことは歴然としているからである。『改造法案』においては、「国民の自由の恢復——従来国民の自由を拘束して憲法の精神を毀損せる諸法律を廃止す。文官任用令。治安警察法。新聞紙条例。出版法等」といった一項もうけられている。これについては、単なる美辞麗句のお飾りに過ぎないと考えられていたためか、北の思想を論ずる際に取り上げた論者を見たことがない。しかし、北が、近代革命の上に、社会主義を建設しようとしたという観点からは無視されてはならないことだと思っている。

北という存在を通時的に観察すれば、一般に流布されている「国家主義者」だとか「ファシスト」とかいうイメージとは異なり、その思想の根底には諸個人の自由が置かれていることがわかる。たしかに、北は「社会主義は日本に至って国家主義となる」と語り、自らも「国家主義者」と称している。だが、その「国家主義」の中身を吟味したらどうなるだろうか。北のいう国家主義を「実在の人格である国家」の顕在化として読み込めば、通常、理解されている国家主義やナショナリズムと大きく異なることに気づくはずである。北の「国家主義」とは「利己心」と「公共心」が、ある一国において統一された状態を指しているのである。

この国家主義は、日本にのみ通用する国家主義ではない。北が自ら中国革命のために働き、中国人に受け入れられたように、中国にも適用される国家主義であり、いわば普遍的な国家主義なのだ。もちろん、その国家主義はアジアのみに限定されるものではなく、全世界のさまざまな国に適用されるべきものである。そして、そのさまざまな国家主義間の利害の調整は世界聯邦内の議会に於ける理性に基づく言論によって行われるというのが北の理想とした世界であり、こうした理想像は明治の文明開化を受け継ぎつつ生み出された。残念ながら、北には道具立てからして、思想的にも、実践的にもその思想へと近づけなかったことは、これまで本書が述べてきたことであるが、北がそうした理想を一貫して抱き続け、そこを原点として行動していたことは疑いない。

当然のことであるが、時代の流れの中で、自己の思想を変わらずに持ち続け、それを起点として時代と対決し続けることは困難なことである。とくに、社会的風潮が流行を追うことをもっぱらとしているのみならず、思想界もまた欧米の流行を追い続けることを慣しとするこの国においては極めて難しい。そうした国において、一貫した魂を持ち続けた北という人物は類まれなる人間であった。私がこの章のはじめに自分の生い立ちから書き始めたのは実はこのためである。

古いといわれるかもしれないが、戦後民主主義の爛熟期に育ち、平和と民主主義と自主独立という気風のなかで、社会主義を夢見た私を忘れてはならないと改めて感じたからである。現在の日本の政治は、相変わらず、「東洋の土人部落」であり、「愚人島」である。だが、その「土人部落」や「愚人島」を変えていくのは、その愚人である我々でなければならない。反安保闘争、三里塚闘争、全共闘運動等々、実践の中で培った革命の魂こそがわれわれの「構成的権力」なのであり、それを発展させることが責務だと実感される。これまでに北への批判もいろいろと述べてきたが、もちろん学ぶべきものも大きい。「一貫不惑」の精神である。

あとがき

ついに、北一輝論を最後まで書いてしまった。北との別れは来てしまった。こんな風に書くのは、私にとってこの作業は苦闘の連続でもあり、また、パズルの連続でもあったからだ。北の著書は『国体論及び純正社会主義』『支那革命外史』『国家改造案原理大綱』の三冊しかない。したがって、その著作の分量から言えば大したことではない。伝記としてではなく、その著作の分析を主体として、その思想を明らかにしようとした本書にとっては、「対象」は限られており容易であったはずである。

ところが、少しでも、北の著作に触れてみれば、たちどころに、大きな難関に突き当たるはずである。その難関というのは、北の著作は体系的ではないからだ。ある一節について疑問を持ったとすると、それに対する答えが思わぬところに見出せる。本書においては、北からの引用を多用しているが、その引用された頁数を見て欲しい。例えば、二〇頁から引用した論理の続きが二五〇頁に見られるというようなことが多々生じる。北が自分の文体に関して、「折伏的口吻」とか「諫争的文体」と呼んでいるように、それらの著作が論争的だったからである。

相手を論破しようとすれば、話は飛ばざるを得ない。「誰かを説得しようと思へば、口から出放題に話を始め……いつしか当の出鱈目が当人にも真実に思われてきたのかと見えるほど真剣になり、やがて苦もなく相手を手玉に取る」と大川周明は北一輝の弁舌の巧みさを表現している。これに魅せられて「魔王」と呼ぶことにしたそうだが、私は、これと同じことを北の文体から感じてしまう。逆に言えば、こうした弁舌の巧みさから、その底に潜む一貫したものを引き出すことは極めて難しい。

大川もそのことを北の文章に関しても見ていたようだ。「北君の場合はその精神全体を渾一的に表現した文章」だと表現しているが、だが、彼はその肝心な「精神全体」については厳密には触れることが出来ないでいる。私が挑んだのはこれである。しかし、相手が「精神全体」であるのだから、こちらも「精神全体」で立ち向かわなければならない。いつしか、私は、北の「精神」に飲み込まれそうになる。だが、飲み込まれてはならない。私は、少なくとも、北を超えようとするものであり彼を飲み込まねばならない。北とある時は一身同体でありつつ、しかも、離れていなければならない。

この試みは、当然のことながら、私の「精神」そのもののより高次化を要求することになる。自分の抱いていた市民主義的世界観や社会主義やマルクス主義的な世界観を固定化しておいて、そこから、北を斬るようなものであってはならない。多くの「左翼」や市民主義的な立場からの北一輝論というものはこうした類のものだった。それを超えるためには、どうしても自分の世界観を脱構築しつつ、より強固なものとして打ち立てる必要がある。したがって、文中で行われているマルクスや廣松渉からの引用は、北を素材としつつこうした先達をどう読むのかという私の問題でもあったのだ。

さて、北に関してだが、私は、こうした方法によってどのような問題提起を行い得たのだろうか。多岐にわたるが、いくつか挙げてみよう。北の国家論である「実在の人格である国家」の論理構造は社会有機体論、なかんずく、ハーバート・スペンサーの系譜から生まれたものであること、それ故、その社会主義論は近代主義的であること、天皇制問題に関して言えば、徹底的な天皇神格化論への反対に貫かれており、それは『改造法案』にも受け継がれていること。北の天皇機関説は美濃部達吉や内村鑑三の影響を受けつつ、「実在の人格である国家論」につながっていくこと。さらに、そうした議論が中国革命の主流に受け入れられ、北の中国革命への参与につながっていったこと、『改造法案』そのものもそうした中国の革命から見た日本の改造案なのだということ、それ故、『改造法案』の第三版の序文といえる「告ぐ」が重大な意味をもっていること、などなど、である。こうした諸点を、他の「北一輝論」と比較して下されば、この書が「新説」だらけであることは一目瞭然のことと思われる。

それだからこそ、これで良いのであろうか。自負とともに不安で一杯であるというのが、現在の心境である。だが、こうした結果が生まれてきたのは私の作為ではない。北の「不惑一貫」という言葉に導かれつつ、その論理を私なりに追った結果であるのだからやむを得ないとしか言いようがない。読者諸氏の御批判なり、感想に期待したい。

最後になってしまったが、まず本書の上梓の労をとって下さり、度重なる原稿の改訂や多くの赤字修正に、一言の苦情もなく、励まし続けてくださった御茶の水書房の橋本盛作社長に感謝の意を表明したい。また、『情況』に長々と連載してくれた大下敦史編集長、「なかなか面白いからちゃんとまとめて出版しろ」と叱咤激励してくれた福富健さん、経済学や価値論について助言を与えてくれた吉田憲夫さん、長原豊さんらにお礼を申し上げたい。

さらに、本づくりの段階では、忙しい時間を割いて校正の仕事を引き受け、貴重な指摘もしていただいた中澤教輔さん、病床にあるにも拘わらず、進んでカバーのデザインを手がけてくださった秋山法子さん、校正の仕事を助けてくれたのみか、さまざまなアドバイスをしてくれた妻の佳子の三人に感謝の意を表明しておきたい。蛇足ながら申し添えておくと、上記の三人は、一九六八年の雑誌『情況』創刊当時のメンバーであり、それ以来の良き私の友人たちである。

この他にも協力と励ましをして下さった方々が数多く存在するのは言うまでもない。それらの方々に、ここに、心から感謝の意を表明する次第である。

二〇一四年四月

北一輝関連年表

西暦	年号	年齢	事項
一八八三	明治一六年		四月三日、新潟県佐渡郡湊町で生まれる。輝次と名付けられる。
一八八九	二二年	六	二月一一日、大日本帝国憲法発布。
一八九四	二七年	一一	八月一日、日清戦争（宣戦布告）。
一八九九	三二年	一六	眼病のため入院。
一九〇一	三四年	一八	無断上京。
一九〇二	三五年	一九	このころすでに右目失明。
一九〇三	三六年	二〇	六月、「国民対皇室の歴史的観察」（『佐渡新聞』）を連載も不敬という理由で中止を余儀なくされる。 七月、「日本国の将来と日露開戦」、一〇－一一月「咄、非開戦を云ふ者」（『佐渡新聞』）。
一九〇四	三七年	二一	二月、日露戦争始まる（二月一〇日宣戦布告）。 夏、上京　図書館に通いながら『国体論及び純正社会主義』執筆をめざす（早稲田大学の聴講生にもなるが、六カ月で退学）。
一九〇五	三八年	二二	一一月二五日、日露講和条約（批准交換）、日比谷で焼き討ち事件。

一九〇六	三九年	二三	五月九日、『国体論及び純正社会主義』を自費出版。 五月一四日、発禁。 一一月、このころ宮崎滔天らの「革命評論社」より誘われ同人となる。 一二月、中国同盟会に入会。神田錦輝館の集会で演説。
一九〇七	四〇年	二四	一月、このころ孫文と黄興、宋教仁、張継ら反孫文派の対立激化。北も反孫文派の主要なメンバーになる。 二月、孫文、日本政府によって追放される。
一九一〇	四三年	二七	五月、大逆事件　北も拘留されるが釈放。
一九一一	四四年	二八	一〇月一〇日、武昌にて蜂起、辛亥革命始まる（第一革命）。 一一月、宋教仁から招請電報、黒龍会の派遣ということで、北は南京、武漢に赴く。
一九一二	四五年 （大正元年）	二九	一月一日、中華民国発足（南京）。孫文、臨時大総統。 三月一〇日、南北統一し、袁世凱、臨時大総統に就任（北京）、宋教仁は農林総長となる。 八月、宋教仁らは、袁世凱に反発し辞職、国会開催に備え、国民党を結成（理事長孫文、理事長代理宋教仁）。
一九一三	大正二年	三〇	二月二日、中華民国総選挙終了、宋教仁率いる国民党が圧勝（第一党となる）。

			三月二〇日、宋教仁暗殺される（上海プラットホームにて）。 四月八日、北に対して上海駐在日本領事館より、中国からの退去命令。 五月、帰国。 八月、中国第二革命に敗北。亡命客、北の周辺に集まる（張群、范鴻仙など）。
一九一四	三年	三一	五月二三日、水野駐中参事官、五月二八日　山座駐中全権公使死亡。 七月、第一次大戦勃発。このころ譚人鳳来日。
一九一五	四年	三二	一月、大隈内閣、「対支二十一カ条の要求」。 二月、北の仲介で「譚人鳳と大隈会談」が行われるが決裂。 一二月、袁世凱が帝位に就くことに反対して第三革命勃発。
一九一六	五年	三三	三月、袁世凱、帝制計画を撤回、六月六日死去。第三革命は目標を失う。 四月、『支那革命外史』完結、頒布。 六月、北、上海に渡る。
一九一七	六年	三四	三月、ロシア二月革命。 七月、日本、段祺瑞を財政援助し南方は援助しない方針を決定（西原借款）。 八月一四日、中国対独宣戦布告。その後、参戦反対闘争起こる。

一九一八	七年	三五	一一月、ロシア十月革命。 一〇月、老壮会（満川亀太郎、大川周明）始まる。 一一月、第一次大戦終結。
一九一九	八年	三六	三月、朝鮮三・一運動。五月、中國五・四運動。 六月、「ヴェルサイユ会議に対する最高判決」を書き、満川亀太郎に送る。 八月、『国家改造案原理大綱』（『改造法案』）の執筆。 八月一日、猶存社（満川・大川）創立。 八月二三日、大川周明、北を上海に訪ねる。『改造法案』の大部分（内政問題の全部）を持ち帰る。 一二月末、北帰国。
一九二一	一〇年	三八	一一月、『支那革命外史』出版。
一九二三	一二年	四〇	二月一日、後藤新平の招きでソヴィエトからヨッフェ来日。 二月、猶存社解散。 五月、『日本改造法案大綱』一部削除の上、改造社より出版。「ヨッフェ君に訓ふる公開状」を執筆。

一九二六	大正一五年（昭和元年）	四三	五月、序文「第三回の公刊頒布に際して告ぐ」を付して『日本改造法案大綱』（編集発行者西田税）を刊行。
一九二七	昭和二年	四四	七月、西田税、「天剣党規約」を青年将校たちに配布。
一九三〇	五年	四七	一月、ロンドン海軍軍縮会議。
一九三一	六年	四八	三月、三月事件。 九月、満州事変。 一〇月、十月事件。
一九三二	七年	四九	二－三月、血盟団事件（井上準之助、団琢磨暗殺）。 四月、「対外国策に関する建白書」執筆、頒布。 五月、五・一五事件（犬養首相暗殺）。　西田税もこの事件で、血盟団－五・一五グループによって狙撃され重傷を負う。
一九三三	八年	五〇	一一月、救国埼玉挺身隊事件発覚（西田税は栗原安秀中尉の説得に努め、この事件を不発に終らせる）。
一九三四	九年	五一	一〇月、陸軍省「国防の本義とその強化の提唱」（陸軍パンフレット）を配布。 一一月、士官学校事件（村中孝次大尉、磯部浅一一等主計、クーデターを企画したとして逮捕される）。

一九三五	一〇年	五二	二月、菊池武夫、貴族院で美濃部達吉の天皇機関説を攻撃（天皇機関説排撃、国体明徴化運動）。 六月、「日米合同対支財団の提議」を執筆、頒布。 七月、真崎甚三郎教育総監更迭。 八月一二日、相沢三郎中佐、陸軍軍務局長永田鉄山を斬殺。
一九三六	一一年	五三	二月二六日、二・二六事件。
一九三七	一二年	五四	七月七日、盧溝橋事件（日中戦争始まる）。 八月一九日、北一輝処刑さる。

（なお、この年表作成にあたっては松本健一『評伝北一輝』も参考にさせていただいた）

引用文献

北一輝　『北一輝著作集』　第一巻　みすず書房
『北一輝著作集』　第二巻　みすず書房
『北一輝著作集』　第三巻　みすず書房
『霊告日記』　松本健一編　第三文明社
『支那革命外史』　内海文宏堂書店　大正一〇年刊
神島二郎　『北一輝著作集一巻』　解説
竹内好　『日本とアジア』　ちくま学芸文庫
松本健一　『評伝　北一輝』　一－五巻　岩波書店
田中惣五郎　『北一輝―日本的ファシストの象徴』　未来社
渡辺京二　『北一輝』　ちくま学芸文庫
村上一郎　『北一輝論』　三一書房
滝村隆一　『北一輝―日本の国家社会主義者』　勁草書房
松本清張　『北一輝論』　講談社文庫
ハーバート・スペンサー　『第一原理』　深田謙訳　春秋社　昭和二年刊
清水幾太郎　「コントとスペンサー」　世界の名著四六巻　中央公論社
本田喜代治　『社会学入門』　培風館
荒畑寒村　『寒村自伝』　岩波文庫　上巻
レーニン　「旅順の陥落」　レーニン全集第八巻
ロンドンタイムス　『タイムス日露戦争批評』　時事新報社　明治三八年
プルードン　『プルードンセレクション』　河野健二編訳
田添鉄二　『経済進化論』　平民社　明治三七年刊

吉田憲夫　『資本論の思想』　情況出版
日山紀彦　『「抽象的人間労働論」の哲学』　御茶の水書房
レーニン　『国家と革命』　レーニン10巻選集　八巻　大月書店
内村鑑三　「時勢の観察」　内村鑑三思想選書二巻　羽田書店　昭和二四年刊
美濃部達吉　「君主の国法上の地位」　雑誌「法学志林」
美濃部達吉　「君主の大権を論して教を穂積博士に請ふ」　雑誌「法学新報」第十三巻上
家永三郎　『美濃部達吉の思想史的研究』　岩波書店
長谷川正安　『日本憲法学の系譜』　勁草書房
坂野潤治　『明治デモクラシー』　岩波新書　岩波書店
頼山陽　『日本外史』　校正標註日本外史　頼氏蔵版
藤田省三　『維新の精神』　みすず書房
古賀斌　『武士道論攷』　小学館（のちに島津書房）
近藤秀樹　「明治の狂気と昭和の狂気」『宮崎滔天　北一輝』日本の名著四五巻、中央公論社
孫文　「大アジア主義」、『孫文・毛沢東』世界の名著七八巻、中央公論
堀川哲男　『孫文』　人類の知的遺産六三巻　講談社
吉野作造　『支那革命小史』　萬朶書房　大正六年
吉野作造　『日支交渉論』　警醒社書店　大正四年
島恭彦　『東洋社会と西欧思想』　筑摩書房
平川静風　『支那共和史』　大阪屋號書店　大正九年
風間阜　『近世中華民国史』　叢文閣　昭和一三年
葛生能久　『東亜先覚志士記伝』　中巻、初版　黒龍会出版部、昭和一〇年　大空社　平成九年刊
譚人鳳　「中国同盟会中部総会宣言」（『国父全書』より近藤邦康訳）、『原典中国近代思想史』第三巻　岩波書店
内田良平　『内田良平関係文書』　芙蓉書房出版
毛沢東　「湖南農民運動の視察報告」　毛沢東選集一巻、三一書房
長谷川峻　『山座圓次郎』　時事通信社
現代史資料　第四巻　みすず書房

現代史資料　第五巻　みすず書房
現代史資料　第二五巻　みすず書房
満川亀太郎　『三国干渉以後』　論創社
河野司編　『二・二六事件―獄中手記・遺言』　河出書房新社
大塚健洋　『大川周明』　講談社学術文庫
大蔵栄一　『二・二六事件への挽歌』　読売新聞社
末松太平　『私の昭和史』　みすず書房
松沢哲成　「青年将校運動の概要」『二・二六事件秘録』　小学館
松沢哲成　『橘孝三郎』　三一書房
長崎浩　『超国家主義の政治倫理』　田畑書店
矢次一夫　『昭和動乱私史』　経済往来社
高橋正衛　『二・二六事件』　中公新書
宇野信次郎　『八十年の人生』　私家版
本庄繁　『本庄日記』　原書房
由井格　「二・二六事件で動いた『異色の組合活動家』」「トスキアナ」六号
色川大吉　『明治精神史』　上巻　講談社学術文庫
大川周明　「北一輝君を想ふ」　大川周明全集第四巻　大川周明全集刊行会
廣松渉　『青年マルクス論』　平凡社選書
廣松渉　『近代の超克』　著作集一四巻　岩波書店
廣松渉　『マルクス主義の理路』　勁草書房
廣松渉　『世界の共同主観的存在構造』　勁草書房
廣松渉　『資本論の哲学』　勁草書房
廣松渉　『弁証法の論理』　著作集第二巻　岩波書店
廣松渉　「根本理念の再確認から始めよ」　廣松渉コレクション第二巻　情況出版
マルクス　『資本論』　マルクス・エンゲルス全集二三a巻　大月書店
マルクス・エンゲルス　『ドイツ・イデオロギー』　廣松渉編訳　日本語版及びドイツ語版　河出書房新社

マルクス・エンゲルス　新編輯版『ドイツ・イデオロギー』　小林昌人補訳　岩波文庫
マルクス　『経済学批判』　マルクス・エンゲルス全集一三巻　大月書房
マルクス　「ゴータ綱領批判」　マルクス・エンゲルス全集一九巻
マルクス　Grundrisse der Kritik der politischen ökonomie, dietz verlag
エンゲルス　『空想より科学への社会主義の発展』　マルクス・エンゲルス全集一九巻

著者紹介

古賀　暹（こが・のぼる）

一九四〇年東京生。東京大学法学部「政治コース」卒。一九六八年情況社を設立し、雑誌『情況』を創刊。一九七六年ドイツに留学。一九八六年帰国。一九九〇年雑誌『情況』を再刊。二〇〇〇年引退。現在に至る。

北《きた》一輝《いっき》——革命思想《かくめいしそう》として読《よ》む

2014年6月1日　第1版第1刷発行

著　者——古賀　暹

装　丁——秋山法子

発行者——橋本盛作

発行所——株式会社御茶の水書房

〒113-0033　東京都文京区本郷5-30-20　電話　03-5684-0751

組版・印刷／製本——株式会社タスプ

Printed in Japan　ISBN978-4-275-01073-5　C3031

菅孝行『天皇制論集』全三巻 刊行開始

第一巻 天皇制問題と日本精神史 菊判・四五〇頁、六月刊

Ⅰ 天皇制とは何か――現在の視野から

Ⅱ 象徴天皇制の発見――一九七〇年代の視野から

Ⅲ 天皇制の概観――一九八三年の視野から

Ⅳ 昭和⇓平成「代替わり」の時代の視野

第二巻 現代反天皇制運動の理論 続刊

第三巻 〈聖・穢〉観念と天皇制 続刊